铁路职工岗位培训教材

大型线路机械司机

（配砟整形车）

铁路职工岗位培训教材编审委员会

中国铁道出版社有限公司

2024 年·北 京

内容简介

本书为铁路职工岗位培训教材之一，全书共分为基本知识和职业技能两大部分。基本知识部分主要介绍配砟整形车的动力传动系统、车架与走行装置、工作装置、液压系统、电气系统、气动系统、制动系统等；职业技能部分主要介绍对大型线路机械司机的资格性和适应性职业技能要求。

本书针对铁路职工岗位培训、职业技能鉴定进行编写，是各单位组织各级各类职工培训、技能鉴定的必备用书，对各类职业学校相关师生也有重要的参考价值。

本书内容如有不符最新规章标准之处，以最新规章标准为准。

图书在版编目(CIP)数据

大型线路机械司机．配砟整形车/铁路职工岗位培训教材编审委员会编著．—北京：中国铁道出版社，2012.5(2024.7重印)
铁路职工岗位培训教材
ISBN 978-7-113-14663-4

Ⅰ.①大… Ⅱ.①铁… Ⅲ.①铁路工程-工程机械-岗位培训-教材 ②铁路养护-道路养护车-岗位培训-教材 Ⅳ.①U215.6②U216.6

中国版本图书馆CIP数据核字(2012)第109297号

书　　名：铁路职工岗位培训教材
大型线路机械司机(配砟整形车)
作　　者：铁路职工岗位培训教材编审委员会

责任编辑：时　博　　编辑部电话：(010)51873141　　电子邮箱：crph@163.com
封面设计：薛小卉
责任校对：焦桂荣
责任印制：高春晓

出版发行：中国铁道出版社有限公司(100054，北京市西城区右安门西街8号)
网　　址：http://www.tdpress.com
印　　刷：北京铭成印刷有限公司
版　　次：2012年5月第1版　2024年7月第3次印刷
开　　本：787 mm×1 092 mm　1/16　印张：16.5　插页：5　字数：436千
书　　号：ISBN 978-7-113-14663-4
定　　价：50.00元

前　言

教材是劳动者终身教育和职业生涯发展的重要学习工具，教材建设是职业教育培训工作的重要组成部分，是提高教育培训质量的关键。加快铁路职工岗位培训教材建设，已成为加强和改进铁路职工教育培训工作的当务之急。为适应铁路现代化发展对技能人才队伍建设的需要，加快铁路职工岗位培训教材建设，铁道部决定按照铁道行业特有职业（工种）国家职业标准，结合铁路现代化发展的实际，组织开发铁路职工岗位培训教材。

本套教材由铁道部劳动和卫生司、运输局共同牵头组织，相关铁路局分工负责，集中各业务部门的专家和优秀工程技术人员编写及审定，多方合作，共同完成，涵盖了铁路运输（车务、客运、货运、装卸）、机务、车辆、工务、电务部门的77个铁路特有职业。教材坚持继承与创新相结合，充分体现了近几年来铁路新技术、新设备的大量运用及其发展趋势，特别是动车组系列教材填补了教材建设的空白，为动车组司机和机械师等铁路新职业员工提供岗位培训教材；教材坚持科学性与规范性，依据铁道行业国家职业标准中的基本要求和工作要求编写，力争准确体现国家职业标准和有关作业标准、安全操作等规章、规范的要求；教材坚持实用可行的原则，重点突出实作技能、应急处理和新技术、新设备、新规章、新工艺等四新知识，对职业技能部分按照技能等级分层编写，便于现场职工的培训与自学。

本套教材适用于工人新职、转职（岗）、晋升的岗位资格性培训，也适用于各类岗位适应性培训，同时为职业技能鉴定提供参考。

《大型线路机械司机(配砟整形车)》一书由郑州铁路局负责主编,编写人员:吕永庆、冯九思、冯建周、茹蒲林。主要审定人员:胡跃进、杨春燕、宋慧京、倪少勇、张波、张元波、龚艳文。本书在编写、审定过程中得到有关单位的大力支持,在此一并表示感谢。

铁路职工岗位培训教材编审委员会

目 录

基本知识

职 业 技 能

基本知识

第一章 概　　述

第一节 国内外简介

配砟整形车是铁路新建、大修和维修大型养路机械化作业中不可缺少的配套机械之一，它具有对道床进行配砟、整形、清扫轨枕和抛砟等作用。

发达国家很早就注重养路机械的配套使用和功能的完善，这不仅显著减轻了劳动强度，节省人力资源，而且保证施工作业的质量和效率。欧洲几个铁路养路作业先进的国家通常采用 MDZ 机组进行养护作业。MDZ 机组由抄平起拨道捣固车、配砟整形车、动力稳定车组成，其中配砟整形车是其重要的组成部分，用于将道床整理成形，同时将散落在轨枕和扣件上的道砟清扫干净。生产配砟整形车的主要有奥地利、瑞士、美国等国家。

我国于 1984 年在引进奥地利 Plasser & Theuer 公司的 08-32 型捣固车、DGS-62N 型动力稳定车的同时，也引进 SSP-103 型配砟整形车，使用效果很好。为了满足我国铁路建设的迅速发展，在消化吸收 SSP-103 型的基础上，铁道部结合我国的实际情况组织设计生产了 SPZ-160 型配砟整形车。该车的研制成功，不仅促进了我国铁路养路机械化的发展，而且为大型养路机械的国产化创造了良好的开端。1992 年，有关部门在 SPZ-160 型的基础上，对传动装置、走行系统、作业装置等进行改进设计，采用引进 08-32 捣固车的工艺技术，克服了 SPZ-160型的不足，生产了 SPZ-200 型配砟整形车，见图 1—1(a)。

(a) SPZ-200型

(b) SPZ-350型

图 1—1 配砟整形车

近年来，随着引进技术的不断消化吸收，对原设计的电路、机械、气动等部分改进，并加装了空气干燥系统，使得作业及运行操作方便、可靠。

另外，现在还有 DPZ-440 型、SPZ-350 型等其他型号配砟整形车，见图 1—1(b)，但目前全路广泛使用的是 SPZ-200 型配砟整形车，因此本书以 SPZ-200 型配砟整形车为例作介绍。

第二节　SPZ-200 型配砟整形车的组成及主要技术参数

一、SPZ-200 型配砟整形车的组成

SPZ-200 型配砟整形车是集机、电、液、气于一体的自带动力的大型铁路工程机械。从构造上讲,其具有机械车辆的结构特点,同时还具有施工机械的特点。SPZ-200 型配砟整形车外形见图 1—2,主要由发动机、传动装置、车架与走行装置、制动系统、走行和作业液压系统、中犁、侧犁、清扫装置、电气操纵系统及驾驶室等组成。

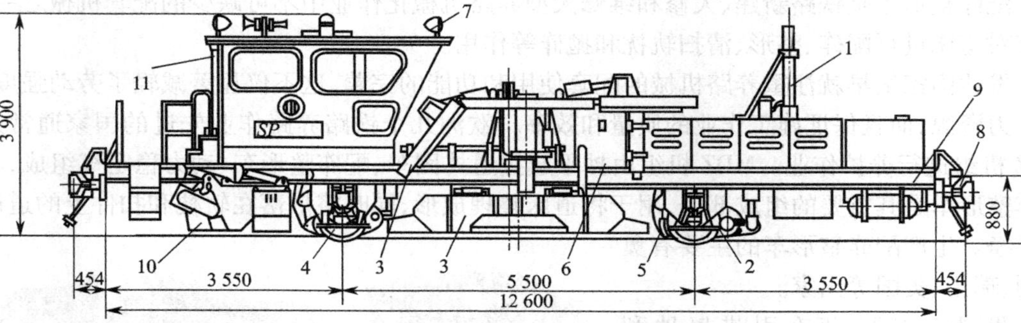

图 1—2　SPZ-200 型配砟整形车外形简图(单位:mm)

1—发动机;2—传动装置;3—作业装置;4—走行装置;5—制动系统;6—液压系统;7—电气系统;8—牵引装置;9—车架;10—清扫装置;11—驾驶室

二、配砟整形车主要技术性能

配砟整形车主要技术参数见表 1—1。

表 1—1　SPZ-200 型配砟整形车主要技术参数

参数名称		参　数	参数名称		参　数
作业条件	线路最大超高	150 mm	整机性能	轴　距	5 500 mm
	线路最大坡度	33‰		轨　距	1 435 mm
	海拔高度	≤1 000 m		轮　径	840 mm
	环境温度	-10 ℃ ~ +40 ℃		轴　重	14 t
	最小作业曲线半径	120 m		最高连挂速度	100 km/h
作业性能	最大配砟宽度	3 620 mm		最高自行速度	0 ~ 80 km/h
	最大整形宽度	6 600 mm		最小通过曲线半径	100 m
	最大清扫宽度	2 450 mm		车钩形式	13 号上作用式车钩
	最大作业深度(轨底面以下)	1 200 mm		缓冲器	MX-1 型
	整形道床边坡	任意			KC15 型
	连续工作时间	≤6 h		车钩中心距轨面高度	880 mm ± 10 mm
	作业速度	0 ~ 12 km/h		柴油机型号	BF8L413F
整机性能	整机质量	28 t			BF8L513
	外形尺寸(长×宽×高)	13 508 mm × 3 025 mm × 3 900 mm		传动形式	全液压传动
				制动方式	空气制动及手制动

第三节　SPZ-200 型配砟整形车的功能用途及工作概述

一、SPZ-200 型配砟整形车的用途

SPZ-200 型配砟整形车可以进行正、反两个方向的作业，具有对道床进行配砟、边坡整形和轨面清扫的功能。它通过中犁、侧犁来完成道砟的运送与分配，最终将道床整理成形，并通过清扫装置将散落在轨枕或扣件上的道砟清扫干净。

二、配砟整形车的主要功能

1. 根据捣固作业的要求，将卸在线路两侧的道砟通过侧犁沿线路方向运送，分配到钢轨外侧，见图 1—3(c)。

2. 通过侧犁可将道床边坡上的多余道砟按需要作近距离搬移，即将边坡道砟移至枕端，或将枕端道砟移至边坡，见图 1—3(a)、(b)。

3. 通过改变翼犁板与主侧犁板间的夹角，可以完成整平路肩面的作业，见图 1—3(d)。

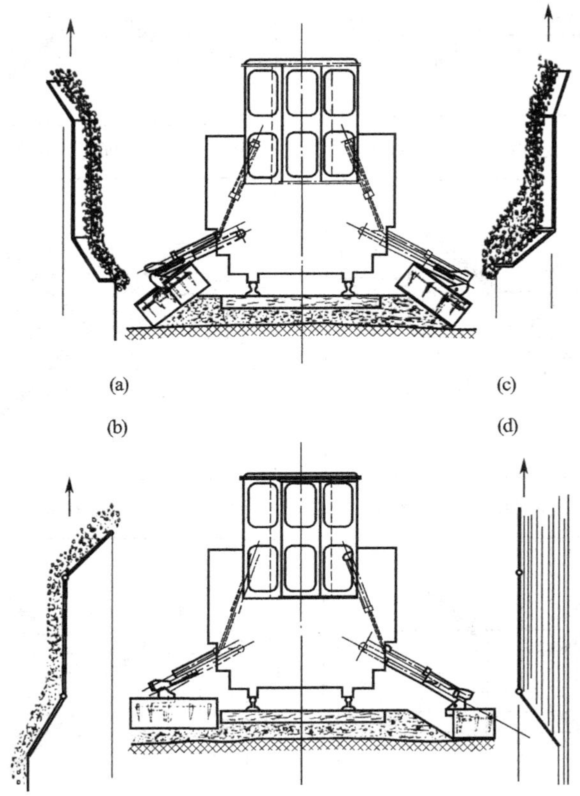

图 1—3　侧犁工况图

(a)将道砟从边坡移至枕端；(b)将道砟从枕端移至边坡；

(c)将道砟沿线路方向运送；(d)堆高或整平砟间肩面

4. 通过调整侧犁板与伸缩臂轴线的夹角,可使道床边坡形成给定坡度。

5. 通过侧犁和中犁的配合使用,可以将道砟按需要进行搬移,如道砟从线路的左侧移到线路的右侧,或从线路的右侧移至线路的左侧,见图1—4(a)、(b)。

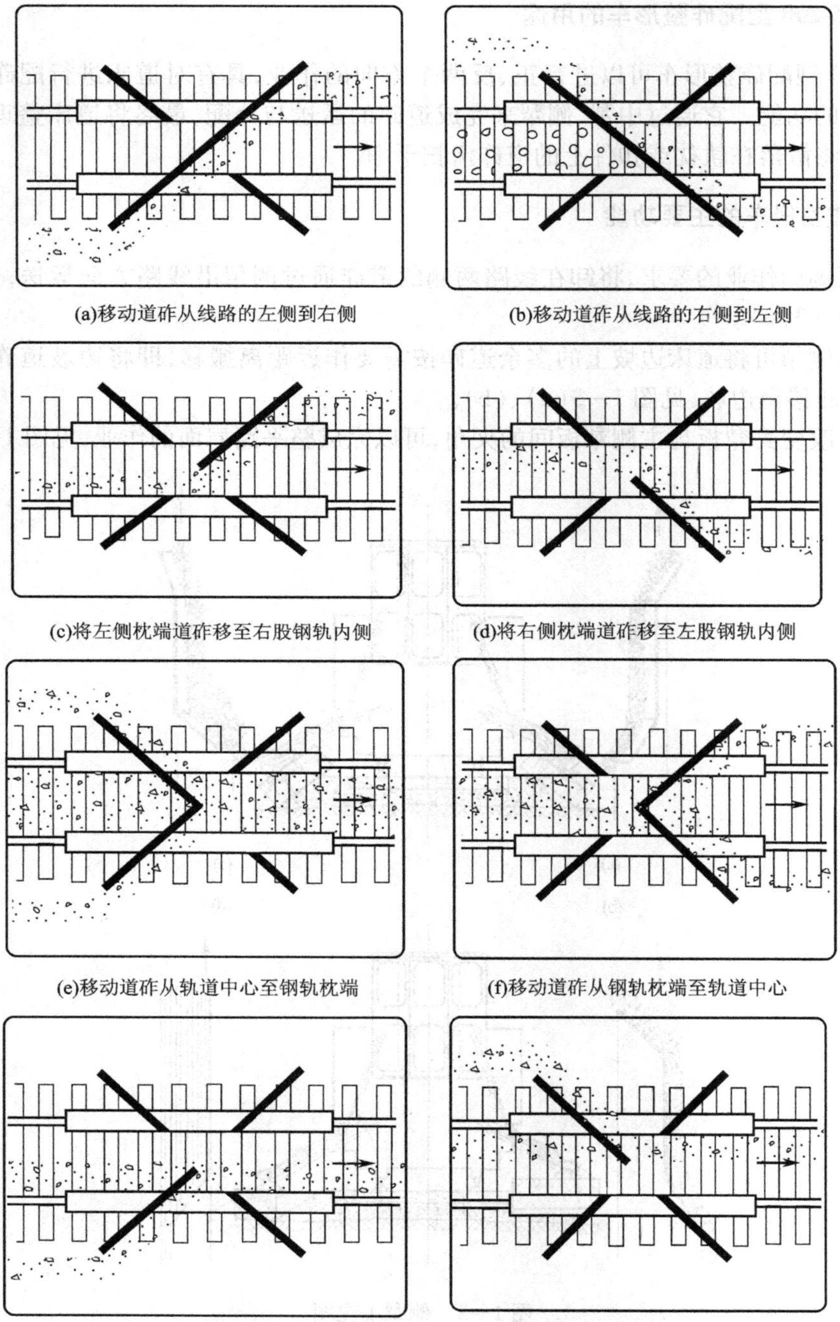

(a)移动道砟从线路的左侧到右侧

(b)移动道砟从线路的右侧到左侧

(c)将左侧枕端道砟移至右股钢轨内侧

(d)将右侧枕端道砟移至左股钢轨内侧

(e)移动道砟从轨道中心至钢轨枕端

(f)移动道砟从钢轨枕端至轨道中心

(g)将右股钢轨内侧道砟移至枕端

(h)将左股钢轨内侧道砟移至枕端

图1—4 道砟搬移示意图

6. 通过中犁将轨枕端部的道砟移到钢轨内侧，见图 1—4(d)。

7. 通过中犁将线路中心的道砟移到线路的两侧或将枕端道砟移至线路中心，见图 1—4(e)、(f)。

8. 通过中犁将钢轨内侧的道砟移到轨枕端部，见图 1—4(g)、(h)。

三、SPZ-200 型配砟整形车整车工作概述

SPZ-200 型配砟整形车高速走行、作业走行系统采用静液压传动。其传动是由发动机输出功率经分动箱带动两个 A4V 泵，两个 CBY 泵，与前后车轴齿轮箱的 A6V 马达等组成闭式液压回路。由压力先导阀控制 A4V 和 A6V 的输出、输入流量，整机在 0 ~ 80 km/h 内无级调速。中犁和侧犁、清扫装置升降油缸由分动箱带动的液压泵建立起压力和流量，通过换向阀操纵油缸的伸缩，实现工作装置的动作。清扫装置的滚刷和输送带，由分动箱带动的双联液压泵输出液压功率分别驱动滚刷液压马达和输送带液压马达，以实现工作要求。

复习思考题

1. 配砟整形车主要有哪几部分组成？
2. 配砟整形车的用途是什么？
3. 简述 SPZ-200 配砟整形车的主要技术性能。

第二章　动力传动系统

SPZ-200型配砟整形车动力传动系统主要包括:发动机、万向传动轴、弹性联轴器、分动齿轮箱、高压油泵及马达和车轴齿轮箱等。动力传动系统为配砟整形车提供动力,并通过一定的路径把动力传递到各部,驱动配砟整形车工作及走行。动力传动系统见图2—1。

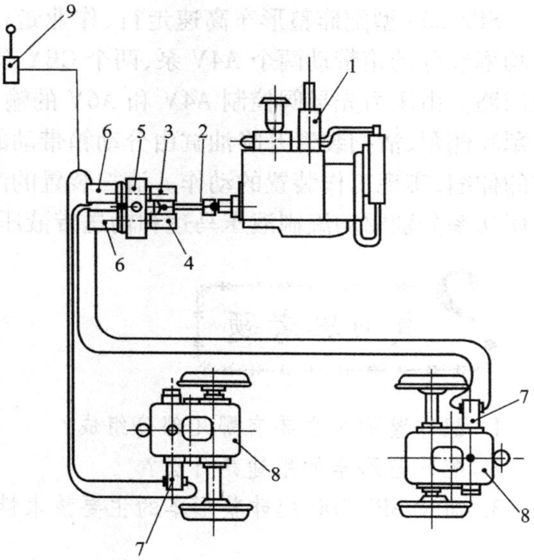

图2—1　动力传动系统简图

1—柴油发动机;2—万向传动轴;3、4—齿轮泵;5—分动箱;6—液压变量泵;7—液压马达;8—车轴齿轮箱;9—速度操纵手柄

柴油发动机产生动力,其输出的扭矩经万向传动轴传至分动轮箱,驱动四台液压油泵运转,其中两台液压变量泵分别与前后车轴齿轮箱上的液压马达组成液压走行驱动回路,液压马达产生的扭矩通过车轴齿轮箱传递给车轴,实现配砟整形车的高速或低速运行,最高运行速度为80 km/h,作业走行速度为0～12 km/h,作业最大牵引力为70 kN。另外两台液压齿轮泵则与工作装置中的液压马达、液压缸组成回路,建立起压力和流量,通过换向阀操纵液压马达的旋转或液压油缸的伸缩,实现工作装置的动作。

第一节　道依茨风冷发动机

一、概　　述

柴油机也称柴油发动机,是一种将燃料化学能转化为热能,再经气体膨胀过程将热能转化为机械能的动力装置。由于能量的释放与转化过程是在气缸内部进行的,所以柴油机又称为内燃机。

柴油机的种类很多,按气缸冷却方式的不同分为水冷柴油机和风冷柴油机;按完成一个工作循环所需的行程分为四冲程柴油机和二冲程柴油机;按机体结构可分为单缸柴油机和多缸柴油机;按气缸排列方式分为单列式柴油机和多列式柴油机,多列式又有双列、三列、四列、星型、V型、H型等;按进气方式分为自然吸入式(非增压式)柴油机和强制吸入式(增压式)柴油机;按额定转速分为高速柴油机(1 000 r/min以上)、中速柴油机(600～1 000 r/min)、低速柴油机(600 r/min以下)。

二、基本机型组成及符号含义

柴油机机型代号的说明如下所示：

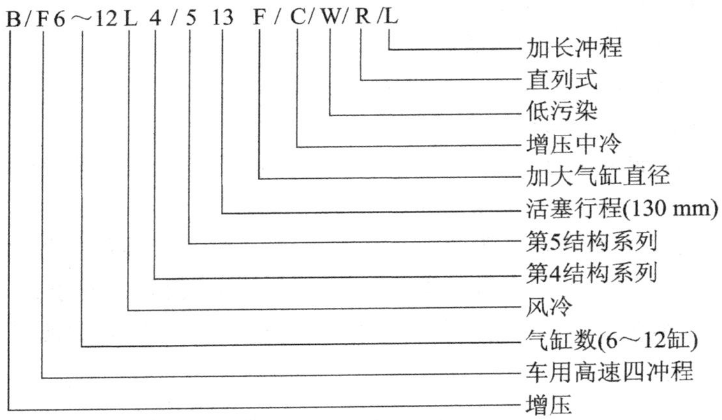

道依茨风冷柴油机气缸的排列方式分直列式和 V 型两种，机型代号中的 R 代表直列式排列，不标注表示 V 型排列。风冷柴油机的燃烧形式也有直喷式和两级燃烧式两种，见图 2—2。直喷式柴油机用于功率要求较高的设备，两级燃烧式柴油机用于对排放要求较严格的设备。在机型代号中，两级燃烧式用 W 表示，直喷式则不表示。

机型代号中的 B 表示采用增压器的柴油机，C 表示增压柴油机的进气管道上安装有中冷器。气缸数前面的 F 表示适于车辆使用的四冲程高速柴油机，气缸数后面的 F 表示气缸直径加大，而 L 则表示风冷却方式。

大型养路机械采用的是 BFL413F 和 BFL513 系列柴油机，具体所用机型见表 2—1。

表 2—1　大型养路机械柴油机一览

序号	大型养路机械	柴油机型号		数量	额定功率(kW)		额定转速(r/min)	
		原用	现用					
1	D08-32 型捣固车	F12L413F	F12L513	1	235	235	2 300	2 300
2	WD320 型稳定车	BF12L513C		1	348		2 300	
3	SRM80 型清筛机	BF12L513C		2	348		2 300	
4	SPZ-200 型配砟整形车	BF8L413F	BF8L513	1	200	210	2 300	2 300
5	D09-32 型捣固车	BF12L513C		1	348		2 300	
6	CD08-475 型捣固车	BF12L513C		1	348		2 300	

三、道依茨四冲程柴油机特点及基本构造

在大型养路机械上使用的道依茨八缸、十二缸风冷柴油机有以下特点。

(1)高速四冲程、V 型结构、气缸排列夹角为 90°；

(2)直接喷射式斜筒型或 ω 型燃烧室；

(3)采用龙门式曲轴箱及每缸一盖结构,曲轴连杆机构为多支承三层合金滑动轴承;

(4)并列连杆和带有三道密封环的油冷活塞;

(5)自动调节风量的前置静叶轮压风式水平轴流风扇;

(6)带旋转装置的顶置气门及适应高速运转的配气机构;

(7)有喷油自动提前器的供油系统;

(8)装有火焰加热器并带辅助加温装置的冷启动系统;

(9)后置式斜齿轮驱动机构;

(10)由压油泵、回油泵两组机油泵组成的可以在倾斜路面上工作的湿式油底壳强制循环润滑系统。

柴油机结构分析以V型八缸机为主。因道依茨柴油机具有通用化程度高的特点及每缸一盖的积木式结构,故V型六缸、十缸及十二缸机的结构与八缸机大同小异。

B/F8L413F、B/F8L513系列风冷柴油机的结构组成见图2—2,其剖视图见图2—3。

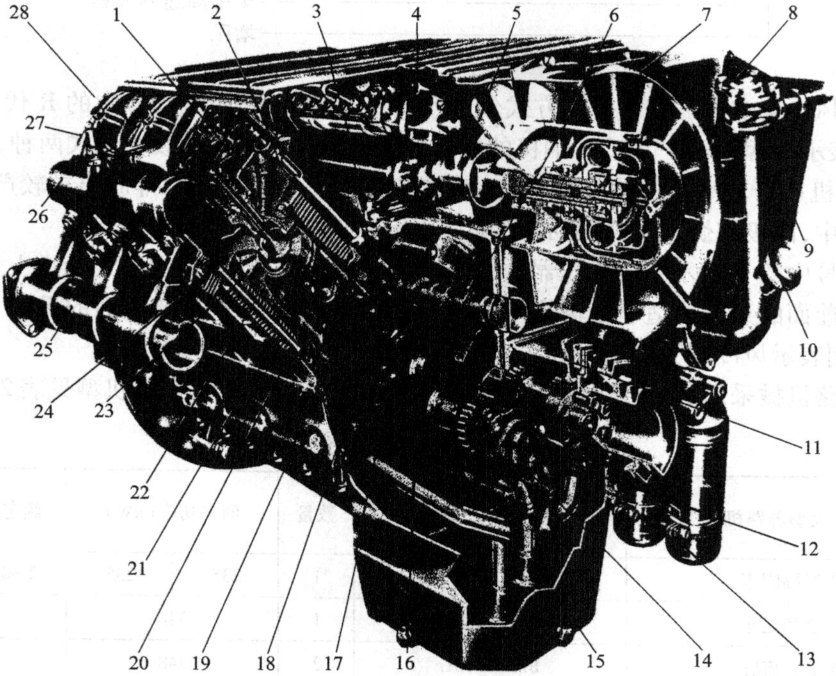

图2—2　B/F8L413F、B/F8L513型柴油机构造

1—喷油器;2—推杆;3—挺柱;4—喷油泵;5—风扇传动箱;6—配气凸轮轴;7—冷却风扇;8—曲轴呼吸器;9—机油散热器;10—加油口盖;11—扭转减振器;12—机油压油泵;13—机油滤清器;14—机油回油泵;15—油底壳;16—曲轴;17—主轴承盖;18—连杆;19—活塞冷却喷嘴;20—缸体螺栓;21—曲轴箱;22—气缸体;23—活塞;24—气缸盖;25—排气管;26—进气管;27—火焰加热塞;28—气门盖;29—启动电机(未画出);30—发动机(未画出);31—增压器(未画出)

BF12L513C柴油机是由许多机构和系统组成的复杂的整体,这些机构和系统共同保证柴油机良好地进行工作循环,实现能量转换,并使其连续正常地工作。柴油机的结构形式很多,具体结构各不相同。BF12L513C柴油机总体构造通常由下列机构和系统组成:

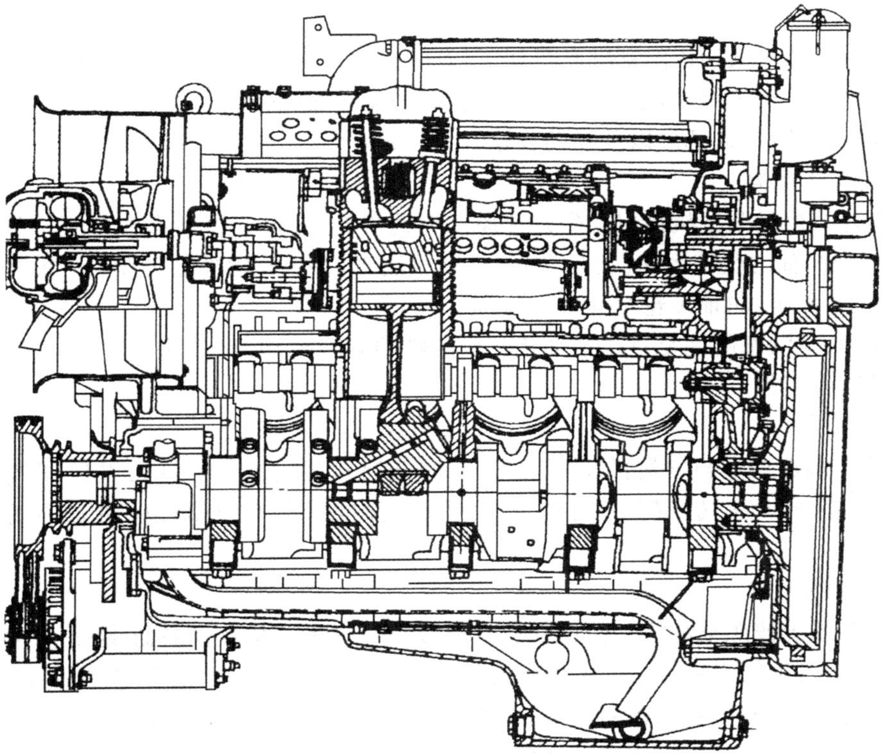

(a)横剖视图

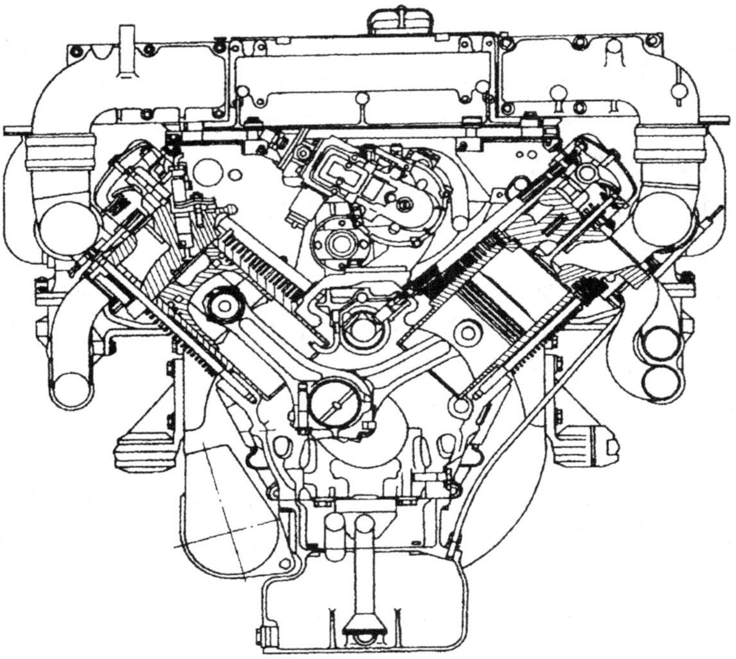

(b)纵剖视图

图 2—3 BF8L413F、BF8L513 型柴油机剖视图

1. 机体组件

机体组件是整个柴油机的基础和骨架,所有的运动机构与系统都由其支承和定位,借以形成完整的柴油机。机体组件包括机体、气缸套、气缸盖和油底壳等。

主要作用:支承运动部件以及辅助装置。

2. 曲柄连杆机构

曲柄连杆机构是柴油机借以产生并传递动力的机构,通过它将活塞在气缸中的直线往复运动(推力)和曲轴的旋转运动(扭矩)有机地联系起来,并由此向外输出动力。曲柄连杆机构包括活塞组、连杆组、曲轴飞轮组等。

主要作用:将活塞的往复直线运动转变成曲轴的旋转运动,对外输出动力,并带动柴油机本身的辅助装置工作。

3. 配气机构

配气机构根据柴油机气缸的工作次序,定时开启和关闭进、排气门,以保证气缸及时排出废气和吸进新鲜空气。配气机构主要包括气门组、气门传动组、进排气系统、增压器等。

4. 燃油供给系统

燃油供给系统按照柴油机工作过程的要求,定时、定量地依次向各缸燃烧室内供油,并使燃油良好雾化,与空气形成均匀的可燃混合气,以实现柴油机的能量转换和动力输出。燃油供给系统主要包括喷油泵、喷油提前器、调速器、喷油器、柴油滤清器、输油泵等。

主要作用:按时、定量、定压向燃烧室喷射燃料。

5. 润滑系统

润滑系统的任务是用机油来保证各运动零件摩擦表面的润滑,以减少摩擦阻力和零件的磨损,并带走摩擦产生的热量和磨屑,这是柴油机长期可靠工作的必要条件之一。由于机油在润滑系统中的循环流动和飞溅,柴油机内部的运动件就得到了润滑。润滑系统主要包括机油泵、机油滤清器、机油冷却器和润滑油道等。

主要作用:保证柴油机各摩擦表面的润滑,冷却机件等。

6. 冷却系统

冷却系统的任务是保持柴油机工作的正常温度,将受热零件所吸收的热量及时散发到大气中去。柴油机温度过高或过低,都将影响正常工作,因此这也是柴油机长期可靠工作的必要条件之一。冷却系统主要包括风扇和散热器等。

主要作用:保持柴油机在一定的温度下工作。

7. 启动装置

静止的柴油机需借助外力启动才能转入自行运转,启动装置为柴油机的启动提供外力和创造有利条件。启动装置包括启动机及利于启动的辅助装置,主要包括启动电机、蓄电池等。

主要作用:启动柴油机,为动力配砟整形车提供动力。

四、柴油机工作原理

柴油机的工作过程,是按照一定规律将燃料和空气送入气缸,使之在气缸内不断燃烧放出热能。燃烧使气缸内气体的温度和压力升高，高温高压的燃气在气缸内膨胀便推动活塞做功，实现热能向机械能的转换，而膨胀后的废气又必须及时从气缸中排出。气缸中的这种能量形式的转化进程见图 2—4。

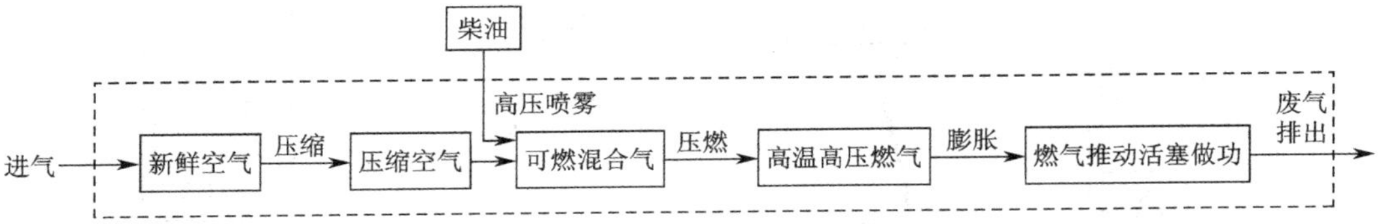

图 2—4　柴油机工作过程框图

柴油机气缸中进行的每一次将热能转变为机械能的一系列连续过程叫做一个工作循环。柴油机的每一工作循环都包括进气、压缩、膨胀和排气四个冲程，这四个冲程是不断重复进行的。

完成一个工作循环，活塞要连续运行四个冲程（曲轴旋转两周）的柴油机为四冲程柴油机，图 2—5 为四冲程柴油机的构造简图，活塞可在气缸内上下往复运动，曲轴则绕其轴线作旋转运动。很明显，曲轴每转一周，活塞向上、向下各行一次。

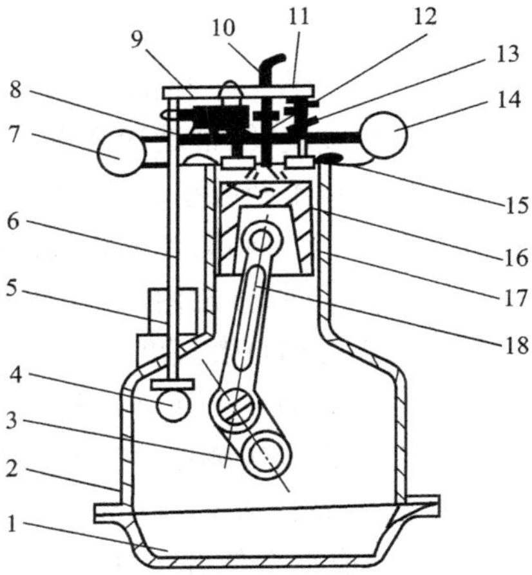

图 2—5　四冲程柴油机构造简图

1—机座；2—机体；3—曲轴；4—凸轮轴；5—高压泵；6—挺杆；7—进气管；8—进气门；9—摇臂；10—高压油管；11—气门弹簧；12—喷油嘴；13—排气门；14—排气管；15—缸盖；16—活塞；17—缸套；18—连杆

活塞上下运行时，活塞距曲轴中心最大距离的位置称为上止点，距曲轴中心最小距离的位置称为下止点，见图 2—6。上、下止点，活塞的运动方向将得到改变，活塞的速度等于零。

上止点与下止点间的距离称为活塞行程 s。由图 2—6可见，活塞行程 s 等于曲柄半径的两倍，即 $s=2r$。

四冲程柴油机工作循环的每一过程都由一个活塞行程（即冲程）来完成，见图 2—7。

1. 第一冲程——进气冲程

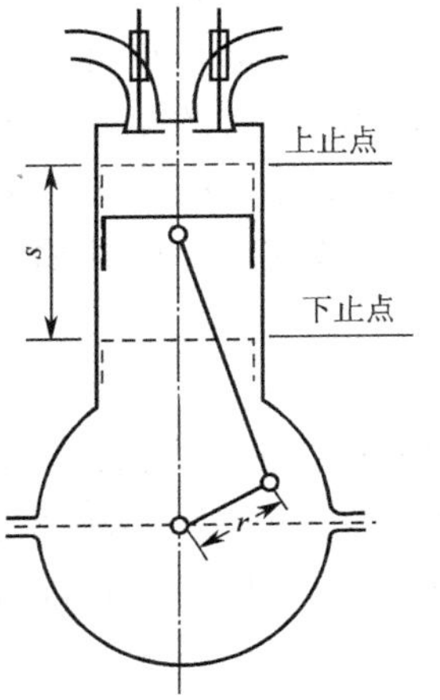

图 2—6　柴油机活塞行程

曲轴旋转通过连杆带动活塞从上止点移向下止点，在此期间进气门开启，排气门关闭。由于活塞上方空间不断扩大，气缸内压力逐渐降至大气压力以下，在气缸内、外压力差的作用下，外界新鲜空气经进气门不断被吸入气缸。由于进气系统对气流有阻力，空气进入气缸后的压力总是低于大气压力，进气终了时，气缸内的压力一般为 8.5 ~9.5 MPa，气体的温度则高于大气温度，这是受高温机件和残余废气的影响所致，一般温度在40 ℃ ~70 ℃。

进气过程对柴油机工作影响很大，进气冲程结束时，气缸内充气量愈多，可以喷入并能充分燃烧的燃油量也愈多，燃烧过程放出的能量就多，柴油机发出的功率就大。

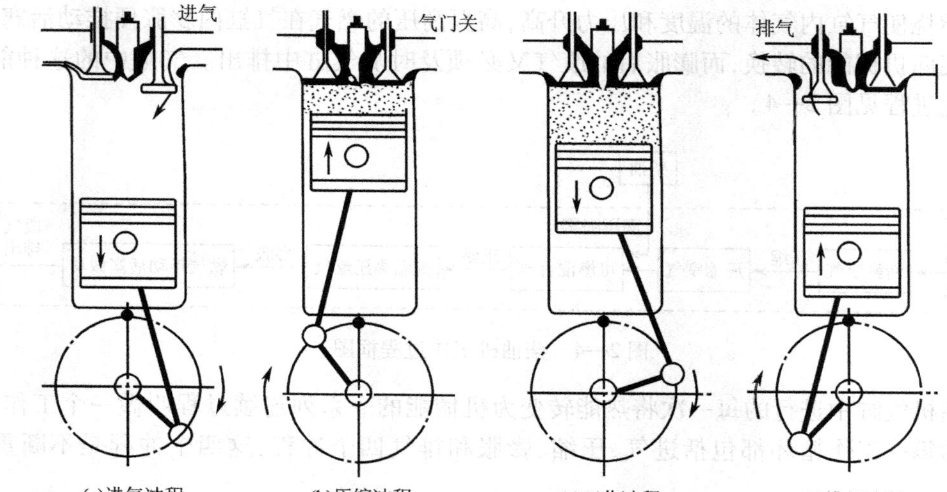

图 2—7　四冲程柴油机工作过程示意图

2. 第二冲程——压缩冲程

曲轴继续旋转,推动活塞自下止点移向上止点,在此期间,进、排气门都处在关闭状态。由于气缸内容积不断减小,活塞逐渐将第一冲程吸入的空气压缩在燃烧室内,空气的温度和压力随着升高,为下一步柴油的燃烧准备了有利条件。

压缩终了时,气缸内气体温度约在 500 ℃ ~700 ℃范围内,压力可达 300 ~500 MPa,气缸内温度高于燃油自燃温度(300 ℃),达到了柴油自燃的条件。

3. 第三冲程——工作冲程

工作冲程也叫膨胀冲程或爆发冲程。在压缩冲程后期,活塞接近上止点时,柴油经喷油泵将油压提高到 1 000 MPa 以上,通过喷油器以雾状喷入气缸,在很短的时间内与高温空气混合,形成混合气并迅速自行着火燃烧。燃烧产生的大量热能使气缸内的气体压力急剧上升到 600 ~900 MPa,温度也升高到 1 800 ℃ ~2 000 ℃。此时,活塞在运动惯性作用下越过上止点开始向下移动,由于进、排气门仍然关闭着,高温高压气体将活塞从上止点推向下止点,并通过连杆推动活塞曲轴旋转。随着活塞下移,气缸容积不断增大,气体的压力和温度也逐级降低。到膨胀终了时,气缸内的压力已下降到 25 ~45 MPa,温度降到 600 ℃ ~900 ℃。这一过程实现了化学能转成热能、热能又转成机械能的两次能量转换,并向外输出机械功。

4. 第四冲程——排气冲程

膨胀做功的活塞行至下止点前,配气机构把排气门打开,废气便在气缸内、外压力差作用下排出气缸,气缸内气体压力迅速下降到 10. 5 ~11 MPa,温度降至 350 ℃ ~600 ℃。由于曲轴继续旋转,活塞越过下止点上移,余下的废气在活塞上行时继续由打开的排气门排出。

上述四冲程完成后就完成了柴油机的一个工作循环。在柴油机曲轴的一端往往装有飞轮,依靠飞轮旋转的惯性将使曲轴继续旋转,则下一个工作循环又开始,如此周而复始,柴油机就会不停地运转。显然,四冲程柴油机在四个冲程中只有一个冲程是做功的,其他三个冲程全是辅助过程,需要消耗能量。单缸柴油机,曲轴每转两周中只有半周是由于膨胀气体的压力使曲轴旋转的,在其余的一周半中,曲轴是利用飞轮在做功冲程中所储存的能量而旋转的多缸柴油机则主要靠其他缸的做功冲程交替进行来供给能量。柴油机工作循环开始(即柴油机启动)时,需要用外力先使曲轴转动,完成辅助过程,使柴油着火燃烧,柴油机才能正常运转。

在多缸四冲程柴油机的每一个气缸内,所有的工作过程都相同,并以同样的顺序进行,但各气缸中的做功过程并不是同时发生,而是把它们尽可能均匀地分布在曲轴旋转两周中。曲轴每转两周,每个气缸做功一次。气缸数愈多,柴油机的工作就愈平稳。

五、道依茨风冷柴油机的主要优点

道依茨风冷柴油机不仅吸取了其他风冷柴油机实际使用中的全部优点,而且应用了柴油机设计中最先进的技术,从而使其具有外形尺寸小、质量轻、经济性能好、使用可靠、适应性强、安装简单、维护保养方便、容易实现机种变形等特点,尤其是在高温、严寒、干旱等气候条件恶劣的地区,有很好的适应性。实践证明,道依茨风冷柴油机是先进优良的动力装置。道依茨风冷柴油机主要有以下优点:

1. 标准化、系列化、通用化程度高

道依茨系列柴油机中的主要部件都是相同的,并且可以互换,其零部件互换量即通用件按种类达67%、按件数达85%左右,因此,易于组织批量生产,降低生产成本。其采用每缸一盖的积木式结构,用不相同的箱体就能构成各种多缸机,进而实现了产品设计的系列化。

2. 结构简单,维修方便

道依茨风冷柴油机是利用吹过气缸盖和气缸体外表面的高速空气流直接冷却柴油机的,而水冷柴油机是利用水泵使冷却水在水套和散热器间循环流动,将柴油机需要散出的热量通过散热器散发到大气中去。两者相比,风冷柴油机免去了水泵、水套、水箱及冷却水管等部件,使得整机结构简单、维修方便。

3. 使用寿命长,可靠性好,故障少

由于风冷柴油机缸套外围无冷却水,启动后暖机时间短,并且在所有工况下,缸壁的温度均较高,所以缸套、气门等磨损较小,大大延长了柴油机的使用寿命。

道依茨柴油机采用的冷却风扇依据柴油机热负荷的大小而自动调节转速和冷却风量,保证柴油机在各种工况下能得到适当的冷却。在柴油机启动阶段,风扇转速很低,使得柴油机迅速升温,尽快越过“露点”温度。有资料表明,风冷机越过“露点”温度只需5 min左右,而相应水冷机则需15 min。机温升快可大大减少气缸冷状态下的磨损,从而提高了柴油机的寿命。

4. 噪声小

一般风冷柴油机噪声大于水冷柴油机,但由于道依茨风冷柴油机在抑制噪声方面采取了不少措施,如采用液力耦合器带动风扇,合理设计风扇叶形,合理地组织燃烧过程等,使其噪声低于相同功率的水冷柴油机。

5. 冷启动性能好

风冷柴油机装有启动加浓装置,在进气管处设有电子预热塞,可在环境温度 -30℃以上直接启动。

6. 经济性能好

对于标准机型直接喷射式的燃烧室,在常用功率时具有最好的经济性。

7. 适应性好

由于风冷柴油机的冷却性能受环境温度的影响较小,可以经常保持良好的运转温度,夏季不易过热,冬季启动容易,又无缺水之忧,故适于热带酷暑、严寒和干旱沙漠地区使用,在 -40 ℃ ~ +50 ℃环境条件下均可正常工作。

六、润滑系统

(一)润滑系统的功用

柴油机润滑系统的功用是把清洁、带压力和温度适宜的润滑油送至各个传力零件的摩擦表面进行润滑,使柴油机的各个传力零件能正常地工作。具体地说,润滑系统具有以下方面的作用。

1. 润滑作用

对零件进行润滑,在摩擦表面上形成油膜,能避免金属直接接触,减少零件间的摩擦和磨损,提高零件使用寿命,从而减少机械损失,提高有效功率。

2. 密封作用

利用润滑油的黏性附着于运动零件表面,提高零件的密封效果。如活塞和气缸壁之间保持一层油膜,可防止燃气的侵蚀,增加活塞的密封作用。活塞环上的润滑油亦可起密封作用。

3. 净化作用

利用润滑油冲洗零件表面,带走摩擦时掉下来的金属细末和其他杂质,以减轻它们对零件表面的磨削作用。

4. 冷却作用

循环的润滑油把摩擦产生的热量带走,以保持摩擦副的正常温度。在全负荷时,机油总放热量一般占冷却系统全部放热量的20%~25% 。在强化的柴油机上,还用润滑油来专门冷却活塞。

5. 防锈作用

润滑油附着于零件表面,防止零件表面与水、空气及燃气接触而产生锈蚀。加约 3% 的抗氧化防腐剂,能增加抗腐蚀性和热稳定性。由此可见,润滑系统对保证柴油机可靠工作、提高机械效率及延长使用寿命等方面都有重大的作用。

(二)润滑方式

柴油机各运动零件的工作条件不同,所承受的载荷及相对运动速度都不同,所要求的润滑强度也不相同,因而采取不同润滑方式。润滑方式根据供油方式可分为三种,即压力式、飞溅式和综合式。

1. 飞溅润滑

飞溅润滑是借助于运动零件激溅起来的油滴或油雾，将润滑油送到摩擦表面上去。其特点是结构简单、消耗功率少、成本低，但润滑作用可靠性差，并且容易造成机油的氧化与污染。

2. 压力润滑

压力润滑是利用机油泵使机油产生一定的压力，连续不断地压送到各摩擦表面上去，其特点是工作可靠、润滑效果好，并具有强烈的净化和冷却作用，但结构复杂。

3. 综合式润滑

综合式润滑也称复合式润滑，它同时采用压力润滑和飞溅润滑两种方式，分别实现柴油机各摩擦表面的润滑。

(三)润滑系统的组成

BFL413F、BFL513 系列风冷柴油机的润滑系统由压油泵、回油泵、机油散热器、机油粗滤器、机油精滤器、各种阀门(包括带温度调节器的旁通阀、主油道压力阀等)及管道等组成。图 2—8为非增压柴油机润滑系统剖视图，图 2—9 为增压柴油机润滑系统剖视图，图 2—10 为道依茨风冷柴油机润滑系统示意图。从图中可以看出，道依茨风冷增压柴油机的润滑系统基本与非增压柴油机相同，只是增加了增压器润滑部分的管路。

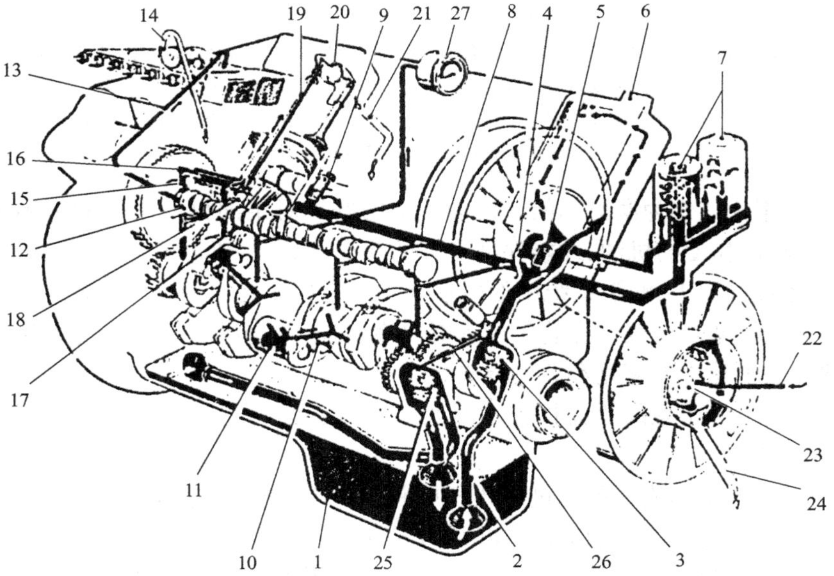

图 2—8 非增压柴油机润滑系统剖视图

1—油底壳;2—吸油管;3—带限压阀的机油泵;4—旁通阀体;5—机油散热器的旁通阀;6—机油散热器;7—带旁通阀的机油滤清器;8—主油道;9—主油道调压阀;10—主轴承;11—连杆轴承;12—凸轮轴轴承;13—通往喷油提前器和喷油泵油管;14—从喷油泵到曲轴箱的回油管;15—横油道通往配气机构和活塞冷却喷嘴;16—纵油道通往配气机构和活塞冷却喷嘴;17—活塞冷却喷嘴;18—挺柱;19—推杆(空心、供给摇臂润滑用油);20—摇臂;21—从气门室到曲轴箱的回油管;22—通往液力传动冷却风扇的油管;23—带离心式滤清器的冷却风扇液力耦合器;24—从冷却风扇液力耦合器到曲轴箱的回油管;25—带进、出油管的回油泵，仅用于倾斜使用柴油机的油底壳;26—用于润滑回油泵的油管;27—机油压力表

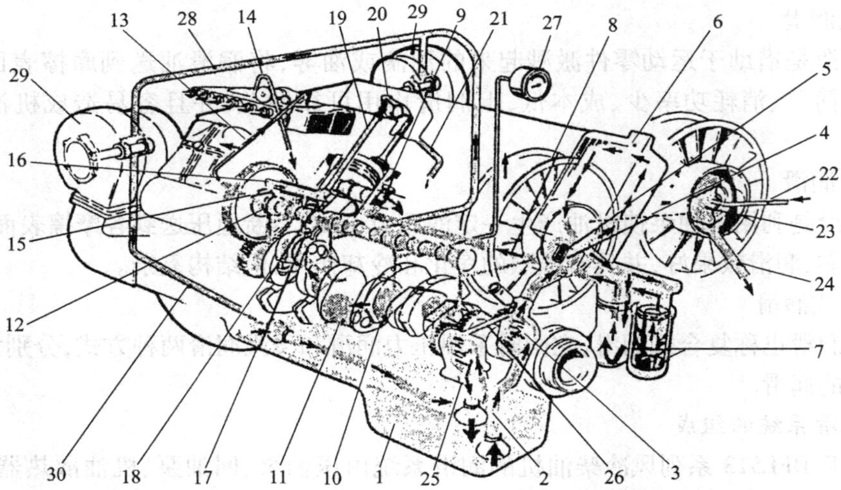

图 2—9　增压柴油机润滑系统剖视图

1—油底壳;2—吸油管;3—带限压阀的机油泵;4—旁通阀体;5—机油散热器的旁通阀;6—机油散热器;
7—带旁通阀的机油滤清器;8—主油道;9—主油道调压阀;10—主轴承;11—连杆轴承;12—凸轮轴轴承;
13—通往喷油提前器和喷油泵油管;14—从喷油泵到曲轴箱的回油管;15—横油道通往配气机构和活塞冷却喷嘴;
16—纵油道通往配气机构和活塞冷却喷嘴;17—活塞冷却喷嘴;18—挺柱;19—推杆(空心、供给摇臂润滑用油);
20—摇臂;21—从气门室到曲轴箱的回油管;22—通往液力传动冷却风扇的油管;
23—带离心式滤清器的冷却风扇液力耦合器;24—从冷却风扇液力耦合器到曲轴箱的回油管;
25—带进、出油管的回油泵,仅用于倾斜使用柴油机的油底壳;26—用于润滑回油泵的油管;
27—机油压力表;28—通往涡轮增压器的油管;29—排气驱动的涡轮增压器;
30—从涡轮增压器到曲轴箱的回油管

润滑系统是用机油作为润滑剂的。机油质量的好坏对柴油机使用寿命影响极大,只有按规定选用适当牌号、黏度的机油,才能保证良好的润滑,以减少机油消耗。

在柴油机运转过程中,润滑系统中的机油会不断耗损。耗损的原因主要有:

(1)机油通过活塞环或气门导管等窜入燃烧室烧损,未烧尽部分随废气排出;

(2)机油在曲轴箱中的雾化和蒸发损失;

(3)机油通过不严密处的泄漏损失。因此,柴油机运用中,应按照机油标尺的指示情况,及时补足润滑机油。

机油在润滑系统中的流动可通过图 2—10、图 2—11 的分析得知。从油底壳中来的机油,经由压油泵压入附件托架的内油道内;在附件托架中,高压机油分成左、右两路分别流往左、右两个机油散热器;从机油散热器冷却后的高压机油,在附件托架中重新汇合,经过两个并联的机油粗滤器进入柴油机左侧(从飞轮端看)的主油道。

(四)润滑系统的特点

(1)机油压力比较稳定;

(2)采用高速齿轮式机油泵;

(3)对机油品质要求高;

(4)采用全流式粗滤器与分流式精滤器;

(5)密封良好;

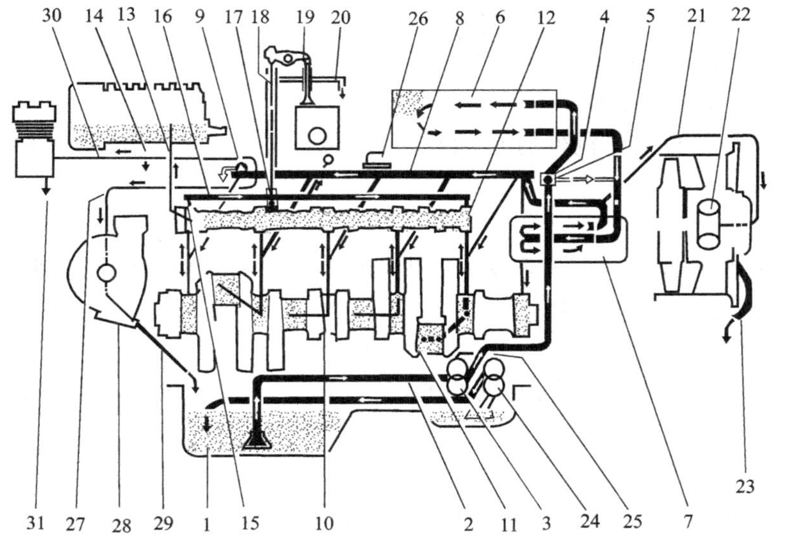

图 2—10　道依茨风冷柴油机润滑系统示意图

1—油底壳;2—吸油管;3—机油泵;4—旁通阀体;5—机油散热器的旁通阀;6—机油散热器;7—机油滤清器;8—主油道;9—主油道调压阀;10—曲轴轴承;11—连杆轴承;12—凸轮轴轴承;13—通往喷油提前器和喷油泵油管;14—从喷油泵到曲轴箱的回油管;15—横油道冷却正时齿轮和活塞;16—纵油道冷却正时齿轮和活塞;17—挺柱(带控制槽、间歇润滑摇臂);18—推杆(空心、供给摇臂润滑用油);19—摇臂;20—从缸盖到曲轴箱的回油管;21—通往液力传动冷却风扇的油管;22—带离心式滤清器的冷却风扇液力耦合器;23—从冷却风扇液力耦合器到曲轴箱的回油管;24—带进、出油管的回油泵,仅用于倾斜使用柴油机的油底壳;25—回油泵的油管;26—机油压力表;27—通往涡轮增压器的油管;28—涡轮增压器;29—涡轮增压器的回油管;30—通往空压机的油管;31—空压机的回油管

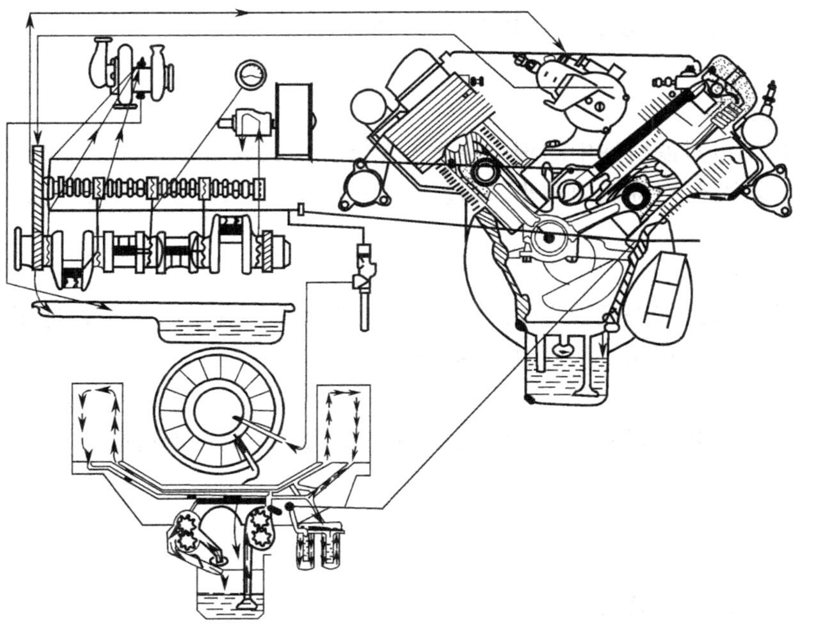

图 2—11　道依茨风冷柴油机润滑系统机油流向示意图

(6)内油道结构;

(7)多种润滑方式并存。

(五)润滑系统的主要机件

柴油机润滑系统的主要机件有机油泵、机油散热器、机油滤清器、各种压力阀及机油管路。

1. 机 油 泵

机油泵用以提高机油压力,保证必要的机油供油量,并强制将机油压送到柴油机各摩擦表面上去,使机油在润滑系统中循环。

2. 机油散热器

机油散热器用来降低柴油机内机油的温度,防止机油黏度过低,以保证机油的润滑性能。

3. 机油滤清器

机油滤清器的作用是清除循环机油中所含的杂质,防止杂质随同机油进入摩擦表面,保证机油在使用过程中具有良好的润滑性能,延长机油使用期限。

BFL413F、BFL513 系列柴油机机油润滑系统中设有机油粗滤器和机油精滤器。

(1)机油粗滤器

机油粗滤器用以滤去机油中较大直径的杂质,它与主油道串联,属于全流式滤清器。粗滤器对油流的阻力相对较小,可对摩擦表面起到直接保护作用。

机油粗滤器主要有两种结构:一种是滤芯和滤筒整体更换的罐头盒式粗滤器;另一种是可更换和定期清洗的滤芯式粗滤器。

金属网滤芯粗滤器的滤芯可以定期清洗、重复使用。在使用过程中,先安装纸质滤芯,以便在柴油机磨合阶段充分滤除机油中的磨屑,磨合过后,再换装金属网滤芯,然后定期进行清洗。

(2)机油精滤器

机油精滤器用以过滤机油中的细小杂质。能够较彻底地除去机油中机械杂质和氧化生成的胶合物,滤清能力强,对油流阻力小,通过能力好,结构简单,并不需要更换滤芯,所以使用成本低。

4. 压力阀及机油管路

为了使各润滑油道能得到规定的压力,在柴油机润滑系统中布置了各种压力阀。机油限压阀、单向阀、机油泵调压阀、机油散热器旁通阀。

5. 机油管路

从机油散热器与机油粗滤器出来的机油,进入润滑系统的主油道中。

七、冷却系统

(一)冷却方式

柴油机采用的冷却方式有两种:水冷却和风冷却。

水冷却是用水作介质冷却柴油机,然后将热传给空气。这种冷却方法的优点是冷却比较均匀,可使柴油机温度稳定在最有利的温度下工作,同时在冬季启动时,还可用灌注热水的方法来预热,便于启动。

风冷却是利用空气流动带走柴油机的一部分热量。在气缸和气缸盖的外壁上制有很多散热片,以增加柴油机受热部分与空气的接触面积(即散热面积)。利用风扇鼓动强大的空气吹在散热片上,使传给散热片的热量直接散发到空气中,并由空气流带走。散热片的尺寸和布置对冷却效果有重要的影响。气缸盖和气缸体上部的散热片一般要长一些,因为这些部分受热比较严重。散热片的方向通常与空气流的方向一致。

利用空气冷却的柴油机,结构简单、使用维修方便、故障少,启动柴油机所用的辅助时间短,冬天没有冻裂的危险,因此在缺水地区具有很大的优越性。风冷柴油机的缺点是冷却不够可靠,磨损比较严重,驱动风扇所消耗的功率大,工作时噪声较大。

(二)冷却系统

道依茨 BFL413F、BFL513 系列风冷柴油机的冷却系统主要由冷却风扇、机油散热器、中冷器、液压油散热器、排气节温器(或电控节温器)、各种挡风板及缸套、缸盖上的散热片等组成。图 2—12 是冷却风扇动叶轮示意图。图 2—13 为冷却系统的组成与冷却空气的流通状况图。气缸盖 5、气缸套 4、中冷器 6、机油散热器 3、前后挡板和顶盖板等组成风压室,冷却风扇产生的冷空气储积在风压室内,并建立起一定的风压室压力。风压室压力按各部件通道阻力的大小分配不同的风量,保证各部件都能得到可靠的冷却。

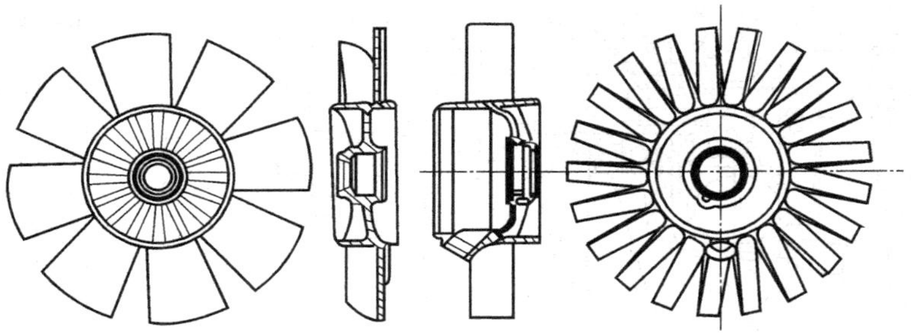

(a)动叶轮　　(b)静叶轮

图 2—12　冷却风扇动叶轮和静叶轮

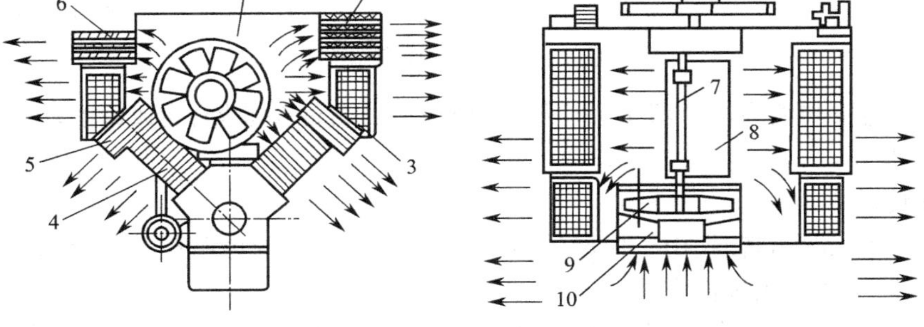

图 2—13　冷却系统的组成与冷却空气流通图

1—风压室;2—液压油散热器;3—机油散热器;4—气缸套;5—气缸盖;6—中冷器;7—传动轴;8—喷油泵;9—冷却风扇动叶轮;10—冷却风扇静叶轮

冷却系统可以安装一个或两个机油散热器,增压柴油机安装有中冷器。根据需要,在此系统中还可以安装液压油散热器。

冷却风扇吸入的冷却空气,经冷却系统中各散热器后,带走散热片上的热量,散发到大气中。冷却空气在柴油机上的流通状况见图 2—13,废气自由地由柴油机两侧排出,或沿一定的排气道排出,以避免排出的热气重新被吸入,形成热循环。

(三)冷却风扇

1. 结构特点

BFL413F、BFL513 系列风冷柴油机采用液力传动轴流压风式冷却风扇,其结构见图 2—14。冷却风扇由动叶轮、静叶轮、液力耦合器、驱动轴、密封件等组成。

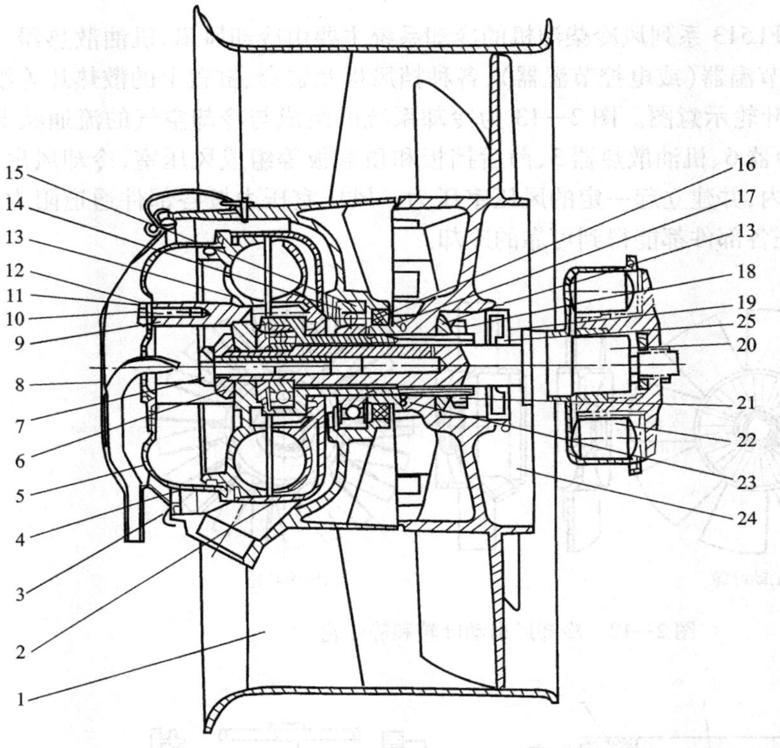

1—风扇静叶轮合件;
2—液力耦合器;
3—护罩密封圈;
4—滤清器密封圈;
5—滤清器罩;
6—耦合器座垫;
7—驱动轴紧固螺栓;
8—风扇护罩;
9—定位螺栓;
10—螺钉;
11—垫圈;
12—滤清器压圈;
13—中间环;
14—弹性垫圈;
15—轴承;
16—油封;
17—中间套;
18—垫圈;
19—自紧油封;
20—驱动轴;
21—螺母;
22—橡胶柱;
23—密封圈;
24—风扇动叶轮;
25—油封弹簧

图 2—14 冷却风扇总成

风扇滤清器罩与液力耦合器牢固连接,构成离心式机油精滤器,在风扇的转动过程中起过滤机油的作用。

2. 风扇传动

柴油机在变工况运转时,由于风扇的转动惯量很大,会造成风扇传动系统的断轴打齿。为此,风扇的传动一般采用挠性方式。

冷却风扇采用液力耦合器、胶辊联轴器、钢片法兰盘弹性联轴器等一系列挠性元件来驱动,从而解决了柴油机变况工作时,由于风扇转动惯量大,造成风扇传动系统的断轴、打齿等问题。采用液力耦合器可以根据柴油机热状态自动调节风扇转速,改变柴油机的冷却程度,从而避免柴油机过冷和过热,并减少在部分负荷时驱动风扇而消耗的功率,提高了柴油机的效率与经济性。

3. 液力耦合器

液力耦合器由离心式精滤器、风扇静叶轮、液力耦合器的主动轮(泵轮)、液力耦合器的被动轮(涡轮)、风扇动叶轮等组成。

液力耦合器的工作过程为:由胶辊联轴节驱动轴6传来的力,通过固紧在该轴上的压紧螺栓带动泵轮2旋转,而涡轮1与风扇动叶轮压紧在从动轴5上。在泵轮2和涡轮1之间充注着机油。该机油是从润滑系主油道经过排气节温器,到装在泵轮上并随同泵轮一起旋转的离心式精滤器,再到泵轮中部6个ϕ8 mm孔,最后流入泵轮与涡轮之间的空腔,并从耦合器外罩上ϕ1 mm的小孔流出,见图2—15。

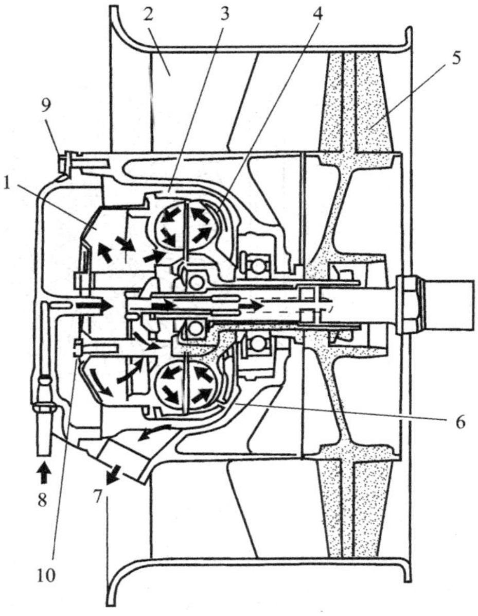

图2—15　液力耦合器的工作过程

1—离心式精滤器;2—风扇静叶轮;3—液力耦合器的主动轮(泵轮);4—液力耦合器的被动轮(涡轮);5—风扇动叶轮;6—节流阀孔;7—回油口;8—进油口;9—螺栓;10—固定螺栓

当泵轮旋转时,充注在泵轮里的机油将得到泵轮传来的转矩(能量),并按图2—15中箭头方向顺泵轮内腔作旋转运动,同时随泵轮一起作圆周运动。这时,泵轮中的机油从泵轮内半径运动到外半径,相应机油运动的绝对速度在圆周方向的分速度从慢到快。

根据液力学中液力传动的基本理论,泵轮传给机油的作用转矩等于流经泵轮的机油流量与环量变化的乘积。

从能量平衡看,泵轮消耗了能量(转矩),而使耦合器中的机油得到了能量,增加了环量。从泵轮中出来的带有环量的机油进入涡轮,并顺着涡轮内腔箭头方向继续旋转运动,机油便从涡轮外半径运动到内半径,相应的机油运动的绝对速度在涡轮圆周方向上的分速度从大到小。由于机油在涡轮中作旋转运动,对于液力耦合器这种特殊的液力传动,涡轮得到的转矩等于泵轮消耗的转矩,从而起到了液力传动的作用。

必须指出,泵轮与涡轮之间的传动像机械传动那样,彼此间均以同样的速度旋转。事实上,涡轮的转速一定要小于泵轮的转速,机油才能在泵轮与涡轮之间连续不断地作环流运动,否则,耦合器就不能起液力传动的作用。泵轮与涡轮间的转速差称为耦合器滑差。泵轮和涡轮的结构见图2—16,其结构参数见表2—2。

泵轮与涡轮之间的工作间隙为1 mm,材料为铝合金精密压铸件。从泵轮与涡轮的结构参数可见,该液力耦合器结构尺寸较小,但叶片较多、较薄,间隙较小。泵轮与涡轮叶片数不等,是为了防止液力耦合器工作时可能出现液力共振而影响其正常工作。

表2—2　泵轮与涡轮的结构参数(mm)

	外径	内径	叶片数	叶片厚
泵轮	ϕ150	ϕ75.5	40	2
涡轮	ϕ145	ϕ75.5	39	2

泵轮是液力耦合器的主动轮,涡轮是液力耦合器的被动轮。涡轮带动风扇转动,风扇的转速(即耦合器滑差)主要由所供给的机油量来确定,见图2—16。耦合器内的节流阀孔让不同

的机油量随耦合器主动轮转速和耦合器内机油油位的变化而流出,从而在所供给的机油量和流出的机油量之间达到平衡状态。耦合器内的机油油位和由此得到的风扇转速可以用无限可变的方式来调节。

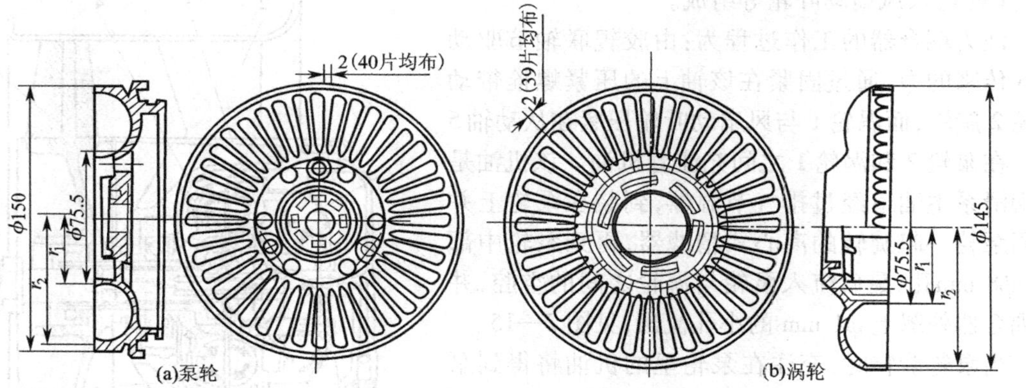

图2—16　泵轮和涡轮的结构(单位:mm)

4. 离心式滤清器罩清洗

发动机每工作 200 h 后,就要清洗离心式滤清器罩。首先拆下风扇护罩的三个螺栓(图2—15中9),取下风扇护罩,再拆下滤清器罩上的三个固定螺栓(图2—15 中10),用专用工具向右旋转取下滤清器罩,清洗其内部。安装时,注意密封圈的正确位置,损伤后的密封圈应更换。

八、SPZ-200 型配砟整形车发动机

SPZ-200 型配砟整形车发动机采用德国道依茨公司生产的 BF8L413F 型或 BF8L513 型风冷增压柴油机作为动力源。BF8L413F 型柴油机的额定转速为 2 300 r/min,最低持续运转转速为1 500 r/min,怠速为600 r/min,额定转速下的输出功率为 201 kW。BF8L513 型柴油机的额定转速为 2 300 r/min,最低持续运转转速为 1 500 r/min,怠速为 600 r/min,额定转速下的输出功率为 210 kW,转速在 1 500 r/min 时的最大输出扭矩为1 170 N·m。

柴油机采用电启动方式。24 V 蓄电池供电给启动电机,带动柴油机运转。柴油机启动后,由发电机输出恒定电压,为蓄电池充电,同时向全车辅助、控制电路供电。

第二节　万向传动轴和弹性联轴器

一、万向传动轴

万向传动轴简称万向轴,它的一端与柴油机输出轴弹性联轴器相连,另一端与分动齿轮箱的输入轴相接,通过万向轴就把柴油发动机所产生的动力传递给了分动齿轮箱。

SPZ-200 型配砟整形车采用可伸缩的万向传动轴,其结构见图 2—17,由连接法兰、十字轴、叉形头、防尘罩、花键套、花键轴等组成。万向轴全长 500 mm,可调整伸缩量为 40 mm,最大工作扭矩为 2 000 N·m。

万向节叉与法兰盘上的孔分别套在十字轴的两对轴颈上，见图 2—18，这样，当主动轴转动时，从动轴可随之转动，十字轴绕其中心可在任意方向上摆动。为了减少摩擦损失，提高传动效率，在十字轴轴颈和万向节叉或法兰盘孔间装有由滚针和套筒组成的滚针轴承。为了防止轴承在离心力的作用下，从万向节叉内脱出，套筒用螺钉和盖固定在万向节叉上，并用锁片将螺钉锁紧。十字轴是中空的，内腔储存润滑油并有油路通向轴颈以润滑轴承。润滑油从注油嘴注入十字轴内腔。为避免润滑油流出及尘垢进入轴承，在十字轴的轴颈上套装着毛毡油封。十字轴中部装有安全阀，当十字轴内腔的润滑油压力大于允许值时，安全阀开启，润滑油外溢，保证油封不致因油压过高而损坏。

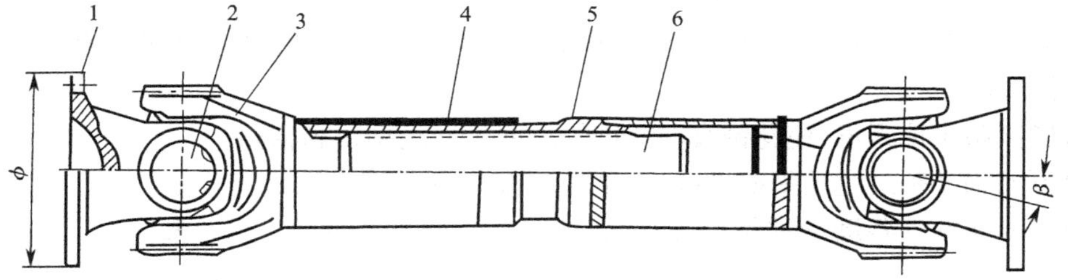

图 2—17 万向传动轴

1—连接法兰；2—十字轴；3—叉形头；4—防尘罩；5—花键套；6—花键轴

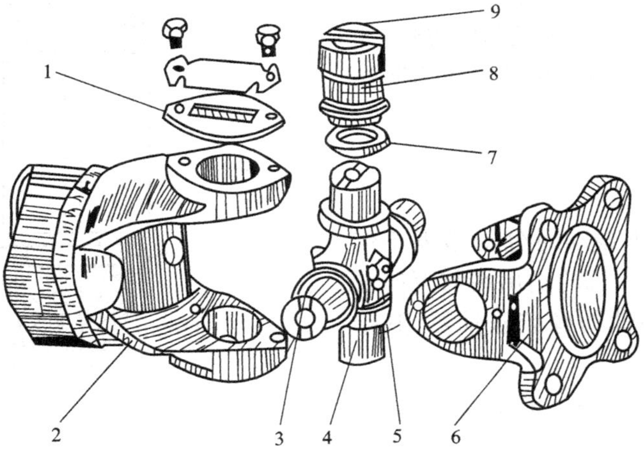

图 2—18 十字轴刚性万向节

1—轴承盖；2—万向节叉；3—油嘴；4—十字轴；5—安全阀；6—法兰盘；7—油封；8—滚针；9—套筒

这种刚性万向节可以保证在轴间交角变化时可靠地传递动力，其结构简单并有较高的传动效率。缺点是单个万向节在有夹角的情况下不能传递等角速度的运动，因为万向传动轴的主动轴作等角速度转动时，被动轴作周期性的不均匀转动。每转一周，被动轴两次超前和两次落后于主动轴。主动轴与被动轴的交角 β 愈大，被动轴的转速愈不均匀，因而引起的冲击振动和附加扭矩也愈大，所以为了实现两轴间等角速度运动的传递，需要采用双万向节，并在两万向节之间加一中间轴。

万向传动轴的结构具有如下特点：

(1)传动轴一般为空心轴,用无缝钢管制成,在传递同样大小的转矩时,空心轴具有更大的刚度,质量轻,节约钢材。

(2)花键传动轴在花键套中可以伸缩,但是伸缩量不能大于长度补偿量。必须保证传动轴在各种情况下,既不脱开又不顶死。

(3)为了润滑,花键轴和花键套在装配时须注入润滑脂。

(4)万向传动轴在高速重载下工作,为了保证传动轴运转的平稳性和可靠性,要求新组装的万向传动轴都必须进行动平衡试验,用焊接平衡片的办法使之平衡。平衡后应在叉和轴上刻上记号,以便拆装时确保原来的相对位置。

安装万向轴应注意以下事项:

(1)必须使两端叉形头十字轴安装孔中心线处在同一平面上,以减少冲击载荷,延长万向轴的使用寿命。

(2)紧圈防尘罩螺母,使花键套与花键轴之间的滑动副得到密封。

(3)万向轴必须经过动平衡试验,不平衡量符合技术要求。

(4)在万向轴的各磨动部位应加注适量的润滑脂。

(5)万向轴的伸缩端(即花键轴端)应与柴油机相连。

(6)连接法兰螺栓应紧固,螺栓紧固扭矩为150~170 N·m,并用铁丝锁好防松(如果有防松自锁螺栓时,最好全部更换为防松自锁螺栓)。

二、弹性联轴器

为了减轻柴油机振动对分动箱齿轮传动的冲击载荷,在柴油机的输出端与万向轴连接处,安装了高弹性的橡胶联轴器,其结构见图2—19。

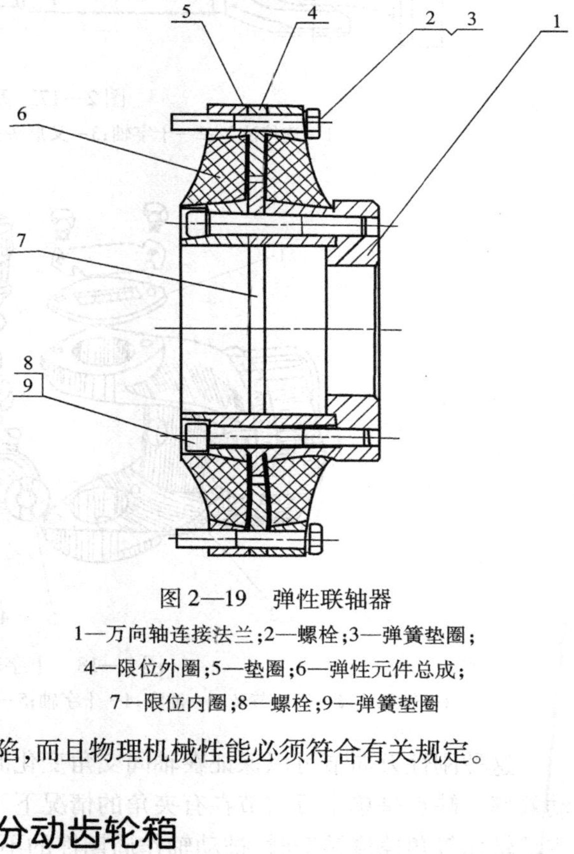

图2—19 弹性联轴器

1—万向轴连接法兰;2—螺栓;3—弹簧垫圈;4—限位外圈;5—垫圈;6—弹性元件总成;7—限位内圈;8—螺栓;9—弹簧垫圈

弹性联轴器主要由弹性橡胶元件、万向轴连接法兰等组成。弹性橡胶元件具有吸振作用,能吸收部分柴油机扭振,因此对其质量要求较高,不仅要求表面光滑平整,内部组织严密,不许有杂质、气泡、裂纹、老化及龟裂等缺陷,而且物理机械性能必须符合有关规定。

第三节 分动齿轮箱

分动齿轮箱主要用作整机的动力分配。它是一个速比为1.08的一级三轴减速箱,由一根输入轴与两根输出轴组成,其结构见图2—20。在两根输出轴的两侧,设有四个取力口,每个取力口都安装了一个液压油泵。

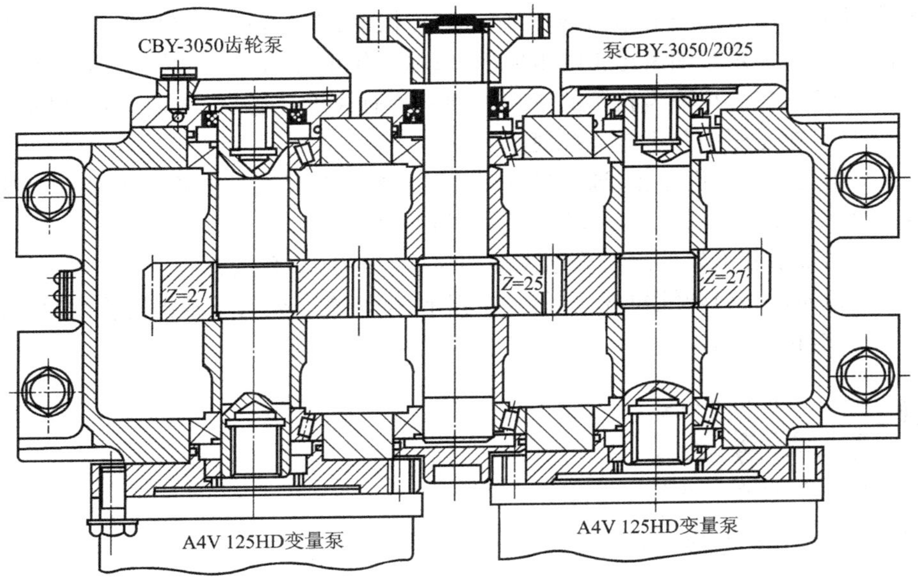

图 2—20　分动齿轮箱结构图

第四节　车轴齿轮箱

车轴齿轮箱具有高速、低速和空挡三个挡位，分别实现配砟整形车的高速区间运行、低速作业走行及连挂运行。高速、低速和空挡位的换挡，均应在停车后通过电液控制转换。车轴齿轮箱的结构见图 2—21。

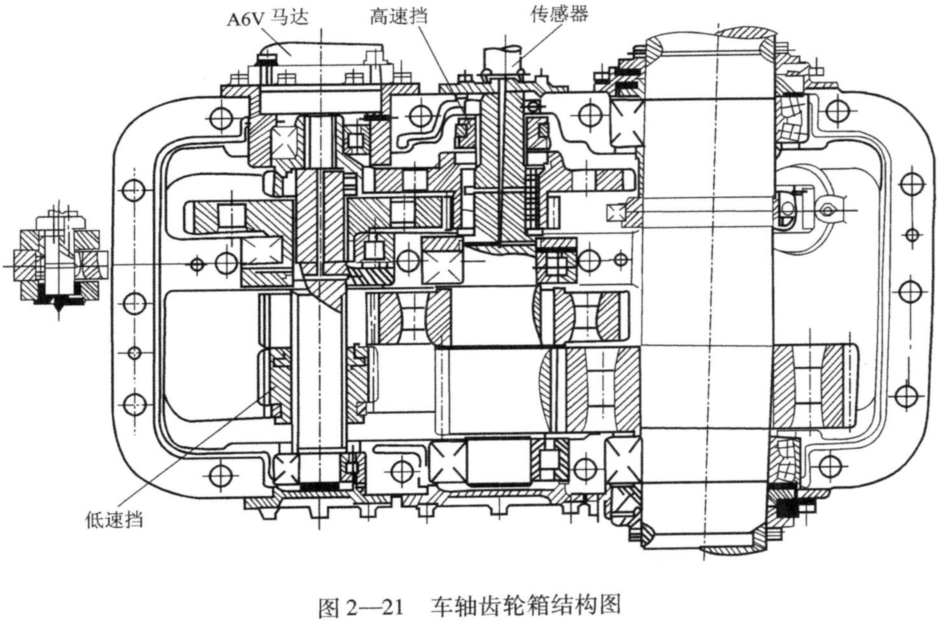

图 2—21　车轴齿轮箱结构图

前、后车轴齿轮箱结构完全相同,箱内包含有三根轴:输入轴、中间轴和车轴。车轴既是轮对的主要组成部件,也是车轴齿轮箱的组成部分;输入轴的输入端与液压马达相连,为车轴齿轮箱提供转动扭矩;在后车轴齿轮箱的中间轴端头装有速度传感器,故前、后车轴齿轮箱虽然结构完全相同,但在运用中并不能互换使用。

车轴齿轮箱也为减速齿轮箱,通过操纵变速机构控制传动齿轮的不同啮合,可实现最高传动比为 1∶7.052、最低传动比为 1∶39.354 的两种速比转换。

车轴齿轮箱轴承和齿轮的润滑采用飞溅和强迫(压力)结合的方式。

车轴齿轮箱通过一根弹性拉杆,悬吊在车架下,保证在车架与车轴齿轮箱相对位移不变的条件下,齿轮箱能正常运转。

复习思考题

1. SPZ-200 型配砟整形车动力传动系统的组成有哪些?
2. 道依茨风冷柴油机基本机型组成及符号含义是什么?
3. 道依茨 BFL413F、BFL513 系列风冷柴油机的冷却系统主要由哪几部分组成?
4. 液力耦合器由哪几部分组成?
5. 车轴齿轮箱的作用是什么?其结构如何?

第三章　车架与走行装置

SPZ-200 型配砟整形车车架是由型钢和钢板焊接而成的金属结构，用以承受整机重及纵、横向作用力，并且是安装发动机、驾驶室、传动装置、悬挂装置等部件的基础。车架两端安装中心式车钩，使配砟整形车能与其他车辆连挂。驾驶室是配砟整形车的控制、操作中心，内设一个主操作台，一个作业操作台，以及空调、采暖等其他设备。本章主要介绍车架、走行装置、驾驶室、空调及暖风等主要设备的构造和工作原理。

第一节　车　　架

车架是由两根纵向的主梁与一些横梁组成的框架，其结构见图 3—1。

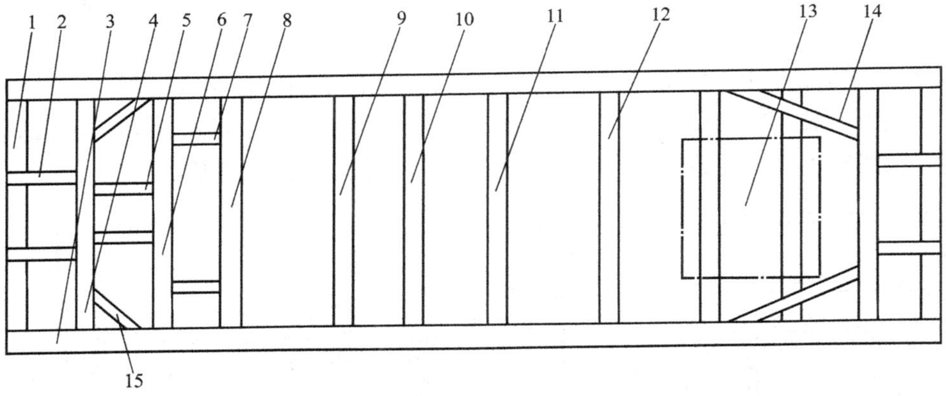

图 3—1　车架结构示意图

1—端板；2—牵引梁；3—主梁；4—冲击梁；5—角钢梁；6—框架；7、9、12—槽钢梁；8—拉臂梁；10—工字钢梁；11—门架；13—柴油机安装位置；14—后斜撑梁；15—角钢梁

一、主　　梁

主梁 3 是车架的主体部分，共两根，纵向配置，贯穿于配砟整形车全长，并与横向梁焊接形成一个主要受力框架。主梁由钢板焊接而成，截面是工字形。两根主梁的拼接焊缝不能在同一平面内，应错开 200 mm，焊接时要严格控制焊接质量，不得有夹渣、咬肉等缺陷，焊渣应清除干净，并保证成形后不出现扭转变形和挠曲变形。

二、冲击梁、牵引梁

冲击梁 4 是一横向箱形截面梁，有前后两根，其两端与主梁 3 焊接，中间与纵向牵引梁连接。牵引梁2前端安装车钩缓冲装置。由车钩缓冲装置传来的牵引力和冲击力传到牵引梁上,再由牵引梁传到冲击梁上,最后传到主梁上,使传到主梁上的力得以分散和减小,对牵引力及冲击力起缓冲作用。

三、拉臂梁

拉臂梁8是二横向箱形梁,其两端与主梁3焊接,并通过两根槽钢梁7与框架6连接,起到加强车架的作用。

四、其他

车架中还有其他横向梁,如槽钢梁9、12及工字钢梁10。它们均起到加强车架的作用,并能承受横向载荷。另外还有安装柴油机的支座13。

第二节 走行装置

SPZ-200型配砟整形车是固定轴距为5.5 m的两轴车。由于配砟整形车的总长仅为13.5 m,所以走行部未采用转向架结构。配砟整形车的高、低速走行均采用两轴同时驱动的方式。

配砟整形车的走行机构见图3—2,由前后轮对、轴箱、车轴齿轮箱、减振装置、轴箱定位装置、牵引装置等组成。车轴齿轮箱接受动力传动系统中的液压马达所传递的柴油机动力,经过齿轮传动,最终驱动轮对运转,使配砟整形车实现向前或向后、高速或低速运行。

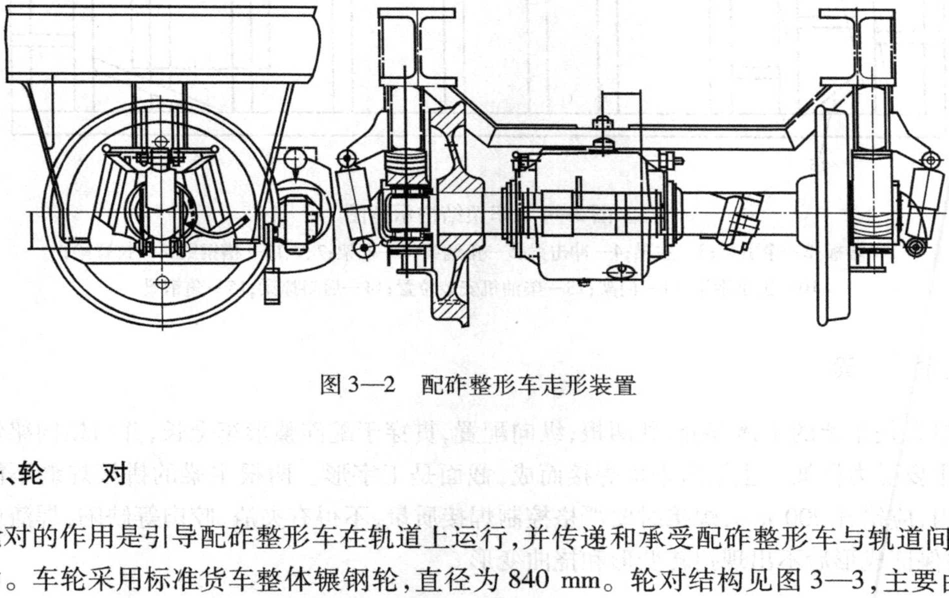

图3—2 配砟整形车走形装置

一、轮对

轮对的作用是引导配砟整形车在轨道上运行,并传递和承受配砟整形车与轨道间的相互作用力。车轮采用标准货车整体辗钢轮,直径为840 mm。轮对结构见图3—3,主要由车轮、车轴、轴箱等组成。轮对的结构与状态影响着配砟整形车的运行平稳性和安全性,所以,在运用中应加强对轮对的检查和养护。

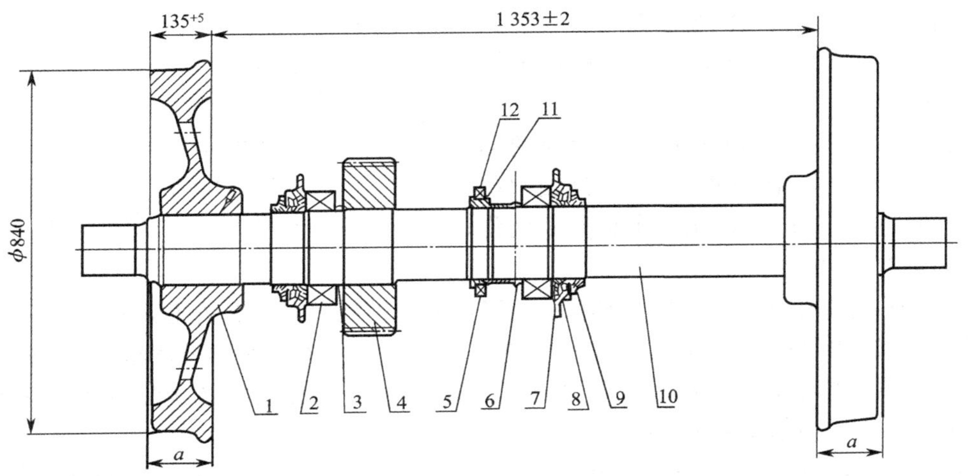

图 3—3　轮对(单位:mm)

1—车轮;2—轴承;3—隔套;4—车轴齿轮;5—偏心套;6—挡套;7—迷宫套;
8—轴承盖;9—压盖;10—车轴;11—轴用弹性挡圈;12—轴承

(一)车　　轮

车轮由轮辋、辐板和轮毂等部分组成,见图 3—4。车轮与钢轨的接触面称为踏面,突起部分称为轮缘,是保持车轮沿钢轨运行,防止脱轨的重要部分。轮辋处于最复杂的承载条件下,它的材料应具有很高的强度,很大的冲击韧性和耐磨性。轮毂紧固在车轴上,所以应具有必要的韧性。辐板是连接轮辋和轮毂的部分,辐板上有两个圆孔,便于轮对在切削加工时与机床固定和搬运轮对之用。

车轮的踏面做成一定的斜度,其目的如下:

(1)便于通过曲线。车辆运行在曲线上,由于离心力的作用,轮对靠向外轨,于是在外轨上滚动的车轮与钢轨接触部分的直径较大,沿内轨滚动的车轮与钢轨接触部分的直径较小,这正好与曲线上外轨长、内轨短的情况相适应,可使轮对较顺利地通过曲线,减少车轮在钢轨上的滑行。

(2)在直线线路上运行时,如果车辆中心线与轨道中心线不一致,则轮对在滚动过程中能自动纠正偏离位置。

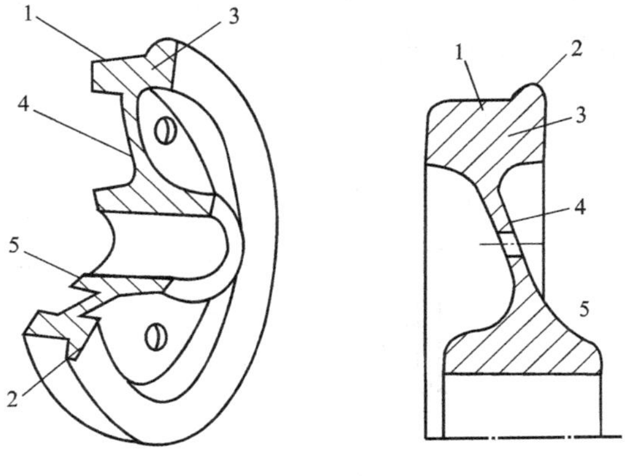

图 3—4　车　轮

1—踏面;2—轮缘;3—轮辋;4—辐板;5—轮毂

(3)踏面磨耗沿宽度方向比较均匀。由于车轮是圆锥体,各处直径不一样,按规定车轮在离轮缘内侧 70 mm 处测量所得的直径为名义直径,该圆称为滚动圆,即滚动圆的直径为车轮直径。配砟整形车的车轮直径为 840 mm。

(二)车　　轴

铁路车辆用的车轴绝大部分是圆截面实心轴,用优质碳素钢锻造而成。由于各部位受力状态不同,其直径也不一样,见图3—5。

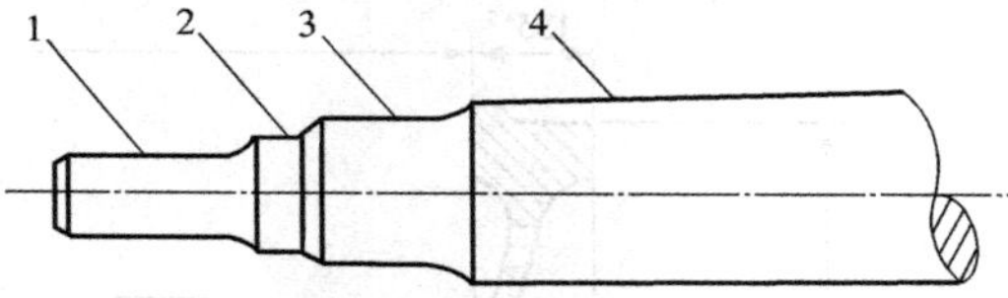

图3—5　车　轴

1—轴颈;2—防尘板座;3—轮座;4—轴身

(1)轴颈:用以安装轴承,承受车辆的上部重量,传递载荷。

(2)防尘板座:是车轴上安装防尘板的部位,其直径比轴颈大,比轮座直径小,是轴颈和轮座的中间过渡部分,可以减少车轴截面变化而引起的应力集中。

(3)轮座:是车轴上压装车轮的部位。为了保证轮轴之间有足够的压紧力,轮座直径比轮毂孔径大0.10~0.35 mm。同时,为了便于轮轴压装,轮座直径自里向外逐渐减小,成为锥体,其小端较大端直径小1 mm,锥体长5~7 mm。轮座与轴身交接处也必须缓和过渡,不允许有任何凸肩存在,以免引起应力集中。

(4)轴身:为车轴中央部分。一般车辆由于该部分受力较小,两端从轮座开始向内直径逐渐减小,但配砟整形车由于要安装车轴齿轮箱,受力较大,因此车轴直径反而最大。

为了提高车轴强度,轴颈、防尘板座、轮座和轴身部位要进行精加工并滚压强化,车轴端面有中心孔,便于轮对在机床上进行卡装。车轴中心孔见图3—6。

二、轴　　箱

轮对是通过轴箱与车架连成一体的,车辆的载荷经轴箱传到轮对,最终传递给钢轨,而钢轨对车轮的作用力也经过轴箱传递到车架上。轴箱还起到限制轮对纵向、横向位移的作用,并润滑轴颈,减少摩擦,防止燃轴,降低运行阻力,保证车辆安全运行。

轴箱结构见图3—7,内装两个向心圆柱滚子轴承。轴承的内圈加热后套装在轴颈上,随车轴一起转动,外圈与轴箱内孔动配合,可缓慢地在轴箱中转动,使外圈受载部位不断变化,延长轴承使用寿命。

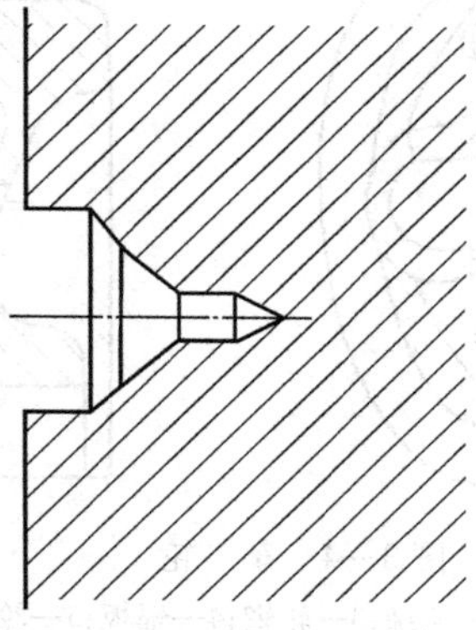

图3—6　车轴中心孔

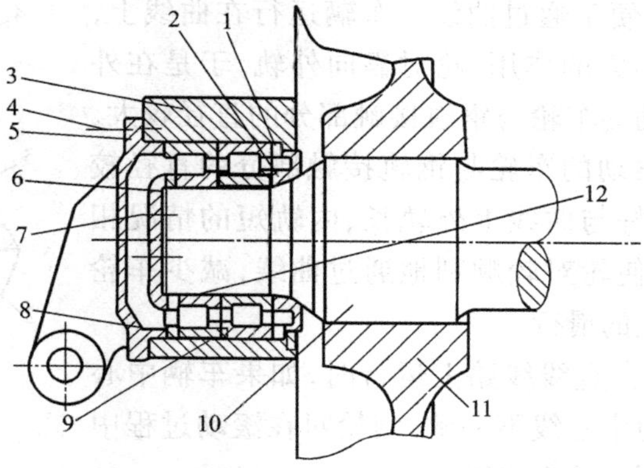

图3—7　轴箱的结构

1—防尘圈;2—后挡;3—轴箱体;4—连接螺栓;5—轴箱盖;6—轴端盖;7—连接螺栓;8—前轴承;9—后轴承;10—车轴;11—车轮;12—调整垫圈

圆柱滚子轴承的滚柱与内、外圈的滚道成线接触,承载面较大,因而承受径向载荷的能力也较大,能支撑起配砟整形车的整机重量,而且结构简单,工作可靠。

组装时应往圆柱滚子轴承与轴箱空间内充注Ⅱ号锂基润滑脂,充注量为轴箱内空间容积的2/3为宜。为了防止轴箱内的润滑油脂向外泄漏和外部的尘土进入轴箱内污染润滑油脂,损坏轴承,箱体的前端用轴箱盖完全密封,后端则由后挡及防尘圈密封。

三、减振装置

SPZ-200型配砟整形车减振装置由液压减振器(图3—8中的4)及橡胶减振弹簧(图3—8中的6)组成。走行部分安装液压减振器及减振橡胶弹簧的目的是用来缓和与消减由于车辆在轨道上运行时引起的各种周期性与非周期性的振动与冲击。

(一)液压减振器

液压减振器主要是利用液体黏滞阻力作负功来吸收振动能量。

1. 液压减振器的工作原理

液压减振器实质上是一个密封的、充满油液的油缸。缸筒内有一活塞,把缸筒分成上下两个部分,活塞上有一小孔称为节流孔,见图3—9。油缸体固定在与轮对一体的轴箱盖或构架侧梁上,活塞杆固定在转向架弹簧上部的构架摇枕或直接固定在车架上,当轮对受到激扰而使转向架构架作上下振动时,活塞在缸筒内产生上下相对位移。当活塞向上运动时,缸筒上部分体积缩小,下部分体积增大,由于油缸是密封的,将引起油缸上部油液的压力增大而下部油液的压力降低。油缸内上下两部分的压力不同,于是压力高的油液就通过活塞上的节流孔流到压力低的下部分去;当活塞向下运动时,则油缸内上部体积逐渐增大,而下部体积逐渐减小,油液又通过活塞上的节流孔由下部流到上部去。油液通过节流孔产生阻尼力,这种阻尼力能耗散自振能量,该阻尼力的大小与油液的流速、节流孔的形状和孔径的大小有关。油液流速愈大,阻尼力也愈大,而流速取决于活塞的运动速度和节流孔的大小,所以减振器的阻尼力将随振动频率和振幅的增长而增大,同时,通过改变节流孔的大小,可以实现减振器阻尼力的调整。

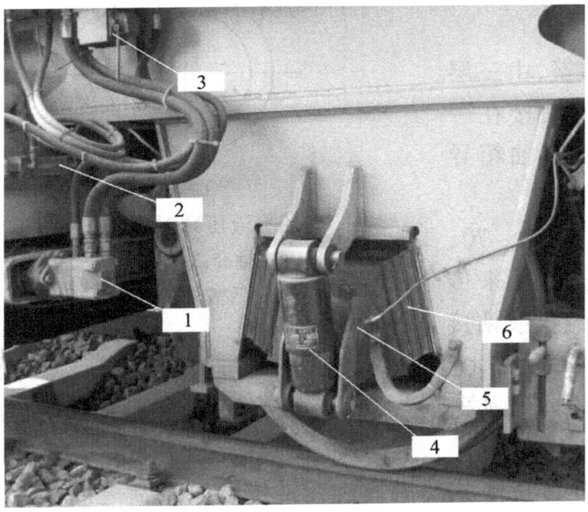

图3—8 SPZ-200型配砟整形车减振装置及清扫装置部分图

1—清扫装置输送带马达;2—清扫装置气锁;3—清扫装置升降油缸手动控制阀;4—液压减震器;5—轴箱;6—橡胶减震弹簧

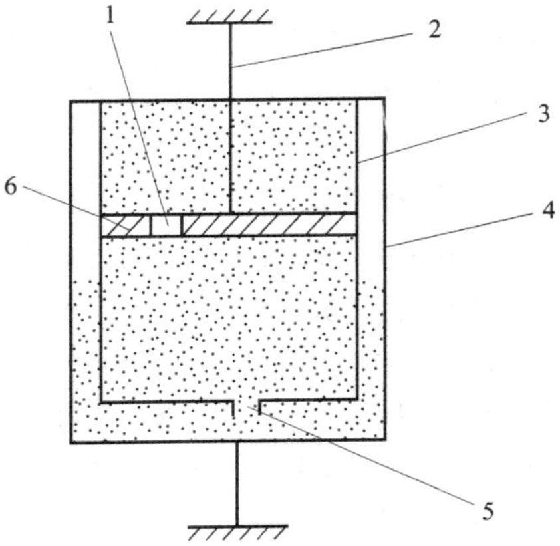

图3—9 液压减振器工作原理图

1—节流孔;2—活塞杆;3—缸筒;4—储油筒;5—补排油孔;6—活塞

活塞上下运动的同时,油液通过缸筒底部的补排油孔进行补油和排油。压缩时,排出缸筒下部多余油液,拉伸时,向缸筒下部补充油液,防止产生真空和硬性冲击。

2. 液压减振器的结构

E63.01DZ 型液压减振器的结构见图 3—10,主要由活塞部、进油阀部、缸端密封部、上下连接部四部分组成。

液压减振器是一种良好的减振装置,它能有效地消耗振动能量,衰减振动幅度,而且,振动速度越高,振幅越大,减振效果越显著。

3. 液压减振器使用的油液类型

根据液压减振器用油液的基本要求,考虑到我国地域广大,南北温差大的特点,为了保证液压减振器在低温条件下正常工作,E63.01DZ 型液压减振器一般选用 SYB1207-56 号仪表油。在我国南方地区,如果运行区间内的温度不低于 −20 ℃,也可采用 22 号透平油和变压器油各 50% 的混合油液。

4. 配砟整形车 E63.01DZ 型液压减振器

配砟整形车采用 E63.01DZ 型液压减振器,其行程为 110 mm,拉伸方向阻力和压缩方向阻力均为5.7 kN,阻尼系数为 75 kN · s/m。液压减振器使用两年后,要在专用试验台上进行性能试验,不合格的液压减振器应及时修理或更换。

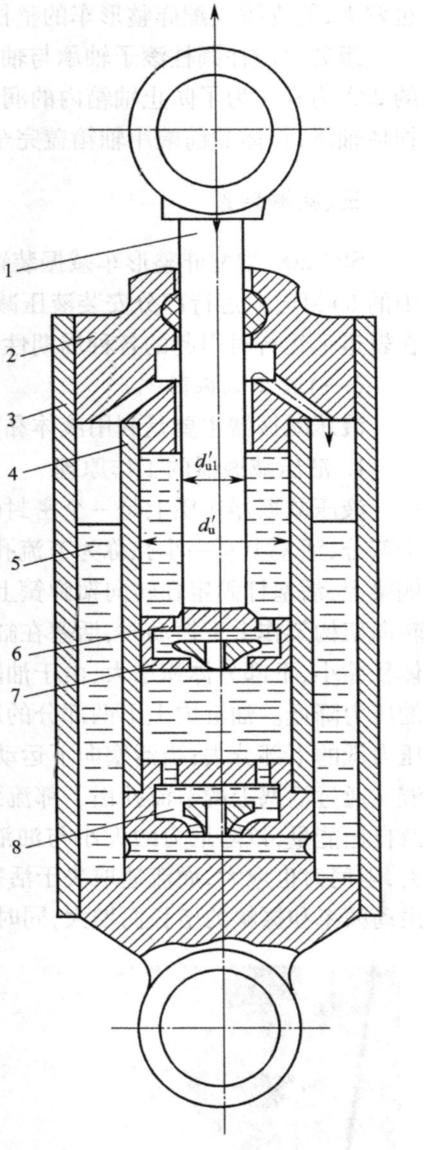

图 3—10 液压减振器原理图

1—活塞杆;2—导向轴套;3—缸体;4—工作油缸;5—储油室;6—活塞;7—上阀;8—下阀

(二)橡胶减振弹簧

配砟整形车采用的是复合型橡胶减振弹簧,由三层橡胶金属垫组成,采用硫化法将橡胶与金属粘接在一起,见图 3—11。橡胶减振弹簧安装于轴箱与轴箱导框间。

橡胶减振弹簧中使用的橡胶,其硬度为 HS50 ~ 70,具有较高的疲劳强度,且耐温、耐油。金属板是用来传导热量的,通常橡胶元件与金属加强板采用硫化或粘接的方法牢固地连接在一起,这样就提高了弹簧的可靠性和寿命,同时也增加了刚度。选择不同的橡胶片的层数和安装角度,可达到所需要的轴箱弹簧静挠度,同时能够保证构架和轴箱之间在纵向和横向不同定位刚度的要求。

弹性元件加载后,将产生一定的挠度。弹簧特性就是指弹性元件挠度与载荷之间的变化关系,而弹性元件的静挠度为弹簧在自由状态下的高度和在静载荷作用下的工作高度之差。静挠度大,表示弹性元件的刚度好、弹性强。

橡胶减振弹簧在使用过程中会逐渐老化，对于出现龟裂、老化、脱胶和性能参数异变的橡胶减振弹簧应及时更换，对使用一定年限的橡胶减振弹簧也必须更换。

四、牵引装置

SPZ-200 型配砟整形车前后均装有由车钩和缓冲器组成的牵引装置，也称车钩缓冲装置，安装在车架两端的中部，见图 3—12。牵引装置的作用是传递牵引力和制动力，缓和及减轻各种纵冲击力。

图 3—11 金属橡胶弹簧

1—金属板；2—橡胶层

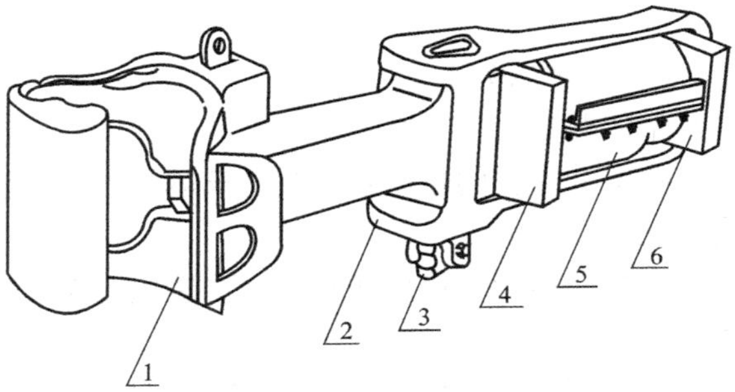

图 3—12 车钩缓冲装置

1—车钩；2—钩尾框；3—钩尾销；4—前从板；5—缓冲器；6—后从板

（一）车 钩

为了实现配砟整形车与其他铁路车辆的连挂与分离，车钩具有三种作用位置，即锁闭位置、开锁位置、全开位置，见图 3—13。

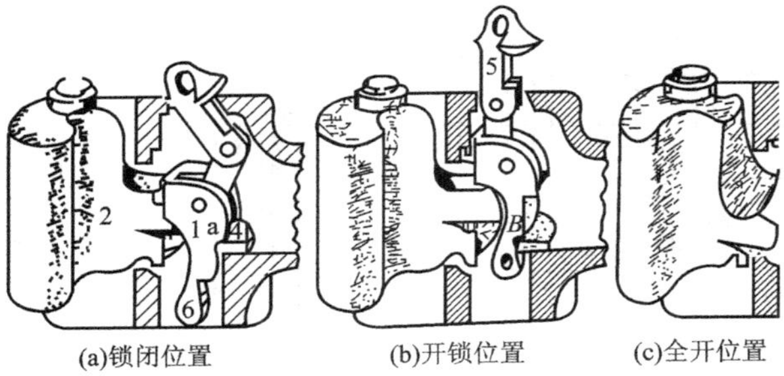

(a)锁闭位置 (b)开锁位置 (c)全开位置

图 3—13 车钩三态作用位置

1—钩锁铁；2—钩舌；3—钩舌销；4—钩舌推铁；5—钩提销

1. 车钩三态

（1）锁闭位置：两车钩互相连挂在一起时的位置。此时，钩舍的尾部被落下的钩锁铁挡住，钩舌不能绕钩舌销向外转动。

（2）开锁位置：两车钩准备相互分离的位置。此时，钩锁铁被提起，尾部支承在钩舌推铁上，只要有一个车钩处在开锁位置，拉动车辆，这个车钩的钩舌就能绕钩舌销向外转动，使车辆分离。

（3）全开位置：两车钩准备连挂的位置。此时，钩舌已全部向外张开，要连挂的两车钩只要有一个处在全开位置，与另一车钩碰撞后，钩舌即被推入，钩锁铁落下形成闭锁位置。

2. SPZ-200 型配砟整形车钩

早期采用13号上作用式货车车钩，在运用过程中，因作业完毕有时需要在弯道上挂钩，此时，连挂就有些困难。为此，后期改用6G型内燃、电力机车(上作用式)车钩，此型车钩为铁道部部颁通用件，见图3—14。6G型车钩最大摆角为±16°；车钩中心线距轨面高为880 mm±10 mm；车钩拉伸破坏强度符合《车钩、钩尾框技术条件》(TB/T 456—91)规定。

车钩包括钩头、钩身、钩尾框三部分，钩头部分装有钩舌、钩舌销、钩锁铁、钩舌推铁等配件。

(二)缓 冲 器

车架的两端装有中心式车钩缓冲装置。

车钩缓冲装置的作用是与其他车辆连挂；传递牵引力和制动力；减缓车辆间的冲击力、惯性力等。

目前配砟整形车使用的车钩缓冲装置有MX-1型缓冲器、KC15型客运列车用弹性胶泥缓冲器。

早期生产的配砟整形车使用MX-1型缓冲器。MX-1型缓冲器的结构见图3—15，它的缓冲元件为九片金属橡胶弹簧和头部的压块、楔块。当缓冲器受压时，冲击力所产生的冲击动能，一部分转化成摩擦热能而消散，另一部分被橡胶弹簧所吸收，使冲击得到缓和及衰减。当外力消失时，橡胶弹簧吸收的能量得到释放，各零件恢复原形。

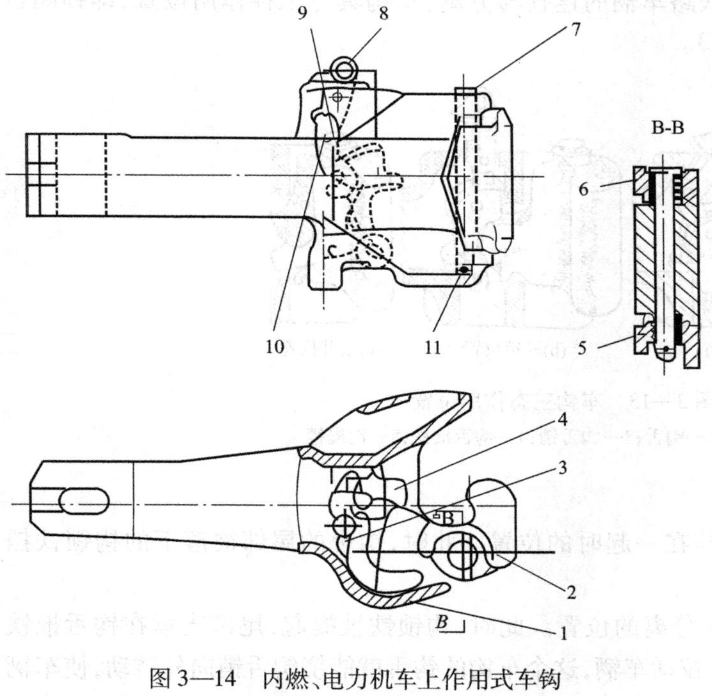

图3—14 内燃、电力机车上作用式车钩

1—钩体；2—钩舌；3—钩舌推铁；4—钩锁；
5—下沟耳孔衬套；6—上沟耳孔衬套；7—钩舌销；
8—上锁销；9—上锁销杆；10—销轴；11—开口销

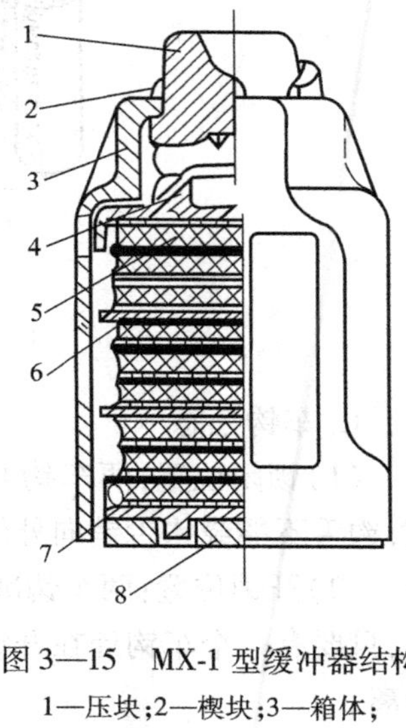

图3—15 MX-1型缓冲器结构

1—压块；2—楔块；3—箱体；
4—顶隔板；5—橡胶片；
6—中隔板；7—底隔板；8—底板

考虑到配砟整形车上装备了许多测量和精密控制元件,在机组连挂作业及运行中应尽可能具有低冲击力时的缓冲能力,自 2004 年开始选用阻抗力较低的 KC15 型客运列车用弹性胶泥缓冲器。KC15 型缓冲器性能参数见表 3—1。MT-2/3 型缓冲器为 RM80 型清筛机用缓冲器,在这里用于与 KC15 型缓冲器性能参数作比较。

表 3—1 KC15 型、MT-2 型和 MT-3 型缓冲器性能参数

项 目	单 位	缓冲器型号		
		KC15 型	MT-2 型	MT-3 型
初压力	kN	20	90 ~ 150	70 ~ 120
阻抗力	kN	≤800	≤2 200	≤2 000
行 程	mm	≤73	≤83	≤83
容 量	kJ	≥30	≥50	≥45
吸收率		≥80%	≥80%	≥80%
外形尺寸	mm	232 × 318 × 570		

第三节 驾 驶 室

一、结构概述

驾驶室是一个封闭的结构,用螺栓固定在车架上,可以拆卸,便于装车运输。驾驶室内设有作业及区间行走所需的全部操纵及控制设备,包括一个主操作台(图 9—2)和一个作业操作台(图 9—5),另外还装有空调、采暖设备等。驾驶室还具有隔声、隔热和防振的功能,因而能改善操作人员的工作环境,保证精密的电子仪器、仪表和设备不受外界温度和振动的影响。

二、驾驶室的隔声、隔热

配砟整形车在工作时,发动机、传动系统以及其他部分均会产生噪声,这类噪声多属低频噪声,另外,鸣笛和排气制动也会产生噪声,这类噪声多属高频噪声,所有这类噪声均会传入驾驶室。为了把驾驶室内的最大噪声控制在 80 dB 以下,SPZ-200 型配砟整形车采用了全封闭且内壁有良好吸声材料的驾驶室。

驾驶室内壁衬采用厚度为 40 mm 的软聚胺脂泡沫塑料作为吸声材料,内壁为厚度 5 mm 的贴塑三合板,两者构成复合吸声结构,隔声效果良好。

泡沫塑料同时具有良好的隔热性能,驾驶室采用泡沫塑料作内壁衬可以同时达到隔热的目的。

三、防 振

驾驶室与车架固定处装有 4 个金属橡胶弹簧,可以吸收从车架传来的振动,达到减振的目的,见图 3—16。

金属橡胶弹簧的外套用螺栓与车架上的支承座连接,内套则直接承受司机室传来的重量,并通过橡胶传给外套。支承板的作用一方面承受部分载荷,减轻橡胶所受负载,另一方面可防止振动时车架与司机室分离。

另外,在司机室与车架之间还装有四个橡胶垫,用于防止司机室的摇动。在司机室顶棚与遮阳板之间装有橡胶垫,用于吸收遮阳板在运行中的振动。司机室金属橡胶弹簧的安装结构见图3—17。

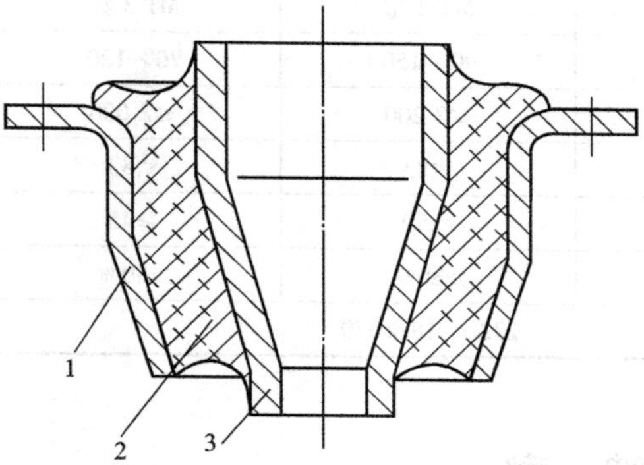

图3—16　司机室金属橡胶弹簧

1—金属外套;2—橡胶;3—金属内套

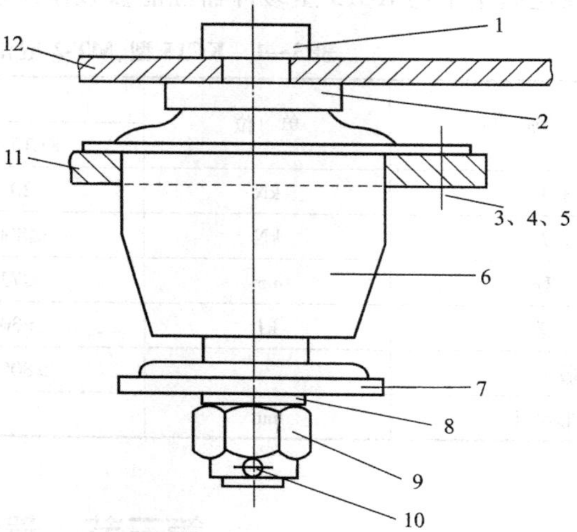

图3—17　司机室金属橡胶弹簧安装结构图

1—螺栓;2—大垫圈;3—螺栓;4—垫圈;5—螺母;6—金属橡胶弹簧;7—支撑板;8—垫圈;9—螺母;10—开口销;11—支承座;12—司机室底座

第四节　空调系统

SPZ-200型配砟整形车使用的空调为DYK型空调机。

一、DYK型空调组成

空调安装在司机室顶部,见图3—18;控制电路部分在司机室内,见图3—19。

图3—18　空调机安外观图片

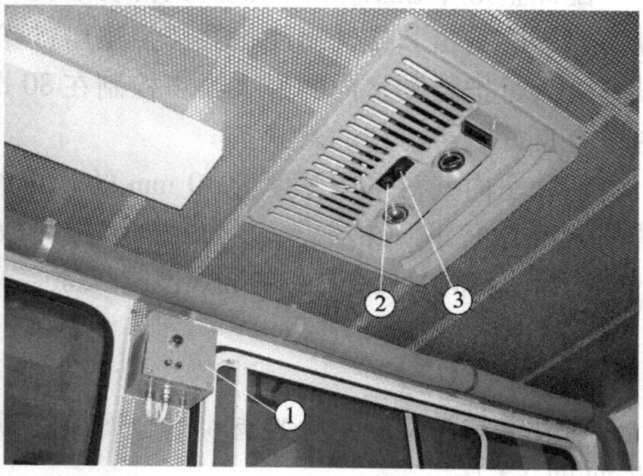

图3—19　司机室空调系统

1—空调控制箱(B42箱);2—空调制冷开关;3—空调换气开关

DYK 型空调机设备主要由制冷压缩机、冷凝器、膨胀阀、蒸发器、温控器、冷凝风机、液压马达、控制面板、外壳和暖风机等组成，并用管道连成一个封闭的循环系统。

二、DYK 型空调工作原理

DYK 型空调工作原理见图 3—20。

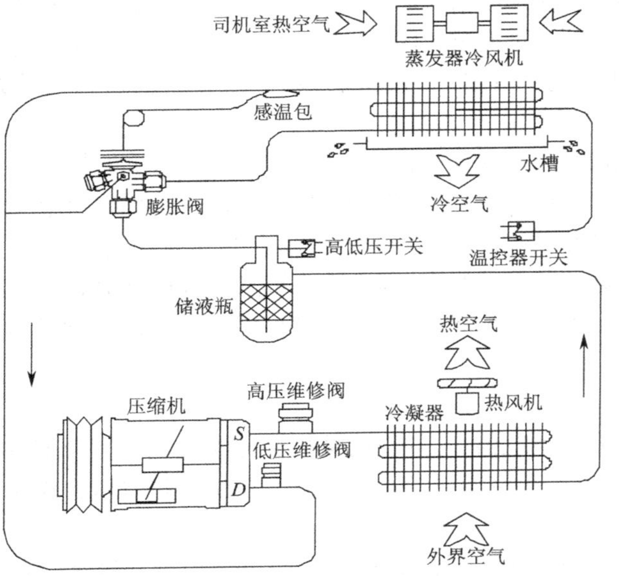

图 3—20　制冷系统工作原理图

配砟整形车压缩机与冷凝器、蒸发器、冷热风机和液压马达和暖风机等部件集中布置在司机室顶部，空调设计了四个独立的工作室，即冷凝室、蒸发室、暖风机和压缩机传动室，四个工作室之间的保温隔热均采用保温材料，制冷的管路也用其管材进行保温隔热；蒸发室两侧增加隔热护板，而且在空调机外壳内加用层厚25 mm 保温材料，从而使空调机制冷更佳，见图 3—21。

图 3—21　空调机内部结构图片

1—压缩机；2—液压马达；3—暖风机

液压马达驱动制冷压缩机工作，高温高压制冷剂蒸气离开压缩机的排气口，经过高压管路进入冷凝器冷却，热量由热风机排出大气中。以液态和气态混合的形式进入储液瓶干燥过滤，滤去杂质，除去水分。然后高温高压的液体制冷剂经膨胀阀减压节流后进入蒸发器，制冷剂从液态转变成气态过程中大量吸热。在此时，通过冷风机将冷空气送入司机室内，而室内湿热的空气通过蒸发器吸收它的热量。吸热后的制冷剂变成低压蒸气，被重新吸回压缩机加压，就这样周而复始地进行循环，使司机室内降温，达到制冷的目的。制冷系统工作原理见图 3—20。

三、DYK型空调控制器件

1. 膨 胀 阀

在空调装置中,膨胀阀是一个重要的部件。空调设备工作时,它能对制冷剂供液量进行自动调节,故称流量控制阀。它一方面向蒸发器送入充足的液体制冷剂,使蒸发器的冷却盘管内全部为液体制冷剂所浸润,以充分发挥蒸发器的制冷效能;另一方面,使蒸发器出口处的制冷剂能全部气化,而不至于因送入了过量的液体制冷剂造成部分液体制冷剂来不及气化而进入压缩机,发生"液击",致使阀损坏。膨胀阀就是为了最大限度地发挥蒸发器的能力而设置的。

膨胀阀的工作原理是利用反馈机构改变膨胀阀出口阀孔的开启度,从而改变通过膨胀阀制冷剂的流量,实现自动调节的目的。膨胀阀的传感器(毛细管)装在蒸发器出口管上。蒸发器出口管处的蒸气温度是预先由膨胀阀的弹簧调定的,该温度能保证蒸发器的能力得以最大限度地发挥。如该处蒸气的温度增高,则说明司机室内温度增高,需要增加制冷剂的流量,于是毛细管的 R_{12} 蒸气压力增大,并把压力信号反馈到膨胀阀,由传动机构使阀孔增大,反之,则阀孔缩小。

2. 温度控制器

温度控制器又称温度继电器,它的作用是控制压缩机电磁离合器的接合或分离。温度控制器有多种结构,配砟整形车空调设备采用的温度控制器是以压力作用原理来推动电触点通断的,这种型式在制冷设备上最为常用。

温度控制器通过传感器感受司机室内的温度,并将温度信号转变为压力信号,控制触点的通断,使电磁离合器接合或分离,控制压缩机的工作。当所控制的温度下降到给定下限时,触点断开,电磁离合器分离,压缩机停止转动;当所控制的温度回升到给定上限时,触点闭合,电磁离合器接合,压缩机重新启动。

3. 压力控制器

压力控制器亦称压力继电器,是一种受压力信号控制的电气开关。当压缩机的吸排气压力超出其正常工作压力范围时,压力控制器切断电磁离合器的电源,使压缩机停止工作。

压力控制器包括低压控制器和高压控制器两部分。低压控制器的波纹管室接压缩机的吸气腔,以监视和控制吸气压力。压缩机吸气压力过低,不仅影响空调设备韵正常工作,甚至不能制冷。故当吸气压力低于正常值时,波纹管室作用在推杆上的推力不足以克服弹簧的阻力,致使压缩机停转。

高压控制器的波纹管室接压缩机的排气腔,以监视和控制排气压力。如果排气腔的压力过高,超过正常运行负荷,很可能损伤压缩机的排气阀门。故当排气压力高于正常值时,波纹管室作用在推杆上的推力克服弹簧的作用使压缩机停转。

压力控制器的动作原理见图3—22。

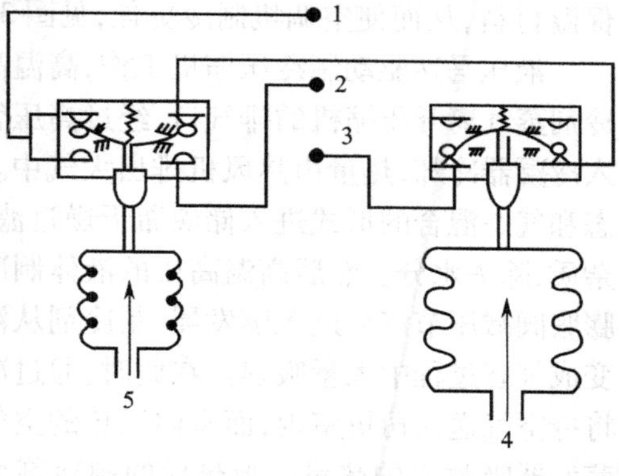

图3—22 压力控制器原理图

1—接电源进线;2—接事故报警(灯或铃);3—接接触器线圈;4—低压;5—高压

4. 液压马达、制冷压缩机及电磁离合器

液压马达通过V形皮带驱动制冷压缩机，使空调机的制冷系统工作。其动力的切换由制冷压缩机输入轴上的电磁离合器来实现，见图3—23。

制冷管路采用铜管连接，管路接头全部采用封焊工艺，制冷元件的管接头采用特殊密封方式，最大限度减少制冷剂的泄漏，见图3—24。

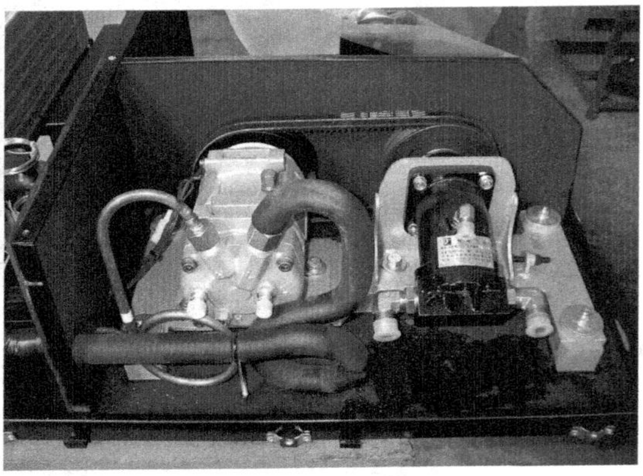
图3—23　液压马达与制冷压缩机

图3—24　制冷管路

5. 减振系统

液压马达、压缩机底板之间增加橡胶减振器。空调机底板与司机室顶面之间还有一层橡胶减振器，经过两级减振，见图3—25。

6. 优质的冷凝风机

有较好的耐热性能，能在60 ℃～70 ℃环境中持续工作。风机的电机外壳全密封，防尘、防水性能及电气绝缘性能好，运转噪声小，风量大，见图3—26。

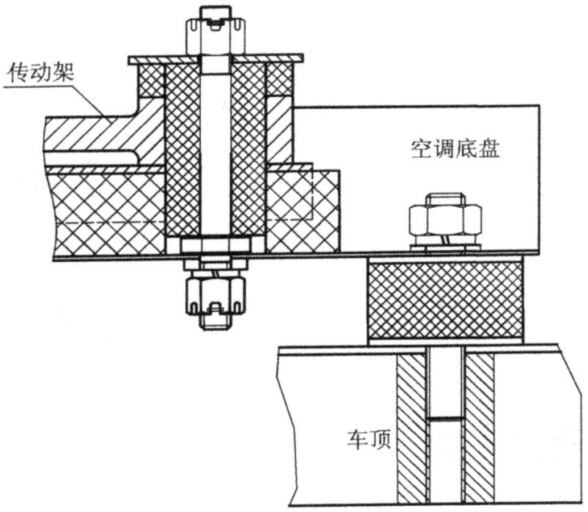

图3—25　空调橡胶减振器

图3—26　冷凝风机

四、DYK型空调技术参数

(1)制冷：制冷量：当室外温度为40 ℃，压缩机转速3 000 r/min，约8.5 kW

压缩机制冷功率:7.0~8.5 kW

压缩机工作转速:1 550~3 600 r/min

制冷剂:R 134a

冷凝机风量:1 800 m^3/h

蒸发风机风量:1 200 m^3/h

蒸发风机风量控制:三挡(30%、70%、100%)

(2)压力开关:高压压力关点:3.2 MPa

低压压力开点:0.2 MPa

(3)电气控制:工作电压:DC 24 V

最大工作电流:不大于 15 A

(4)液压:马达排量:12 ml/r

马达转速:550~3 600 r/min

(5)外形尺寸:1 350 mm×850 mm×350 mm

(6)质量:100 kg(包括暖风机)

图 3—27　空调机液溢流阀图

五、空调液压系统

空调机由独立的液压系统提供动力。

液压系统主要由齿轮油泵、溢流阀、手动(或电动)开关、齿轮马达、吸油滤清器等组成,液压系统的工作压力为 15 MPa,液压马达的开启与关闭通过操纵溢流阀(图 3—27)油路上的截止阀来实现。关闭溢流阀油路上的截止阀,则马达开始工作;打开溢流阀油路上的截止阀,则液压油通过溢流阀回油箱,马达停止工作。

空调系统的液压回路结构简单(图 3—28),一般不容易出现机械故障,但要经常检查吸油滤清器的工作状态。新车工作100 h 就应更换滤芯,以后每工作 500 h 更换滤芯。如果发现滤清器指示表指针摆到红线位置,应立即更换滤芯,以免造成油泵气蚀现象。另外,应定时检查溢流阀的设定压力值。

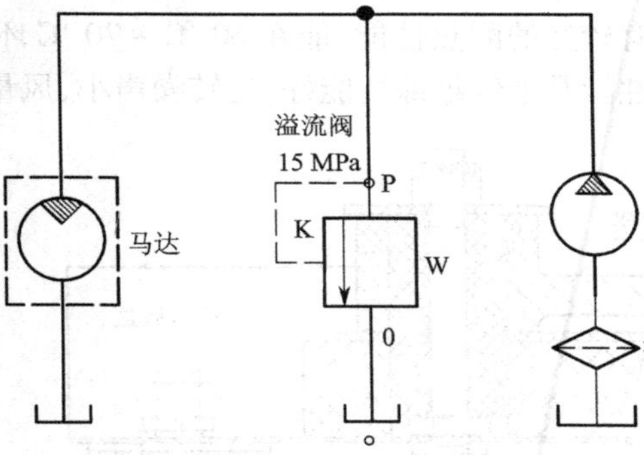

图 3—28　SPZ200 型配砟整形机的空调液压回路

第五节　采暖设备

一、概　　述

采暖设备按加热方式不同可分为独立温水式、独立燃烧式、电热式和热泵式四种。独立温水式取暖装置是利用温水通过散热器时加热周围空气来实现取暖的,多用于国产 202 型客车上。电热式取暖器亦称电热器,它是利用电流通过电阻丝而发热,加热周围空气来取暖的,它结构简单，耗电大，多用于电力机车上。热泵就是利用冷暖两用的热泵工况来取暖的，多用于空调客车上。独立燃烧式取暖装置亦称空气燃油加热器，它是利用燃油燃烧时放出的热量来取暖的，SPZ-200 配砟整形车司机室采用的就是空气燃油加热器这种型式，见图 3—29。

这种采暖设备是通过对空气进行加热后直接送出热风，因此大家把这种空气燃烧加热器，称之为暖风机。

目前部分车暖风装置的暖风机（空气燃油加热器）与空调装置合并在一起（图 3—21 中的 3），安装在司机室顶部。

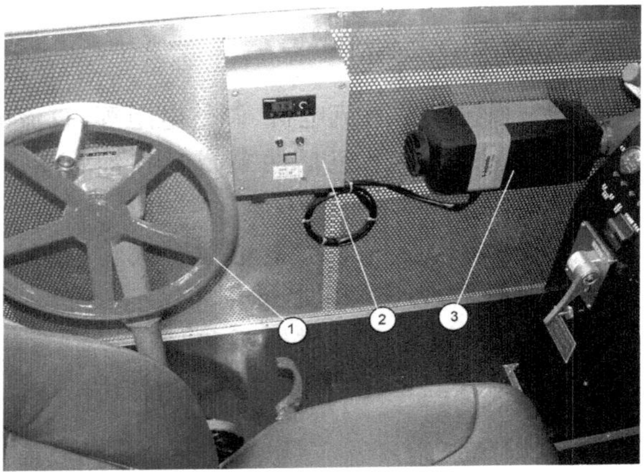

图 3—29　司机室暖风系统

1—手制动；2—暖风机控制箱（B21 箱）；3—暖风机

二、空气燃烧加热器结构

空气燃烧加热器的结构见图 3—30。

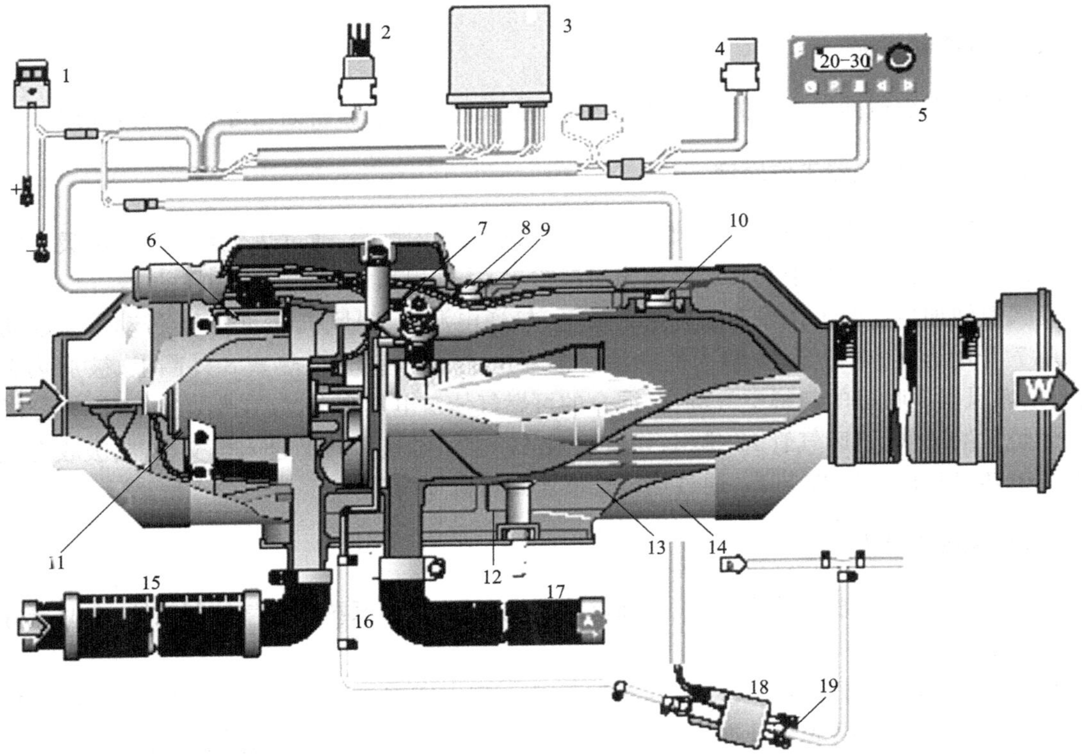

图 3—30　空气燃油加热器的结构图

1—保险丝；2—电流调节器；3—控制器；4—继电器；5—定时器；6—电阻器；7—助燃风扇；8—电热塞；9—过热传感器；10—火焰传感器；11—风扇电机；12—法兰接口；13—燃烧室；14—外壳；15—助燃风口；16—油管；17—废气管；18—电磁泵；19—过滤器

三、暖风动力系统

动力系统包括直流电机、调整电阻等,直流电机是电风扇、输油泵的动力源,见图3—31。

(1)燃油供给系包括油泵、油箱、油管等,起燃油输送作用。

(2)燃烧用空气供给系包括进气管、小风扇和调节器等,起燃烧供氧的作用。

(3)热交换用空气供给系包括进风口、风道和大风扇,起热交换的冷空气供给作用。

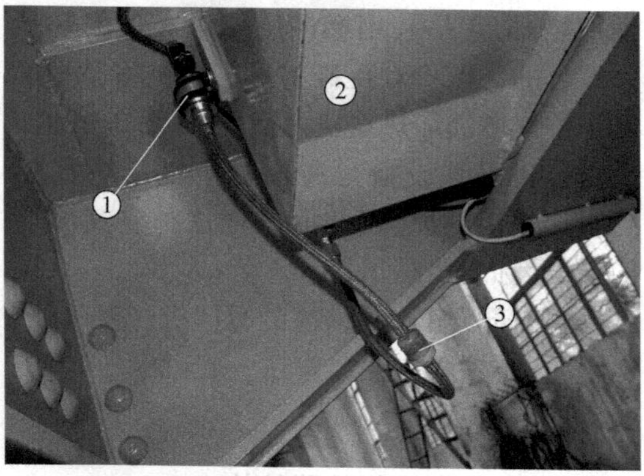

图3—31 车体左后端底部

1—暖风机输油泵;2—副油箱;3—滤清器

四、暖风燃烧系统

燃烧系统包括雾化杯、导风筒、燃烧室和电热塞等,起燃烧作用,为热交换提供热源。

五、热交换系统

热交换系统包括外壳和燃烧室之间的空间夹层风道等,起冷空气加热作用。

六、电气控制系统

电气控制系统包括操作开关、过热保护装置等,起控制加热器启动和可靠燃烧的作用。

七、空气燃油加热器工作原理

加热器以轻柴油或煤油为燃料,燃油在不锈钢燃烧室内燃烧,通过热交换使大风扇吸入的冷空气加热,变成60 ℃以上的暖风后由出风口输出,达到提高司机室温度的目的。

空气燃油加热器的工作原理图见图3—30。接通电源后,暖风机电动机11带动主风扇助燃风扇7开始运转,电磁泵18输入的燃油经油管送到燃烧室13电热塞8外圈上,被加热雾化,与助燃风扇3吸进的新鲜空气混合,混合的可燃气体被电热塞点燃,在燃烧室13内充分燃烧。燃烧后的废气,经废气管17排出;司机室内的冷空气经进风口F进入热交换器,吸收燃烧室产生的热量从出风口W排出,通过热风管道送到司机室内。

八、暖风结构特点

暖风机主要由燃烧室、热交换器、燃油供给系统、暖风交换系统和电气控制系统、定时器等六部分组成。

(1)燃烧室是燃油充分燃烧产生高温的场所。它由燃料管、电热塞和外加热圈、过热传感器和火焰传感器等组成。外加热圈将燃油雾化、混合,在电热塞点火引燃下,在燃烧器内燃烧;过热传感器测定燃烧室内的温度是否正常,火焰传感器用于感知燃烧室内的电热塞是否点火。

(2)热交换器位于燃烧室后端。从燃烧室产生的大量热量,通过热交换器外部的散热片,迅速将进入机体的冷空气加热至100 ℃以上的热空气,经主风扇排出。

(3)燃油供给系统由电磁泵、燃油管道、助燃风扇、油箱等组成。

(4)暖风交换系统由主风扇、热交换器、进出风口、热风管等组成。

(5)电气控制系统用于控制各种风扇、电磁泵、电热塞及自动控制元件(如火焰感温器、过热保护器、定时器)的正常工作。当暖风机热交换器温度过高或空气入口温度超过规定值(30 ℃)时,过热保护器动作,继电器自动切断电磁泵的电源,停止供油,燃烧室内停止燃烧;定时器可以设定并显示各种故障代码,便于判断和排除暖风机出现的故障。

(6)定时器用于设置定时自动启动和温度设定功能,以数字代码形式显示,见图 3—32。

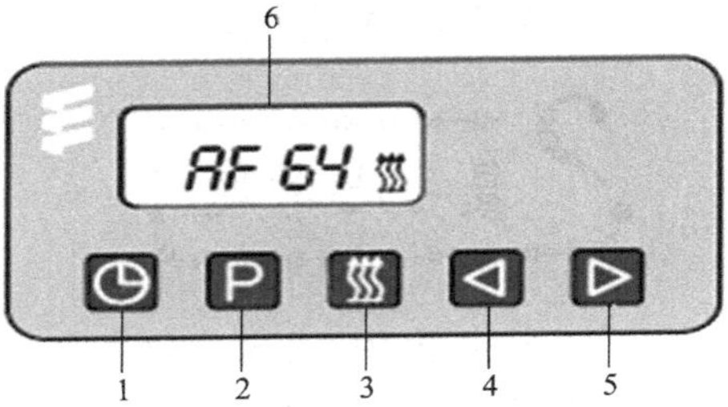

图 3—32　暖风控制及数码显示

九、暖风主要技术参数

型号	D5LC
加热介质	空气
燃油	0 号柴油(详细要求见表 12—7)
耗油量	0.15 ~ 0.58 L/h
出口暖风温度	85 ℃ ~ 100 ℃
暖风排量	138 ~ 235 m^3/h
工作电压	DC 20 ~ 28 V
电功率	40 ~ 80 W
电压自动保护	低于 20 V、高于 30 V 时,自动关闭暖风机
正常工作环境温度	不高于 40 ℃
适用海拔高度	1 500 m(1 500 m 以上向厂家咨询)
整机质量	8 kg
外形尺寸	526 mm × 180 mm × 195 mm

十、工作状态的自动控制

(1)开机后以 5.5 kW 工作,达到温度要求,下降为 4.8 kW,工作过程的加热能力取决于周围的环境温度。

(2)设定入口温度(10 ℃ ~ 30 ℃)时,暖风机自动换到低,继续运转,风机低速运行;当温度低于设定温度时,控制器将自动切换到“中挡”或“高挡”,风扇高速运转。

(3)工作中火焰传感器检测火焰,过热传感器控制最高允许温度。二者都通过控制器起作用,显示故障代码(查故障见表 12—8),控制器自动关闭暖风机。

(4)开机 90 s 内暖风机不启动,则按操作说明重新启动。如果油泵再供油 90 s 后,暖风机仍不启动,则显示故障代码(查故障见表 12—8)停机。

(5)工作过程中,火焰自己熄灭,则要重新启动。如果油泵供油 90 s 内,其不启动;或启动 10 min 后又不启动,则显示故障代码(查故障见表 12—8)停机。

(6)工作过程中,出现过热,过热传感器动作,供油中断,则显示故障代码(查故障见表 12—8)停机。

(7)工作过程中,电压低于20 V、高于30 V,则显示故障代码(查故障见12—8)停机。

(8)如果电热塞或电磁泵有问题,则显示故障代码(查故障见表12—8)停机。

(9)暖风机启动时,控制器检测主电机,若其不工作,则显示故障代码(查故障见表12—8)停机。在工作过程中,电机每4 min检测一次,如电机转速低于允许值,则显示故障代码(查故障见表12—8)停机。

(10)关机后,电热塞延时通电大约30 s,以清除燃烧残留物。

复习思考题

1. 车轴主要由哪几部分组成?
2. 轴箱的作用是什么?
3. 配砟整形车减振装置由哪些组成?
4. 牵引装置由哪几部分组成?

第四章　工 作 装 置

第一节　概　　述

一、工作装置组成及概述

工作装置是完成配砟整形车作业功能的执行机构，由中犁、侧犁和清扫装置组成，见图4—1。中犁和侧犁用来完成道床的配砟及整形作业，使作业后的道床布砟均匀，并按线路的技术要求使道床断面成形；清扫装置将作业过程中残留于轨枕及扣件上的道砟清扫干净，部分道砟经收集后通过输送带移送至道床边坡或砟肩，以达到《铁路线路修理规则》的要求，使线路外观整齐、美观。

图4—1　工作装置位置图

1—侧犁；2—中犁；3—清扫装置

工作装置在使用过程中应随时提升、偏转各种装置以适应工况要求和躲避障碍物。

二、SPZ-200 型配整形车的作业性能

最大配砟宽度：3 620 mm

最大整形宽度：6 600 mm

最大清扫宽度：2 450 mm

整形道床边坡：任意

作业速度：0 ~ 12 km/h

第二节 中 犁

中犁主要由中犁板、翼犁板、护轨罩、主架、气锁及中犁油缸、升降油缸等组成。中犁主要用于道床的配砟作业,还可以配合侧犁进行道床的整形作业。

一、中犁的结构

中犁装置的结构见图4—2。

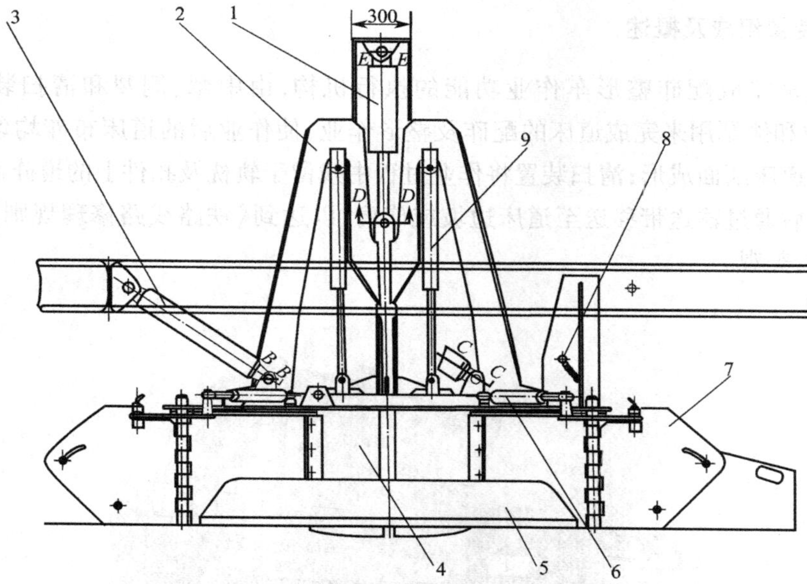

图4—2 中犁装置结构图

1—升降油缸;2—主架;3—连杆;4—中犁板;5—护轨罩;6—翼犁板油缸
7—翼犁板;8—机械锁;9—中犁油缸

1. 主架与升降油缸

主架是中犁装置的基础,它是由底板、吊板及中心轴组焊在一起的焊接结构件,底板接一用槽钢制成的正方形"圈梁",以保证主架具有足够的刚度。主架上部通过升降油缸悬吊在机体的门架上,下部底板上用四根相互平行的连杆悬挂于车架上,这种典型的连杆结构能保证中犁装置在升降过程中始终平行于轨面。同时连杆机构承受了中犁装置在作业时的外界阻力。升降油缸则是中犁装置升降的执行元件,在油缸小腔进油口处装有可调式节流阀,以使中犁装置升降平稳,到位准确。在底板前端两侧垂直焊接两块导向板,其间距比车架外侧宽度约大5 mm,导向板的作用是限制中犁装置的横动量。

2. 中犁板与中犁板油缸

其结构见图4—3。四块中犁板与线路中心线呈45°角"X"形对称布置,用中犁板油缸悬吊在主架的吊板上,中犁板沿主架中心轴和护轨罩上导流板的导槽上下移动,最大行程为450 mm,中犁板像个"闸",通过四块板不同的开闭组合来实现道砟的不同方向的流向,因此中犁板是道床配砟作业过程的主要执行元件之一。

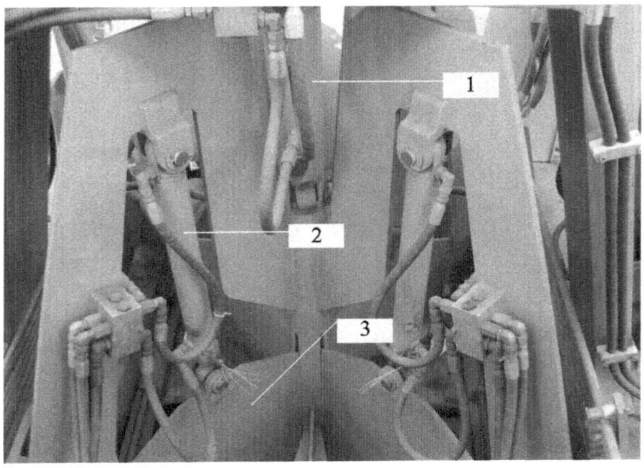

图 4—3　中犁板与中犁板油缸结构

1—中犁升降油缸;2—中犁板升降油缸;3—中犁板

3. 护轨罩与导流板

其结构见图 4—4。两个护轨罩对称布置在两股钢轨的正上方,每个护罩上焊接两块导流板,导流板与轨道呈 45°夹角,且与中犁板在同一截面内,用螺栓连接于主架底板下方,导流板的作用一方面为流动的道砟导向,另一方面为中犁板提供导向。而护轨罩的作用则在于,当进行道床配砟作业时,不使道砟堆积于钢轨两侧的扣件之上,甚至掩埋住钢轨,以保证机械在线路上正常施工。SPZ-200 型配砟整形车护轨罩可适用于任意轨型,操纵升降油缸可使护轨罩准确地置于任意高度作业时护轨罩底边距轨枕面的高度一般控制在 20 ~ 30 mm 为宜。

图 4—4　护轨罩与导流板结构

1—护轨罩;2—导流板

4. 翼犁板与翼犁板油缸

翼犁板与翼犁板油缸见图 4—5。翼犁板的结构见图 4—6。扇形板和固定板用铰轴铰接与护轨罩的导流板上,而它们之间由活动销固定,见图 4—7。扇形板沿圆周方向布置了 3 个销孔,当活动销将固定犁板与扇形板在不同位置上锁定时可改变翼犁板的初始角度。翼犁油缸的活塞杆端与扇形板上油缸座连接,操纵翼犁油缸,通过扇形板带动整个翼犁板绕铰轴旋转。从而实现不同作业功能的要求。可调犁板一般固定不动,保持下底边与轨面平行,除非道床作业时对砟肩整形有特殊要求或底边磨耗后才调整。

图 4—5　翼犁板与翼犁板油缸

1—中犁翼犁板油缸;2—中犁翼犁板

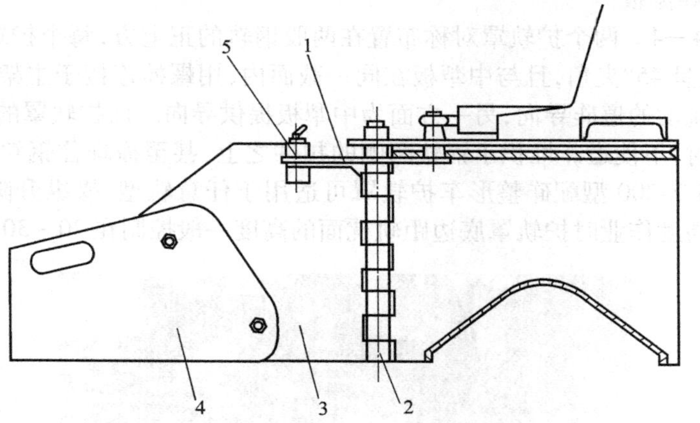

图 4—6　翼犁板结构图

1—扇形板;2—铰轴;3—固定犁板;4—可调犁板;5—活动销

图 4—7　扇形板

1—翼犁板油缸;2—中犁机械锁销;3—铰轴;4—活动销;5—翼犁板;6—扇形板

5. 气锁与机械锁

气锁与机械锁见图 4—8。气锁结构见图 4—9。气锁是中犁的安全装置之一。气缸、锁销、上锁座和行程开关安装于车体侧梁下面。下锁座固定于主架底板上。当配砟整形车作业完毕后,将中犁收起,操纵气缸,推动锁销穿过上、下锁座,将中犁装置锁定于车体上。与此同时,锁销触动行程开关,驾驶室内显示灯灭,司机即可确认气锁锁定是否可靠,从而保证配砟整形车在区间运行的安全。

图 4—8　气锁与机械锁

1—中犁气锁;2—中犁机械锁

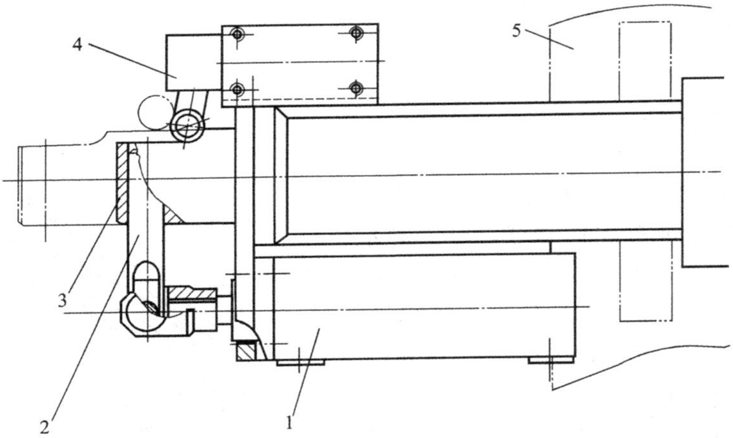

图 4—9　气锁结构图

1—气缸;2—连杆;3—锁销;4—行程开关;5—锁座(上、下)

机械锁是辅助安全装置。机械锁实际上为机械销。当司机确认气锁锁定可靠后,再用机械销将主架上的导向板与车体销接固定。这样实现了安全运行的双保险。

二、中犁作业功能

(1)在铁路新线建设和线路大修作业时,往往卸砟不均匀,这样就会出现边坡或枕木盒内道砟过多或过少的情况,通过各中犁板升降的不同组合方式,中犁可进行八种不同工况的配砟作业,使道床布砟均匀。

(2)线路进行捣固作业时,要求钢轨两侧枕木盒内必须有足够的道砟,中犁的配砟作业可以向捣固作业区内补足道砟。

(3)在对道床进行整形作业时,中犁可以配合侧犁作业,使道床断面形状符合技术要求。

第三节 侧 犁

一、侧犁组成

侧犁分左、右侧犁,对称地布置在车体两侧。每个侧犁都由主侧犁板、前后翼犁板及伸缩臂、油缸等组成。侧犁的结构见图4—10。

1. 滑板与翻转油缸

滑板为钢板焊接而成的矩形箱形结构,其一端与车体铰接,用翻转油缸悬挂于车体的两侧,滑板既可以起支承侧犁装置的作用,又可以作为侧犁板伸缩滑动的导向机构。操纵翻转油缸可将侧犁置于作业所需的任意高度。由于翻转油缸小腔进油口处装有节流阀,可保证侧犁下落平稳。当配砟整形车处于区间运行位时,翻转油缸复位,将侧犁翻起,并锁定于车体门架处的保险钩上。

2. 滑套与滑套油缸

滑套与滑套油缸见图4—11。滑套为断面呈矩形的方套结构,两端焊有加强钢带,以增加滑套的强度,滑套在滑板内伸缩移动。主侧犁板铰接在其下方,与滑套连成一体,主侧犁板由犁板角度调节油缸定位。当滑套油缸伸缩时,滑套带动犁板沿滑板滑动,最大位移量为660 mm,操纵滑套油缸,调节滑套的伸距,即可以达到侧犁所要求的作业宽度。当在路肩处有障碍物时(如路标、电杆、信号标等),可以不必升起侧犁,只要调节滑套伸距及(侧犁)翼犁板角度,即可不碰撞障碍物。由于不必升起犁板,因此可以避免道砟的堆积,使在侧犁通过后的道床边坡保持平顺的断面形状。

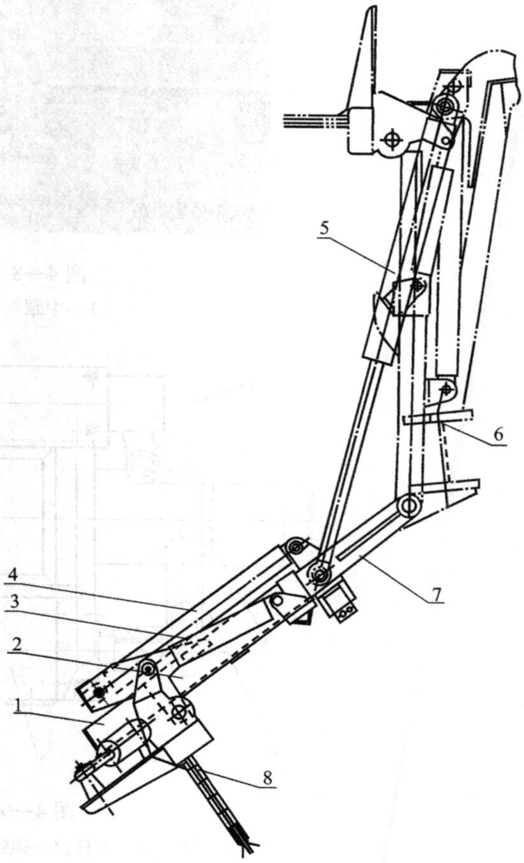

图4—10 侧犁结构图

1—滑板;2—滑套;3—犁板角度调节油缸;4—滑套油缸;5—翻转油缸;6—主侧犁板;7—(侧犁)翼犁油缸;8—(侧犁)翼犁板

3. 主侧犁板与翼犁板

主侧犁板与翼犁板见图4—12。主侧犁板与两块翼犁板组成侧犁板。犁板角度油缸用于调整侧犁板与滑套轴线的夹角,可使道床边坡成形为给定坡度。侧犁板在作业时要承受很大的载荷,有时还会遇到意外冲撞,必须具有足够的强度和刚度,为此在主侧犁板和翼犁板外侧焊有加强筋板,保证犁板不会变形。为提高侧犁的使用寿命,在主侧犁板下端两侧及翼犁板下端外侧装有耐磨钢制成的刃口,磨损到限后可以更换,一般情况下可使用150~200 km。

图4—11 滑套与滑套油缸

1—侧犁伸缩油缸;2—侧犁锁定挂钩;3—侧犁滑套

图4—12 主侧犁板与翼犁板

1—后翼犁板;2—主侧犁版;3—前翼犁板

二、侧犁的功能

主侧犁板与两块翼犁板组成侧犁板,它是完成侧犁作业功能的主要执行元件。翼犁板铰接于主侧犁板两侧,通过翼犁油缸的作用改变翼犁板与主侧犁板的夹角,从而实现道砟在边坡上的不同流向。

伸缩臂的一端与车体铰接,用翻转油缸悬挂于车体左、右两侧。操纵滑套油缸,调节滑套的伸距,即可以达到侧犁所要求的作业宽度;而操纵翻转油缸则可将侧犁置于作业所需的任意高度。犁板角度油缸用于调整侧犁板与滑套轴线的夹角,可使道床边坡成形为给定坡度。

当配砟整形车处于区间运行位时,翻转油缸复位,将侧犁翻起,并锁定于车体门架处的保险钩上。

侧犁主要用于道床边坡的整形作业,配合中犁可进行道砟的配砟作业,具体作业功能有:

(1)将道床边坡道砟沿轨道方向运送,使道床边坡道砟分布均匀。

(2)按道床断面的技术要求最终完成对道床的整形作业。

(3)侧犁和中犁一起配合使用,可在无缝线路地段完成砟肩堆高作业,以提高无缝线路道床的横向阻力。

第四节 清扫装置

清扫装置安装于机器的后部,主要包括滚刷和输砟带两部分,分别由液压马达驱动。滚刷由 8×18 根橡胶管套装在焊于通心轴的短钢管上,回转直径为 700 mm,最大清扫宽度为 2 450 mm。滚刷通过摆线马达经一级双排滚子链驱动。

一、清扫装置的结构

配砟整形车的清扫装置有两种结构,它们的基本结构,其工作原理大致相同,主要区别在于悬挂升降方式。原 SPZ-160 型配砟整形车的清扫装置采用双导柱垂直升降方式,缺点是:清扫装置悬臂大,结构复杂,加工和安装难度大。改型设计后的 SPZ-200 型配砟整形车采用平行四连杆式挂升降方式,大大简化了清扫装置的结构,降低了加工和安装精度。其结构见图 4—13。

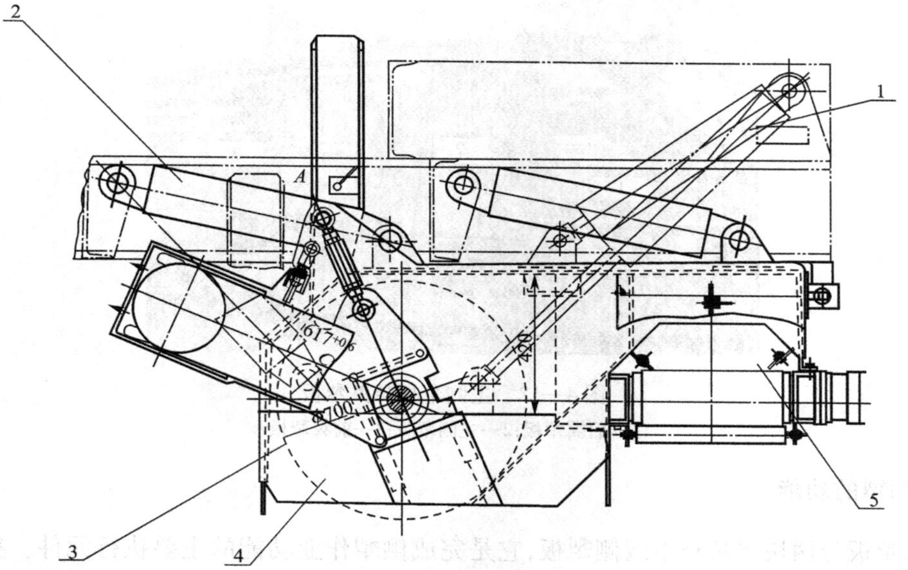

图 4—13 平行四连杆悬挂式清扫装置(单位:mm)

1—升降油缸;2—连杆;3—罩体;4—滚刷;5—输砟带

1. 罩　　体

罩体是整个清扫装置的支承骨架,是由钢板焊接而成的整体框架结构,具有足够的强度和刚度。在上顶面用升降油缸和四根相互平行的连杆悬挂于车架上,在平行连杆的作用下,可使清扫装置在升降过程中始终平行于轨枕面。升降油缸的进油口装有节流阀，以保证清扫装置升降平稳，到位准确。上顶面后端两侧垂直焊接两块导向板，以限制清扫装置的横移量。

滚刷悬吊在罩体后部两侧板的斜向导槽内，输砟带则安装于罩体的前部，在滚刷和输砟带之间安装有上料斜板，滚刷清扫时甩起的道砟沿上料斜板传至输送带上。

2. 滚　　刷

滚刷像把大扫帚，一个钢制空心通轴上安装有 8×18 根"扫帚苗"，"扫帚苗"，用三层编织麻线橡胶管制成，回转直径为 700 mm，最大清扫宽度为 2 450 mm。滚刷由摆线油马达通过一级双排滚子链驱动。滚刷可以沿罩体侧板上的斜向导槽滑动，当橡胶管磨损后，调整悬挂滚刷的外螺纹杆的长度，使滚刷沿导槽下降，以补充橡胶管的磨损长度，最大调整量为 100 mm。当橡胶管磨损到限后，卸掉上砟斜板，可将滚刷退出更换橡胶管。橡胶管的使用寿命取决于清扫道砟的数量，一般约为 50～60 km。滚刷的使用状态可通过罩体后部的检查窗观察，打开检查窗上的盖板，便一目了然。如若有个别橡胶管损坏或丢失，也可以通过检查窗进行更换。

3. 输 砟 带

输砟带安装在清扫装置的前部，由主动滚筒、从动滚筒、上下托辊、运输带、张紧装置、构架等组成。运输带构架是整个机构的基础，用螺栓固定于罩体上；主动滚筒通过双向摆线油马达直接驱动，可以实现道砟的双向输送；运输带选用尼龙强力型，强度大，耐磨性好，带宽 500 mm，可以保证将道砟抛至道床边坡上，运输带的张紧力和跑偏问题可通过张紧装置调整。

4. 安全装置

清扫装置的安全锁定装置由气锁和机械锁组成，其结构与性能和中犁的基本相同，这里不再重复。当配砟整形车作业完毕收起清扫装置后，用气锁和机械锁将其牢固地锁定于车架上，以保证证行车安全。

二、清扫装置的功能

道床经过清筛、配砟、捣固等作业后，在轨枕表面及扣件上残留部分道砟，清扫装置既可将道砟扫入轨枕盒内，又可将多余的道砟沿上砟斜板抛到运输带上，再抛至道床边坡。

清扫装置不能双向作业，仅用于配砟整形车正向行驶时作业，作业速度则取决于轨枕面残留道砟量的多少。

三、橡胶管的调整与更换

橡胶管磨损后，通过调整悬挂滚刷的外螺纹杆的长度，使滚刷沿罩体侧板上的斜向导槽下移，最大调整量为 100 mm。当橡胶管磨损到限后，卸掉上砟斜板，可将滚刷退出更换橡胶管。

复习思考题

1. 配砟整形车的作用性能如何？
2. 配砟整形车工作装置的组成及各部分功用是什么？

第五章　液压系统

SPZ-200 型配砟整形车是全液压传动的线路施工机械,本章主要介绍配砟整形车液压系统组成、主要液压元件的构造及工作原理。

目前,为了改善配砟整形车挂脱挡性能,配砟整形车在原有挂脱挡的基础上进行了改进,增加了点动挂脱挡系统。为了方便读者了解其结构及工作原理,本章第三节专门介绍点动挂脱挡系统。

第一节　液压系统基础知识

一、液压传动的基础知识

液体的压力是指液体在相对静止状态下,单位面积上所受到的作用力。从严格意义上说,液体的压力实质是指压力强度,即物理意义上的压强,但在液压传动中,人们习惯上都把这个压强叫作压力。

压力通常用 p 表示:

$$p=\frac{F}{A}$$

式中　F——作用力(N);

　　　A——作用面积(mm^2)。

压力的单位是帕斯卡,简称帕,符号为 Pa,1 Pa = 1 N/mm^2。由于 Pa 单位太小,工程上使用不便,因而常采用它的倍数单位兆帕或千帕表示,符号为 MPa 或 kPa。1 MPa = 10^3kPa = 10^6Pa。过去常用的压力单位还有 bar(巴)、kgf/cm^2 等,常用压力单位的换算见表 5—1。

表 5—1　常用压力换算表

单　位	帕	巴	公斤力/厘米^2	工程大气压力	标准大气压	毫米水柱	毫米水银柱
符　号	Pa	bar	kgf/cm^2	at	ann	mmH_2O	mmHg
换算关系	1×10^5	1	1.019 72	1.019 72	$9.869\ 23\times10^{-1}$	$1.019\ 72\times10^4$	$7.50\ 062\times10^2$

二、一般液压系统的组成

无论是最简单的液压系统,还是很复杂的液压系统,若要正常工作,必须由 5 部分元件组成,见图 5—1。

1. 驱动元件

驱动元件的作用是将原动机输入的机械能转变为液体的压力能,为液压系统提供动力。常见的驱动元件是液压泵。

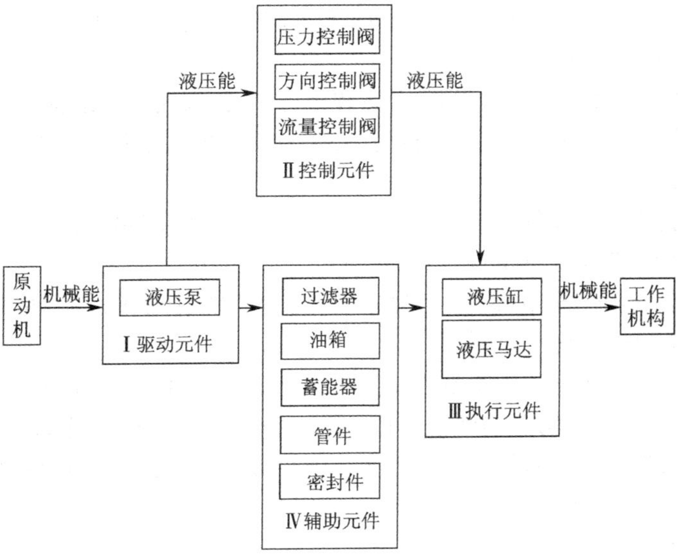

图 5—1 液压系统的组成

2. 控制元件

控制元件的作用是控制和调节液压系统中油液的流量、压力和流动方向，以保证执行元件达到所要求的输出力（或力矩）、运动速度和运动方向。这类元件主要包括各种压力控制阀、流量控制阀和方向控制阀。

3. 执行元件

执行元件的作用是将油液的压力能转换成机械能对外做功，以带动负载进行直线运动或回转运动。常见的执行元件有液压缸和液压马达。

4. 辅助元件

辅助元件是指对工作介质起到容纳、净化、润滑、消声和实现元件间连接等作用的装置，如油箱、过滤器、油管、管接头等，它们对保证液压系统可靠和稳定持久地工作是不可缺少的。

5. 工作介质

工作介质在液压传动及控制中起传递运动、动力和信号的作用。工作介质为液压油或其他合成液体。

三、液压传动特点

任何一台完整的机器都有动力部分和工作装置部分，能量从动力部分到工作装置的传递形式可概括为机械传动、电力传动、液压传动和气压传动四种形式。与其他传动形式相比，液压传动具有许多自身的特点。

1. 液压传动的优点

（1）液压传动易获得较大的力或力矩，可实现低速大吨位传动，这是其他传动方式所不能比的突出优点。

(2)液压传动能在大范围内很方便地实现无级调速,调速比范围可达 2 000∶1,且可在液压装置运行过程中进行调速。

(3)在输出同等功率的条件下,液压传动装置体积小、质量轻、结构紧凑。液压元件之间可采用管道连接,或采用集成式连接,其布局、安装有很大的灵活性,可以构成用其他传动方式难以组成的复杂系统。

(4)液压传动能使执行元件的运动均匀稳定,可使运动部件换向时无冲击,而且,由于其反应速度快,可实现快速启动、制动和频繁换向。

(5)液压传动系统操作简单,调整控制方便,易于实现自动化,特别是与机、电、气联合使用,能方便地实现复杂的自动工作循环。

(6)液压传动系统便于实现过载保护,使用安全、可靠,不会因过载而造成元件损坏。并由于各液压元件中的运动件均在油液中工作,能自行润滑,故液压元件的使用寿命长。

(7)由于液压元件已实现标准化、系列化和通用化,有利于缩短机器的设计、制造周期和降低制造成本。

2. 液压传动的缺点

液压传动由于本身的特性,也存在一些缺点。

(1)工作介质的泄漏和液体的可压缩性会影响执行元件运动的准确性,故液压传动系统无法保证严格的传动比,不能用于有严格传动比要求的传动链中。

(2)工作介质对温度的变化比较敏感,工作温度或环境温度的变化对系统工作的影响比较大,故不宜在很高或很低的温度下工作。

(3)液压传动系统对工作介质的污染比较敏感,必须有良好的防护和过滤措施。

(4)液压传动工作过程中的能量损失(泄漏损失、溢流损失、节流损失、摩擦损失)较大,传动效率较低,因而不适宜于远距离传动。

(5)液压元件的制造和装配精度要求较高,一般情况下又要求有独立的能源(如液压泵站),从而使液压元件及液压设备的成本较高。

(6)液压系统工作过程中发生故障不易诊断,分析故障的原因需要有较丰富的经验和一定的专业知识。

第二节　SPZ-200 型配砟整形车液压系统的组成

SPZ-200 型配砟整形车液压系统包括两个独立的走行液压驱动系统和作业液压控制系统两大部分,图 5—2 为 SPZ-200 型配砟整形车液压系统。

一、走行驱动系统

走行驱动系统采用静液压传动技术,由泵—马达组成闭式静液压回路,通过速度操纵手柄(即液压先导阀)控制液压泵和液压马达的输出、输入流量,最终实现配砟整形车在规定的范围内的无级变速。

走行驱动回路主要由两台 A4V 型柱塞式斜盘双向变量泵、两台 A6V 型柱塞式斜轴双向变量马达、滤油器、冷却器等组成。A4V 型柱塞泵是组合泵,泵上的控制阀组包括压力阀和单

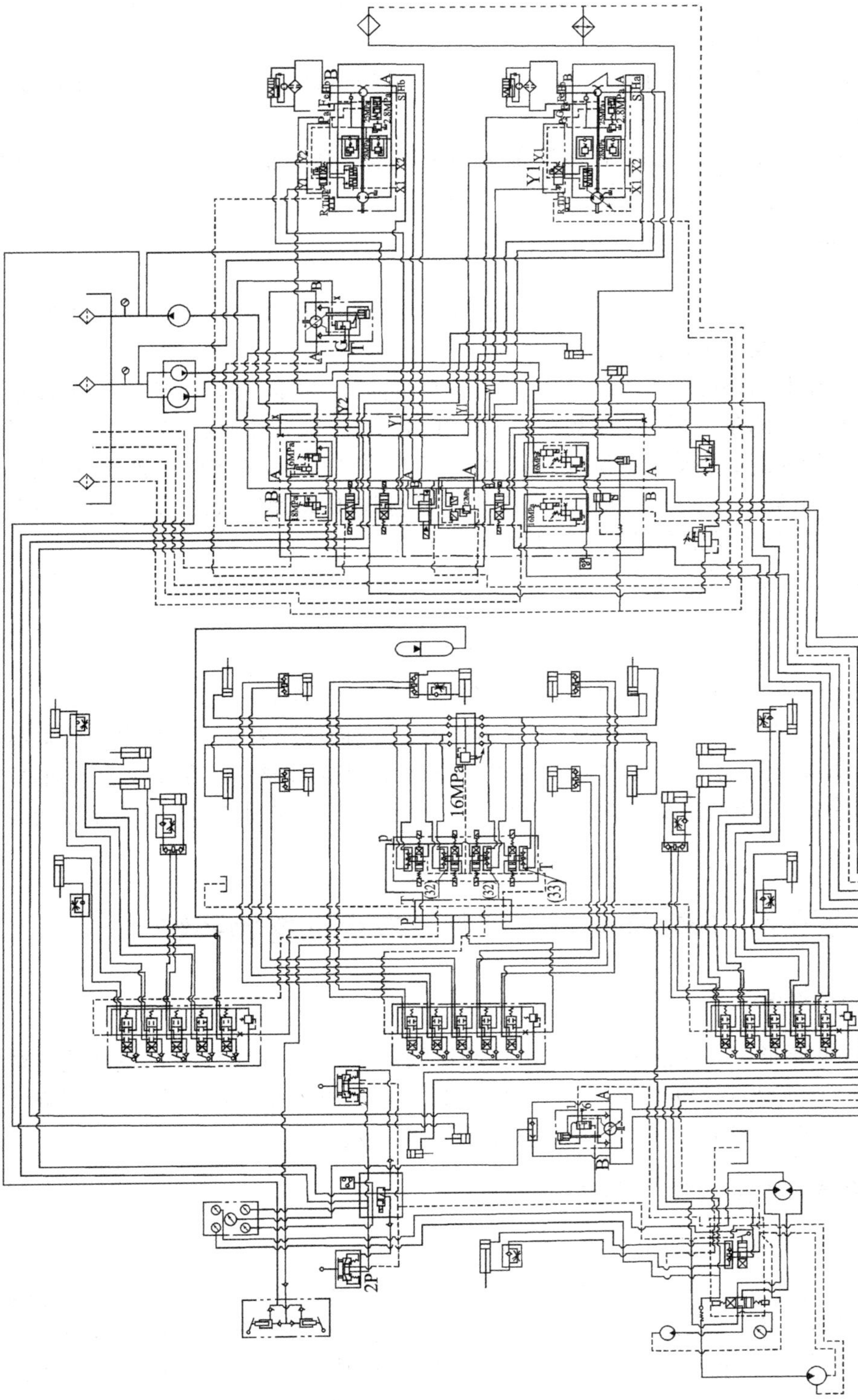

图5—2 SPZ-200型配砟整形车液压系统图

向阀等,具有压力补偿功能。回路中各元件对称布置,电液换向阀改变液压泵的输油方向,就可以改变液压马达的旋转方向。

走行驱动回路的系统工作压力为 25 MPa,安全压力为 28 MPa,补油系统压力为 2.8 MPa,控制压力在 0 ~2.8 MPa。

走行液压系统为高压、大流量系统,其性能的好坏直接关系到整机的运行性能和行车安全,运用中应勤检查、勤保养,经常保持良好的工作状态。

二、作业液压系统

作业控制系统由两个开式回路组成,一个是控制中犁和侧犁的作业回路;一个是控制清扫装置输送带和滚刷驱动及空调运转的回路。

中犁和侧犁的作业回路由一台 CBY 型单联齿轮泵供油,工作压力为 16 MPa,通过多路换向控制阀分别控制左右侧犁、中犁、中犁翼板的油缸和清扫机构的升降油缸,实现相应的动作。

清扫装置输送带和滚刷驱动及空调运转的回路由一个 CBY 型双联齿轮泵供油,系统压力为 16 MPa。双联齿轮泵中较大一个泵驱动清扫装置滚刷 BMC 型摆线液压马达,较小一个泵驱动清扫装置输送带 BME 型摆线液压马达及空调压缩机的运转。

作业控制系统还设有应急泵。配砟整形车作业过程中,如果柴油机或液压泵出现故障,系统失去压力源,可摇动应急泵提供液压油,将各作业装置收到锁定位。使用前先打开应急泵的吸油截止阀,然后摆动摇杆,边摇动边将各作业装置分别回收到位。

中犁和侧犁的作业回路中装有气囊式液压蓄能器,其结构见图 5—23。

气囊内充装氮气,充气压力为 7 MPa。设置蓄能器,一方面可以吸收由液压泵的流量脉动所引起的压力脉动及冲击,稳定系统的工作压力;另一方面,当配砟整形车在作业中,柴油机或液压泵出现故障停止工作时,蓄能器可提供一定的液压能,将各工作犁升起并锁定于区间运行位置。

第三节　SPZ-200 型配砟整形车点动挂挡系统

一、点动挂挡系统组成

SPZ-200 型配砟整形车点动挂脱挡系统由点动挂脱挡按钮(在主操作台)、点动挂挡减压阀(图 5—8 中的 1)、点动挂挡电磁阀(图 5—8 中的 12)、点动挂挡液压油缸(图 6—7 中的 1)、点动挂挡感应开关(图 5—10 中的 3 及图 6—7 中的 2)等组成。

二、齿式离合器的特点及挂挡齿轮结构

1. 齿式离合器的特点

齿式离合器的工作原理是利用一对可沿轴向离合、具有相同齿数的内外齿轮进行轴向离合,以达到传递转矩的目的,适用于转速相差不大,且传递转矩较大的机械主传动或变速机械的传动轴系。其优点是传递转矩大,外形尺寸小,并可传递双向转矩;缺点是并非每次挂挡动作都可以完美实现,存在几率性的齿顶齿现象。为此,在设计上便衍生出点动挂挡系统。

2. 挂挡离合器方式

配砟整形车走行挂挡机构采用齿式离合器方式，开始进入接合一端的轮齿制成15°倒角，齿端倒圆角，以方便齿轮啮合。

三、点动挂挡的液压工作原理

为确保齿式离合器在出现齿顶齿现象时能正常离合，同时为保证其离合过程不损坏齿轮，在SPZ-200型配砟整形车系统中增加了点动挂挡系统。其液压工作原理为：点动挂挡时，通过减压阀供给油泵控制口很低的控制压力，使油泵输出少量油液驱动走行马达低速转动，从而降低齿式离合器的转速差，以使挂挡更容易。

通过多次试验，油泵在开始变量时（控制压力为0.6 MPa）输出排量不稳定，而控制压力达0.7 MPa时油泵输出排量较稳定，但排量较大，马达转速较高。为降低马达转速和齿式离合器的转速差，必须降低发动机转速，这是点动挂挡操作的关键点。经试验，发动机转速在1 000～1 400 r/min比较合适。

第四节　SPZ-200型配砟整形车液压元件

一、液压泵和液压马达

（一）液压泵和液压马达基础知识

液压泵和液压马达都是液压系统的能量转换装置。液压泵将发动机的机械能转换为油液的压力能，供液压系统使用，是液压系统的能源。液压马达则将油液的压力能转换为机械能，驱动机械运动，是液压系统中的执行元件。

液压泵和液压马达的作用是相反的，其工作过程也相反，因此从原理上讲，液压泵和液压马达应该是可逆的，所以有些液压泵和液压马达的构造是相同的，可以互换使用。但由于各自使用条件和工作要求不同，有些类型的液压泵和液压马达在结构上仍有差异，一般不能互换使用。

液压泵和液压马达都必须有一个密封的工作腔，在工作时，工作腔的容积不断由小变大，再由大变小，进行吸油和排油。液压泵和液压马达按结构不同可分为齿轮式、叶片式和柱塞式等几种类型。按其在单位时间内输出或输入流量是否可调又可分为定量泵（或马达）和变量泵（或马达）。

液压马达也是一种能量转换装置，它将液压泵传递过来的液压能转变为机械能，输出转矩和转速。

（二）液压泵和液压马达工作原理

1. 齿轮泵的工作原理

图5—3为齿轮泵的工作原理图。两个相互啮合的齿轮是齿轮泵的主要工作件，其中一个为主动，一个为被动，此外还有壳体和两个端盖。密封的工作空间由壳体、两个端盖和两个齿轮的各个齿间槽形成。当齿轮按图示方向旋转时，右侧油腔两齿轮的轮齿逐渐分离，工作空间的容积逐渐增大，形成部分真空，使油箱中油液在大气压作用下经吸油管进入该腔，故此腔为吸油腔。被吸到齿间的油在密封的工作空间随齿轮旋转被带到左侧油腔。在左侧油腔中，两齿轮的齿逐渐啮合，使工作空间的油逐渐减少，油液被挤出泵外，完成压油动作。当齿轮不断

旋转时,齿轮泵便连续地完成吸、压油动作,源源不断地向工作系统供给具有一定能量的油液。

2. 齿轮马达的工作原理

如将压力油输入齿轮泵,则由于压力油的作用使齿轮泵的轴转动起来,并输出一定的转矩和转速,这样,齿轮泵就变成了齿轮马达。

齿轮马达产生转矩的原理见图5—4。图中 p 为两齿轮的啮合点,设齿轮的齿高为 h,啮合点 p 到两个齿根的距离分别为 a 和 b。由于 a 与 b 均小于 h,故当压力油作用在齿面上时(如图5—4中箭头所示,凡齿面两侧均受力并达到平衡的部分均未用箭头表示),两个齿轮上就各有一个使它们产生转矩的作用力 $p(h-a)B$ 和 $p(h-b)B$,其中,p 为输入油液的压力;B 为齿宽。在上述力的作用下,两齿轮按图示方向回转,并把油液带到低压腔排出。

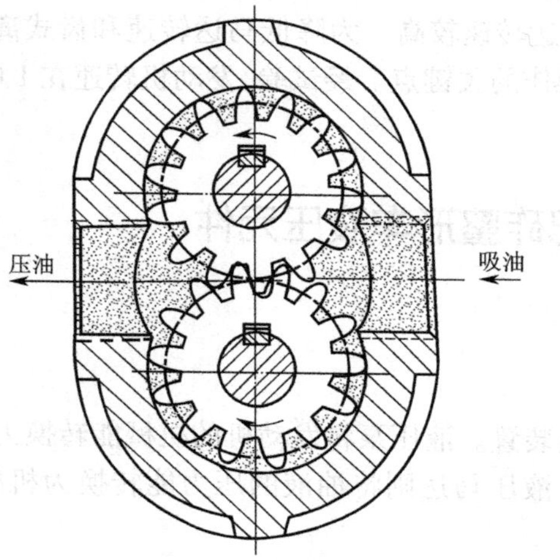

图5—3 齿轮泵工作原理

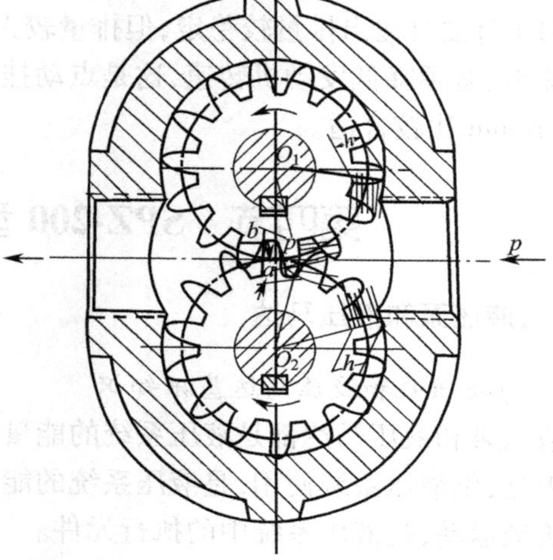

图5—4 齿轮马达工作原理

(三)SPZ-200型配砟整形车液压泵和液压马达概述

SPZ-200型配砟整形车在分动齿轮箱两根输出轴的四个取力口,共装有四台高压油泵:两台德国力士乐公司生产的A4V125HD型变量泵,用于配砟整形车的走行驱动,每台变量泵分别向前或后车轴齿轮箱液压驱动马达提供动力,见图5—5;作业液压系统使用一台国产CBY.3050型单联齿轮泵和一台国产CBY.3050/3025型双联齿轮泵,单联齿轮泵用于向工作机构的液压缸提供动力,双联齿轮泵用于向清扫装置的液压马达提供动力。

图5—5 中部机罩内的泵及分动箱

1—清扫装置系统泵;2—A4VG泵;3—工作系统泵;4—分动箱油位窗

SPZ-200型配砟整形车采用两台德国力士乐公司生产的A6V107型双向变量马达,分别安装于前、后车轴齿轮箱的输入轴端(图5—6中3),接受液压泵的动力,驱动车轴齿轮箱转动，其输出流量由液压先导阀控制，调节泵变量斜盘的倾角而变化来实现，进而实现配砟整形车的走行速度的调整。

图5—6 司机室前面下部马达及风缸

1—双室安全缸；2—工作风缸；3—A6V马达

清扫装置的滚刷驱动采用BME-315型摆线马达，清扫装置的输送带驱动采用BMC-125型摆线马达，它们分别由双联齿轮泵提供动力，驱动清扫装置的滚刷和输送带旋转。

二、液压油缸和控制阀

（一）液压油缸

液压油缸也是一种将液压能转变为机械能的能量转换装置，与液压马达不同的是，液压缸用来实现直线往复运动。SPZ-200型配砟整形车的液压油缸主要包括：中犁油缸、侧犁油缸、翼板油缸，旋转刷升降油缸。液压缸按其工作原理分为单作用式和双作用式两类。双作用式油缸见图5—7。

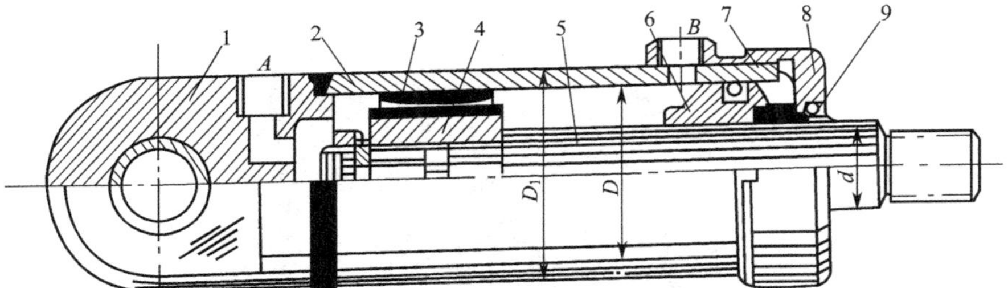

图5—7 双作用单杆活塞式油缸

1—缸底；2—缸筒；3、7—密封装置；4—活塞；5—活塞杆；6—导向套；8—缸盖；9—防尘圈

（二）控制阀

在液压系统中，除需要液压驱动元件（液压泵）和液压执行元件（液压马达和液压油缸）外，还要有一定的液压执行元件来对油液的方向、压力及流量进行控制和调节，以满足各种工况的要求。这些控制元件就是液压控制阀。液压控制阀按照其作用不同分成三大类：方向控

制阀、压力控制阀、流量控制阀。

SPZ-200 型配砟整形车液压系统中部分控制阀位置在机器中部(图 5—8);图 5—9 为中、侧犁翼犁控制电磁阀和空气制动部分阀类;图 5—10 为走行控制阀,在司机室底部。

图 5—8　控制阀

1—点动挂挡减压阀;2—温控电磁阀;3—清扫滚刷先导溢流阀;
4—输送带先导溢流阀;5—低速挡电磁阀;6—走行系统冲洗阀;
7—走行供油电液阀;8—走行换向电磁阀;9—高速挡电磁阀;
10—工作系统先导溢流阀;11—工作系统先导安全阀;
12—点动挂挡电磁阀

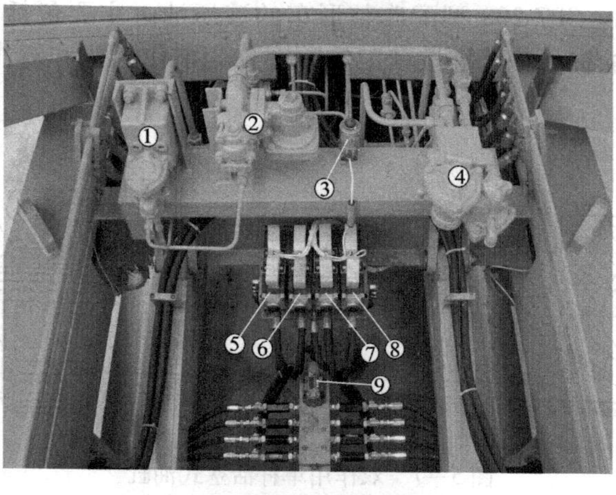

图 5—9　中、侧犁翼犁控制电磁阀和空气制动部分阀类

1—紧急阀;2—中继阀;3—电空阀;4—分配阀;
5—右后翼犁电磁阀;6—右前翼犁电磁阀;
7—左前翼犁电磁阀;8—左后翼犁电磁阀;
9—中犁翼板卸荷阀

图 5—10 走行控制阀

1—走行控制阀;2—加油窗;3—挂挡感应开关

1. 方向控制阀

方向控制阀按其用途分为单向阀和换向阀两大类。

(1)单 向 阀

单向阀在液压系统中保证液流的单向流动,反向截止,见图 5—11。

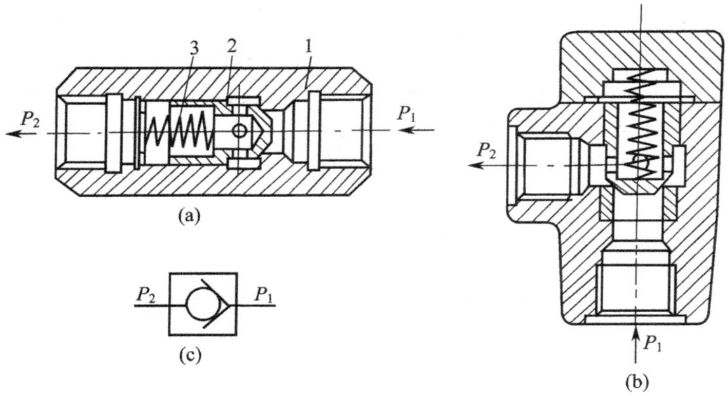

图 5—11 单向阀

1—阀体;2—阀心;3—弹簧

单向阀按其结构的不同,有钢球密封式直通单向阀、锥阀芯密封式直通阀单向阀和直角式单向阀三种形式。不论哪种形式的单向阀,其工作原理相同。图 5—11 为锥阀芯式单向阀,当油液从 P_1 口流入时,液压力克服阀芯在弹簧的作用力,以及阀芯与阀体之间的摩擦力,顶开阀芯,油液从阀体的出口 P_2 流出。而当油液反方向流入时,液压力和弹簧力一起使阀芯压紧在阀体的阀座上,阀口关闭。

(2)换 向 阀

换向阀是利用阀心与阀体的相对运动控制各通路,以启、闭液压通路或改变液体在系统的流动方向,从而改变系统的工作状态。换向阀按其操作方式可分为:手动换向阀、机动换向阀、电磁换向阀、液动换向阀、电液换向阀等;按其工作位置数不同可分为:两位、三位、四位等换向阀;按其在阀体上油路通道数的不同可分为:二通、三通、四通等;按其阀芯的结构形式可分为滑阀式换向阀和转阀式换向阀。

SPZ-200 型配砟整形车上使用的换向阀有:手动换向阀、电磁换向阀、液动换向阀、先导换向阀。

①手动换向阀

手动换向阀是用手动杠杆操纵阀芯换位的换向阀,它有自动复位式和钢球定位式两种,见图 5—12。自动复位式可由手操作使左位或右位工作,但当操纵力取消后,阀芯便在弹簧力作用下自动恢复中位,停止工作,因而适用于动作频繁、工作持续时间短、必须由人操作的场合。SPZ-200 型配砟整形车中犁、侧犁使用手动换向阀。这种阀还有一个特点是可通过操纵手柄控制阀芯在一定范围内(中间位置到换向终止位置之间)变动,即各油口的开度可以根据需要进行调节,使其在换向的过程中兼有节流的功能。

钢球定位式手动换向阀,其阀芯端部的钢球定位装置可使阀芯分别停止在左、中、右三个不同的位置上,使执行机构工作或停止工作,因而可用于工作持续时间较长的场合。

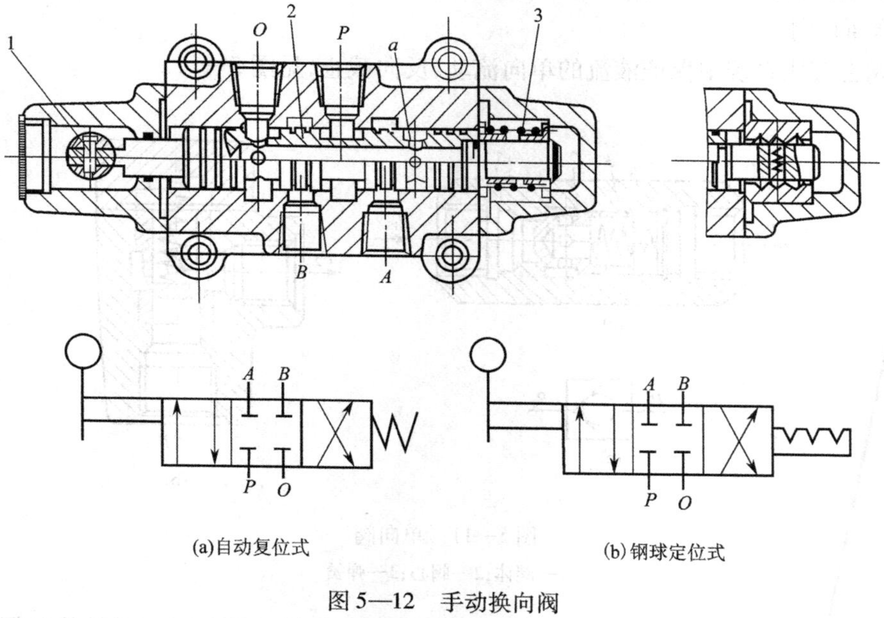

(a)自动复位式　　(b)钢球定位式

图 5—12　手动换向阀

1—手柄;2—阀芯;3—弹簧

②电磁换向阀

图 5—13 为三位四通电磁换向阀的结构,阀左右各有一个电磁铁。不通电时,阀芯在弹簧的作用下处于中位;当右端电磁铁通电时,右衔铁 1 通过推杆 2 将阀芯 3 推至左端,阀芯右位工作,使其油口 P 与 A 接通,B 与 O 接通;左侧电磁铁通电时,阀芯移至右端,油口 P 与 B 接通,A 与 O 接通。

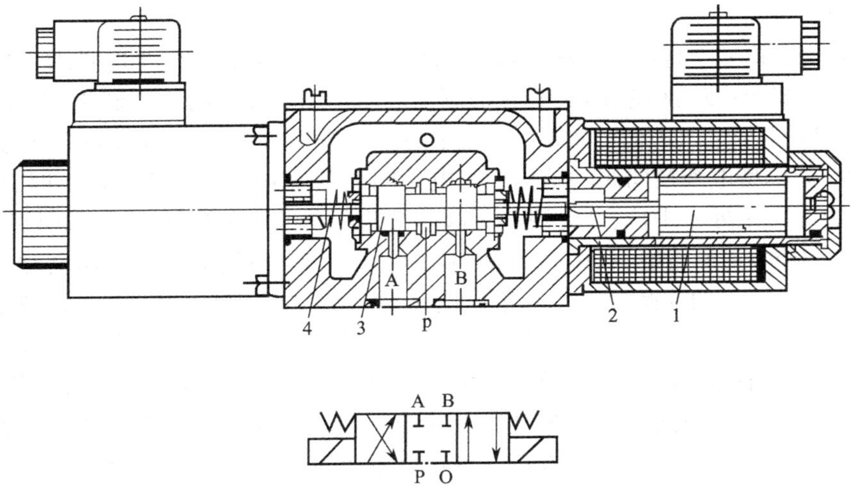

图 5—13 三位四通电磁换向阀
1—衔铁;2—推杆;3—阀芯;4—弹簧

③液动换向阀

电磁换向阀布置灵活,易实现程序控制,但受电磁铁尺寸限制,难以用于切换大流量油路。当阀的通径大于 10 mm 时常用压力油操纵阀芯换位,这种利用控制油路的压力油推动阀芯改变位置的阀,即为液动换向阀。

图 5—14 为三位四通液动换向阀的结构。阀芯是由其两端密封腔中油液的压差来移动的,当控制油路的压力油从阀右边的控制油口 K_2 进入滑阀右腔时,K_1 接通回油,阀芯向左移动,使压力油口 P 与 B 相通、A 与 O 相通;当 K_1 接通压力油,K_1K_2 接通回油时,阀芯向右移动,使得油口 P 与 A 相通、B 与 O 相通;当 K_1、K_2 都通回油时,阀芯在两端弹簧和定位套作用下回到中间位置。

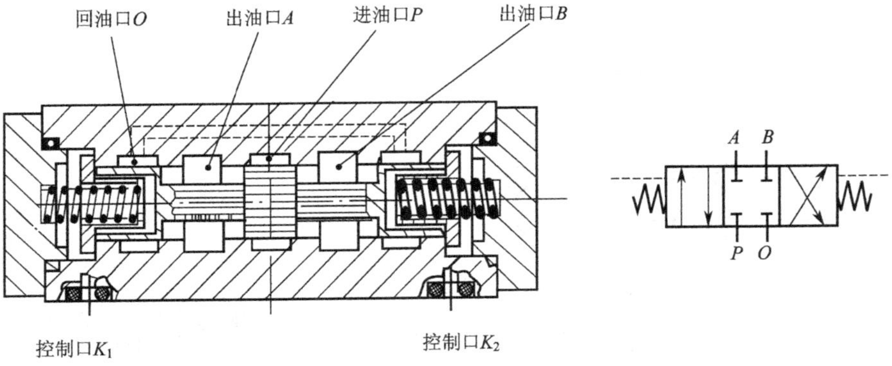

图 5—14 液动换向阀

液动式操纵能给予阀芯很大的推力,因此液动换向阀适用于压力高、流量大、阀芯移动行程长的场合。如果在液动换向阀的控制油路中装上单向节流阀(阻尼器),还能使阀芯移动速度得到调节,改善换向性能。液动换向阀经常与机动换向阀或电磁换向阀组合成机液换向阀或电液换向阀,实现自动换向或大流量主油路换向。

④电液换向阀

电液换向阀是由一个普通的电磁换向阀和液动换向阀组合而成,其中电磁阀为先导阀,用以改变控制油液的流向;液动阀是主阀,它在控制油液的作用下改变阀芯位置,使油路换向。由于控制油液的流量不必很大,因而可实现以小流量的电磁阀来控制大通径液动阀的阀芯换向。

图5—15为典型电液换向阀的结构。当电磁阀的两电磁铁1、3均不通电时,电磁阀阀芯在两端弹簧力作用下处于中位,此时液动阀阀芯6两端没有接通控制油液,在两端对中弹簧的作用下也处于中位,主油路中,*A*、*B*、*P*、*O* 油口均不相通。当左端电磁铁1通电时,电磁阀芯2移至右端,由 *P* 口进入的控制油经左端单向阀7通入液动阀芯6的左端,推动阀芯6移向右端,其主油路的 *P* 口与 *A* 口相通、*B* 口与 *O* 口相通,而阀芯6右端的油液则经右节流阀4及电磁阀上的通道流回油箱,阀芯6移动的速度由节流阀4的开口大小决定。反之,当右端电磁铁3通电时,电磁阀芯2移至左端,由 *P* 口进入的控制油经右端单向阀5进入液动阀芯6的右端,推动阀芯6移向左端,其主油路的 *P* 口与 *B* 口相通、*A* 口与 *O* 口相通,而阀芯6左端的油液则经左节流阀8及电磁阀上的通道流回油箱,阀芯6移动的速度由节流阀8的开口大小决定。

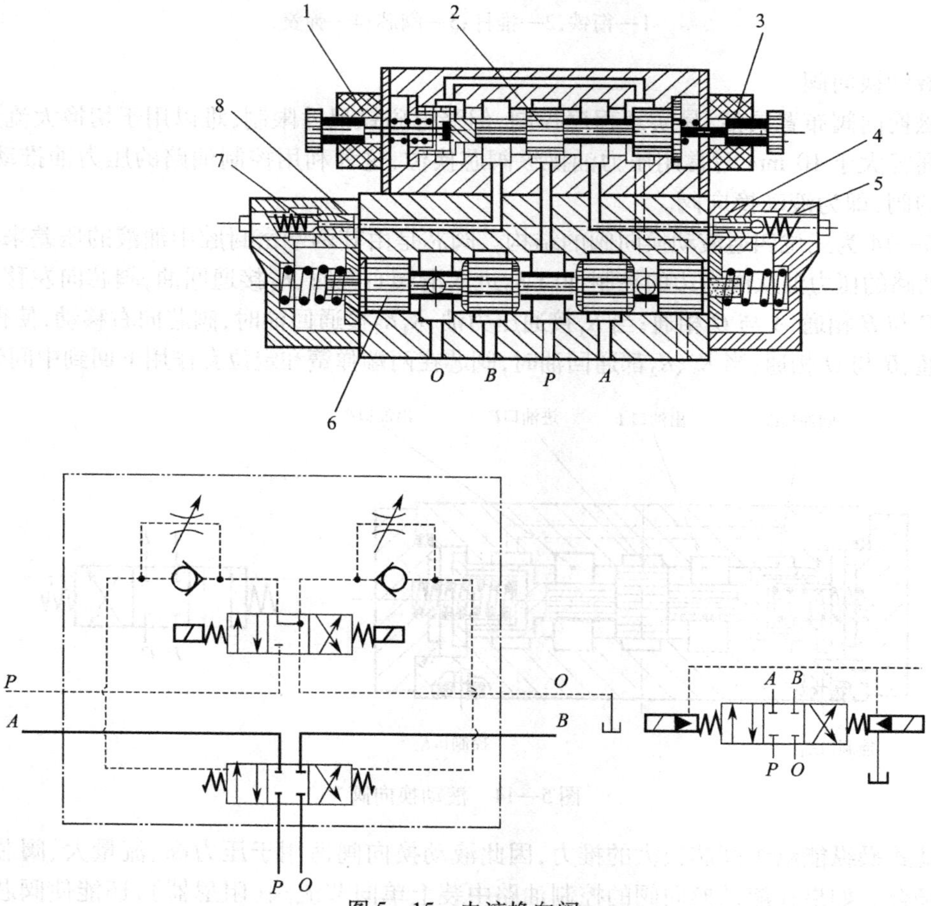

图5—15 电液换向阀

1—左端电磁铁;2—电磁阀芯;3—右端电磁铁;4,8—节流阀;

5—右端单向阀;6—主阀芯;7—左端单向阀

在电液换向阀中，由于液动阀芯 6 的移动速度可调，因而就调节了液压缸换向的停留时间，并可使换向平稳而无冲击，因而电液换向阀的换向性能较好。

电液换向阀既具有电磁换向阀的由电气信号控制，不论距离远近易控制、易实现自动化的特点，又具有液动换向阀的通油流量大、工作压力高、阀芯移动的行程长等特点，所以它适用于大流量、高压并且要求自动控制的液压系统中。

配砟整形车采用了德国 Rexroth 公司生产的 4WEGE 型三位四通电液换向阀，其结构见图 5—16。

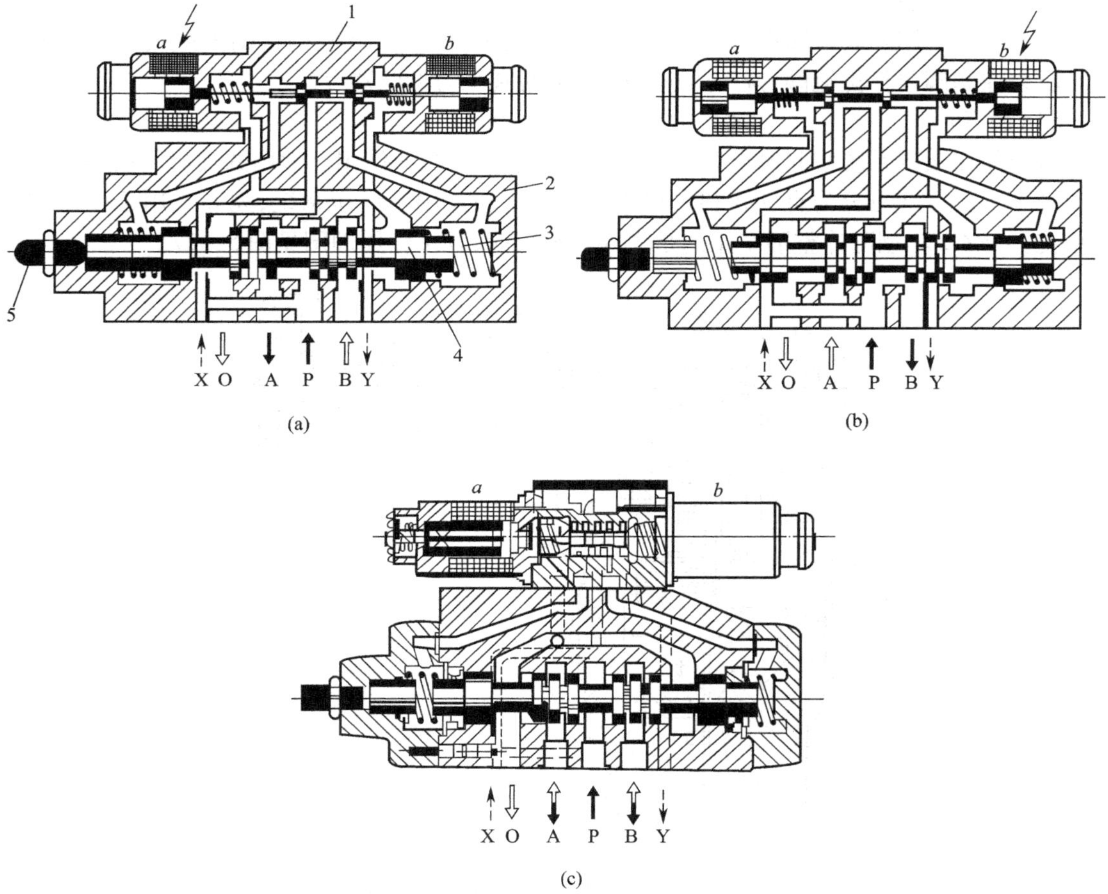

图 5—16 4WEGE 型三位四通电液换向阀

1—先导控制阀；2—液动换向阀体；3—弹簧；4—主阀芯；5—调节螺钉

先导控制阀的滑阀机能为 Y 型，主阀芯 4 的两端油腔与先导控制阀的工作油腔相通，图中先导阀的外控进油口 X 与压力油口 P 相通，主阀的左端盖上装有行程调节螺钉 5。

当先导阀的电磁铁都不工作时，阀芯处于初始中间位置，Y 型滑阀机能在初始位置时进油腔被封闭，两个工作油腔与回油腔相通，这时主阀芯 4 两端无压力油作用，则主阀芯 4 在两端复位弹簧 3 的作用下也处于初始中间位置，见图 5—16(c)。当先导阀的电磁铁 a 得电时，见图 5—16(a)，阀芯右移，压力油通到主阀芯 4 的右端，推动主阀芯 4 克服左端复位弹簧的作用力向左移,进油腔P与工作油腔A相通,工作油腔B与回油腔O相通。反之,当先导阀的电磁铁b得电时,见图5—16(b),阀芯左移,压力油通到主阀芯4的左端,而主阀芯右端与回油腔Y相通,压力油推动主阀芯4克服右端复位弹簧的作用力向右移,进油腔P与工作油腔B相通,工作油腔A与回油腔O相通,执行机构就改变运动方向。

通过调整左端阀盖上的调节螺钉5,可以减小主阀芯向左移的行程,从而减小主阀芯在左边位置时各油腔的开口度,使通过流量减少,而主阀芯向右移的行程不变。这种调节具有粗略的节流调节作用,可使执行元件的正反向运转速度不等。

2. 压力控制阀

压力控制阀用来调节和控制液压系统压力的大小,控制执行机构输出力或输出转矩的大小。压力控制阀包括溢流阀、减压阀、顺序阀、平衡阀压力继电器等。

(1)溢 流 阀

溢流阀在液压系统中起调定系统压力和防止系统过载的作用。常用的溢流阀按其结构形式和基本动作方式可分为直动式和先导式两种。直动式用于低压系统,先导式用于中压和高压系统。SPZ-200型配砟整形车用的是先导式溢流阀,其工作原理图见图5—17。

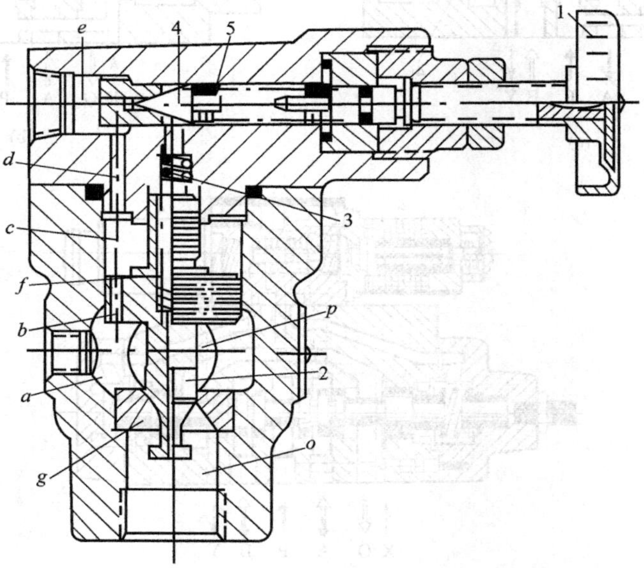

图5—17 先导式溢流阀工作原理图

1—手轮;2—主阀芯;3—软弹簧;4—先导调压锥阀;5—硬弹簧;*a*,*c*—主阀芯上、下油腔;*b*—阻尼小孔;*d*,*f*,*g*—孔道;*e*—导阀前腔;*o*—回油口;*p*—进油口

这种阀由主阀和先导阀组成,见图5—17。压力油从进油口*P*进入阀心下腔*a*,通过主阀心2上的阻尼小孔*b*进入阀心上腔*c*,并经孔*d*进入*e*腔作用于先导调压锥阀4上。当锥阀4上的油压作用力小于或等于锥阀硬弹簧5的作用力时,锥阀4关闭,没有油液流过阻尼小孔*b*,所以主阀芯2上下腔的油压相等,主阀芯2在主阀软弹簧3的作用下处于最下位置,将溢流口封闭。

当系统压力升高，作用在锥阀上的油压作用力大于硬弹簧5的作用力时，锥阀打开，压力油经阻尼小孔 b，主阀上腔 c、孔 d、锥阀和主阀中心孔 f 流回油箱。由于压力油流经阻尼小孔时产生压力降，所以主阀芯上部的油压小于下部的油压，当阀2上下压力差产生的作用力超过软弹簧3的作用力时，阀芯2抬起，阀芯下腔 a 和溢流口 g 连通，油液流回油箱而实现溢流作用。这种溢流阀的先导阀的动作是由入口油压来控制的，调节弹簧5的压紧力，就可以改变溢流阀的控制压力。

这种溢流阀的先导阀只起调压作用，通过的流量很小。溢流量变化时，系统的压力变化较小，能较准确地把所控制的压力限制在某个规定的数值附近。

在液压系统局部，尤其是液动机压入口附近(图5—18)，压力取决于负载阻力。若负载阻力特别大，P_{Y_1} 就特别大，那么有可能使系统薄弱元件破坏。若在液动机回路中并联一个溢流阀，使其调定压力 P 大于液动机正常工作压力 P_e，却小于液动机极限工作压力 P_W，那么压力在 P_e 以下，溢流阀不工作。一旦发生危险，有可能出现压力 P_W 时，溢流阀工作，使液动机压力不会达到 P_W，所以溢流阀起限压作用，这时溢流阀称安全阀。

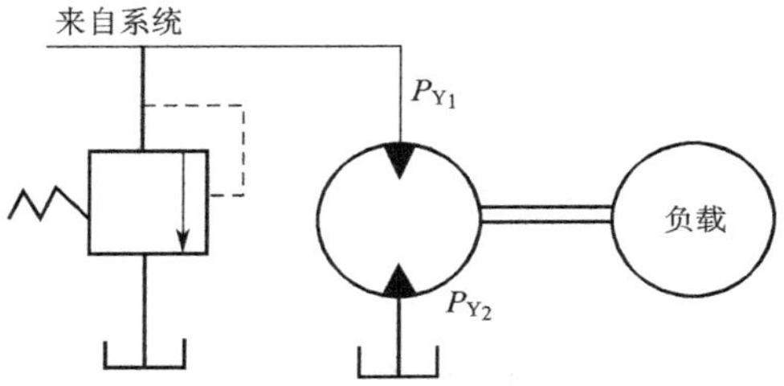

图5—18 溢流阀用作安全阀

(2)减 压 阀

减压阀是使阀的出口压力低于进口压力并保持恒定的一种压力控制阀。当液压系统的某一部分压力要求稳定在比供油压力低的压力上时，一般常用减压阀来实现，它在系统的夹紧回路、润滑回路和控制回路中应用较多。

按减压阀所控制的压力不同，可分为定压减压阀、定差减压阀和定比减压阀三类。定压减压阀的出口压力为定值，可以保证系统得到稳定的低压；定差减压阀的进出口压力差为一定值；定比减压阀的进出口压力成一定比值。不同类型减压阀的结构基本相同，各自适用于不同的场合，其中定压减压阀应用最广，以下主要介绍这种减压阀。

定压减压阀按调压方式的不同又可分为直动式定压减压阀和先导式定压减压阀两种，直动式很少单独使用，先导式则应用较多。

图5—19为先导式减压阀的结构，它由先导阀和主阀两部分组成。导阀3在调压弹簧2的作用下，紧压在导阀座4上，调节螺母1可改变弹簧2对导阀作用的预紧力。主阀芯7在主阀弹簧8的作用下处在主阀体6的最下端，弹簧8很软(刚度很小)，其作用是克服摩擦力，将主阀芯压向最下端。

先导式减压阀的控制压力引自出油口。高压油(也称为一次压力油)从进油口 p_1 进入，经过节流口 x_R 产生压力降，低压油(也称为二次压力油)从出油口 p_2 流出。出口压力油又经孔 g 流入主阀芯7的下端，同时经主阀芯上的阻尼孔 e 进入主阀芯的上腔 f 先导阀的前腔 m。

当出口压力 p_2 低于先导阀弹簧的调定压力时，先导阀呈关闭状态，主阀芯上、下腔油压相等，它在主阀弹簧力作用下处于最下端位置，这时减压阀口 x_R 开度最大，不起减压作用，其进、出口油压基本相等。当 p_2 达到先导阀弹簧调定压力时，先导阀开启，主阀芯上腔油经先导阀泄油口L回油箱，下腔油经阻尼孔向上流动，使阀芯两端产生压力差。主阀芯在此压差作用下向上抬起,关小减压阀口 x_R,阀口压力降 Δp 增大,使出口压力减到调定压力为止。这时若由于负载增大或进口压力向上波动而使 p_2 增大,在 p_2 大于弹簧调定值的瞬时,主阀芯立即上移,使开口 x_R 迅速减小,Δp 进一步增大,出口压力 p_2 便自动下降,仍恢复为原来的调定值。

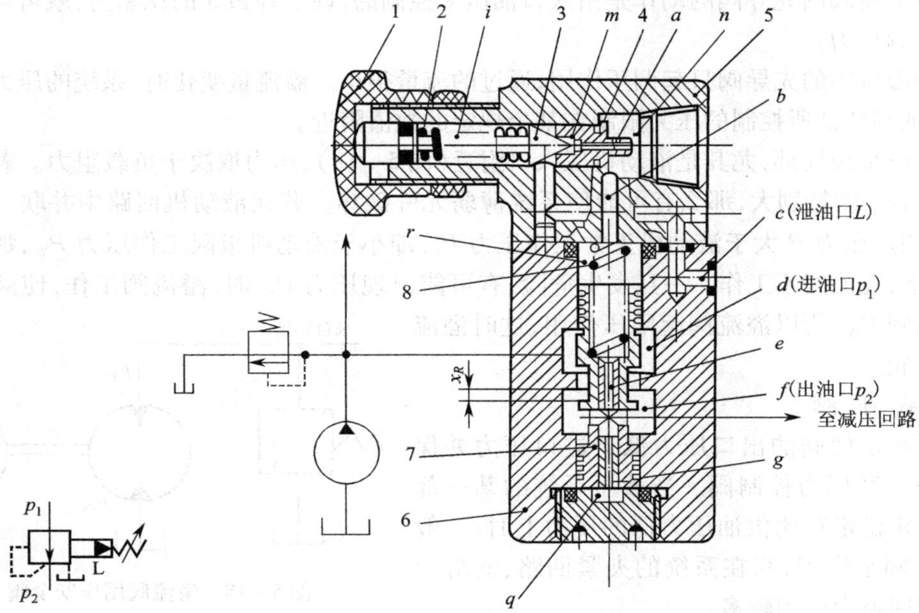

图 5—19　先导式减压阀

1—调节螺母;2—调压弹簧;3—导阀;4—导阀座;
5—先导阀体;6—主阀体;7—主阀芯;8—弹簧

由此可见,减压阀是利用其出油口处压力作为控制信号,自动调整主阀阀口的开度 x_R,改变液流阻力来保证出油口处压力恒定的。当减压阀的进油口压力发生变化,或流经减压阀的流量发生变化时,减压阀的出油口压力都会出现瞬时变化,但立刻又通过该阀的自动调节作用,最后仍保持其出油口处的压力基本上恒定不变。

值得注意的是,与减压阀相连的出口油路不能处于卸荷状态,否则,主阀全开,系统将不能建立起压力。

减压阀的阀口为常开型,其泄油口必须由单独设置的油管通往油箱,且泄油管不能插入油箱液面以下,以免造成背压,使泄油不畅,影响阀的正常工作。

当阀的外控口 K 接一远程调压阀,且远程调压阀的调定压力低于减压阀的调定压力时,可以实现二级减压。

减压阀与溢流阀从结构上和工作原理上基本类似,但存在以下不同之处。

①溢流阀是保持进口处压力基本不变,控制主阀芯移动的压力油来自进油口;减压阀是保持出口压力基本不变,控制主阀芯移动的压力油来自出油口。

②在不工作时,溢流阀处于关闭状态,而减压阀则处于开启状态。

③溢流阀的出油口通油箱,泄漏油采用内泄方式回油箱;减压阀为保证出口压力调定值恒

定,它的泄漏油不能从回油口排出,需通过泄油口单独外接油管排出。

(3)顺 序 阀

顺序阀是利用油路中压力的变化来控制阀口启闭,以实现各执行元件顺序动作的液压元件,见图5—20。顺序阀按控制压力不同,有内控式和外控式(即液控顺序阀)之分,前者用阀的进油口压力控制阀芯的启闭,后者用外来的控制压力油控制阀芯的启闭;按结构形式不同,又分为直动式和先导式两种,前者一般用于低压系统,后者用于中高压系统。顺序阀还常与单向阀组合成单向顺序阀、液控单向顺序阀等使用。

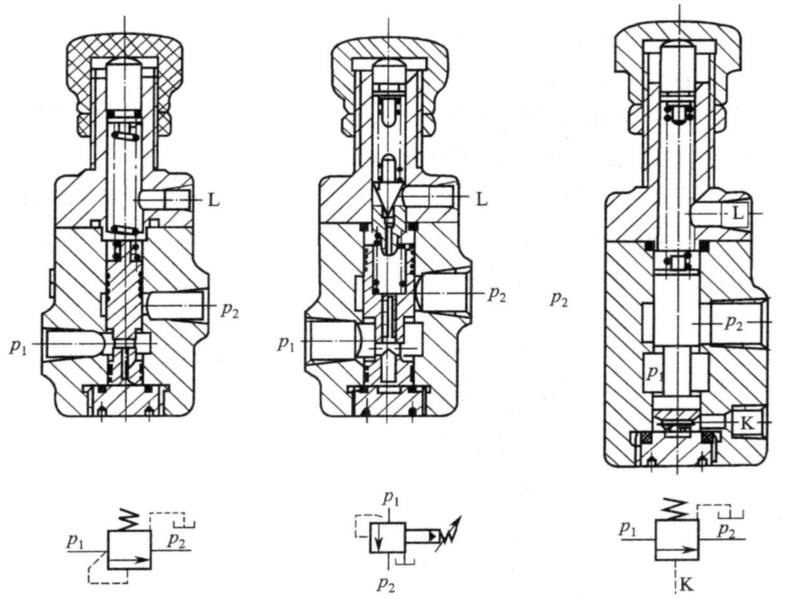

(a)直动式顺序阀 (b)先导式顺序阀 (c)液控顺序阀

图5—20 顺序阀

①顺序阀的结构与工作原理

a. 直动式顺序阀:结构见图5—20(a)。当进油口压力 p_1 较低时,阀芯在弹簧的作用下处于最下端位置,进油口和出油口不通。当进油口压力 p_1 增大,作用在阀芯下端的液压作用力大于弹簧的调定预紧力时,阀芯向上移动,阀口打开,油液便经阀口从出油口流出,从而操纵另一执行元件或其他元件动作。调节弹簧的预紧力,就可调节顺序阀的开启压力。

b. 先导式顺序阀:当调节压力较高时,如果采用直动式结构,弹簧的刚度必然很大,使阀的结构加大,且阀的启闭特性差,因此高压场合一般采用先导式顺序阀。

先导式顺序阀的结构见图5—20(b)。它的工作原理与先导式溢流阀基本相同,不同的只是先导阀的回油须经泄油口L单独接回油箱。

c. 液控顺序阀:其结构见图5—20(c)。阀芯的移动不受进油口压力 p_1 的控制,而是由与控制口 K 相通的外部控制压力油来控制。控制压力油从控制口K进入,作用在阀芯的下端。当控制油的压力超过弹簧调定压力时,阀芯向上移动,进油口 p_1 与出油口 p_2 接通,系统压力油便进入顺序阀后的回路。

由图 5—20 可见,顺序阀的结构与相应的溢流阀基本相同,差别只是顺序阀的出油口通向系统的另一压力油路,而溢流阀的出油口直接通油箱。此外,由于顺序阀的进、出油口均为压力油,所以它的泄油口 L 必须单独外接油箱,而溢流阀的泄流油则经阀的内部通道与回油箱相通。

当顺序阀控制压力(阀进口处压力或外控油液压力)未达到调定压力之前,此阀关闭;当达到调定压力后,阀门打开,油液经过此阀进入下一级执行元件,并使其动作,从而达到顺序动作的目的。

d. 单向顺序阀:在实际使用中往往只希望油液从一个方向流动时受顺序阀控制,在反方向油液流动时则自由通过,此时需用单向顺序阀。

单向顺序阀是由单向阀和顺序阀并联组合而成的复合阀。根据顺序阀的控制和泄油方式,单向顺序阀可分为内控式、外控式以及内泄式和外泄式等种类。

图 5—21 为内控式单向顺序阀的结构,该阀由内控顺序阀和一单向阀反向并联而成。当油液从 p_1 口进入时,单向阀关闭,在进口油压超过调压弹簧的调定值时,顺序阀打开,油液从 p_2 口流出;当油液反向进入时,经单向阀从 p_1 口流出。

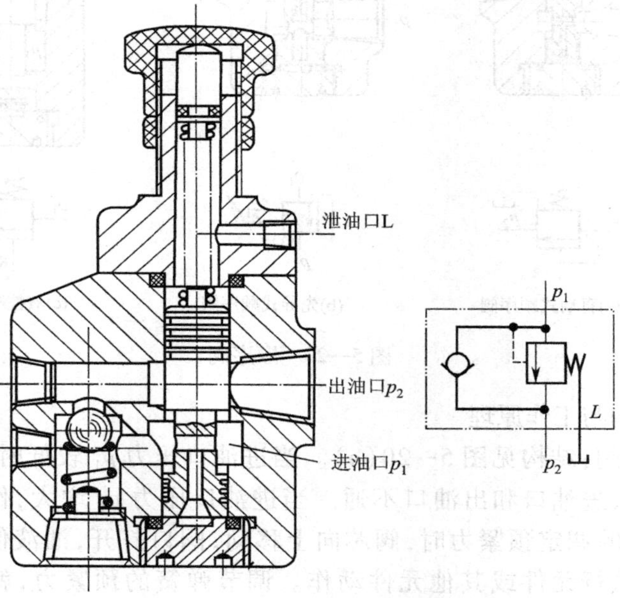

图 5—21 单向顺序阀

3. 流量控制阀

流量控制阀控制供给的流量大小,以便控制执行机构运动速度的大小,包括节流阀、调速阀等。

在实际应用过程中,还可以根据需要组合为组合阀,如单向阀与减压阀或顺序阀组合而成为单向减压阀、单向顺序阀,电磁阀与溢流阀组合而成卸荷阀等。其结构及工作原理类似与前面所述类似,这里不再详述。

第五节 SPZ-200型配砟整形车液压辅助元件

液压系统的辅助元件包括蓄能器、滤油器、油管及管接头、油箱、冷却器、加热器和密封件等。

一、蓄 能 器

SPZ-200型配砟整形车所用的蓄能器是充气式蓄能器,所充气体是氮气,其位置及结构见图5—22和图5—23。

图5—22 中部液压油箱蓄能器图

1—加油口(空气滤清器);2—蓄能器

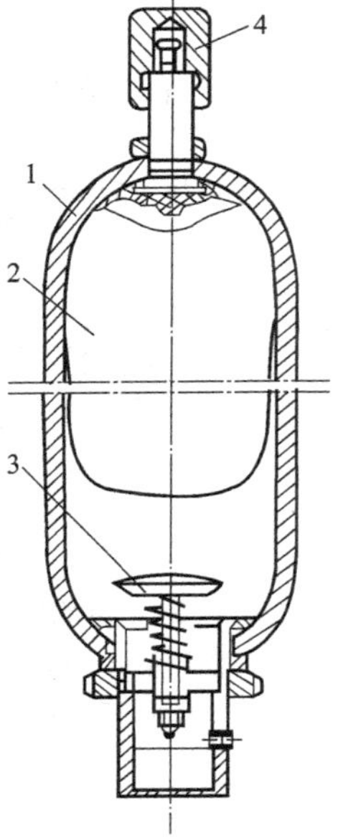

图5—23 气囊式蓄能器

1—壳体;2—气囊;

3—提升阀;4—充气阀

蓄能器并联接在液压系统的油路中。液压系统工作时,压力油从蓄能器下部进入,通过提升阀进入壳体内,随着油液压力增大气囊被压缩,气囊内的氮气压力升高,使液压能变成气体的压缩能储存起来;当液压系统中的压力降低时,气囊膨胀,把蓄能器内的油液挤出,补偿系统中的压力降,保持系统油压力稳定。

1. 蓄能器的作用

蓄能器在液压系统中的主要功用是储存能量、吸收压力脉冲、缓和冲击等。

(1)辅助动力源

如果液压系统在一工作循环中,只有很短的时间内需要大量用油,可以采用蓄能器作为辅助动力源。采用蓄能器辅助供油,当系统不需大量油液时,液压泵输出的多余压力油储存在蓄能器内,到需要时再由蓄能器快速释放出来与液压泵一起供油,以满足短时间内向系统供给大量压力油的需要,这样就可使系统采用流量较小的液压泵,从而减少发动机的功率消耗,降低液压系统的温升。

作辅助动力源时,蓄能器旁接在主油路上,见图5—24。

(2)应急动力源

某些液压系统要求在液压泵发生故障或停电而供油突然中断时,执行元件应继续完成必要的动作,以避免可能因缺油而引起的零部件损坏事故,这种场合需要适当容量的蓄能器作应急动力源。如图5—25所示,当液压泵供油中断时,阀6复位,蓄能器7释放所储存的压力油,经单向阀8向系统输油,使系统在短时间内仍可维持一定的压力。

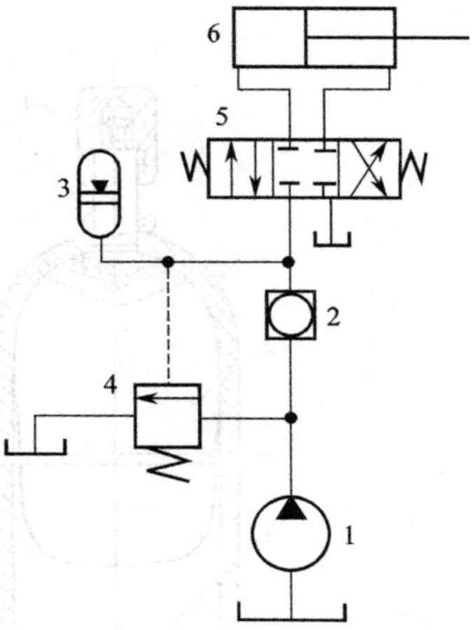

图5—24 蓄能器作辅助动力源

1—液压泵;2—单向阀;3—蓄能器;4—卸荷阀;5—换向阀;6—液压缸

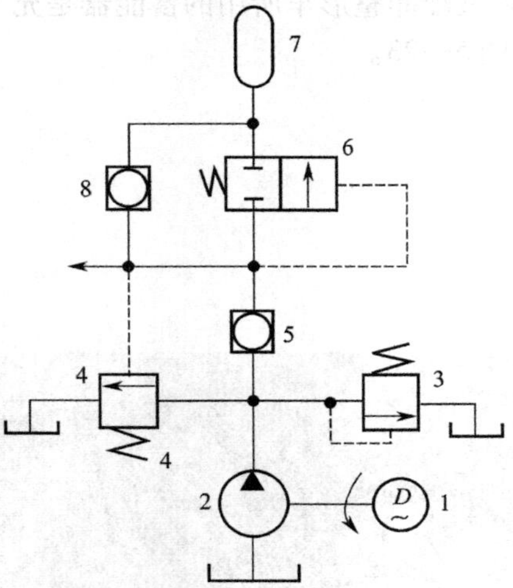

图5—25 蓄能器作应急动力源

1—动力源;2—液压泵;3—溢流阀;4—卸荷阀;5、8—中间阀;6—换向阀;7—蓄能器

(3)维持系统压力

当执行元件停止运动时间较长且要求保压时,可在液压系统的保压回路中增设蓄能器。利用蓄能器储存的压力油补偿油路上的泄漏损失,使系统压力保持在一定范围内。此时,为降低能耗,可使液压泵卸荷。

(4)吸收压力脉动,缓和液压冲击

液压系统的压力脉动主要是由液压泵的流量脉动和溢流阀脉动所造成,而液压冲击则因液流的激烈变化所引起。例如,液压缸的突然停止或运动,控制阀的突然关闭或换向,以及液压泵的突然启动或停止,液压系统中就会出现液压冲击。压力脉动过大,会影响液压系统的工作性能;冲击压力过大会使元件损坏。当液压系统的工作平稳性要求较高时,可在脉动源和冲击源附近设置蓄能器,以达到吸收压力脉动、缓和液压冲击的效果。

对要求液压泵供油压力恒定的液压系统,蓄能器安装在液压泵的出口处,可降低液压泵压力脉动的峰值,使系统压力脉动均匀化,用以吸收冲击压力的蓄能器应尽可能安装在靠近冲击源的地方。

2. 蓄能器的安装和使用

蓄能器在安装和使用时应注意以下问题:

(1)蓄能器是压力容器,搬运和装拆时应先将充气阀打开,排出充入的气体,以振动或碰撞而发生意外事故。

(2)气囊式蓄能器应垂直安装,油口向下,否则气囊会受浮力而与壳体单边接触,影响其正常伸缩并加快其损坏。

(3)用于吸收液压冲击和压力脉动的蓄能器,应尽可能装在冲击源或脉动源附近,并便于检修。

(4)装在管路上的蓄能器,承受着一个相当于其入口面积与油液压力乘积的作用力,必须用支板或支架将其固定。

(5)蓄能器与液压泵之间应设置单向阀,防止液压泵停转时,蓄能器储存的压力油倒流而使泵反转。蓄能器与液压系统联接处也应安装截止阀,供充气、调整和检修时使用。

(6)蓄能器的容量应根据使用情况来决定。

(7)蓄能器中的氮气压力要定期检查,发现不足要及时补充,以保证蓄能器正常工作。充气需用专门的充气工具,将充气工具装在充气阀上,再用管路把充气工具和氮气瓶连接起来,向气囊内充入洁净的氮气。

(8)充气压力应视液压系统的压力而定。SPZ-200 型配砟整形车工作机构的控制回路中设置了一个蓄能器,其充气压力为 7 MPa(系统油压力为 16 MPa)。

二、滤 油 器

1. 液压油污染的原因及危害

液压系统中使用的油液,因受外界灰尘、脏物以及油液和管道的氧化变质等的影响,不可避免地会混入一些杂质、污物,使油液受到不同程度的污染。杂质和污物的存在,不加速液压元件的磨损,擦伤密封件,而且会堵塞工作缝隙和小孔,卡死阀芯,使元件动灵以至损坏,导致液压系统不能正常工作。一般认为,液压系统中 75% 以上的故障是由液污染造成的,因此,为了保证液压元件和液压系统的正常工作,必须对油液进行净化。

2. 滤油器的作用

过滤器的作用在于净化油液,过滤掉混在液压油中的杂质,使油液的污染程度控制允许的范围之内。

滤油器滤清油液的作用是通过过滤器上无数的微小间隙或小孔来实现的。油液经过微小间隙或小孔时,油液中所含的尺寸大于间隙或小孔的杂质便被阻隔,从而使油液得到净化。

3. 滤油器的基本要求

(1)应有适当的过滤精度。过滤精度是指滤油器滤除杂质颗粒的粒度大小,以其直径 d 的公称尺寸(μm)表示。粒度越小,精度越高。过滤精度反映了滤芯的最大通孔直径,从理论上来说,大于该尺寸的固体颗粒就不能通过滤芯。根据滤芯直径的不同,过滤精度可分为粗($d = 100$ μm)、普通($d = 10 \sim 100$ μm)、精($d = 5 \sim 10$ μm)和特精($d = 1 \sim 5$ μm)四个等级。

液压系统要求的过滤精度必须保证使油液中所含杂质颗粒尺寸小于有相对运动的液压元件之间的配合间隙(通常为间隙的1/2)或油膜厚度。系统压力越高,相对运动表面的配合间隙越小,因而要求的过滤精度就越高。因此,可以说液压系统的过滤精度主要取决于系统的工作压力,压力同过滤精度间的关系见表5—2。

表5—2 各种液压系统的过滤精度

系统类别	润滑系统	传动系统			伺服系统
工作压力(MPa)	0~2.5	≤14	14~21	>21	≤21
过滤精度(μm)	≤100	25~50	≤25	≤10	≤5

根据不同液压系统的精度要求,使用不同精度的滤清器,可以使液压系统元件寿命大大延长,液压故障亦会明显减少。

(2)有足够的过滤能力。过滤能力是指在一定压力降下允许通过滤油器的最大流量,一般用滤油器的有效过滤面积(滤芯上能通过油液的总面积)表示。滤油器的过滤能力应大于通过它的最大流量,允许的压力降一般为0.03~0.07 MPa。对过滤器过滤能力的要求应结合滤油器在液压系统中的安装位置来考虑,如滤油器安装在吸油管路上时,其过滤能力应为泵流量的两倍以上。

(3)滤油器的滤芯及壳体应有一定的机械强度,不致因液体压力作用而被破坏。

(4)滤芯要有足够的抗腐蚀性能,并能在规定的温度下持久地工作。

(5)滤油器应便于拆装、清洗和维护,滤芯要便于更换。

4. 滤油器的类型及性能特点

滤油器按过滤精度可分为粗过滤器和精过滤器两大类;按滤芯材料和结构形式可分为网式、线隙式、纸芯式、烧结式和磁性过滤器等多种;按连接形式可分为管式、板式和法兰式三种,见图5—26。

为了便于滤芯的清洗和保证过滤精度稳定,一般滤油器只能单向使用,即进、出油口不能反用,所以,滤油器应安装在液流单向通过的地方,不能安装在液流方向可能变换的油路上。必要时油路中可增设单向阀和滤油器,以组成双向过滤装置。

5. 滤油器在液压系统中通常使用的安装方式

(1)安装在泵吸油口管路上(吸油滤油器):在每个液压泵的吸油口都安装有吸油滤油器,见图5—27,以避免液压泵吸入较大颗粒的杂质。吸油滤油器为网式粗过滤器,过滤精度为125 μm,要求其压力降不超过0.02 MPa,流量应为泵流量的2倍以上。

(2)安装在压力管路上(高压过滤器)、这种安装方式能保护系统中除泵和溢流阀以外的元件。由于滤油器承受高压和冲击,要有足够的强度。

(3)安装在回油管路上(回油滤油器):回油滤油器一般安装在液压系统的回油管上,过滤工作后流回油箱的油液。回油滤油器一般采用纸芯式普通过滤器,过滤精度为25 μm。

回油滤油器内部装有堵塞指示装置,当滤芯受到污染,过滤阻力增大,当压力降达到0.2~0.4 MPa时,堵塞指示器的电路闭合,发出报警信号,此时要及时更换滤芯;当压力降超过0.4 MPa时,堵塞指示器发出报警信号的同时,旁通阀被打开,油液直接经旁通阀流出,以防止损坏滤油器。

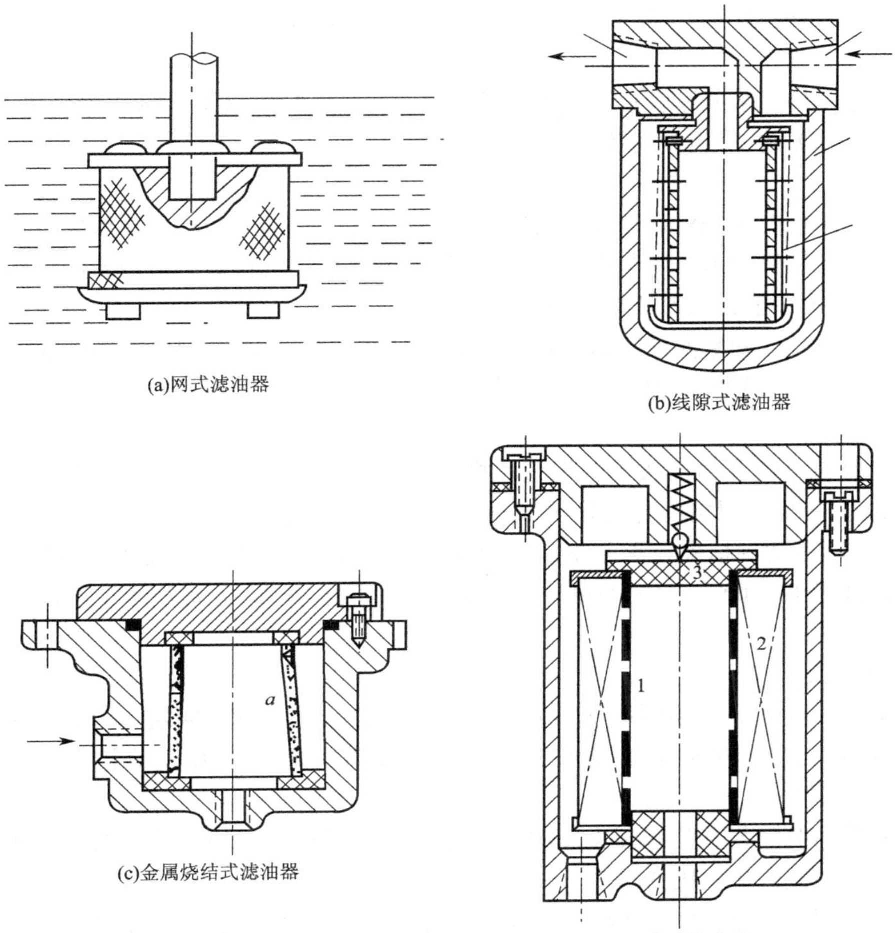

(a)网式滤油器
(b)线隙式滤油器
(c)金属烧结式滤油器
(d)纸芯式滤油器

图 5—26 滤油器结构图

三、管道及管接头

液压系统中使用的油管种类很多,有钢管、橡胶软管等。油管材料的选择,主要根据液压系统各部位的压力、安装位置及其使用环境等条件决定。

1. 钢 管

钢管分为焊接钢管和无缝钢管,压力小于 2.5 MPa 时可用焊接钢管;压力大于 2.5 MPa 时常用冷拔无缝钢管。要求防腐蚀、防锈的场合应选用不锈钢管;超高压系统可选用合金钢管。钢管能承受高压,刚性好,耐腐蚀,价格低廉,缺点是弯曲和

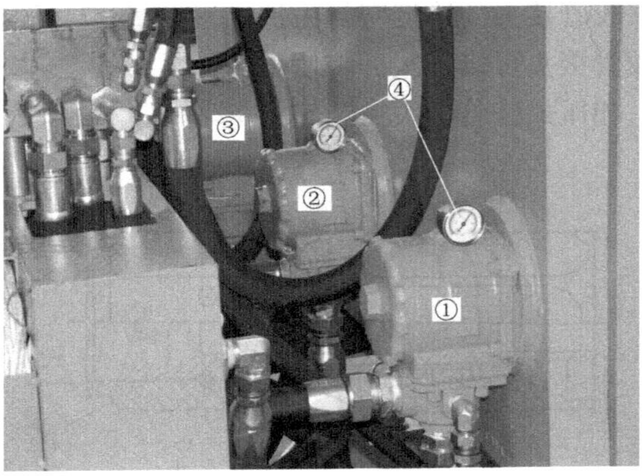

图 5—27 机器中部

1—工作系统泵吸油滤油器;2—清扫(双联泵)吸油滤油器;3—回油滤油器;4—真空表

装配均较困难,需要专门的工具或设备,因此,常用于中、高压系统或低压系统中装配部位限制少的场合。

钢管尺寸用外径乘壁厚表示。管子内径必须与通过流量相适应。管内油液流速过大,会产生油温上升或振动、噪声等问题。

2. 橡胶软管

橡胶软管用作两个相对运动部件的连接油管,分高压和低压两种。高压软管由耐油橡胶中间夹一层或几层钢丝编织网制成,层数越多耐压越高。低压软管由耐油橡胶夹帆布或棉线制成,其承受压力一般在 1.5 MPa 以下。

软管有橡胶软管和聚四氟乙稀软管。大型养路机械采用 2781 型胶管为两层钢丝编织的高压胶管;1503 型胶管是单层钢丝编织的中压胶管。液压泵的吸油管选用口径较大的夹布层橡胶管。

大型养路机械主要由冷拔无缝钢管和橡胶软管构成液压系统的油路。管子内径必须与通过流量相适应,管子太细,通过管子横截面的油液流速过大,会产生油温上升或振动、噪声等问题,使液压功率损失显著增加。2781 型双层钢丝编织的高压胶管;GH506 型四层钢丝缠绕的高压胶管;2651、2681 型单层钢丝编织的中压胶管等,分别适用于不同液压系统的回路。

3. 胶管接头

管接头的种类很多,按接头的通路方向分有:直通、二通、三通、四通、直角、铰接等多种形式;按其与油管的连接方式分有:焊接式、卡套式、管端扩口式、扣压式管接头和快速拆装管接头。

高压胶管的两端装有胶管接头,SPZ-200 型配砟整形车所用的胶管接头是可拆式和扣压式两种。可拆式胶管接头用的较多。

图 5—28 可拆式胶管接头的结构。外壳 1 有锯齿形内螺纹,胶管的钢丝编织层楔入齿形螺纹槽内,形成牢固的连接。芯子 2 装入外壳的部分有细牙外螺纹,当芯子 2 拧入胶管后,芯子使胶管内层扩胀形成密封。

胶管接头的连接密封为扩口型,通过 74°的扩口与接头的锥面压紧形成密封。这种可拆式胶管接头可以多次拆装使用。

扣压式胶管接头见图 5—29。

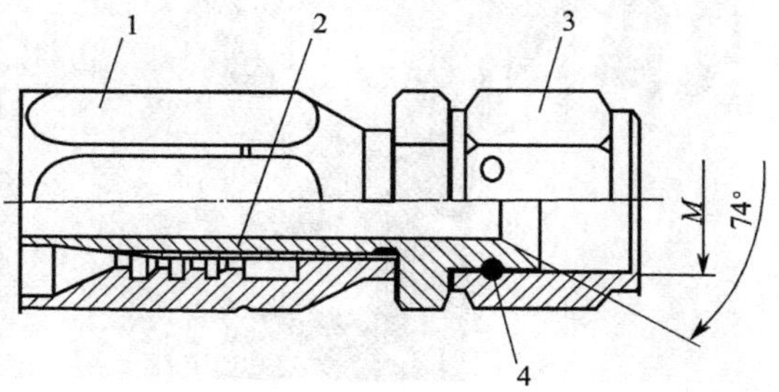

图 5—28　可拆式胶管接头

1—外壳;2—芯子;3—螺母;4—销钉

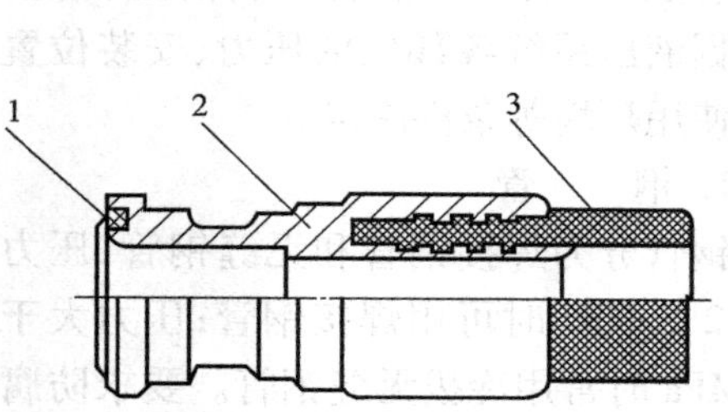

图 5—29　扣压式胶管接头

1—O 形密封圈;2—接头体;3—胶管

四、油　　箱

油箱的主要作用是储油、散热和分离油中的空气、杂质等，因此油箱应有足够的容量，较大的表面积。且液体在油箱内流动应平缓，以分离气泡和沉淀杂质。

按照油箱内压力状态的不同，油箱可分为开式油箱和加压油箱两种。开式油箱上安装空气滤清器，使液面与大气相通，其余部分必须保持严密，防止灰尘进入。闭式油箱又称为压力油箱，内部通入低压空气（一般为0.05 MPa左右），以提高液压泵的吸入口压力。

油箱一般由钢板焊接成矩形六面体形状，以便在相同的容积下得到最大的散热面积。油箱的布置应注意以下几个问题。

（1）箱体由隔板将泵吸入管和排出管隔开。这两种管路的距离应尽量安排远些，使系统排出液体必须经过一定距离的途径才能进入泵吸入区，有助于液体中气泡逸出，污染物沉淀和通过箱壁散热。隔板高度应低于油箱。

（2）泵吸入口与箱底的距离应大于管径2倍，与侧壁的距离应大于管径的3倍。泵吸入管口装滤网，通流能力大于泵流量2倍以上。系统排出口与箱底的距离也应大于管径的3倍，端头切成45°斜角，斜口面对箱壁，便于散热。

（3）油箱盖板管口处都要妥善密封。箱盖上装空气滤清器。

（4）油箱应便于维修、清洗，有些油箱在侧面开清洗入口，用盖板封住。为了便于放出液体，油箱底面向系统出口倾斜，并设有放油塞，或放油阀。油箱侧面设置液位指示器指示油面高度，并有温度计指示温度。其结构简图见图5—30。

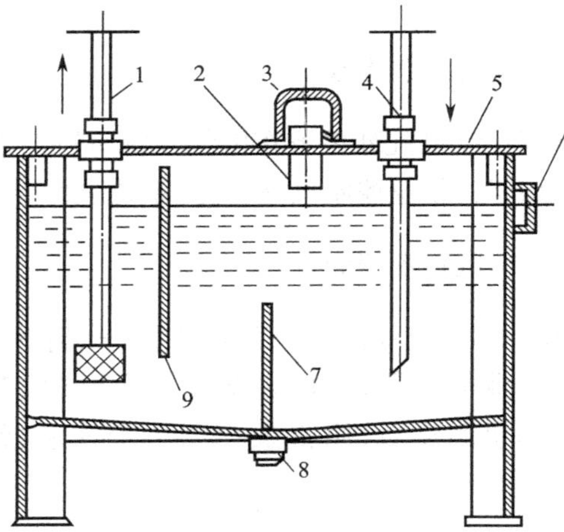

图5—30　油箱结构简图

1—泵吸入管；2—加油滤网；3—加油口盖；4—回油管；5—上盖；6—油面指示器；7，9—隔板；8—放油阀

复习思考题

1. SPZ-200型配砟整形车液压系统由哪几部分组成？
2. SPZ-200型配砟整形车点动挂挡系统由哪几部分组成有哪些？
3. SPZ-200型配砟整形车点动挂挡系统的结构特点是什么？
4. SPZ-200型配砟整形车点动挂挡系统的工作原理是什么？
5. 齿轮泵的工作原理是什么？
6. 液动换向阀的作用是什么？
7. 电液换向阀优点及使用范围是什么？
8. 蓄能器的作用是什么？

第六章　电气系统

SPZ-200型配砟整形车是SPZ-160型配砟整形车的改进型，随着引进技术的不断消化吸收，其电气系统也做了许多改进，这些改进使得司机操作更为安全、方便、可靠。

第一节　电气系统的组成与控制

一、电气系统组成

SPZ-200型配砟整形车电气系统，按照控制功能分为五部分：电源及柴油机控制电路、液压走行电路、作业控制电路、辅助系统电气控制、监视及报警电路。

二、电气系统控制

SPZ-200型双向道床配砟整形车，停车时由蓄电池向全车的照明、信号、取暖、辅助、走行、作业等电路供电；在柴油机启动时，蓄电池向柴油机启动、运转控制和仪表电路供电；柴油机启动后，则由发电机向全车各控制电路、仪表及监视电路等供电并给蓄电池充电。

第二节　柴油机控制电路

一、柴油机控制电路概述

柴油机控制电路用于控制柴油机的启动、运转和停机。柴油机启动电机的启动电源由2只12V、195A·h的蓄电池串联供给。柴油机启动后，三相硅整流发电机开始工作，可输出最大直流电压28 V，最大工作电流为120 A。发电机随时向蓄电池充电，保证蓄电池电压在要求范围内，使启动电机能正常工作，同时，发电机和蓄电池共同配合，为全车所有用电设备及电路提供24 V的直流电源。

在控制回路中设有启动辅助装置，以便使柴油机在5 ℃～－25 ℃下能够顺利启动。

柴油机控制电路并联有多个停机按钮，分别安装作业操纵台和配砟整形车左、右两侧主梁的两端。当压下其中任何一个停机按钮时，油门风缸供风电磁阀失电，柴油机油门关闭停机。

二、柴油机启动控制电路

柴油机启动控制电路见图6—1。

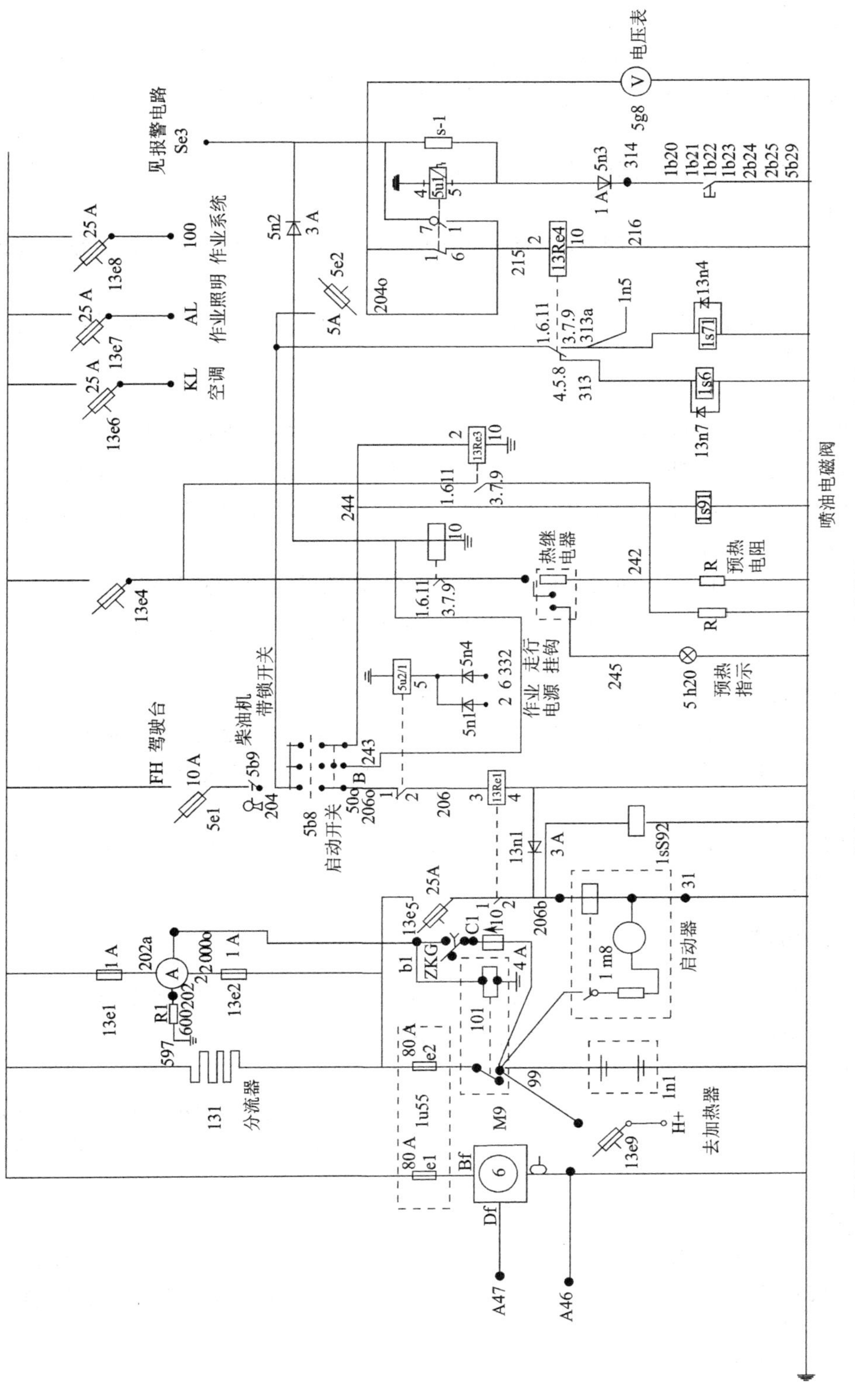

图6—1 柴油机控制原理图

(一)柴油机启动

合上电瓶开关1a1(改进后的电瓶开关为电磁继电器式,在司机室用钥匙开关ZKG控制继电器的通、断,从而达到主电源的通、断),合上5b9,拉柴油机启动开关5b8至第二挡,此时三路电路通电:

(1)206号线通电→13Re1通电动作→13Re1常开触点闭合,使启动机1m8通电,加浓电磁阀1S592通电。

(2)17号线通电→13Re3线圈通电→预热电阻R通电;另一路经244号线至喷油电磁阀1S91通电。

(3)243号线一路直接供预热继电器13Re2线圈供电;另一路经5n2、5r1给发动机自保电路继电器5u1/A通电。

(二)柴油机自保电路

当柴油机启动开关拉至第一挡时,24 V电源电压经5e1→5b9→204号线→启动开关5b8→243号线→5n2→5r1→柴油机自保继电器5u1/A线圈→5u1/A通电动作→常闭触点1-6断开,13Re4继电器失电,触点3、7、9失电,1S71停机电磁阀失电,触点1和4,5,8得电,供油阀1S6得电,为启动做好准备。

常开触点1-7闭合,此时柴油机自保继电器5u1/A线圈的供电线路为:204号线→5e2→204a→自保继电器5u1/A的触点1-7→5r1→5u1/A线圈,从而实现在松开启动开关后,柴油机仍然能保持继续运转。

(三)柴油机停机

按压任何一个停机开关(1b20、1b21、1b22、1b23、1b24、1b25、5b29),柴油机自保继电器5u1/A线圈失电→13Re4得电→313a得电,313断电,供油阀失电和停机电磁阀得电停机。

(四)启动注意事项

在启动柴油机前,除检查机油油位等外,还应检查走行开关及作业电源开关是否打开,否则无法启动柴油机。

三、启动辅助装置

风冷柴油机在5 ℃以上可以直接启动,在5 ℃ ~ -25 ℃时采用启动辅助装置启动。它的作用是改善启动条件,使柴油机在较低的温度下能够顺利启动。

1. 预热电阻R

预热电阻R安装在风冷柴油机进气管上,它的作用是点燃经由它的进油口喷入柴油机进气管内的燃油;在启动柴油机之前预热柴油机和在启动时加热进气空气,使柴油机在冬季能顺利启动。

2. 热继电器

热继电器的作用是根据低温程度不同,显示出预热电阻R不同的预热时间。加热的电阻丝内有一双金属片活动触点。在加热电阻丝通电加热一定时间后,动触点与静触点接触,使指示灯5h20发光,提示预热过程已完成。

3. 喷油电磁阀1s91

喷油电磁阀的作用是在冬季启动柴油机时,电磁阀通电开启,燃油经由电磁阀进入预热电阻 R 进油口。启动结束后电磁阀断电阀门关闭，柴油不能进入预热电阻 R。

4. 启动加浓电磁铁 1s592

启动加浓电磁铁安装在喷油泵上，作用是在启动柴油机时控制喷油泵调节齿杆的移动量，加大柴油机启动时的供油量，从而改善柴油机的启动性能。

5. 冬季和低温下启动柴油机

启动开关拉到“1”位置并保持，此时，喷油电磁阀 ls91 接通，阀门开启，燃油经电磁阀进入预热电阻 R，与此同时继电器 13Re3 和 13Re2 通电动作，其触点闭合，预热电阻丝 R 和热继电器通电，预热电阻产生高温，点燃喷入预热电阻的燃油混合物。大约 1 min 后，热继电器内部触点动作，其触点闭合，预热指示灯 5h20 发光，表示预热过程结束，可以启动柴油机。

四、柴油机参数测量装置

风冷柴油机参数测量装置包括：缸盖温度、机油温度、机油压力、柴油机转速、柴油机工作小时等测量装置。

1. 缸盖温度测量装置

由缸盖温度表和缸盖温度传感器组成。缸盖温度传感器一般安装在第二气缸的缸盖上，通过导线与温度表连接。工作电压：6 ~ 24 V；工作温度：低于 +200 ℃。缸盖温度表的工作电压为 24 V，指示范围为 +30 ℃ ~ +200 ℃。绿区指示的是缸盖正常温度，一般为 +30 ℃ ~ +170 ℃；红区指示的是危险温度为 +170 ℃ ~200 ℃。

2. 机油温度测量装置

机油温度测量装置由机油温度表和机油温度传感器组成。机油温度传感器安装在柴油机机油滤清器支架上，通过导线与温度表连接。工作温度：-25 ℃ ~ +150 ℃，触点闭合时指示温度范围：+130 ℃ ±3 ℃，工作电压：6 ~24 V。机油温度表指示范围：+50 ℃ ~ +150 ℃；工作电压：24 V。绿区为安全工作温度：+50 ℃ ~ +130 ℃；红区为危险工作温度：+130 ℃ ~ +150 ℃。

3. 机油压力测量装置

机油压力测量装置由机油压力传感器和机油压力表组成。机油压力传感器安装在柴油机左侧主油道管路上，通过导线和机油压力表连接。测量范围：0 ~5 bar。触点报警压力：0.04 MPa（当压力低于此值时，内部触点闭合）。工作温度 -25 ℃ ~ +100 ℃。机油压力表的指示范围：0 ~5 bar；工作电压：24 V；工作电流：最大约 130 mA。

4. 柴油机转速测量装置

柴油机转速测量装置由转速表和转速传感器组成。转速传感器是一个小型交流发电机，主要技术参数是最大转速：3 000 r/min；空转电压：19.3 V（在 2 000 r/min 时）；最高电压 28 V（在 3 000 r/min 时）；最大驱动力矩：50 N · m；转速表的指示范围是 200 ~3 000 r/min。

5. 柴油机工作小时计

工作小时计的作用是累计柴油机运转的总时间。其主要参数是工作电压：9 ~28 V，电流消耗：18.5 mA，计时单位为小时。

五、发 电 机

配砟整形车上所用的发电机为三相硅整流发电机，最大输出电压为直流 28 V，最大工作电流 120 A。发电机与过压保护器、蓄电池共同配合工作,为启动电动机提供稳定的直流电压。发电机随时向蓄电池充电,保证蓄电池电压在要求范围内,使启动电动机能正常工作,同时,为全车所有用电设备提供 24 V 的直流电源。

在发电机的非驱动端有多个接线柱,上面分别铸有"B+"、"D+"、"D-"等标记。"B+"接 50 A 的保险 e1,向蓄电池和全车电气系统供电;"D+"接发动机工作指示灯 5h5;"D-"接车架。

第三节 液压走行控制电路

液压走行电路用于控制配砟整形车的区间走行和作业走行,其控制电气原理见图 6—2。它是通过将高、低速转换开关转换不同的挡位,控制相应的继电器及电磁阀动作,实现车轴齿轮箱的换挡与整车的向前、向后走行。区间向前走行和后退走行控制电路分别由两个继电器实行互锁控制,在向前走行时,后退走行控制电路不工作;在向后走行时,向前走行控制电路不工作;如换向走行,则需按停机按钮,待向前走行控制电路的所有电气元件回到原始位置后,才能为后退控制电路动作作好准备。

一、向前走行电气动作过程

高低速转换开关 5b34 有三个挡位"作业挡""空挡"和"走行挡"(部分出厂时主操作台标为"高速"、"低速"转换开关)。走行时使用高速挡,作业时使用低速挡。将转换开关 5b34 置于"走行挡",G1#线与 G2#线接通。继电器 5U9/A 通电动作,其常开触点闭合,常闭触点断开,高速挂挡电磁阀 1s6 通电动作,高速脱挡阀 1s5 断电,使液压系统的换挡机构工作。换挡完成后,前、后轴的高速换挡开关 1b292 和 1b296 闭合,指示灯 5h12 和 5h16 发光,提示司机换挡准备工作已结束。

继电器和 5U9/G 和 5U9/H 分别控制配砟整形车向前走行和向后走行,这两个继电器实行互锁控制。按下向前按钮 5b33(或 2b7、2b8)继电器 5U9/G 通电,通电回路为 204#线→5e15→停车按钮 5b24、2b11、2b12 的触点→G4→G5→G6→G7→向后继电器 5U9/H 常闭触点 1-2→G8→向前按钮 5b33 触点→G11→5U9/G 线圈→地。5U9/G 通电动作,常开触点 1-3 闭合,向前阀 1s7 通电,常闭触点 1-2 断开,切断向后走行电路,实现互锁控制。

二、后退走行电气动作过程

在向前走行时,后退走行控制电路不工作,反之亦然。后退走行控制电气动作过程与在向前走行控制电气动作原理相同,这里不再详述。

三、停止走行

在走行中,如需要停车,只要按下停止按钮 2b12、2b11、5b24 使继电器 5U9/G 和 5U9/H 继电器断电,向前(后)走行控制电路断电。通过操纵速度手柄,使配砟整形车逐步减速停车。

四、走行安全控制电路

1. 压力继电器 1b21 和继电器 5d8

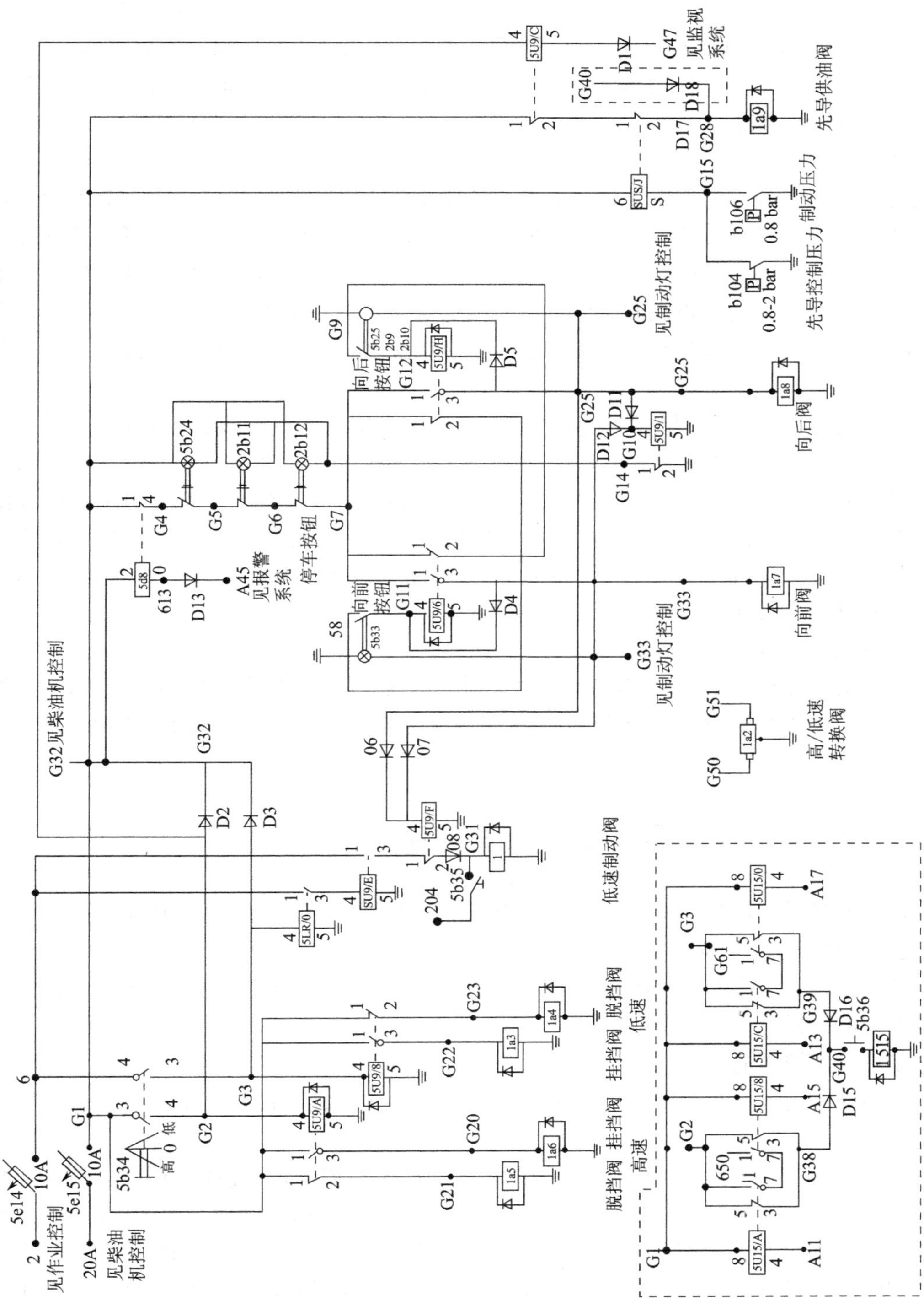

注：虚线框内为改进图

图6—2 配砟整形车走行控制原理图

压力继电器 1b21 是总风压力开关,当总风压力达到设定压力 4bar(400 kPa)时,常闭触点断开;继电器 5d8 常闭触点 1-4 分别接 G1 线和 G4 线,只有总风压力达到压力继电器 1b21 的设定压力 4bar(400 kPa)时,才能接通"作业挡"或"走行挡"的前进或后退电路,配砟整形车才可以高速走行或作业走行。

2. 继电器 5U9/C

继电器 5U9/C 的线圈通过中犁锁定开关 1b154、1b155 及清扫锁定开关 1b152、1b153 与地相接,当电瓶总开关 1a1 及 5b9 开关闭合时,只有中犁及清扫锁定装置在锁定位,其行程开关 1b154、1b155、1b152、1b153 全部断开,继电器 5U9/C 的线圈才断电,继电器 5U9/C 的常闭触点 1-2 闭合,才能接通先导供油阀 1s9 线圈的供电电路。如果中犁及清扫锁定装置的行程开关 1b154、1b155、1b152、1b153 只要有一个不在锁定位,高速走行就不能接通,以保证行车安全。

其控制过程为:清扫装置及中犁气锁的行程开关,只要有一个气锁没有锁到位(其行程开关没有断开)即 1b152 ~ 1b155 只要有一个在闭合状态,24V 电源→保险 5e1→开关 5b9→204 号线→保险 5e15→G1 号线→走行转换开关 5b34 的高速挡→G2 号线→继电器 5U9/C 的线圈→二极管 D1→G47→二极管 5D10 或 5D11→清扫装置或中犁锁定行车开关 1b152 ~ 1b155 其中一个或几个→地;继电器 5U9/C 的线圈通电后,其常闭触点 1-2 断开,切断了先导供油阀 1s9 的电路,高速走行油压无法建立,无法高速走行。

3. 压力继电器 1b106 和继电器 5U9/J

无论高速走行还是作业走行,当制动压力达到压力继电器 1b106 的设定压力(0.8bar)时,1b106 闭合,接通了继电器 5U9/J 线圈的通路,其常闭触点 1 - 2 断开,切断了先导供油阀 1s9 的电路。

第四节　作业控制电路

作业控制电路通过各个开关控制液压换向阀的电磁阀线圈得电或失电,从而改变液压油的流向,达到控制工作机构动作的目的。

作业控制电路由作业走行电路和作业工作电路组成。作业系统的控制按钮和指示灯安装在作业操作台的面板上。

作业走行电路控制电气原理见图 6—2。

在配砟整形车驶入作业现场后,将转换开关 5b34 从"走行挡"旋转到"空挡"位,电气元件动作过程如下:

(1)在"空挡位时,G1 线与 G2 线断开,继电器 5U9/A 线圈断电,高速挂挡电磁阀 1s6 断电,高速离合器指示灯 5h12 和 5h16 熄灭,高速脱挡电磁阀 1s5 通电动作。与此同时,低速脱挡电磁阀 1s4 也通电动作。将转换开关 5b34 从"空挡"转换至"作业挡",继电器 5U9/B 线圈得电,其常开触点 1-3 闭合,常闭触点 1-2 断开,作业挂挡阀 1s3 得电,脱挡阀 1s4 断电,为作业开始做好准备。

注意:在旋转开关 5b34 的过程中,不论从"走行挡"转到"作业挡",还是从"作业挡,转到"走行挡",一定要在"空挡"位停顿一下,等到其相应的指示灯"亮"或"灭",才能进行下一步操作。未挂上挡时，在缓解状态下点按“点动挂挡”红色按钮（点动挂档操作程序见第九章第二节内容）。

（2）配砟整形车向前作业走行时，按下前进位按钮 2b7、2b8 或 5b33，向前走行继电器 5U9/G 动作，其通电回路为 G1 线→继电器 5d8 触点 1-4→停止按钮 5b24、2b11 和 2b12→G7 线→5U9/H 的常闭触点 1-2→G8→向前按钮 2b7、2b8 或 5b33→G11→5U9/G 线圈→地。继电器 5U9/G 常开触点 1-3 接通，常闭触点 1-2 断开。向前阀 1s7 得电，其控制原理与向前走行电路完全相同。

（3）停车。当按下停车按钮时，G7 线断电，由其供电的向前（或向后）控制继电器（5U9/G、5U9/H）断电，向前阀 1s7（或向后阀 1s8）断电。低速制动阀控制继电器 5U9/F 线圈失电，低速制动阀 1s1 得电制动。

其动作情况为：当作业开关 5b21 打开，转换开关 5b34 旋转到“作业挡”时，继电器 5U9/D 线圈通电，其常开触点 1-3 闭合；此时又接通了继电器 5U9/E 线圈的通路，其常开触点 1-3 闭合；当按下停车按钮时，G7 失电→继电器 5U9/F 线圈失电，其常闭触点 1-2 闭合。

低速制动阀的通电回路：2 号线→保险 5e14→6 号线→继电器 5U9/E 触点 1-3→继电器 5U9/F 触点 1-2→G31 号线→低速制动阀 1s1→地。

（4）配砟整形车向后作业走行时，按下后退按钮 2b9、2b10 或 5b25，接通向后阀 1s8 电路。其通电回路与向前控制回路类似，这里不再详述。

一、作业控制电路

当作业开关 5b21 打开，合上保险 13e8、13e9、13e13，由 100 号线向作业液压控制电路供电，见图 6—3。

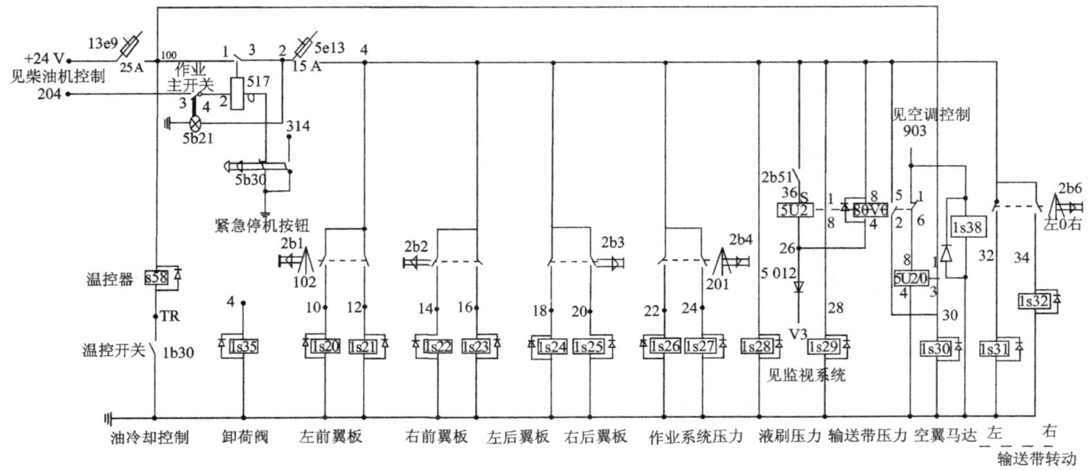

图 6—3　作业控制原理图

2b1、2b2、2b3、2b4 均为三挡位旋钮开关，这些开关安装在作业操作台上。每个开关控制三位四通换向电磁阀 1s20～1s27 两端的电磁线圈，每个电磁阀通电动作后，改变液压油的流向，达到控制机械动作的要求。

清扫装置的滚刷和输送带压力的建立须打清扫装置开气锁,才能工作。2b5 是控制滚刷、输送带油压建立的开关。2b6 开关控制输送带向左或向右转动。当这些开关打开时,电磁阀通电动作,使液压系统工作。因作业控制电路较为简单,这里不再详述。

二、作业照明电路

作业照明电路控制原理图见图 6—4。

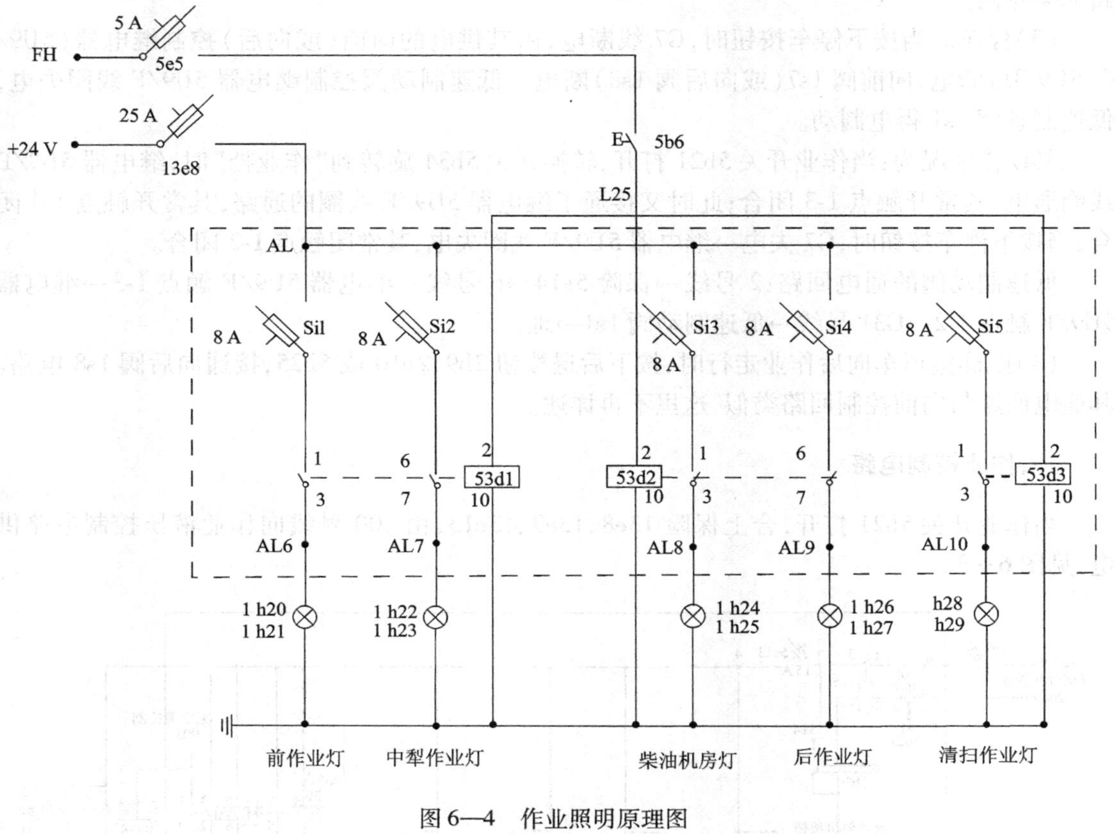

图 6—4　作业照明原理图

作业照明灯由前后作业灯 1h20、1h21 和 1h26、1h27、中犁作业灯 1h22 和 1h23、清扫作业灯 1h28 和 1h29 组成,由开关 5b6 控制。

第五节　辅助系统电气控制

辅助系统电气控制电路包括前后大灯及标志灯、司机室照明、电喇叭、警灯、风扇、电动雨刮和制动指示等。前后大灯及标志灯用于走行时的照明控制。司机室照明灯安装在司机室。制动指示控制的是配砟整形车前、后端的制动指示灯。制动指示灯安装在前、后标志灯旁边,在实施制动后,制动缸风压达到 0.5 MPa 时,反向制动指示灯发光,其控制原理见图 6—5。

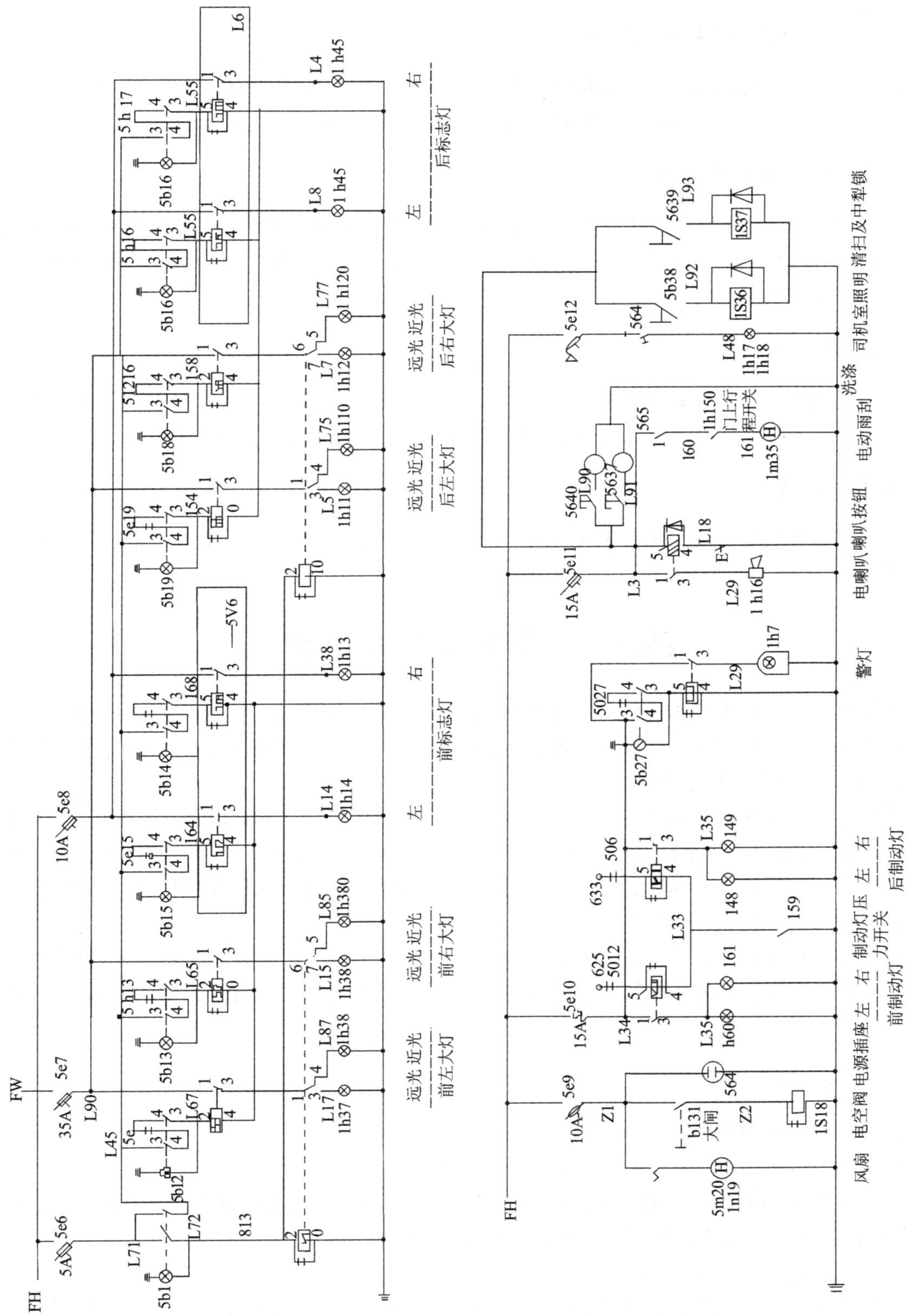

图6—5 辅助系统电气控制原理图

一、前后走行大灯及标志灯控制电路

前后走行大灯及标志灯控制电路由5b1开关控制,5b1开关由“关闭”、“近光”、“远光”三挡控制,并由5b12~5b19开关分别控制其相应的继电器来实现其灯的亮灭。

二、前后制动灯控制电路

前后制动灯控制电路由5U8/A和5U8/B控制,按下向前(或向后)走行按钮,G33(或G25)得电,在向前(或向后)走行时,如果制动管压力达到0.5 MPa,压力继电器1b59触点闭合,后制动灯(或前制动灯)亮。

三、电动雨刮器

电动雨刮器电路由开关5b5、行程开关1b150和直流电机1m35组成。行程开关1b150安装在门上。当驾驶室门关上,行程开关1b150被压合,雨刮器电机才能动作。

四、警示灯电路

警示灯的作用是在夜间和有雾天气时,显示出配砟整形车所在的位置。由带信号灯的开关5b27和警示灯1h7组成。

第六节　监视、报警电路系统

监视电路用于对各工作机构的位置状况及前后车轴齿轮箱的挂、脱挡状态进行监视,以保证配砟整形车的走行安全。当操作者进行走行操作时,必须确认工作机构位置状况及车轴齿轮箱挂、脱挡状态指示灯是否正常。

报警电路用以保证柴油机、液压系统、电气系统的正常工作。当柴油机温度、油压、空气滤清器、总风压力等等不正常时,蜂鸣器会发出报警声。另外,还可通过本系统中各种仪表监视柴油机油量、柴油机转速、温度、油压、工作时间、配砟整形车的走行速度及里程等,判断各部工作是否正常,运行是否安全可靠。

对配砟整形车的工作情况,采用仪表显示和灯光报警的方式,使操作者随时掌握机械、液压、电气的工作是否正常。当仪表显示超过规定值和红色指示灯发光时,应停车检查处理故障。

一、监视电路

监视电路控制原理见图6—6。

1. 清扫装置及中犁气锁的行程开关1b152~1b155

监视电路中1b152~1b155为清扫装置及中犁气锁的行程开关,只要有一个气锁没有锁到位(其行程开关没有断开),监视系统指示灯5h6或5h7就不灭。

2. 回油滤清器压力开关1b156

当回油滤清器堵塞压力超过压力开关1b156设定值时,1b156闭合,5h8指示灯亮,提醒司

机回油滤清器堵塞。

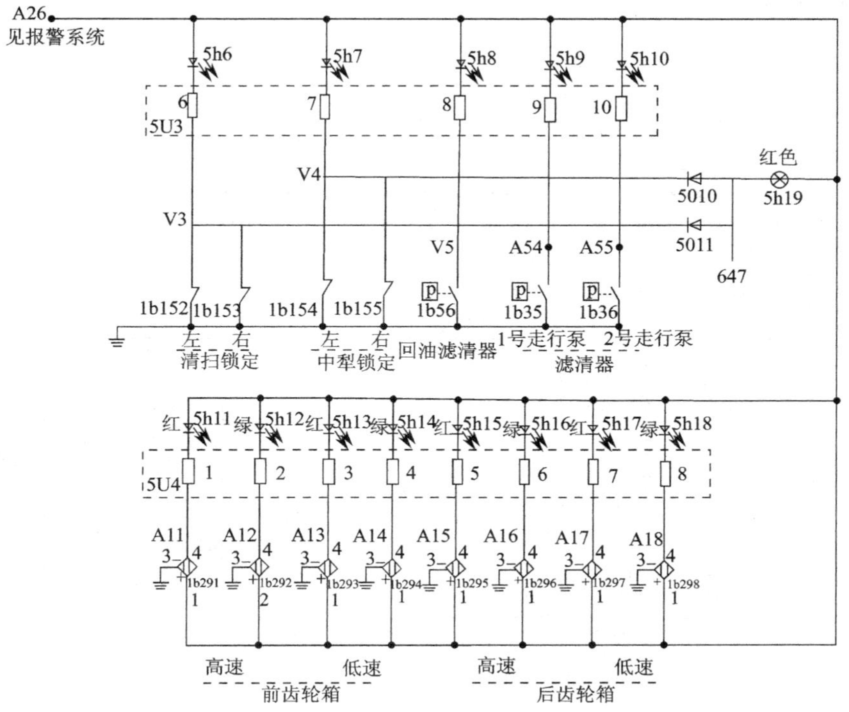

图 6—6 监视系统原理图

3. 走行泵滤清器压力开关 1b35、1b36

当 1 号(或 2 号)走行泵滤清器堵塞压力超过其压力开关 1b35(或 1b36)的设定值时,其相应的压力开关闭合,指示灯 5h9(或 5h10)亮,提醒司机其相应走行泵滤清器堵塞。

4. 高低速挂、脱挡指示灯 5h11 ~ 5h18

高低速挂、脱挡到位时,其相应的感应开关 1b291 ~ 1b298 指示灯亮,提示司机高低速挂、脱挡到位。高低速挂、脱挡油缸及其感应开关位置见图 6—7。

图 6—7 高低速挂挡、脱挡油缸及其感应开关位置

1—走行挂脱挡油缸;2—走行挂挡高、低速感应开关

二、报警电路

报警电路控制原理见图 6—8。报警电路中,其中有一路电路报警,其相应指示灯亮,蜂鸣器发出警报声,以提醒司机注意,此时司机可以用 5b20 开关让蜂鸣器关闭,但报警指示灯仍然亮。

1. 温度报警

当柴油机温度超过规定值时,液压油温度超过 80 ℃后,温度开关 1b72 和 1b108 动作,红色二极管 5h2 和 5h3 发光。

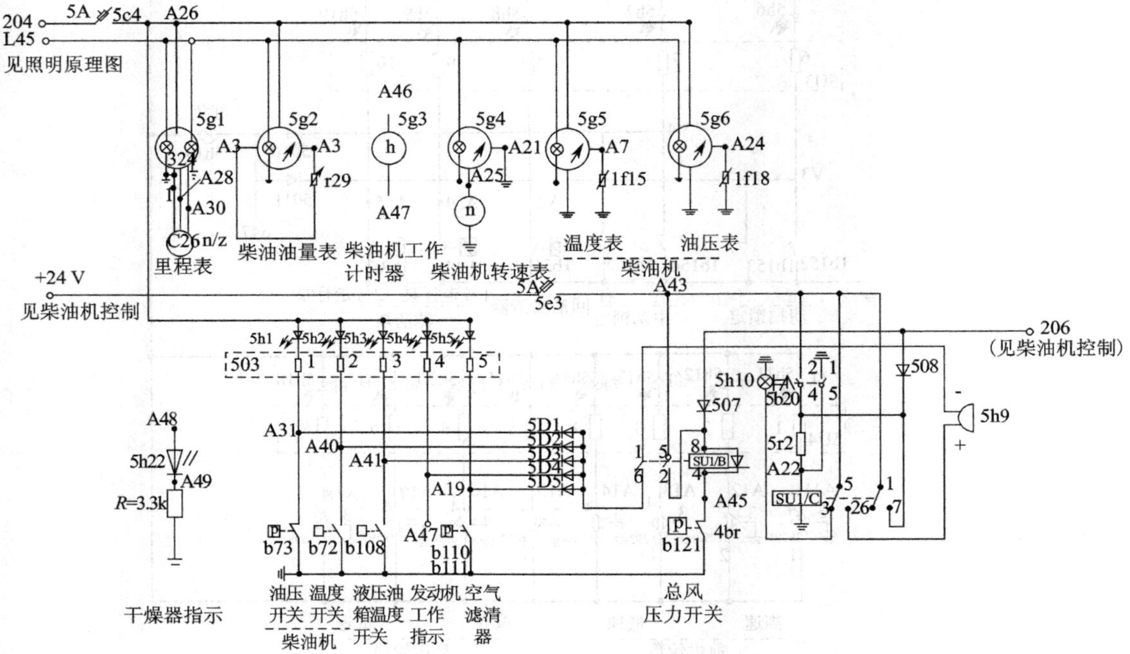

图 6—8　报警系统原理图

2. 油压报警

当发动机机油压力低于规定值时,压力开关 1b73 闭合,红色指示灯 5h1 发光。

3. 空气滤清器压力开关 1b110 和 1b111

当发动机空气滤清器堵塞到压力达到压力开关 1b110 和 1b111 设定压力时,红色指示灯 5h5 发光。

三、仪表显示

由各类传感元件将温度、压力、转速、方向等信号传到各仪表中,供司机观察。这些传感器有速度里程表 5g1(显示配砟整形车行驶速度和累计公里数)、柴油油量表 5g2(显示燃油的数量)、柴油机工作计时器 5g3、柴油机转速表 5g4、油温表 5g5、柴油机油压表 5g6。

走行速度传感器位置见图 6—9。

图 6—9　走行速度传感器位置

1—走行速度传感器;2—车轴齿轮箱

复习思考题

1. 配砟整形车电气系统由哪些部分组成?
2. 柴油机启动后如何实现自保?
3. 柴油机辅助启动装置有哪些?
4. 液压走行控制原理是什么?
5. 走行安全控制电路有哪些?
6. 压力继电器 1b21 的作用是什么?
7. 继电器 5U9/C 的作用是什么?

第七章 气动系统

气动系统是利用压缩空气作为工作介质,通过气动元件、机构等的工作,从而对整车空气制动系统、作业气动系统以及发动机油门等进行控制。由于空气制动系统涉及铁路行车安全且专业性比较强,通常作为单独的系统介绍,本书第八章将专门介绍空气制动系统,本章主要介绍 SPZ-200 型配砟整形车供气系统、作业气动系统、发动机油门控制。SPZ-200 型配砟整形车气动系统见图 7—1。

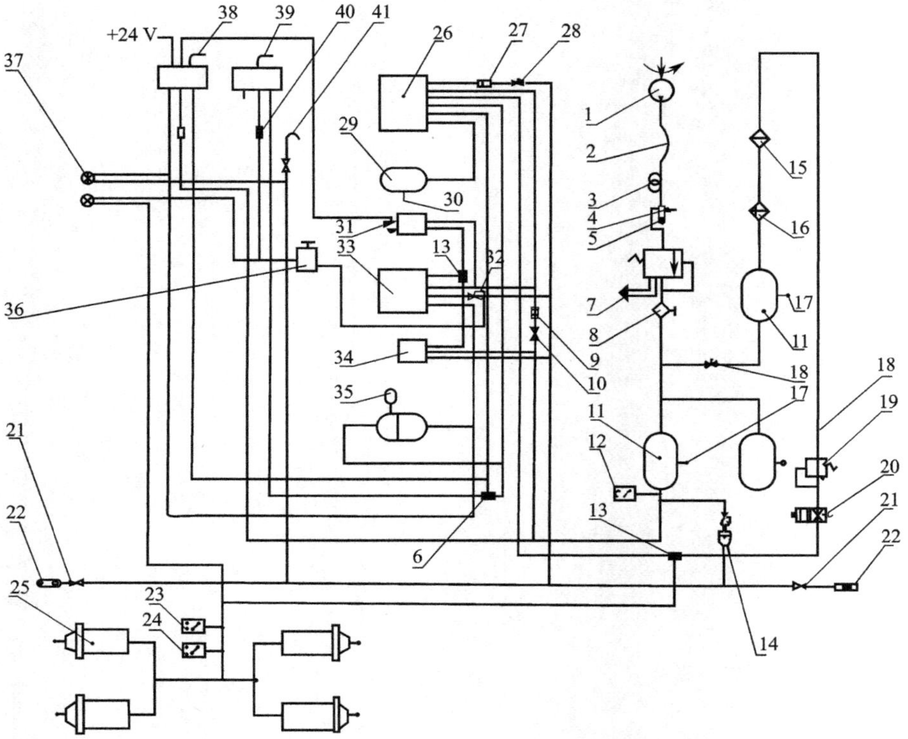

图 7—1 SPZ-200 型配砟整形车气动系统

1—空气压缩机;2—软管;3—冷却管;4—集尘器;5—干燥器总成;6,13—梭阀;7—防冻液;8—滤尘器;9—截断塞门;10—总风缸;11—安全阀;12—滤尘止回阀;14—分配阀;15—工作风缸;16—气孔塞门;17—电空阀;18—中继阀;19—紧急阀;20—双室风缸;21—压力继电器;22—制动缸;23—制动软管;24—折角塞门;25—分配块;26—气动雨刮器;27—雨刮开关;28—双针压力表;29—自动制动阀(大闸);30—单独制动阀(小闸);31—调压阀;32—车长阀(紧急制动);33—油雾器;34—油水分离器;35—作业风缸;36—排水塞门;37—减压阀;38—电磁换向阀;39—中犁锁紧气缸;40—按钮式换向阀;41—电磁换向阀;

第一节 供气系统

SPZ-200 型配砟整形车供气系统主要由空气压缩机、压力调节器、安全阀、集尘器、防冻液泵等组成，见图 7—2。

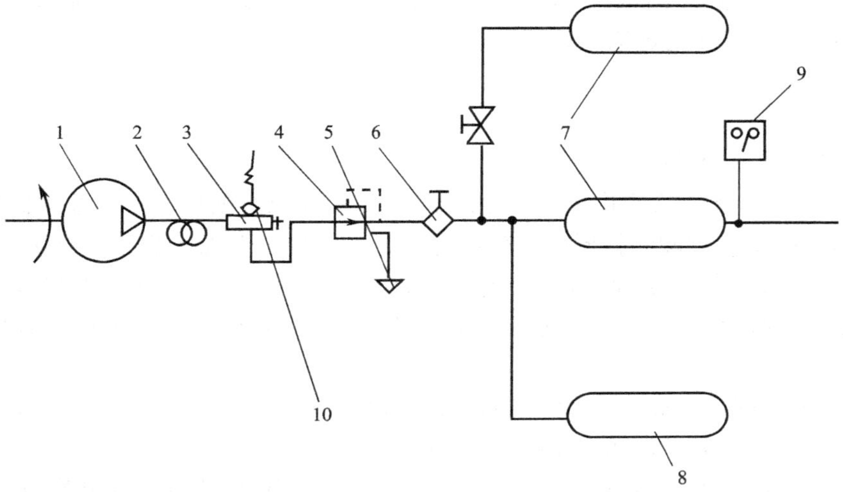

图 7—2 SPZ-200 配砟车供气系统原理图

1—空压机；2—散热器；3—集尘器；4—压力调节器；5—消声器；6—防冻液泵；

7—主风缸；8—作业风缸；9—压力开关；10—安全阀

一、空气压缩机

空气制动是以压力空气为动力来源的。空气压缩机用来制造具有一定压力的压缩空气，供应本机制系统和气动系统使用，其工作原路见图 7—3。

空气压缩机工作原理为：柴油机驱动空压机曲轴，通过曲柄连杆机构带动活塞上下移动，配合气阀的开闭动作，吸入空气，排出压缩空气。

空压机的工作过程分为吸气过程和排气过程。

1. 吸气过程

当活塞向下运动时，气缸容积增大，压力减小，外部大气的压力高于气缸内部的空气压力，因此，进气阀在大气压力作用下被打开，空气经进气阀片进入气缸，当活塞到达下极端位时，气体充满整个气缸，这个过程称为吸气过程。吸气过程一旦停止，进气阀片在弹簧力作用下立即关闭，使气缸内部与外部隔绝，而排气阀片在弹簧力和排气管道中的空气压力作用下一直处于关闭状态。

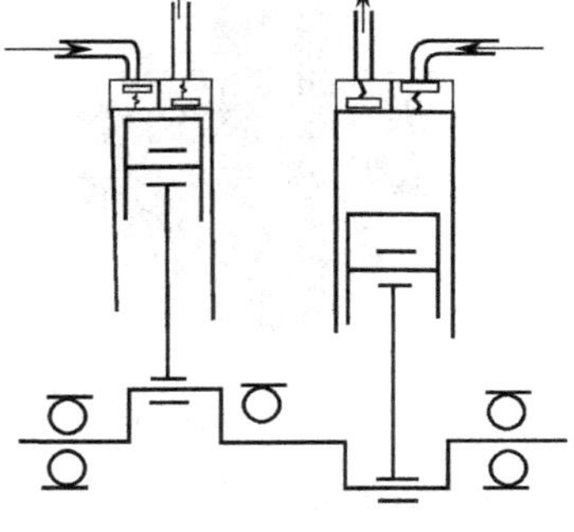

图 7—3 空压机工作原路示意图

2. 排气过程

当活塞向上运动时，活塞上方的气缸容积逐渐缩小，压力升高，随着活塞继续向上运动，气缸内空气压力不断升高,当压力高于排气管道中的气压力时,排气阀开启,高压空气经排气阀片流入排气管道,使压缩空气进入总风缸,这个过程称为排气过程。当活塞到达上极端位时,排气过程停止,排气阀片立即关闭,防止压缩空气逆流而进气阀片在弹簧力和气缸内空气压力的作用下一直处于关闭状态。

随着活塞的往复运动和气阀相应自动启闭,使吸气、排气频率与空压机转速同步,外界大气不断吸进压缩机气缸,又不断被压缩送出,如此周而复始,被压缩的空气源源不断地送入总风缸,使总风缸中空气压力逐渐升高。

二、压力调节器

(一)压力调节器的作用

压力调节器的作用是实现供风的压力控制,即控制总风缸的压力空气经常保持在规定的压力范围内。SPZ-200 型配砟整形车供气系统中的总风缸压力规定范围为 660 ~ 720 kPa(以双针压力表显示值为准)。然而,空气压缩机是随同柴油机连续工作的,也就有可能使总风缸的空气压力达到无限高,因此,在总风缸与空气压缩机之间的管路上必须装设压力调节器。

压力调节器根据总风缸内压力空气的压力变化,接通或断开空压机排气口至总风缸的通道,使总风缸的空气压力经常保持在规定范围内。

由于空压机是 V 形、双缸结构,为方便描述,将空气压缩机的两缸分别称为 A 缸和 B 缸,并假定压力调节器安装在空气压缩机 A 缸的输出通路上,而压力控制器则安装在空气压缩机 B 缸的输出通路上。

(二)压力调节器的结构

压力调节器是德国克诺尔(KONRR)公司生产的进口件,代号为 90185。压力调节器的外形及内部结构见图 7—4、图 7—5。

图 7—4　压力调节器

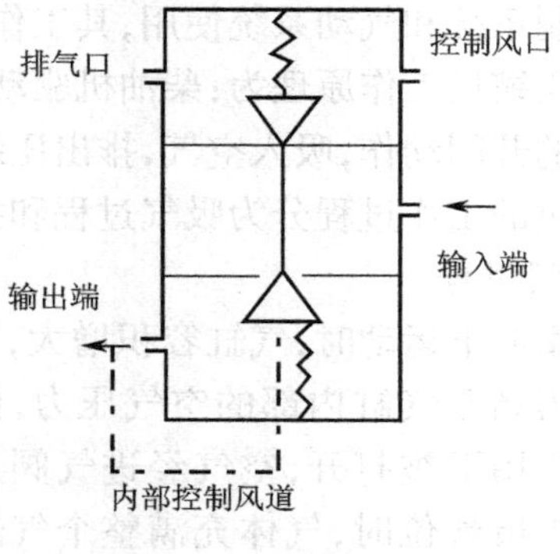

图 7—5　压力调节器内部结构

压力调节器有四个外接端口:输入端连通空压机的排气口,输出端通往总风缸,排气口与大气相通,控制风口通向压力控制器。

压力调节器的内部相当于一个二位三通阀,阀杆的上部为高压调整弹簧,阀杆的下部为低压调整弹簧,并经阀体的内部气路与输出端相通,引入总风缸(输出端)的压力空气,控制阀杆动作。在正常状况下,上阀口应关闭,下阀口应打开,即连通输入端与输出端的通路,切断输入端与排气口的通路。

排气孔道与控制孔道都从压力调节器的排气室引出，其动作应该是同步的，即压缩空气进入排气孔道的同时也进入控制风道；压缩空气停止从排气口排气时，控制风道的压力空气也从排气口泄掉。

压力调节器的压力控制范围能通过手工进行调节，但由于低压调整弹簧的弹力已在压力调节器内部设定，因此，控制压力的下限值不能随意调整，而控制压力的上限值则可通过调整高压调整弹簧来实现。顺时针拧动压力调节器上部的调整螺帽，就可以把上限工作压力调大；逆时针拧动压力调节器上部的调整螺帽，就可以把上限工作压力调小。

（三）压力调节器的工作原理

启动柴油机，空气压缩机开始工作，由 A 缸产生的压缩空气经压力调节器内开启的下阀口送入总风缸，总风缸压力逐渐升高。压力调节器的内部风道又把输出端的总风缸压力作用到阀杆下部。当总风缸内压力空气达到规定的最高压力 720 kPa 时，压缩阀杆上部的高压调整弹簧，使阀杆上移，关闭下阀口、打开上阀口，即切断了 A 缸排气口与总风缸的连通，打开 A 缸排气口与大气的通路，将 A 缸输出的压缩空气经消音器排入大气，同时，控制风路充入压力空气，A 缸也处在空载运转状态。随着制动、缓解等作用的进行，总风缸内压力空气不断被消耗，总风缸压力下降，高压调整弹簧随之伸张，阀杆下移，压缩低压调整弹簧。当总风缸内的压力降到规定的最低压力 660 kPa 时，阀杆恢复到原来工作状态，即上阀口关闭、下阀口打开，压力调节器重新将 A 缸产生的压缩空气送入总风缸，同时，控制风路的压力空气经排气口排出，A 缸处于负载运转状态。随着总风缸内的空气压力不断升高和下降，将重复上述工作过程。

从压力调节器的工作过程看，压力调节器具有溢流阀的作用，当总风缸压力过高时，能把多余的压力空气排泄出去，因而也就具有系统的安全保护功能。从这一点看，压力调节器在系统中相当于安全阀，充当系统的一级安全保护。

规定的总风缸压力控制范围为 660 ~ 720 kPa，是以设在司机室内的压力表显示值为准的，而选用代号为 90185 的压力调节器在阀体上标明的额定工作压力是 735 kPa，即它控制压力的上限值应为 735 kPa。但压力调节器输出端的压力值达到 735 kPa，排风口开启向外排风时，在压力表上所显示的压力值仅为 720 kPa，这是由于压力表的接管是从离压力调节器很远的地方引出，其间的元器件、管路对流经的压力空气都要产生压降所造成的。同样道理，压力调节器自身的控制压力下限值也要比压力表所显示的压力值660 kPa略高一些。

另外需要注意的是，压力调节器对额定工作压力以上的控制压力调节也是有限度的，因为调整弹簧都有弹性极限范围，若调整弹簧的预压缩量过大，控制压力的上限值将呈非线性增长、不稳定显示，反而影响压力的控制。因此应尽量避免让压力调节器在额定工作范围以外的状态下工作，以保证压力调节器的正常作用。

三、安 全 阀

（一）安全阀的作用

为确保系统的安全，必须严格控制压缩空气的最大压力。SPZ-200 型配砟整形车有两处安装安全阀。一处在供气系统空压机每缸的输出通道上，共有两个，它们分别安装在集尘器的输出口,见图7—6。一旦出现压力调节器失控,安全阀能自动限制供气系统的最高压力不超过安全阀的压力调定值并报警,起到安全保护的作用。此安全阀的压力调定值为(900±10)kPa。为了与制动系统压力调定值为450 kPa的安全阀区别,将供气系统中的这两个安全阀称为高压安全阀。另一处在YZ-1空气制动系统双室风缸的容积室上方,设置有一个限制紧急制动时最高压力为450 kPa的安全阀。

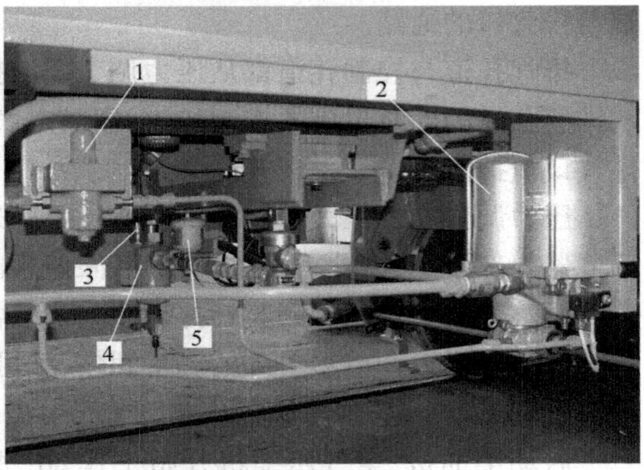

图7—6　空气干燥器(左侧前部)
1—调压阀;2—空气干燥器;3—安全阀;4—集尘器;5—防冻液泵

由于供气系统属高压气路并设有压力容器(总风缸),因此,必须保证供气系统在额定压力下可靠地工作,设置高压安全阀及压力调节器都是为了确保供气系统对压缩空气压力的控制,以保证机械运行的安全。

(二)高压安全阀的结构

高压安全阀的结构见图7—7,它由弹簧盒、阀杆、弹簧、阀、止挡环、锁紧螺母、阀座等构件组成。阀的下侧与空压机排气口的输出通路相通。

供气系统高压安全阀的压力调定值为(900±10)kPa,如果发现与调定值不相符,应及时调整。压力调整是通过调节弹簧来实现的,线松开锁紧螺母,再扳动止挡环,若压力低于规定值,则顺时针方向旋转弹簧盒;若压力高于规定值,则逆时针方向旋转弹簧盒。待调整到规定值后,应将锁紧螺母拧紧,再用止挡环定位,防止锁紧螺母松动,并加以铅封。

(三)高压安全阀的工作原理

当连接管路的压力值大于弹簧的调定值时,推动阀上移,开放通大气口。因排风口远大于管路截面,使管路压力较快下降,当降至低于弹簧的反力后,阀又被压回到阀座上,关闭阀口。由于压缩机在连续不断地输出压缩空气,故安全阀阀口开和闭的动作也就交错进行、连绵不断,使得连接管路的压力无法再增加。同时,因阀口开启时伴有清晰的音响声,相当于对司机发出报警声,警告司机必须停止压缩机的运转。

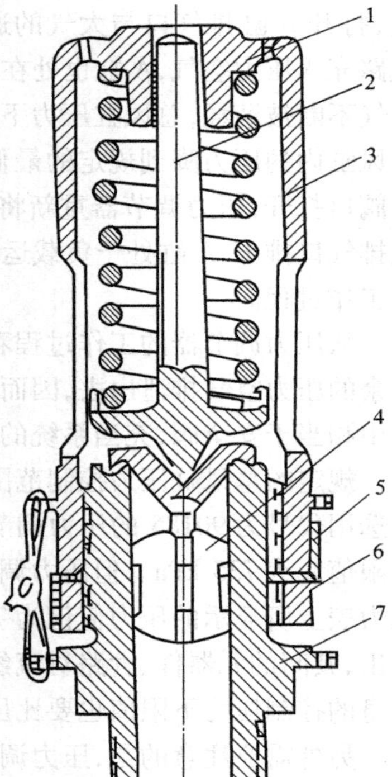

图7—7　高压安全阀
1—弹簧盒;2—阀杆;3—弹簧;4—阀;5—止挡环;6—锁紧螺母;7—阀座

高压安全阀是制动机供气系统中的安全保护装置,相对于压力调节器,它提供的是系统的二级保护,在一级保护装置——压力调节器失效的情况下,仍能保证系统的安全。当安全阀开启后,要停机仔细查找原因,消除故障隐患。

四、集 尘 器

1. 集尘器的作用

集尘器在管路中用来清除压缩空气中液态的水和固态的机械杂物，以提高压缩空气清洁度，确保制动机稳定和可靠地工作。

供气系统中的集尘器均装在散热器之后、总风缸之前的空压机每缸输出管路上，故共设置了两个集尘器，见图 7—6。它主要由体和排水阀组成，外接一根输入管与两根输出管。

集尘器的最大输入压力为 1 000 kPa。集尘器应垂直安装，其排水阀向下，并注意必须按体上之箭头方向进行配管，不可将输入与输出接反。

2. 集尘器的工作原理

当压缩空气由输入端进入，通过体内导向孔后，气流呈旋转状，绕体作高速圆周运动，在离心力作用下，油、水和大颗粒尘埃顺着体的内壁落下，聚集到集尘器底部；而较洁净的压缩空气从输出端流出。

析出的油、水等存留于集尘器的下部，故在使用条件下，应经常打开排水阀的放水柄，排除集尘器内积聚的污水。还应定期清洗集尘器体内壁，以清除集尘器体内壁粘附的油污，保证集尘器的作用。

五、散 热 器

散热器是用来冷却过热压缩空气的器件。散热器安装在集尘器之前的空压机每缸的输出管路上。散热器的结构较简单，是用 $\phi18 \times 1.5$ 无缝钢管制成的盘状螺旋管，见图 7—8。散热器只是加大压缩空气与大气间的散热面积，加快压缩空气的冷却，使集尘器能更多地析出凝结水，从而提高输入到总风缸贮存的压缩空气的质量。

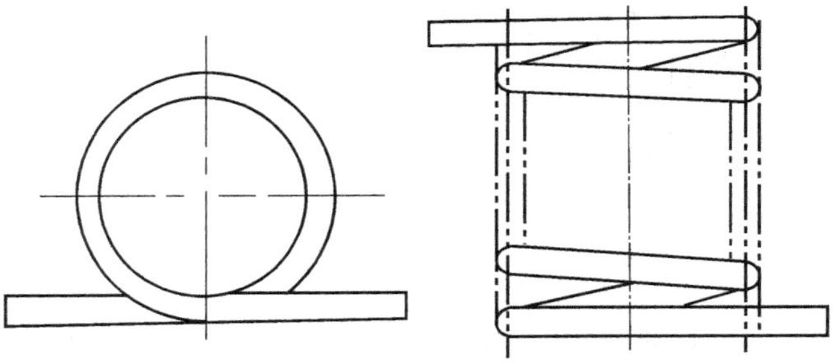

图 7—8 散热器结构图

六、防冻液泵

防冻液注入阀也称为防冻液泵，见图 7—6。它也是针对压缩空气的冷凝水问题而设置的。防冻液泵的作用是将防冻液加入到压缩空气中，从而降低冷凝水结冰的冰点。

在防冻液泵内加入市场上出售的普通防冻液，最大储液容量为 250 cm^3，用手上下来回压泵上的手柄，将防冻液雾化到压缩空气中去。当环境温度较低时，压缩空气析出的冷凝水由于混有防冻液，使冷凝水不易结冰，保证制动机在较冷的气温下能正常工作，减少管路堵塞、阀体失灵等故障。

七、总 风 缸

总风缸用来贮存由空气压缩机生产的压力空气。总风缸也称之为主风缸，是供气系统中用来贮存压力空气，以备向制动系统、气动系统供风的压力容器。SPZ-200 型双向道床配砟整形车设置了两个容积相等的总风缸,其容积为 100 L,还有一个作业风缸,其容积为 100 L。

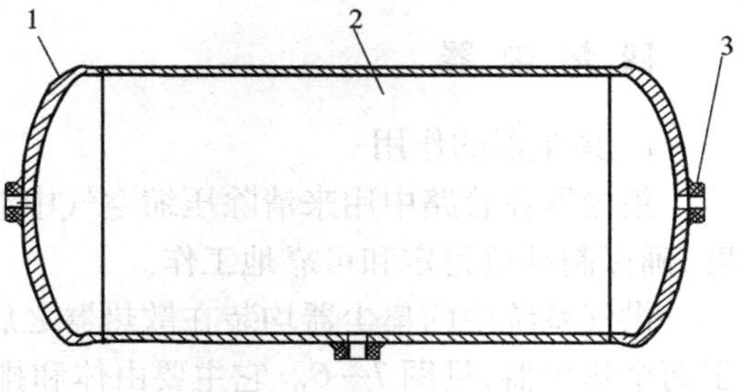

图 7—9　总风缸结构图

1—端盖;2—缺体;3—管接头

总风缸结构见图 7—9。总风缸均由缸体和两个呈凸形的端盖焊接而成,总风缸的两端及下部都焊有管接头。总风缸两端的管接头用以与空压机输出管、总风缸管相通,下部的管接头用于安装排水阀门。由集尘器来的压缩空气在总风缸内进一步冷却,又会析出水分(凝结水),为此应经常开放总风缸排水阀门,放出缸内积水。

排水阀门的构造见图 7—10,手柄与管路平行时为关闭位,与管路垂直时为开放位。

总风缸是一种用于贮存较高压力空气的压力容器,它的制造、检验与验收必须严格按照图样及《机车用总风缸技术条件》(TB304—82)进行。

八、空气干燥器

目前,配砟整形车上所采用的双罐式空气干燥器系统,见图 7—6,其原理见图 7—11。该系统由空气干燥器、压力调节阀(90201)、气控阀、单向阀、压力开关、折断塞门、消音器等组成。

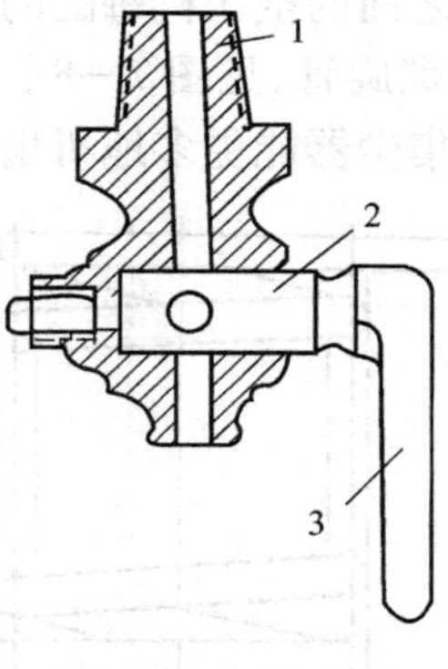

图 7—10　排水阀

1—阀体;2—阀芯;3—手柄

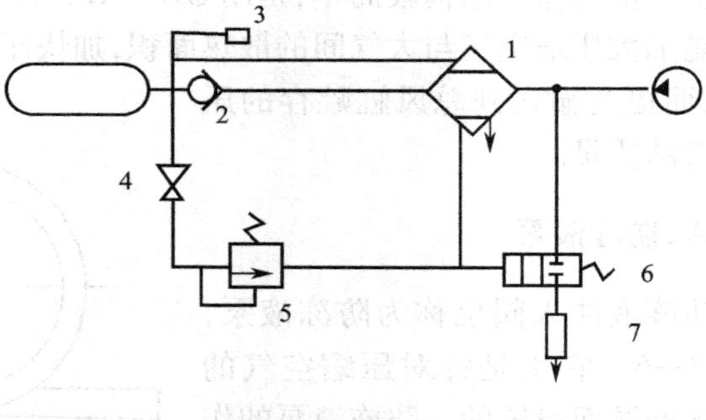

图 7—11　WABCO 型双罐式空气干燥器系统原理图

1—空气干燥器;2—单向阀;3—压力开关;4—截断塞门;5—调压阀;6—气控阀;7—消音器

双罐式空气干燥器是处理压缩空气的核心部件,它主要由过滤器、滤网、气阀、螺线管、片状阀等组成。

双罐式空气干燥器的工作过程如图 7—12 中箭头所示,空气压缩机产生的压缩空气通过接头 1 流入,经过滤清器 m 进入孔道 E,压缩空气中可能含有的杂质和油雾等在过滤器 m 中被初步分离。压缩空气从孔道 E 经过自动开启的阀 I 进入气室 F 并进入右罐,经过环形间隙 A 流到装干燥剂的罐芯 d 的顶端。

经过部分过滤的空气流经多孔的滤网 a 和毡垫 b,从上到下通过罐芯 d 内的颗粒型干燥剂 c,然后通过毡垫 e 和多孔滤网 f 进入孔道 G。

当空气从颗粒型干燥剂的颗粒缝隙中流过时，空气中的水分被附着在颗粒 c 表面。在片状阀 n 和止回阀 g 开启以后，这部分经干燥后的空气通过接头 2 给储风缸供风。与此同时，一部分空气则从孔道 G 流出，通过孔道 D 流到膜片 p 的背面，由此产生的压力把气阀 o 关闭，截断了从气室 H 到孔道 E 的连接通道。

另一部分干燥后的空气从孔道 G 流出，经过片状阀上的节流孔 n 和 q 来到另一个气罐，再从下到上流经颗粒干燥剂 r 后流到罐芯 s 的侧面。同时，干燥的空气带走附着在干燥剂颗粒 r 表面上的水分，流经环状间隙 K、气室 H 和气阀 o 到达排气口 3。这样，在左罐中原先已经吸收了水分的干燥剂就被还原。

在经过一段预设的时间以后，电子控制单元向螺线管 h 释放出电流。衔铁 i 缩回，压缩空气从接头 2 处流经孔道 B 到达膜片 k 的背面。气阀 1 关闭了从孔道 E 到气室 F 的通道，气室 F 以及孔道 G 和 D 中的压缩空气通过气阀 1 以及孔道 C、排气口 3 进入大气。止回阀 S 关闭，设备中的压力仍保持。这是由于孔道 G 中压力下降，片状阀 n 也关闭而造成的。

由于孔道 D 中的压力下降以及由此而造成的膜片 p 处压力下降，孔径 E 中的压力把阀 o 打开。从空气压缩机来的压缩空气流经气室 H、左罐内的环形间隙 K 以及罐芯 s 的颗粒干燥剂 r。在左罐内的空气干燥过程就像前面所述的右罐内那样，在片状阀 q 和止回阀 g 打开以后，干燥空气流经接头 2 进入储气缸。干燥空气流经片状阀 n 上的节流孔到达颗粒 c 的背面，因此进一次发生“冲洗”过程。

又经过一段预定的时间以后，电子控制单元中断了向螺线管 h 供应的电流。电磁衔铁 i 把从接头 2 的通道关闭，而膜片 k 背面通过孔道 B 和螺线管的排气口与大气相通。孔道 E 内的空气压力把阀 1 打开，从而使孔道 E 到气室 F 的通道打开，同时，阀把气室 F 到孔道 C 的通道关闭。从空气压缩机出来的空气则再一次进入右罐，经过环状间隙 A 流经罐芯 d 内的颗粒干燥剂 c。在流过罐芯 d 以后，空气流经孔道 D 到达膜片 p 的背面，阀 o 则反过来。以上所述就是双罐式空气干燥器的工作过程。图 7—13 为双罐式空气干燥器工作原理图。

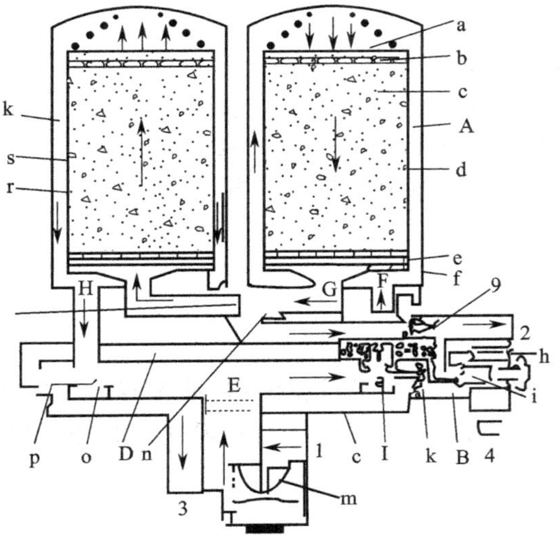

图 7—12　双罐式空气干燥器

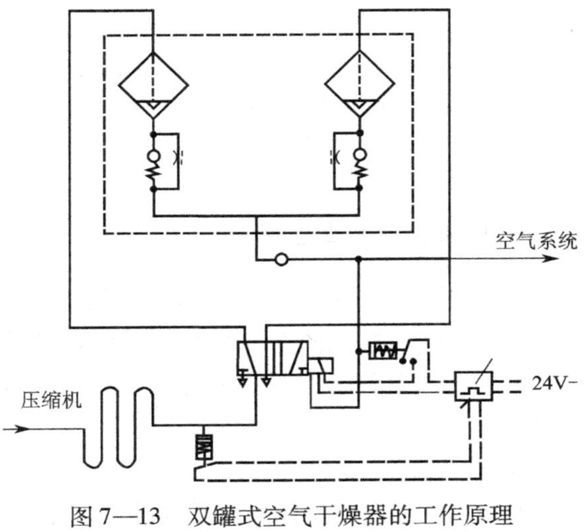

图 7—13　双罐式空气干燥器的工作原理

第二节 作业气动系统组成及工作原理

SPZ-200 型配砟整形车的作业气动系统是利用压缩空气为工作介质,通过气缸、电磁阀、手动阀等气动元件,对中犁、侧犁和清扫装置等工作装置的锁定等进行控制,故作业气动系统是配砟整形车的作业辅助控制系统。

气动系统由中犁装置、清扫装置的锁定控制回路、发动机油门控制回路、气喇叭控制回路等组成。SPZ-200 型配砟整形车的气动原理图见图 7—14。

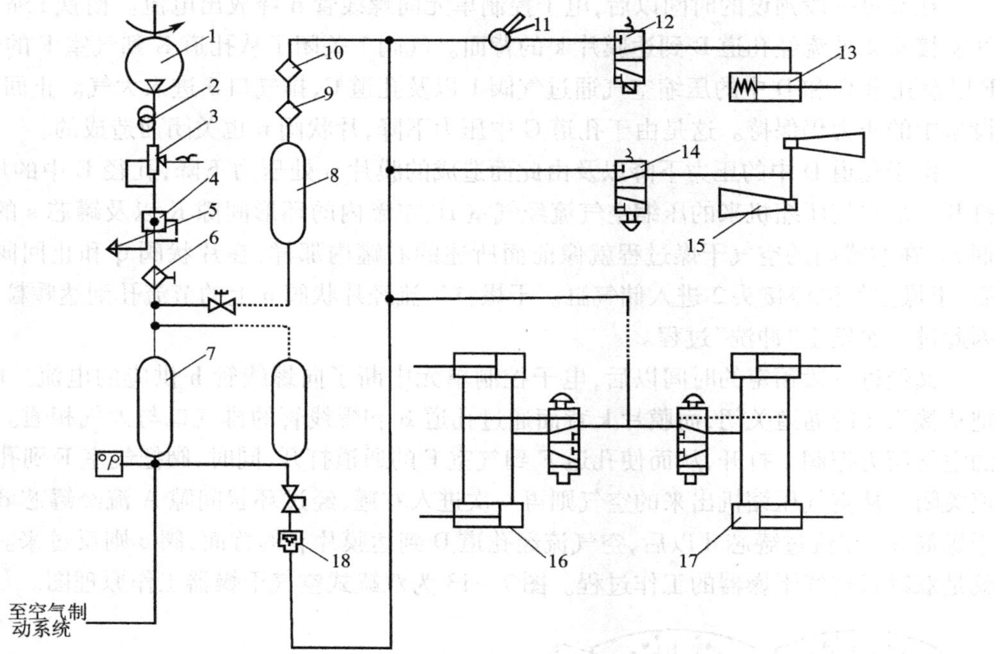

图 7—14 气动系统原路图

1—空压机;2—冷却管;3—安全阀;4—调压阀;5—消音器;6—防冻液泵;7—总风缸;8—作业风缸;9—滤气器;10—油雾器;11—油门控制阀;12—电磁阀;13—油门控制气缸;14—手动阀;15—喇叭;16—中犁锁气缸;17—清扫锁气缸;18—滤尘止回阀

一、中犁锁定装置控制

中犁的锁闭由两部分组成:气锁和机械锁。

(1)中犁气锁:如图 7—15 所示,由作业风缸来的压缩空气经过滤清器、油雾器的作用变的干燥、纯洁,用手动控制阀来控制进入中犁气锁气缸的前或后腔,从而实现气锁的开、闭锁动作。

(2)中犁机械锁

中犁机械锁需要操作人员手动拔、插机械锁销,见图 7—16。作业开始前,操作人员拔下中犁机械锁销 1 插入锁销座 2 中。

图 7—15　中犁气锁

1—中犁气锁机械销;2—中犁气锁气缸;3—中犁气锁行程开关

二、清扫锁定装置控制

(1)清扫装置气锁

清扫装置气锁控制与中犁装置气锁控制基本相同,见图 7—17。

图 7—16　中犁机械锁

1—中犁机械锁销;2—锁销座

图 7—17　清扫装置锁定

1—清扫装置升降油缸手动换向阀;2—换向阀手柄;3—清扫装置气锁;4—清扫装置气锁气缸

(2)清扫装置机械锁

清扫装置机械锁需要操作人员手动拔、插机械锁销。

三、柴油发动机油门控制

压缩空气通过油门控制阀、电磁阀、油门控制气缸控制油门的大小。

四、电磁换向阀

电磁换向阀利用电磁铁的作用,控制阀心在阀体内的相对位置,以此来达到改变气体的流动方向。气动系统选用的电磁换向阀为先导截止式电控换向阀。这里以二位三通先导截止式电控换向阀为例,说明它的工作原理和性能特点。

图7—18为二位三通先导截止式电控换向阀的工作原理图。该阀由先导阀和主阀组成,先导阀为电磁控制,先导阀的压力控制信号K取决于主阀的P腔。

图7—18(a)为电磁阀断电时的状态。先导阀阀芯在弹簧作用下上移,关闭控制信号K,c腔与大气相通,主阀芯在弹簧及P腔压力作用下右移,关闭进气口,A腔与大气相通,电磁阀处于排气状态。

图7—18(b)为电磁阀通电时的状态。先导阀芯在电磁铁吸引力作用下,控制信号K进入c腔,主阀芯克服弹簧及P腔作用力左移,使A腔与大气关闭,P腔与A腔相通,电磁阀处于进气状态。

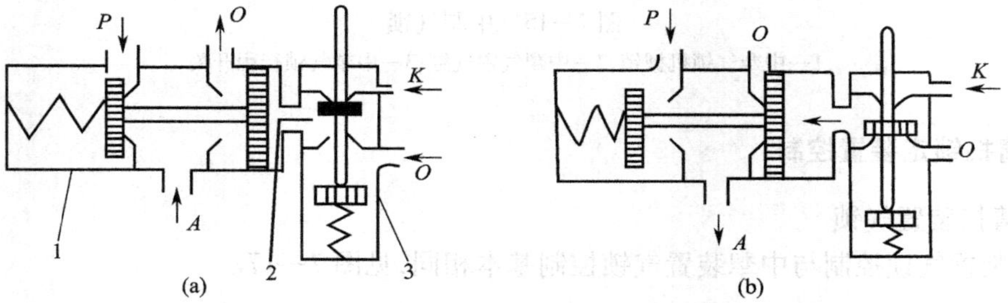

图7—18　二位三通先导截止式电控换向阀工作原理图

1—主阀;2—c腔;3—先导阀

复习思考题

1. SPZ-200型配砟整形车气动系统由哪几部分组成?
2. SPZ-200型配砟整形车供气系统主要由哪些部分组成?
3. 供气系统高压安全阀的作用是什么?其压力调定值如何进行调整?

第八章 制动系统

SPZ-200 型配砟整形车制动系统包括空气制动机、手制动、基础制动装置、辅助制动四部分。

配砟整形车部分车采用的是 JZ-7 型空气制动机，由于目前使用广泛的是 YZ-1 型空气制动机，所以，本书介绍 YZ-1 型空气制动机。

由于空气制动系统专业性比较强，本书只介绍简单控制原理，并附有制动系统部分控制原理图（见插页），有兴趣的读者可参考制动机相关专业书籍。

第一节 YZ-1 型制动机简介

一、YZ-1 型制动机的组成

SPZ-200 型配砟整形车空气制动部分采用专为大型养路机械开发的 YZ-1 制动机，它由空气制动阀、109 型分配阀、中继阀、紧急制动阀、电空阀等组成，见图 8—1。YZ-1 型制动机设有自动制动阀和单独制动阀两套操套操作机构，可以分别对配砟整形车进行连挂牵引时的制动控制和单机运行时的制动控制。

图 8—1 YZ-1 型制动机组成

1—紧急阀；2—中继阀；3—电空阀；4—分配阀

二、YZ-1 型空气制动机的作用原理

YZ-1 型空气制动机是参照 DK-1 型电空制动机设计的，所以我们先从 DK-1 型电空制动机的作用原理入手来分析 YZ-1 型空气制动机的作用原理。

DK-1 型电空制动机是一种较新型的机车制动机，被广泛应用于 SS3 型、SS4 型等电力机车上。电空制动机的基本特点是用电信号传递控制指令，用压力空气提供制动原力，并附设空气制动系统，以备在电控系统发生故障时，能自动转为空气制动操纵。DK-1 型电空制动机设有电空制动控制器和空气制动阀来操纵控制制动机的动作，电空制动控制器以电信号去控制不同的电空阀，通过电空阀实现不同控制气路的开通或切断，进而控制全列车的制动、缓解作用；空气制动阀以压力空气作为操纵控制的介质，在正常情况下用来单独控制机车的制动和缓解，若电控部分出现故障，空气制动阀经过转换——把空气制动阀上的转换柱塞拨杆从“电空位”扳到“空气位”，就可方便地控制全列车的制动和缓解，替代电空动控制器使用。

DK-1 型电空制动机的作用原理框图见图 8—2。

该制动机的控制过程为:

1. 正 常 位

(1)电控制动控制器→电空阀→均衡风缸→中继阀→列车管压力变化→分配阀→制动缸。

(2)空气制动阀→分配阀→制动缸。

2. 故障后(图 8—2 虚线所连气路)

空气制动阀→均衡风缸→中继阀→列车管压力变化→分配阀→制动缸。

YZ-1 型空气制动机利用了 DK-1 型电空制动机中的空气制动阀既能控制单机运行(当单独制动阀使用),又能控制全列车制动(当自动制动阀使用)的特性,并局部保留了电控操纵的特点,将制动机结构加以简化。YZ-1 型空气制动机的作用原理框图见图 8—3。

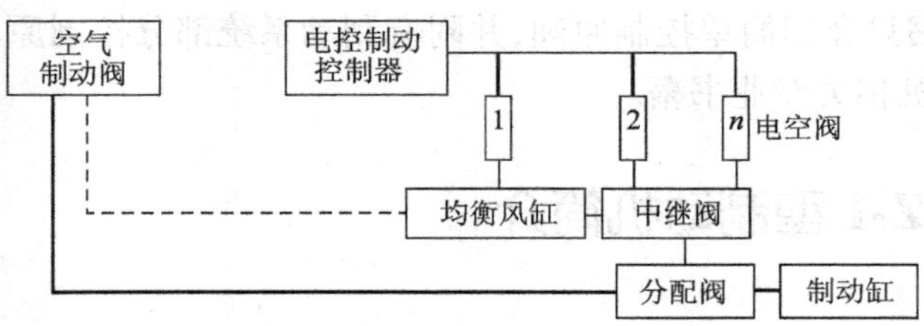

图 8—2 DK-1 型电空制动机的作用原理框图

注:细线表示电路连接;粗线、虚线表示气路连接。

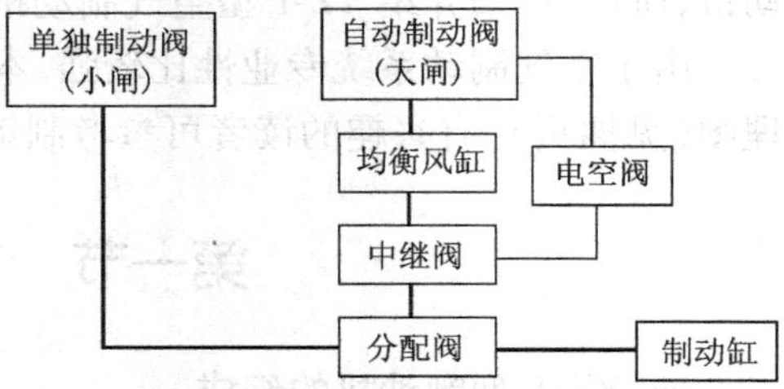

图 8—3 YZ-1 型空气制动机作用原理框图

注:细线表示电路连接;粗线表示气路连接。

三、YZ-1 型空气制动机的控制过程

1. 控制全列车运行

空气制动阀(用作自动制动阀)→均衡风缸→中继阀→列车管压力变化→分配阀→制动缸。

YZ-1 型空气制动机在控制全列车运行时,用作自动制动阀的空气制动阀实施均衡风缸的压力控制;中继阀根据均衡风缸的压力变化,使列车管的压力产生相应变化;分配阀响应列车管的压力变化,产生制动和缓解的控制。

2. 控制单机运行

空气制动阀(用作单独制动阀)→分配阀→制动缸。

YZ-1 型空气制动机在控制单机运行时,用作单独制动阀的空气制动阀实施作用管的压力控制;再通过分配阀均衡部去控制制动缸的压力变化,从而实现制动与缓解作用。

自动制动阀俗称大闸,单独制动阀俗称小闸。自动制动阀(大闸)操纵控制须通过均衡风缸压力的变化转变成列车管压力的相应变化,再去控制制动缸的压力变化。而单独制动阀(小闸)操纵控制是直接去控制制动缸压力的变化,因此,单独制动阀(小闸)的制动也称为直接制动,自动制动阀(大闸)的制动则称为间接制动。

自动制动阀,转换柱塞的手柄应扳到“空气位”;单独制动阀,转换柱塞的手柄扳到“电空位”。

四、YZ-1 型空气制动机的主要技术性能

1. 自动制动性能(列车管压力 500 kPa)

(1)均衡风缸压力自零充至 480 kPa 的时间为 5 ~7 s。

(2)均衡风缸压力自 500 kPa 减压至 360 kPa 的时间为 5 ~8 s。

(3)常用全制动时制动缸最高压力为 360 kPa(允许在 340 ~380 kPa 范围内)。

(4)常用全制动时制动缸升压时间为 6 ~9 s。

(5)常用全制动后制动缸压力由最高值缓解至 35 kPa 的时间为 5 ~8 s。

(6)紧急制动时列车管压力由定值排至零的时间小于 3 s。

(7)紧急制动时制动缸最高压力为(450 ±10) kPa。

(8)紧急制动时制动缸升至最高压力的时间为 6 ~9 s。

2. 单独制动性能

(1)全制动时的制动缸最高压力为 360 kPa。

(2)制动缸压力自零升至 340 kPa 的时间不大于 4 s。

(3)制动缸压力自 360 kPa 降至 35 kPa 的时间不大于 5 s。

五、SPZ-200 型配砟整形车空气制动原理

SPZ-200 型配砟整形车空气制动原理见图 8—4。

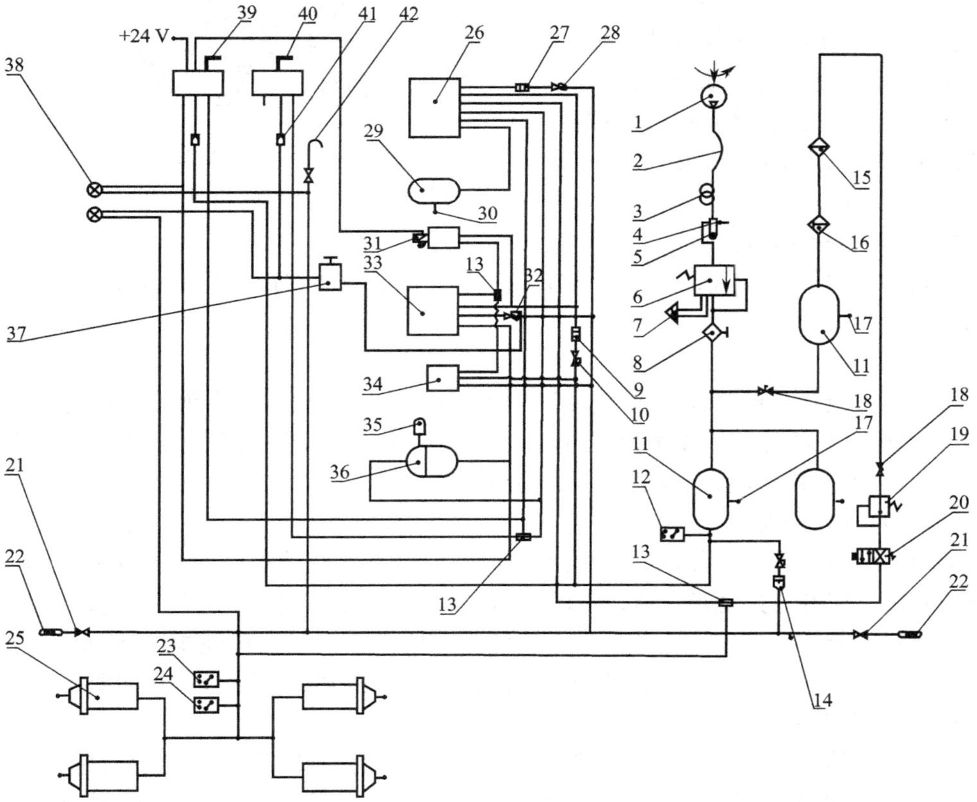

图 8—4 SPZ-200 型配砟整形车 YZ-1 型空气制动机原理图

1—空气压缩机;2—软管;3—冷却管;4—高压安全阀;5—集尘器;6—压力调节器;7—消音器;8—防冻液泵;9—滤尘器;10、18、28—截止塞门;11—储风缸;12、23、24—压力继电器;13—三通换向阀(梭阀);14—无动力装置;15—油雾器;16—油水分离器;17—放水塞门;19—调压阀;20—电磁换向阀;21—截断塞门;22—制动软管;25—制动缸;26—分配阀;27—滤尘器;29—工作风缸;30—放水塞门;31—电空阀;32—气控阀;33—中继阀;34—紧急放风阀;35—安全阀;36—双室风缸;37—手动换向阀;38—压力表;39—空气制动阀(大闸);40—空气制动阀(小闸);41—调压阀;42—紧急制动阀

第二节　空气制动系统主要部件

一、空气制动阀(大闸、小闸)

1. 空气制动阀的作用

空气制动阀是铁路机车制动机使用的标准件。空气制动阀设有“空气位”和“电空位”两个位置。当转换柱塞拨杆置于“空气位”时,空气制动阀作为自动制动阀(大闸)使用,通过控制均衡风缸的压力变化来操纵全列车的缓解与制动。当转换柱塞拨杆置于“电空位”时,空气制动阀作为单独制动阀(小闸)使用,直接控制作用管的压力变化,单独操纵机车的制动或缓解。

在 YZ-1 型自动空气制动机中,空气制动阀是气动操纵元件,它接受司机的控制,使制动系统产生人为的制动力,最终实现制动与缓解的目的。

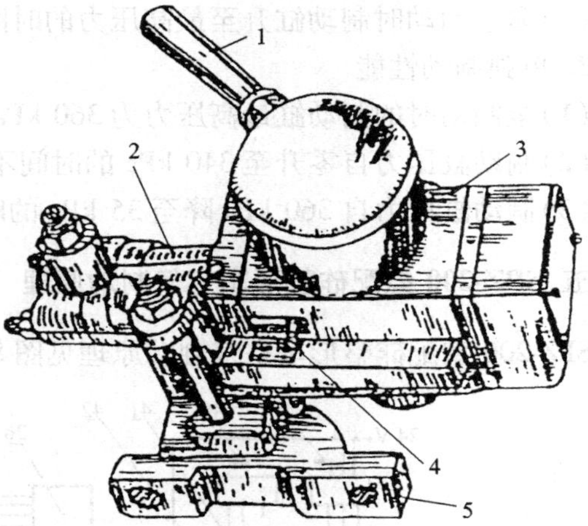

图 8—5　空气制动阀

1—操纵手柄;2—阀体;3—凸轮盒;4—转换柱塞拨杆;5—阀座

2. 空气制动阀的构造

空气制动阀的外形见图 8—5,内部结构见图 8—6。它主要由凸轮盒、阀体和阀座三大部分组成。

(1)凸轮部分

凸轮盒部分包括手柄、转轴、定位凸轮、作用凸轮、单独缓解阀、联锁开关组等零部件,见图 8—6。凸轮盒左侧与阀体连接,右侧安装了联锁开关组,下部为单独缓解阀,中间安装了转轴以及定位凸轮、作用凸轮,上部装有手柄座与盖板。

①手柄、转轴与凸轮

手柄、转轴和定位凸轮、作用凸轮组成动作机构,即空气制动阀自身的操纵机构,以实现不同工作位置的气路和电路通断,保证动作准确可靠。空气制动阀的手柄是可分离的元件,手柄通过盖板缺口只能在运转位取出或装入手柄座。手柄借手柄座与转轴相连,转动手柄直接使手柄座转动,即可转动转轴,手柄转轴的工作位置范围小于 180°,见图 8—6 和图 8—7。

②单独缓解阀

单独缓解阀简称单缓阀。单独缓解阀设在凸轮盒下方突出部内,它主要由单独缓解阀座套、单缓阀、缓解阀弹簧、排风柱塞套及下螺盖等件组成,见图 8—8。单缓阀采用橡胶平面密封结构。单缓阀座套上有一排气孔,经凸轮盒突出部上的孔通大气。缓解阀下方由暗道经阀体孔路与 2 号管相通。当按压手柄时,顶杆压下单缓阀,2 号管的压力空气通过阀体暗道直接进入单缓阀的下方,再经阀口排入大气,可实现机车的单独缓解作用。当松开手柄时,由于单缓阀弹簧的张力作用,单缓阀上升,其橡胶部分与单缓阀座套下方的阀座口密贴,停止 2 号管的排风,机车即停止单独缓解。

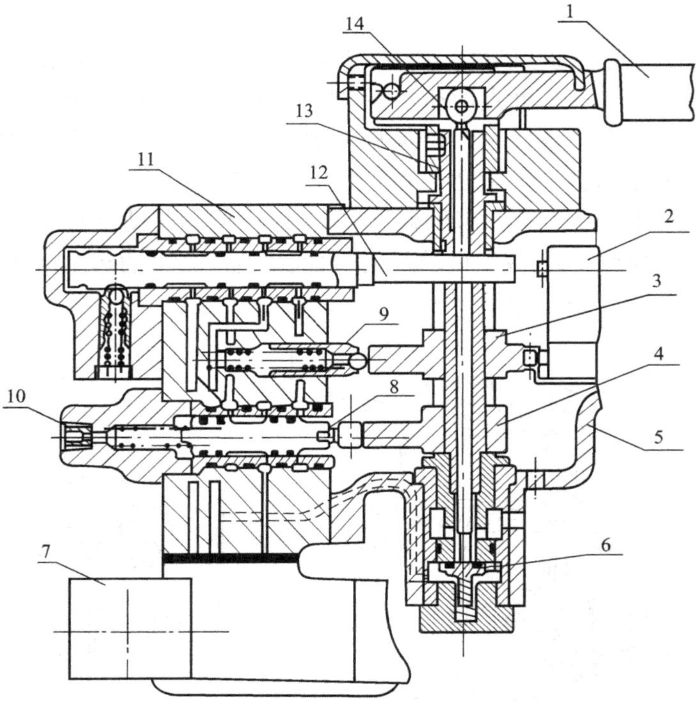

图 8—6 空气制动阀结构

1—手柄;2—联锁开关组;3—定位凸轮;4—作用凸轮;5—凸轮盒;6—单独缓解阀;7—阀座;8—作用柱塞;9—定位柱塞;10—排气缩堵;11—阀体;12—转换柱塞;13—转轴;14—顶杆

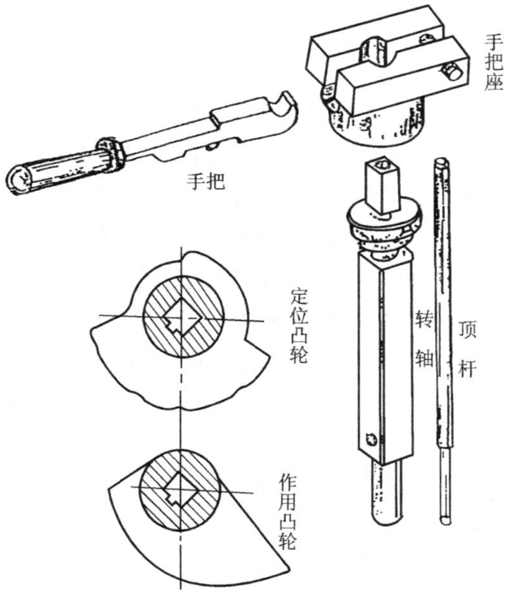

图 8—7 凸轮盒部分零件

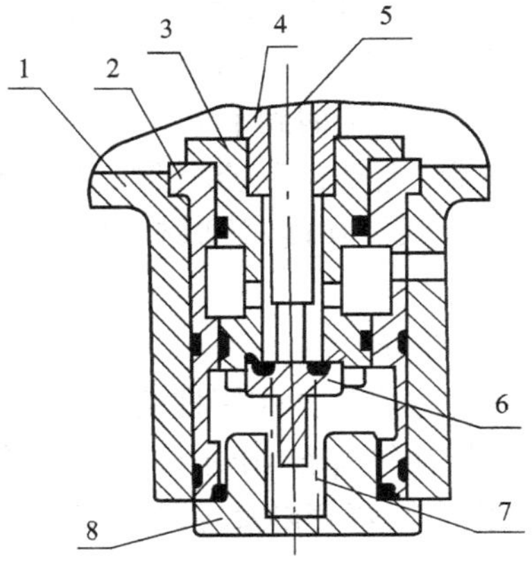

图 8—8 单独缓解阀结构

1—凸轮盒;2—单独缓解阀座套;3—排风柱塞套;4—转轴;5—顶杆;6—单独缓解阀;7—缓解阀弹簧;8—下螺盖

③联锁开关组

联锁开关组设在凸轮盒的空腔内,由微动开关、接线端子和安装座组成,见图 8—9。它有两个微动开关,上微动开关是双断点微动开关,其弹簧杆触点正对转换柱塞后部,受转换柱塞控制,一旦由“电空位”转到“空气位”,转换柱塞被拉向后方,其柱塞杆尾端恰好压缩微动开关,可改变外电路的连通方向。下微动开关是常开的单断点微动开关,其位置恰好在定位凸轮的后方,受定位凸轮的控制,当空气制动阀手柄移至保压位和制动位时,定位凸轮内面的凸起圆(升程)即可压缩该微动开关,故下微动开关的触点闭合;当手柄转至运转位或缓解位时,定位凸轮不再压缩微动开关,故下微动开关的触点开启。

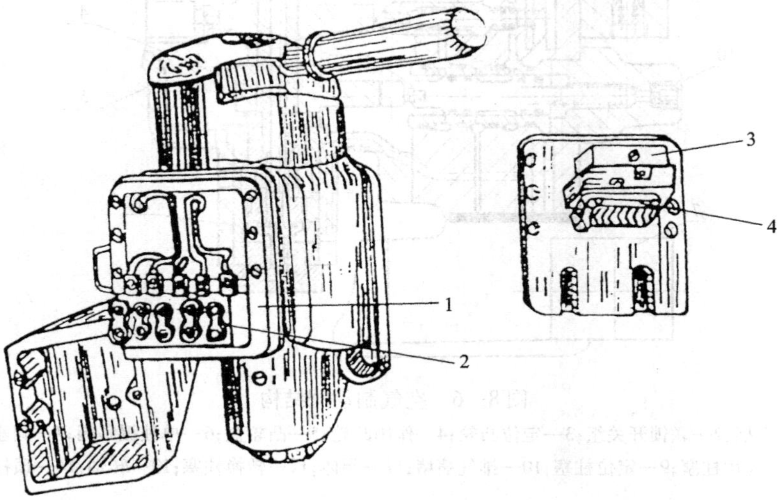

图 8—9　联锁开关组

1—安装座;2—接线端子;3—上微动开关;4—下微动开关

在 YZ-1 型空气制动机中,转换柱塞拨到“空气位”,空气制动阀当做自动制动阀(大闸)使用时,仅利用了联锁开关组中的下微动开关。在下微动开关背面的接线座上,连接有两根导线,一根与 +24 V 电源连通,另一根接到电空阀上。下微动开关位于常开状态。当定位凸轮压缩下微动开关时,电源线与电空阀线连通,向电空阀输出电信号,控制电空阀动作;当定位凸轮未压缩到下微动开关时,电源线与电空阀线断开,不输出联锁电信号。至于转换柱塞拨到“电空位”,空气制动阀当做单独制动阀(小闸)使用时,由于 YZ-1 型空气制动机不利用其电联锁功能,故联锁开关的接线座上未接任何导线,定位凸轮压缩下微动开关将不起任何作用。

(2)阀体部分

阀体部分主要包括作用柱塞、定位柱塞、转换柱塞等零部件,见图 8—10。

阀体为转换柱塞套、作用柱塞套以及定位柱塞、排气缩堵等零件的安装体,内部有安装转换柱塞套、作用柱塞套以及定位柱塞的空腔,还有许多暗道作为内部气路。

①作用柱塞

作用柱塞随手柄转动而动作,受作用凸轮的升、降行程及尾部的柱塞弹簧反力控制,使作用柱塞在作用柱塞套内左右移动,改变气路的通断。它与转换柱塞相配合实现作用管或均衡风缸管的供排风。作用柱塞由柱塞、柱塞套、柱塞弹簧、O 形橡胶圈、端盖及排风缩堵等组成。

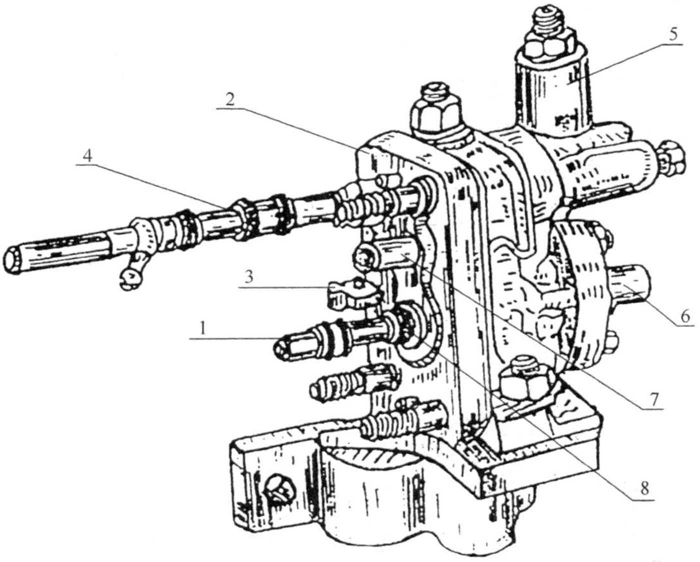

图 8—10 阀体部分

1—作用柱塞;2—阀体;3—支承;4—转换柱塞;5—防动柱塞装体;6—端盖;7—定位柱塞;8—作用柱塞

在作用柱塞套上有三排孔(图 8—6),中间通调压阀管,两端的孔分别与转换柱塞套上的孔路相通。在作用柱塞的端盖上装有一个孔径为 1.4 mm 的排风缩堵,是为排均衡风缸的压力空气而设,其孔径大小可限制均衡风缸排风速度在规定的时间范围(常用全制动 5 ~ 7 s)内。

②定位柱塞

定位柱塞是用来确定手柄各工作位置的定位机构。它由弹簧、钢珠及柱塞等组成。在弹簧张力的作用下,使定位柱塞前钢珠顶在定位凸轮的凹槽内或圆周上,以防止手柄移位而影响空气制动阀的作用。

③转换柱塞

转换柱塞是用来实现电—空转换的机构,其结构由转换柱塞、柱塞套、O 形橡胶圈、防动柱塞、钢珠、弹簧等组成。它不随手柄转动而动作,而是通过阀左侧的电—空转换拨杆的扳动在转换柱塞套内作左右移动,通过其尾部定位装置使该转换柱塞只有两个工作位:“电空位”和“空气位”。柱塞的移动不仅切换了气路的通断,同时也使电联锁开关组上方的微动开关压合或开启。在前面介绍联锁开关组时,我们已经了解,YZ-1 型空气制动系统没有利用上微动开关的功能,故上微动开关的开与合与本制动系统无关。

当已确定空气制动阀是用作自动制动阀(大闸)或单独制动阀(小闸)后,转换柱塞拨在相应位,并松开防动柱塞装体上的 M10 螺母,用螺丝刀向下拧紧螺杆,然后再锁紧螺母,此时用手不能拨动转换柱塞拨杆,以防止在使用过程中,被人拨动而造成制动机故障。

(3)阀　座

阀座既是空气制动阀的安装座也是管路的连接座。阀座上的三根接管根据空气制动阀的转换柱塞拨杆位置的不同而不同。

空气位(自动制动阀):1 号管是调压阀管,2 号管是单缓管,3 号管是均衡风缸管。

电空位(单独制动阀):1 号管是调压阀管,2 号管是作用管,3 号管空缺(不接)。

空气制动阀阀座外形及接管见图 8—11。

3. 空气制动阀的工作原理

空气制动阀共有四个作用位置,按逆时针排列顺序为:缓解位、运转位、保压位及制动位,见图 8—12。

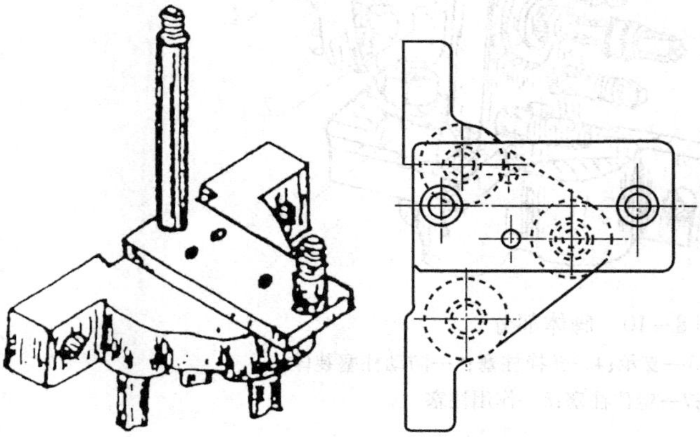

图 8—11　空气制动阀阀座及接管

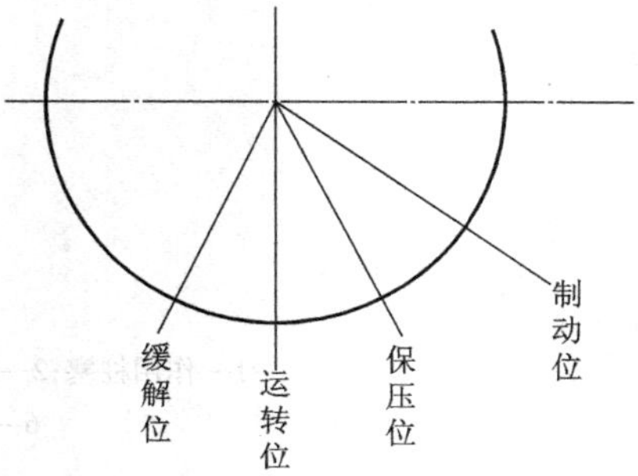

图 8—12　空气制动阀工作位置示意图

(1)空气位——大闸

当转换柱塞拨在"空气位"后,该空气制动阀作为自动制动阀(大闸)使用。此时,转换柱塞处在右极端位置,并压缩上微动开关(但无作用),同时,转换柱塞上 O 形圈将 2 号单缓管至作用柱塞通路阻断,而沟通 3 号均衡风缸管至作用柱塞的通路,从而使该制动阀能控制均衡风缸的充风和排风。

(2)电空位——小闸

转换柱塞拨在"电空位"后,空气制动阀就作为单独制动阀(小闸)使用。此时,转换柱塞处于左极端位置,并与对应的上微动开关脱离,同时转换柱塞上的 O 形圈将 3 号通路阻断,仅沟通 2 号作用管至作用柱塞的通路,从而使该制动阀能够控制 2 号作用管的排风和充风。

把空气制动阀作单独制动阀(小闸)使用时,由于不利用电联锁的功能,而运转位与保压位的气路通断状况一致,故两个位置的作用相同,均起保压作用,因此,单独制动阀实际上只有三个作用位置,即缓解位、制动位、中立位(保压位、运转位)。

YZ-1 型空气制动机的自动制动阀(大闸)和单独制动阀(小闸),虽然都有四个工作位置,但气路连通状况是不一致的,为了便于记忆,把空气制动阀的气路通断用图 8—13 简单表示。

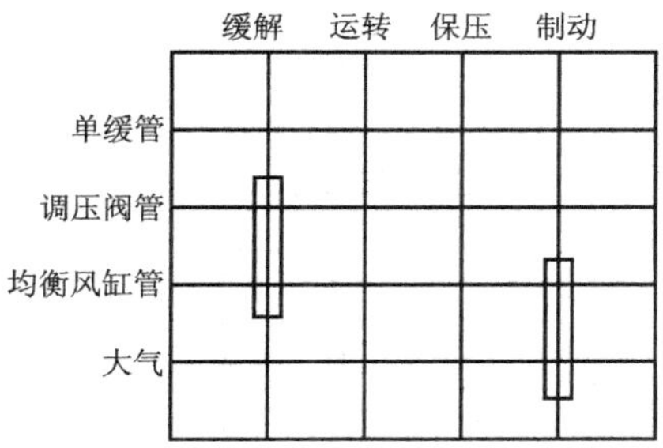

(a)空气制动阀用作大闸

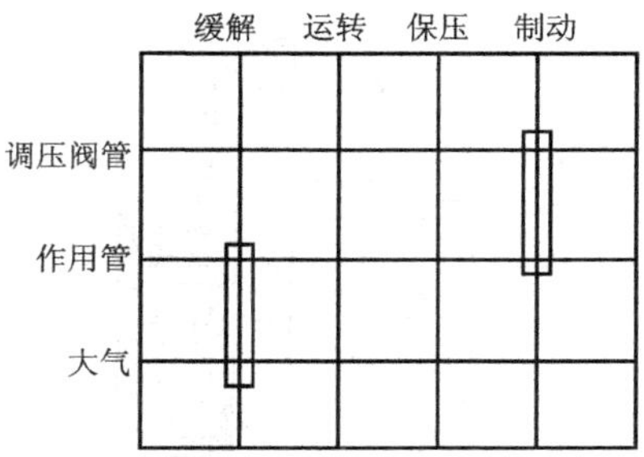

(b)空气制动阀用作小闸

图 8—13　空气制动阀的气路通断状况示意图

二、电 空 阀

1. 电空阀的作用

电空阀是电路、气路转换过程中的一个中间控制元件，它受自动制动阀（空气制动阀）上联锁开关的控制，以电信号为指令，通过电磁力来接通或切断压力空气管路，从而达到远距离控制气动装置的目的。

为了能够远距离、间接地控制制动机的气动元件，在制动机的气路与电路之间设置有电空阀。采用电空阀可以使制动机系统管路、阀件结构得到大大简化。YZ-1 型空气制动机，在总风管与中继阀之间设置了一个电空阀，结合空气制动阀中的电联锁信号，控制中继阀遮断风管的接通与切断。

2. 电空阀的结构

电空阀的种类较多，如按电磁铁的形式可分为拍合式和螺管式；按组装方式可分为立式和卧式；按作用原理可分为开式和闭式。但就其结构来说，它们都由电磁机构及气阀两大部分组成，工作原理也基本相同。YZ-1 型空气制动机中采用的是 TFK_{1B}-24 型闭式电空阀，其外形见图 8—1 中的 3，结构见图 8—14。

3. 电空阀的控制原理

YZ-1 型空气制动机上使用的电空阀输入端从中继阀前的总风管引出，输出端是与接通中继阀上总风遮断阀的遮断风管相连，电空阀电磁线圈受自动制动阀（大闸）的电联锁信号控制。图 8—15 为电空阀作用原理示意图。在正常状况下，输入端总是有压力空气存在，即下气室 A 随时存有总风缸压力空气。

当自动制动阀（大闸）不输出电联锁信号时，电空阀线圈失电，下阀门在 A 室复原弹簧及压缩空气的作用下关闭，输入（A 室）与输出（B 室）间不通，因而总风缸压力空气不能进入中继阀遮断风管；同时上阀门打开，输出端（B 室）经上阀口与大气（C 室）相通，中继阀遮断风管的压力空气排大气。当自动制动阀（大闸）输出电联锁信号时，电空阀线圈得电，在电磁吸力的作用下，动铁心下移，推动心杆克服 A 室复原弹簧及压缩空气的反力使上阀门关闭，输出（B 室）与大气（C 室）的通路被切断，也即切断中继阀遮断风管与大气的通路；同时阀杆将下阀门压下，此时输入端（A 室）与输出端（B 室）连通，于是总风缸压力空气经下阀口进入遮断风管。

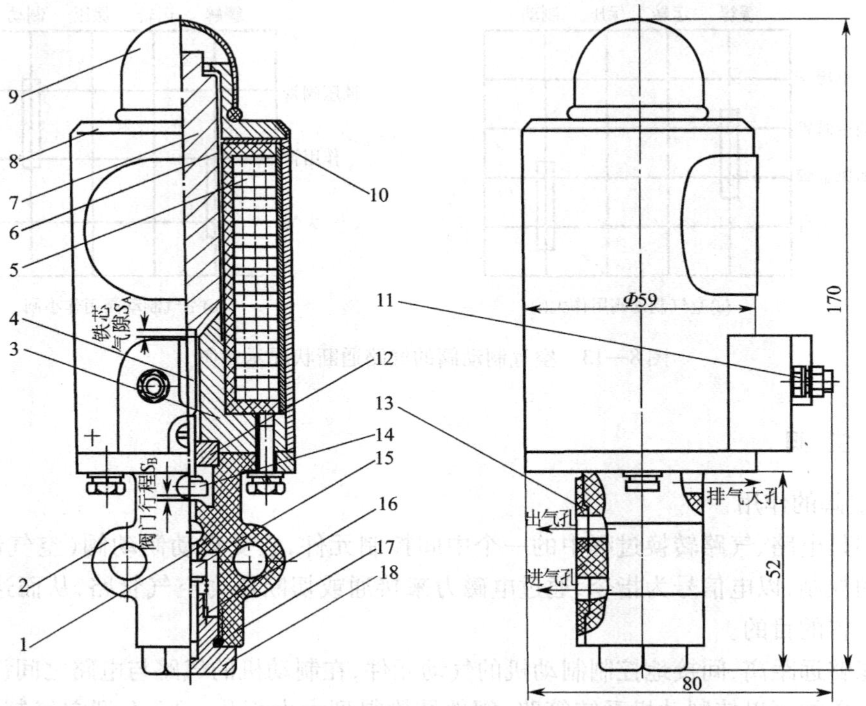

图 8—14　TFK_{1B}-24 型闭式电空阀(单位:mm)

1—阀杆;2—阀座;3—静铁心;4—心杆;5—线圈;6—铜套;7—动铁心;8—磁轭;9—防尘套;10—橡胶垫;11—接线柱;12—滑块;13—密封垫;14—上阀门;15—下阀门;16—复原弹簧;17—O 形圈;18—下盖

三、中 继 阀

1. 中继阀的作用

中继阀是一种气动执行元件,它接受自动制动阀(大闸)的操纵,按照均衡风缸压力的变化,直接控制列车管的压力变化,即列车管的充气和排气。

中继阀既能将总风充向列车管,又能把列车管内的压力空气排向大气。列车管的压力变化是通过均衡风缸的压力变化来控制的,而均衡风缸压力变化则是自动制动阀(大闸)操纵的结果。当自动制动阀处在制动位时,均衡风缸压力空气排大气,均衡风缸压力下降;当自动制动阀处在缓解位时,调压后的总风向均衡风缸充风,均衡风缸压力上升。

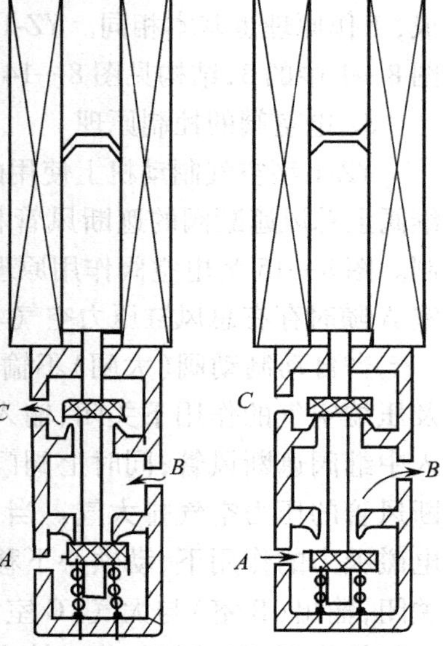

图 8—15　电空阀作用原理示意图

2. 中继阀的结构

中继阀由双阀口式中继阀、总风遮断阀和阀座三部分组成,其外形见图 8—1 中的 2。

(1)双阀口式中继阀

双阀口式中继阀的结构见图 8—16、图 8—17,它主要由主活塞、膜板、排气阀、排气阀弹簧、供气阀、供气阀弹簧、阀座、顶杆、过充柱塞、阀体及阀盖等组成。

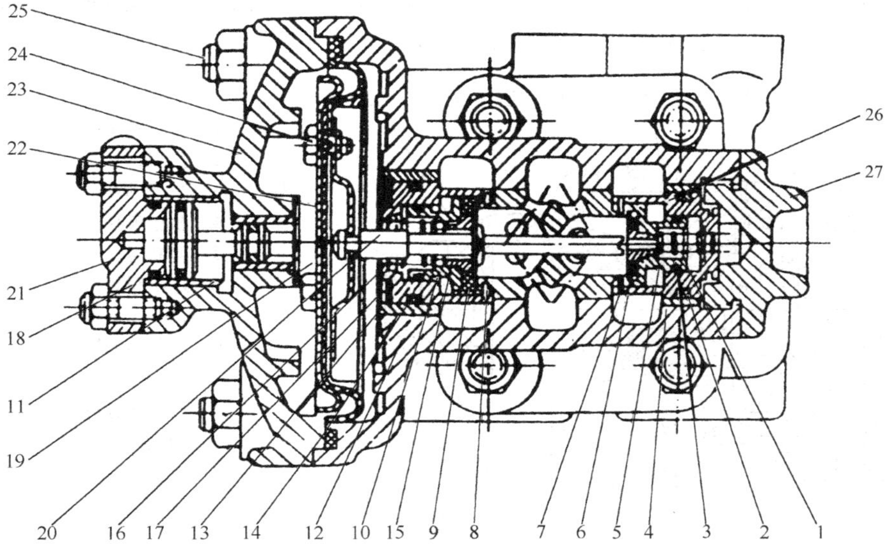

图 8—16 双阀口式中继阀结构图

1—供气阀套;2、3、11、12、14—O 形圈;4—供气阀;5—供气阀弹簧;6、15—胶垫螺帽;7—供气阀套挡圈;8—供气阀挡圈;9—排气阀胶垫;10—排气阀;11—定位挡圈;14—排气阀套;15—排气阀弹簧;18—过充柱塞;19—主鞲鞴;20—顶杆;21—过充盖;22—膜板;23—中继阀盖;24—螺钉;25—六角螺栓;26—供气阀胶垫;27—螺盖

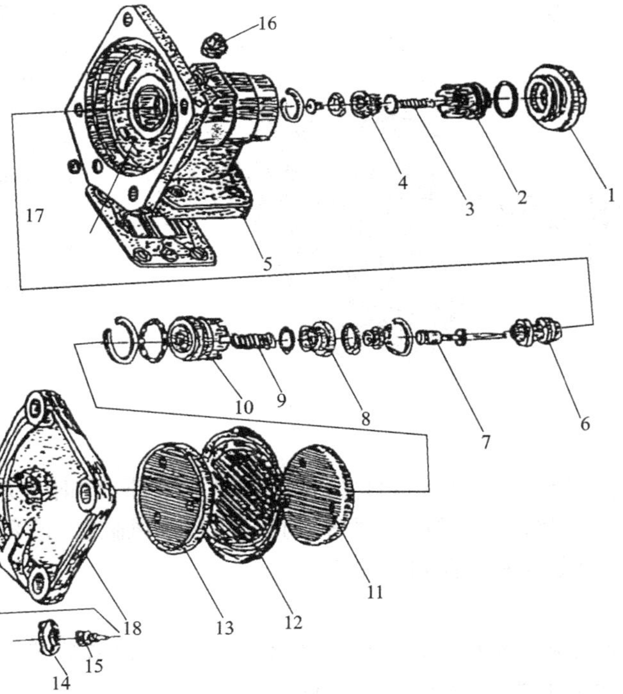

图 8—17 双阀口式中继阀装配图

1—螺盖;2—供气阀套;3—供气阀弹簧;4—供气阀;5—阀体;6—阀座;7—顶杆;8—排气阀;9—排气阀弹簧;10—排气阀套;11—内鞲鞴;12—膜板;13—外鞲鞴;14—过充盖;15—过充柱塞;16—排风堵;17—缩堵;18—中继阀盖

(2)总风遮断阀结构

总风遮断阀的结构是由阀体、遮断阀、阀座、阀套及弹簧等组成,其中遮断阀与双阀口式中继阀的排气阀可通用互换,见图8—18和图8—19。

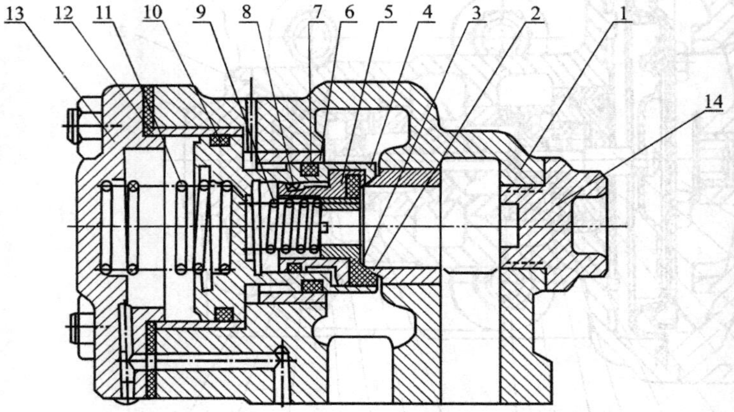

1—遮断阀体;
2—挡圈;
3,12—胶垫;
4—胶垫螺帽;
5—遮断阀;
6—遮断阀套;
7,8,10—O形圈;
9—遮断阀弹簧;
11—弹簧;
13—遮断阀盖;
14—螺盖

图8—18　总风遮断阀结构图

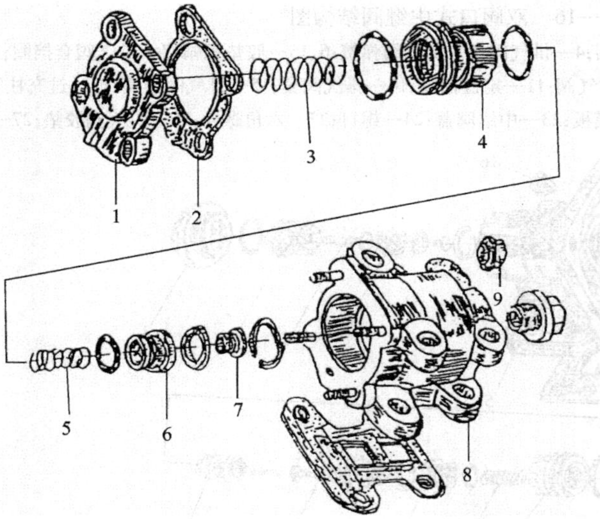

1—遮断阀盖;
2—胶垫;
3—弹簧;
4—遮断阀套;
5—遮断阀弹簧;
6—遮断阀;
7—胶垫螺母;
8—遮断阀体;
9—阀座

图8—19　总风遮断阀装配图

(3)阀　　座

中继阀阀座既是双阀口式中继阀和总风遮断阀的安装座,同时也是外接管的连接座。阀座上有5个外接口,分别接遮断风管、总风管、列车管、均衡风缸管、过充管,它们通过阀座的内部通道分别进入总风遮断阀和双阀口式中继阀。

3. 中继阀的特点

中继阀具有供排风快和灵敏度高的特点,膜板活塞的动作灵敏度为10 kPa,即活塞两侧的压差达到10 kPa就能发生动作,推动顶杆左右移动。

中继阀是自动制动阀(大闸)实施间接制动的一个关键性的中间执行元件,通过均衡风缸的压力变化来控制列车管的压力变化,最终控制制动缸的压力变化。那么,为什么不用大闸直接控制列车管的压力变化,而非要通过中继阀的中间作用,间接达到控制列车管压力变化的目的？无论从理论或实际上分析，大闸直接控制列车管的充气、排气都是完全可能的，这是由于列车管体积较大（列车管粗、长），以大闸直接向列车管充、排气的时间就较长，列车的制动和缓解时间也就达不到指标要求。而设置中继阀、均衡风缸，均衡风缸连同均衡风管的体积较小，大闸向均衡风缸的充、排气时间相对较快，再利用中继阀灵敏度高的特点，使列车管的充、排气时间与均衡风缸充、排气时间相一致，列车的制动和缓解就能达到性能要求。因此，中继阀具有小流量（容积）的压力控制来达到大流量（容积）的压力控制的功能。

中继阀组成中的双阀口式中继阀与总风遮断阀是分别接受大闸的控制的。操纵大闸，控制均衡风缸压力变化，从而控制双阀口式中继阀动作。总风遮断阀的开和关取决于遮断风管的通与断，遮断风管的通与断又由电空阀状态决定，而电空阀还是受控于自动制动阀（大闸）的电联锁开关，接受电联锁信号的操纵。

四、分 配 阀

1. 分配阀的作用

YZ-1 型空气制动机选用 109 型分配阀。分配阀是气动执行元件，它除接受自动制动阀（大闸）操纵外，还可接受单独制动阀（小闸）的操纵，从而实现间接制动与直接制动。在间接制动时，分配阀是根据列车管的压力变化来控制制动缸的压力变化；在直接制动时，分配阀则根据作用管的压力变化来控制制动缸的压力变化。

2. 分配阀的结构

YZ-1 型空气制动机 109 型分配阀由主阀、阀座两部分组成，其外形见图 8—1 中的 4，结构见图 8—20。

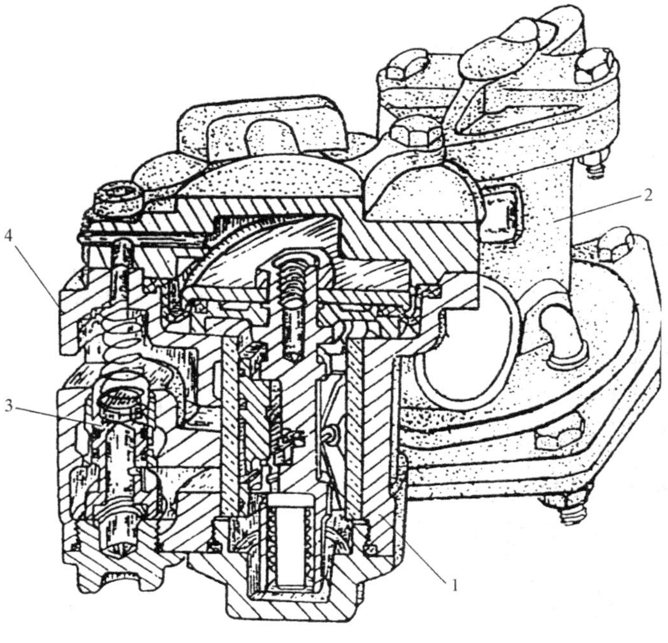

图 8—20　109 分配阀主阀结构图

1—作用部；2—均衡部；3—增压部；4—主阀体

(1)作 用 部

作用部是根据列车管的压力变化来控制均衡部的动作,从而达到控制制动机及制动、保压、缓解等作用,其结构见图 8—21。

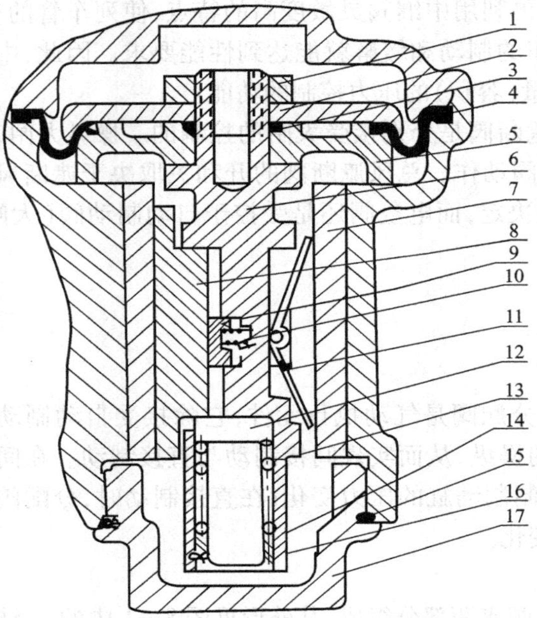

1—鞲鞴压帽;
2—上鞲鞴;
3—ϕ24 mm 密封圈;
4—鞲鞴膜板;
5—下鞲鞴;
6—主鞲鞴杆;
7—滑阀套;
8—滑阀;
9—节制阀;
10—节制阀弹簧;
11—滑阀弹簧;
12—稳定杆;
13—稳定弹簧;
14—稳定弹簧座;
15—ϕ75 mm 密封圈;
16—挡圈;
17—主阀下盖

图 8—21　作用部构造示意图

(2)均 衡 部

均衡部接受自动制动阀(大闸)、单独制动阀(小闸)的操作,根据容积室或作用管的压力变化来控制制动缸的压力变化。均衡部位于作用部旁,其结构见图 8—22。

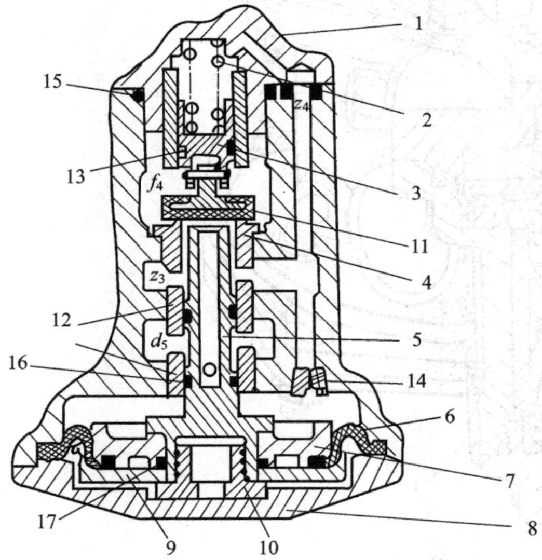

1—均衡上盖;
2—均衡阀弹簧;
3—均衡阀杆;
4—均衡阀座;
5—均衡鞲鞴杆;
6—均衡鞲鞴膜板;
7—均衡上鞲鞴;
8—均衡下盖;
9—均衡下鞲鞴;
10—均衡鞲鞴杆压帽;
11—均衡阀;
12—均衡鞲鞴杆套;
13—ϕ19 密封圈;
14—均衡缩孔堵Ⅱ;
15—ϕ45 密封圈;
16—ϕ15 密封圈;
17—ϕ35 密封圈;
z_3、z_4—通制动缸;f_4—通总风;d_5—通大气

图 8—22　分配阀均衡部结构示意图

(3)增压部

为使紧急制动时,提高制动缸压力,以获得更大的制动力,确保大型养路机械的运行安全,在主阀体的下部设有增压阀,其结构见图 8—23。

3. 分配阀的作用原理

分配阀除了接受大闸的操纵控制外,还接受小闸的操纵控制。前者是由列车管压力的变化引起分配阀作用部主活塞上下移动,控制容积室压力的变化,进而通过分配阀均衡部控制制动缸的充风和排风;后者则依据小闸控制作用管的压力变化,直接通过分配阀均衡部控制制动缸的充风和排风。分配阀接受作用管压力控制的过程与容积室压力控制均衡活塞动作的过程是完全一致的。表 8—1 列出了分配阀的作用原理。

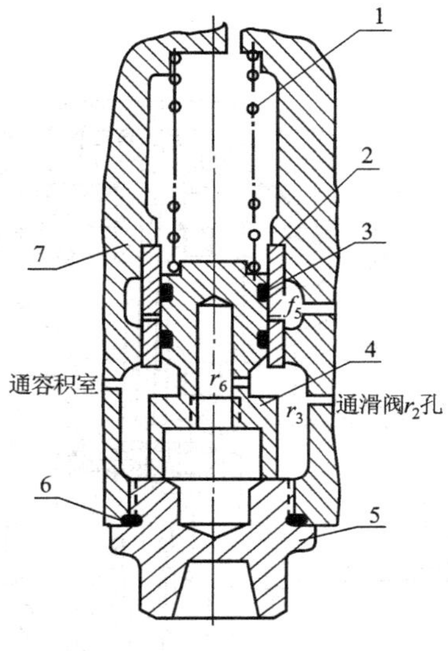

图 8—23 增压阀结构示意图

1—增压阀弹簧;2—增压阀套;3—ϕ24 密封圈;4—增压杆;5—增压阀盖;6—ϕ40 密封圈;7—主阀体

表 8—1 分配阀的作用原理

<table>
<tr><th rowspan="2">操纵控制</th><th rowspan="2" colspan="2">控制分配阀的压力变化</th><th colspan="2">作用部</th><th colspan="2">均衡部</th><th rowspan="2">制动机状态</th></tr>
<tr><th>工作位置</th><th>压力空气通路</th><th>工作位置</th><th>压力空气通路</th></tr>
<tr><td rowspan="4">大闸或紧急制动阀</td><td rowspan="4">列车管的压力变化</td><td>增压</td><td>充气缓解位</td><td>列车管→工作风缸
容积室→大气</td><td>均衡鞲鞴下降</td><td>制动缸→大气</td><td>缓解</td></tr>
<tr><td>减压</td><td>常用制动位</td><td>工作风缸→容积室</td><td>均衡鞲鞴上升</td><td>总风→制动缸</td><td>制动</td></tr>
<tr><td>保压</td><td>保压位</td><td></td><td>均衡鞲鞴中立</td><td></td><td>保压</td></tr>
<tr><td>快速减压</td><td>紧急制动位</td><td>工作风缸→容积室
总风→容积室</td><td>均衡鞲鞴上升</td><td>总风→制动缸</td><td>紧急制动</td></tr>
<tr><td rowspan="3">小闸</td><td rowspan="3">作用管的压力变化</td><td>增压</td><td></td><td></td><td>均衡鞲鞴上升</td><td>总风→制动缸</td><td>制动</td></tr>
<tr><td>减压</td><td></td><td></td><td>均衡鞲鞴下降</td><td>制动缸→大气</td><td>缓解</td></tr>
<tr><td>保压</td><td></td><td></td><td>均衡鞲鞴中立</td><td></td><td>保压</td></tr>
</table>

五、紧急放风阀

1. 紧急放风阀的作用

紧急放风阀也称紧急阀,其作用是在紧急制动时加快列车管的排风,提高紧急制动波速和紧急制动的灵敏度,使紧急制动作用可靠。

紧急放风阀是一种气动压差阀,受气体流动波速的控制而动作,使列车管的压力空气迅速排出,分配阀产生紧急制动作用。它不仅加速了列车管的排风速度,同时还通过本身联锁开关的动作,输出电信号,控制电空阀动作,自动切断列车管的供风源。

2. 紧急放风阀结构

紧急放风阀外形见图 8—1 中的 1,结构见图 8—24。

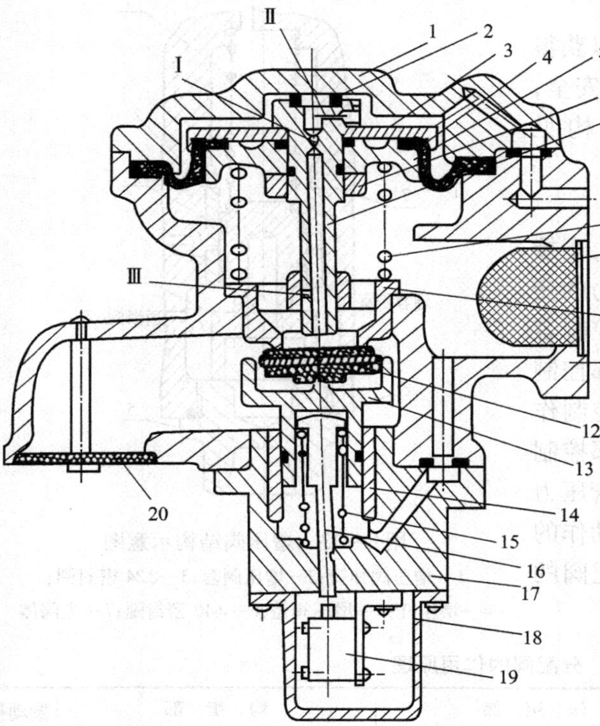

图 8—24　紧急放风阀结构图

六、调 压 阀

1. 调压阀的作用

调压阀是为了满足系统对不同调定压力的需要并保证稳定的供风而设置的。

YZ-1 型空气制动机中空气压缩机所产生的压缩空气除要供给制动系统使用外,还要供给辅助系统去实现各种功能。由于各处用风的不均衡,使得总风缸压力空气的压力很不稳定,在 660 ~ 720 kPa 之间变动,这样的压力空气直接供给系统使用,不但对制动机的缓解不利,而且也超过有关系统所用压缩空气的限定值。因此,在总风缸与有关使用压缩空气分支系统的管路上,装设调压阀。

SPZ-200 型配砟整形车空气制动机共设有两个调压阀,分别安装在自动制动阀(大闸)和单独制动阀(小闸)的下面、总风进入制动阀前的管路中,但它们所控制的压力并不相同。自动制动阀(大闸)下的调压阀控制总风进入均衡风缸的压力,调定值为 500 kPa;单独制动阀(小闸)下的调压阀控制总风进入作用管的压力,调定值为 360 kPa。

YZ-1 型空气制动机参与作用的压力还有列车管压力、制动缸压力、工作风缸压力、容积室压力等。虽然这些压力的压力值不同,但它们都不是总风进行直接定压充风的结果。列车管的定压充风是间接通过中继阀来实现的;制动缸的充风是通过分配阀的均衡部来间接实现的;而容积室、工作风缸的定压充风是通过各风缸间的容积配比间接实现的,它们均不必用调压阀就能满足要求。

2. 调压阀的结构

YZ-1 型空气制动机可以采用不同规格、型号的调压阀。现行制动系统装用的调压阀结构与 QTY-15 型调压阀基本相同,故以 QTY-15 型调压阀为例来剖析调压阀的结构、工作原理。QTY-15 型调压阀主要由调压弹簧、膜板、调整手轮、进风阀、阀座及溢流阀等组成,见图 8—25。

进风阀为平板橡胶阀。溢流阀为金属锥形阀,与阀杆配合需研磨良好,才能保证密封。

安装时应注意下阀体上箭头指向,保证进、出口风的正确接管。

调压阀的输出压力值可通过调整手轮进行调整,顺时针旋转手轮为调高压力;反之,为调低压力。在静态和动态的不同工况下,调整值会有所变动,通常可根据正常工况进行调整。

压力调整好后,应紧固螺母,以保证调定压力值的稳定。

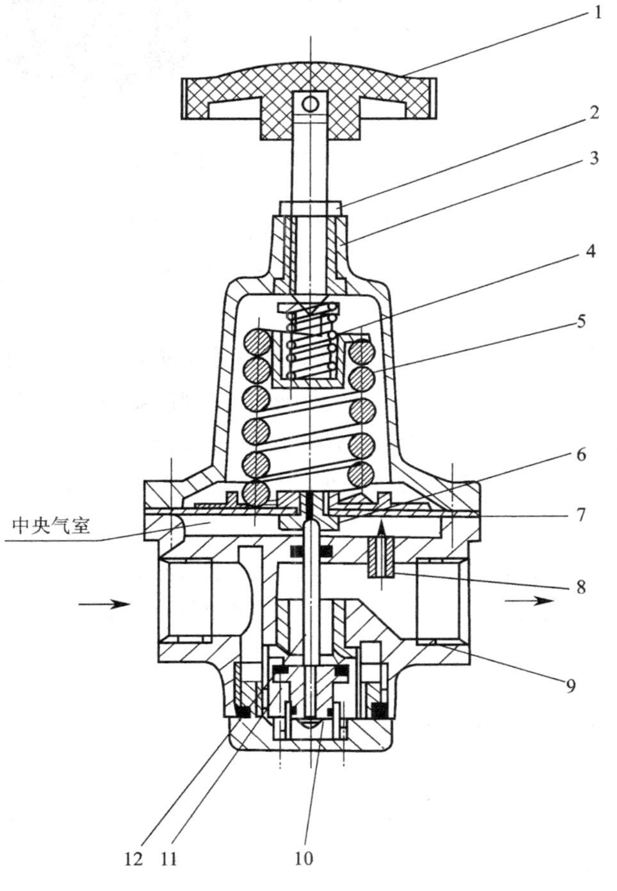

1—手轮;
2—紧固螺母;
3—上体;
4—一级弹簧;
5—二级弹簧;
6—溢流阀;
7—膜板;
8—小孔;
9—下体;
10—进风阀;
11—阀弹簧;
12—阀杆

图 8—25 QTY 型调压阀

七、手动换向阀

SPZ-200 型配砟整形车设有两个二位三通推手动换向阀,它们都与气控阀组合,完成相应的功能。其中一个手动换向阀和常闭气控阀组合,完成紧急制动阀(改进前为手柄式,见

图 8—29中的4)的功能;另一个手动换向阀则和中继阀前的常开气控阀组合,完成附挂回送时转换中继阀前列车管截断塞门的功能(改进后,见图 8—29 中的3)

手动换向阀外形结构有两种:一种是推拉式(图 8—29 中的3);另一种是自锁式的,按下时为其相应的工作状态位置,复位时则须旋转一定角度(见图9—6)。这两种手动换向阀虽然外形不同,但其控制原路相同。这里只介绍推拉式二位三通手动换向阀。

推拉式二位三通手动换向阀外形及工作原理示意图见图 8—26,它有三个外接口,P 为输入口,A 为输出口,O 为排气口。P 口与总风缸连通,A 口与气控阀的控制管连通,O 口与大气连通。

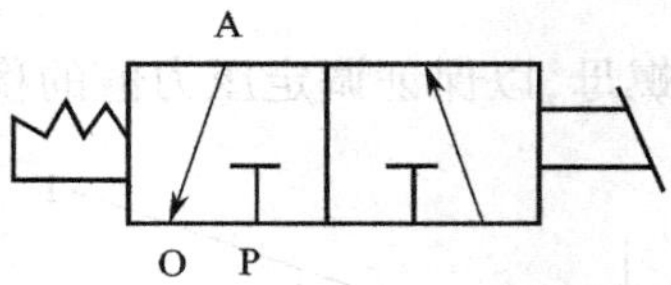

图 8—26　手动换向阀外形及工作原理图

在正常状况下,A 口和 O 口相通,P 口截断,即总风不能进入输出口,而气控阀控制风路内的压力空气从排气口排入大气,气控阀保持正常的工作状态。当拉动手动换向阀的手柄后,阀内柱塞转换位置,使 P 口与 A 口连通,截断 O 口通路,输入端的总风缸压力空气进入输出端气控阀控制风路内,促使气控阀转换工作状态:常闭气控阀变为常开,常开气控阀变为常闭,控制相应的气路通道。

常闭气控阀的输入端是与列车管连通,而输出端直接通大气。操纵手动换向阀的手柄后,气控阀的控制风路就引入压力空气,控制气控阀转换工作状态,连通气控阀的输入与输出端,列车管内的压力空气从气控阀输出端排入大气。气控阀输出端的孔口较大,故列车管排风速度也较快,能使紧急放风阀、分配阀产生相应动作,达到紧急停车的目的,所以它们组合可以代替紧急制动阀实现紧急制动的功能。

手动换向阀同中继阀前常开气控阀的组合是用来替代列车管上的截断塞门。在进行主动、被动转换过程中,采用这种方式,操作人员无须下车去关闭中继阀前的列车管截断塞门,使得主、被动转换操作安全和方便,见图 8—29 中的 3 及图 9—6。

第三节　手制动机

手制动在空气制动失灵时能使车辆停下,或车辆在无动力状态下能安全停放,特别在斜坡道上停车时防止溜车。手制动手轮安装在主司机座位的左后侧,见图 8—25。顺时针旋转为制动,逆时针旋转为缓解。通过一定的机构将手的作用力传到后轮对的制动梁上,最终将后轮对闸瓦压紧在车轮踏面上,实现制动。

使用时,应缓慢拧动手柄,使钢丝绳逐渐拧紧;缓解时,也应缓慢松动手柄,防止快速旋转造成钢丝绳出槽。使用手制动装置后,应检查确认制动缸鞲鞴推出,闸瓦压紧车轮踏面。

图 8—27　手制动及暖风图

1—手制动；2—暖风机控制箱（B21 箱）；3—暖风机

第四节　基础制动装置

SPZ-200 型配砟整形车走行系统没有采用转向架结构，基础制动装置采用直接作用的方式，在每个车轮上设置一个制动缸，并只经过一根传动杠杆就把制动缸活塞产生的制动力传到闸瓦上。全车共有 4 套。

制动缸安装于车架下，是一种将空气压力转变为活塞杆推力——制动力的装置，其结构见图 8—28。

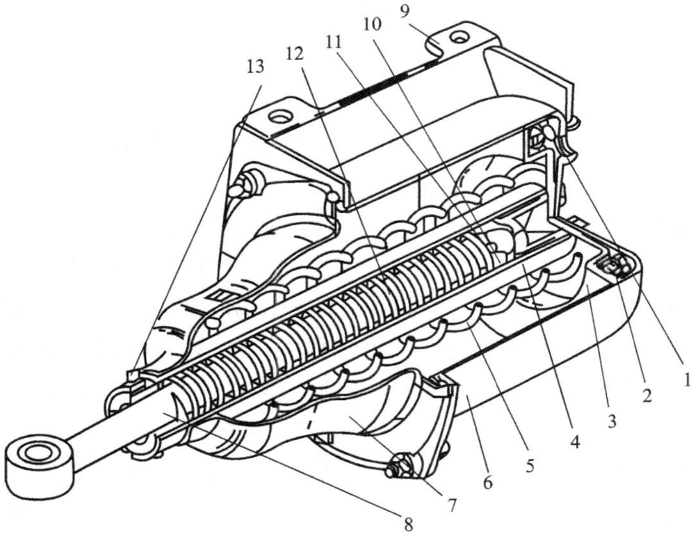

1—进气口；
2—活塞皮碗；
3—活塞；
4—导向套；
5—活塞复原弹簧；
6—缸体；
7—缸盖；
8—活塞杆；
9—安装支架；
10—销钉；
11—导向板；
12—基础制动复原弹簧；
13—销

图 8—28　制动缸

闸瓦采用铸铁闸瓦，缓解后的闸瓦间隙应保持在 5 ~ 10 mm。在调整闸瓦间隙时，制动缸活塞杆应全部收回。制动时，制动缸活塞杆伸出长度为 50 ~ 90 mm 为宜。磨耗量不大于 25 mm。更换闸瓦时，应同时更换同一车轴上的全部闸瓦。

第五节 辅助制动

一、连挂运行

当 YZ-1 型空气制动机出现故障制动失灵时,可以用紧急制动阀(手柄式)或紧急制动按钮(改进型)把列车管的压力空气从 500 kPa 迅速减为 0。

(一)紧急制动阀

紧急制动阀位置在司机室内,见图 8—29 中的 4(手柄式)。

图 8—29 紧急制动阀、收油门图

1—风油门;2—风压表(风油门);3—主动、被动手动转换阀;4—紧急制动阀;5—风喇叭

1. 紧急制动阀的作用

YZ-1 型空气制动机中,紧急制动阀是施行紧急制动作用的操纵部件。其作用就是控制大型养路机械单机或所牵引的列车发生紧急制动作用,使之迅速停车。

机车制动机紧急制动作用是通过操纵自动制动阀(大闸)实现的,紧急制动阀只是空气制动机中的安全设施。它原来设置在客车和守车内,以便在列车运行途中,遇有紧急情况需要立即停车时,可由行车有关人员在客车或守车内拉动紧急制动阀,使列车制动装置产生紧急制动作用立即停车,故紧急制动阀又叫车长阀,应由司机以外的人来操纵。而 YZ-1 型空气制动机的自动制动阀(采用空气制动阀作大闸时)没有紧急制动的操纵功能,故在制动机设计时,采用客车紧急制动阀来补偿这一功能,它需由大型养路机械的操作司机来操纵。

采用紧急制动阀来操纵紧急制动作用,无论是牵引运行不是单机运行,都能施行紧急制动,比在自动制动阀(大闸)设置紧急制动功能更为灵活,也更方便。同时,还能在制动机操纵失灵状况时,安全迅速地把列车停下。

注意:当大型养路机械作无动力车附挂回送时,此时紧急制动阀的作用就与客车或守车上的车长阀相当,若非遇到紧急情况,押运人员不得拉动紧急制动阀手柄;按钮式紧急制动,在机械无动力附挂回送时,须注意不要误碰按下此紧急制动按纽,以免影响牵引机车上司机的正常操纵。

2. 紧急制动阀结构

手柄式结构见图 8—30，其工作原理见图 8—31。

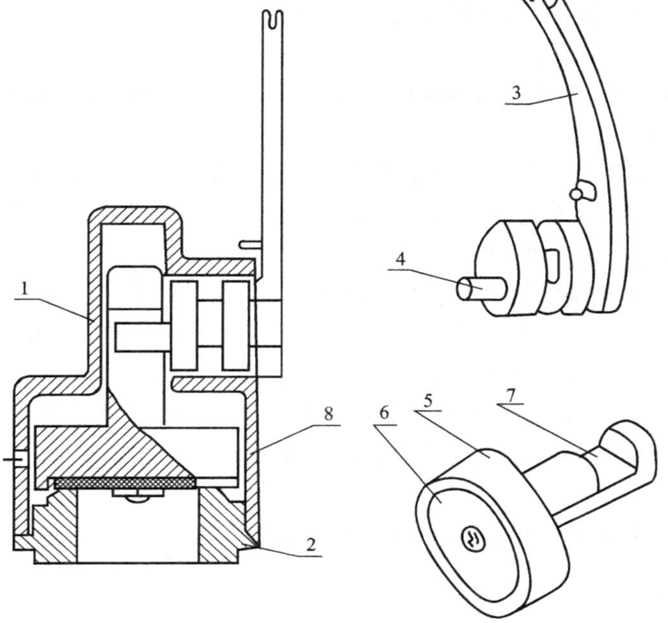

图 8—30　紧急制动阀结构图

1—阀体；2—阀座；3—手柄；4—偏心轴；5—阀；6—胶垫；7—阀杆；8—排气孔

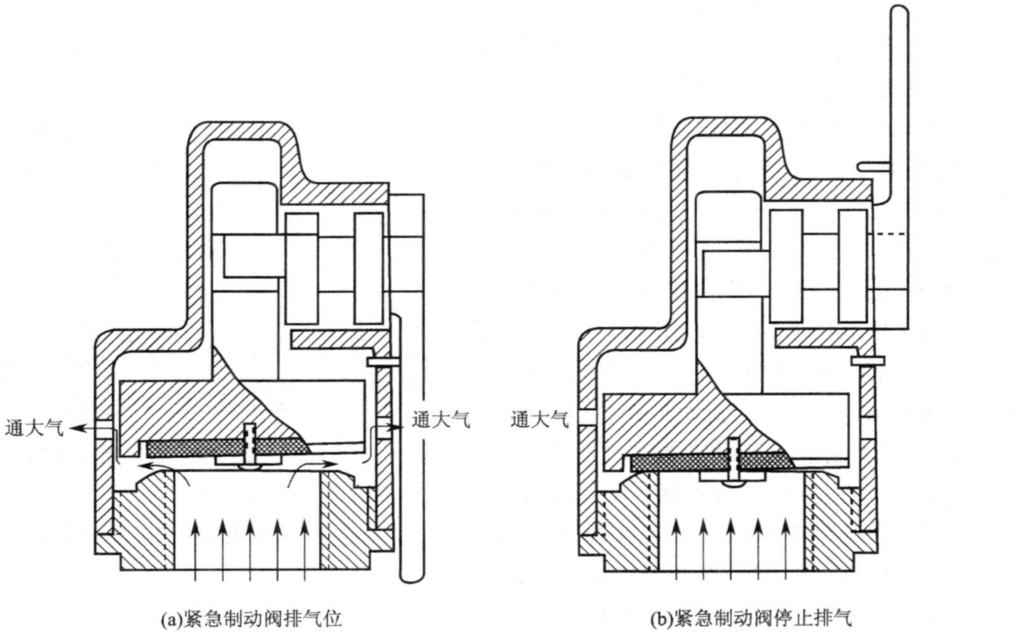

(a)紧急制动阀排气位　　(b)紧急制动阀停止排气

图 8—31　紧急制动阀工作原理图

3. 紧急制动阀的工作原理

在大型养路机械运行中,遇到紧急情况使用紧急制动阀。使用时,向下扳动手柄,将偏心轴转到上方位置,使阀杆带动阀离开阀座上移,阀口打开,列车管内的压力空气通过开启的阀口以及阀体上的排气孔直接而迅速地排向大气,见图8—31(a)。

要使列车管停止排气,则向上板动手柄,将手柄放回原来位置,由于偏心轴转到下方位置,阀杆带动阀下移,使阀紧压阀座,关闭阀口,遮断列车管与大气的通路,从而停止排出列车管内压力空气,见图8—31(b)。

紧急制动阀是YZ-1型空气制动机中的操纵控制元件,它不是气动执行元件。紧急制动阀接受司机的操纵,通过排列车管的压力空气,去控制其他的气动执行元件(如紧急放风阀、分配阀)动作,最终实现紧急制动作用。

列车管排风将引起制动作用。由于列车管通过紧急制动阀排风的通道(阀口、阀体通孔)比常用制动时列车管通过中继阀排大气的通道(排气阀阀口、排风堵孔)大,由此而引起的列车管排风速率能达到触发紧急放风阀动作所需的降压速率,放风阀口打开,更多的列车管压力空气从紧急放风阀排风口排出,进而促使分配阀的增压阀上移到开启位置,把总风缸压力空气引入容积室,使分配阀均衡部活塞下侧得到比常用制动时高得多的压力,达到紧急制动的目的。

(二)紧急制动按钮

紧急制动按钮(手动换向阀)其结构及工作原理见图8—26,不再详述。

二、单机紧急制动

(一)旁路制动按钮的使用

单机运行单独制动阀出现故障时,按旁路制动按钮(有些车标称为“非常制动开关”,见图8—32),电磁换向阀动作,直接将总风压力空气经减压阀送至制动缸,以达到在制动机失灵时辅助制动的目的,以免造成行车事故。

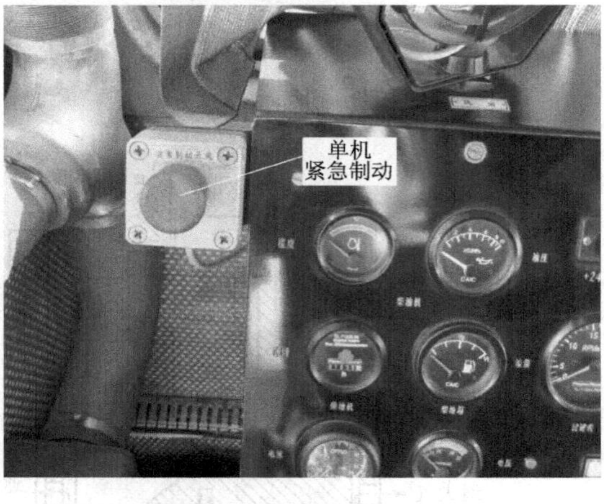

图8—32　单机紧急制动按钮

(二)设置旁路制动按钮的目的

旁路紧急制动是为了空气制动系统更加安全而加装的制动机构,由旁路制动按钮、电磁换向阀和调压阀组成,用来在空气制动系统突然失灵的情况下,对单台机械车进行直接制动,以防止事故的发生。使用时按下旁路制动按钮,电磁换向阀得电,从总风缸引出的压力空气经调压阀直接进入制动缸产生制动作用。调压阀用以限制进入制动缸的空气压力。

旁路制动在单机运行小闸失灵或作业制动失灵时都可以保证机械的安全。

注意:无论是单机运行,还是机械车连挂运行,或者是附挂在大列里作无动力回送,当旁路制动按下时,本台机械车都会单机紧急制动。

(三)原旁路制动系统存在的缺陷

目前,旁路制动在运用中发现在连(附)挂整列运行中存在一个明显的缺陷。

原大型养路机械车所增设的单车空气旁路制动系统部分，其电路简图见图 8—33。图中电空阀是控制本车总风缸直接向制动缸充风的，由于未经过任何排气阀件，故其制动缸上风制动无任何声响，在单车运行中，若其旁路制动开关被误按下，对车伤害并不太大。但在连挂整列运行或附挂运行时，若某车紧急按钮被误按下，由于牵引力远大于单车制动力，一旦未及时被监控发现，该车车轮将被拖动，在钢轨面作滑行运动，这将会造成该车轮对踏面擦伤、闸瓦与踏面黏结，严重时甚至会造成轮对报废等严重后果。

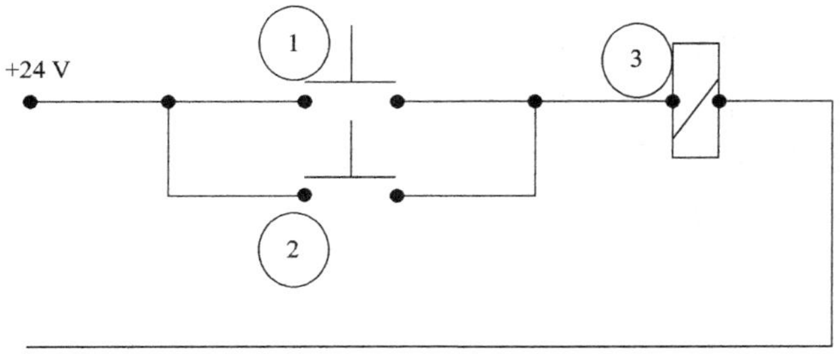

图 8—33　原旁路制动系统电路图

1—带锁定的紧急按钮 A；2—带锁定的紧急按钮 B；3—电空阀

（四）旁路制动的改进

针对其缺陷，经讨论与分析，提出以下改进方案：

1. 旁路制动改进原则

（1）不破坏原有制动效果及功能；

（2）出现旁路开关被按下情况时能够及时被监控发现。

2. 旁路制动改进措施

因为旁路制动按钮被误动作是导致问题产生的重要原因，所以为能及时监控发现到紧急旁路按钮被按下，可采用视觉或听觉提醒监控的办法来解决。由于原旁路紧急制动是采用 +24 V电源控制的，在此基础上实现视觉及听觉监控是极为容易。加之这套旁路制动系统电路部分正常情况下是不工作的，具有较好的断电元器件保护功能。因此，在原电路控制的基础上进行如图 8—34 改动，即在电空阀两端并联上扬声器、发光二极管，即可达到较好的监控效果。（由于配砟整形车作业当中要经常使用该旁路紧急制动电空阀，故改造时另增加了一隔离二极管）改进后电路图见图 8—34。

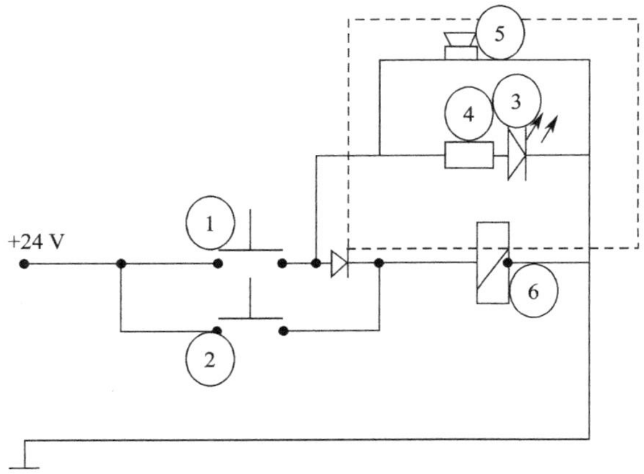

图 8—34　改进后的旁路制动控制图

1—带锁定的紧急按钮 A；2—带锁定的紧急按钮 B；3—发光二极管；4—电阻；5—扬声器；6—电磁阀

三、作业制动

作业制动是指配砟整形车在作业过程中，对整车进行制动控制。当作业主开关打开时,停车按钮与作业制动回路中的电磁换向阀得电,作业风缸的压力空气直接进入制动缸,产生制动作用,此时按前进或后退按钮,电磁换向阀失电,制动压力才能缓解。当作业中需停车时,按任一停车按钮,电磁换向阀得电,制动缸压力升高到调压阀调定值,整车制动停车。

复习思考题

1. SPZ-200 型配砟整形车制动系统由哪几部分组成?
2. 简述 YZ-1 型空气制动机的控制过程。
3. YZ-1 型空气制动机的主要技术性能参数有哪些?
4. 电空阀的作用是什么?
5. 中继阀的作用是什么?
6. 分配阀的作用是什么?

7、紧急放风阀作用是什么?

8、简述旁路制动控制原理。

职业技能

第九章 操 纵

第一节 运行操纵

SPZ-200 型配砟整形车和其他大型养路机械一样，采用了许多新技术和先进工艺，使得操作控制简单且安全可靠方便。司机室及操作台见图 9—1、图 9—2。

一、运行准备

（一）使用机器前的准备工作

新到的配砟整形车或停放较长时间的配砟整形车，在使用前都应做好以下准备工作：

1. 除去机械的包装和防锈涂层。
2. 观察整机是否正常；检查各部件、元件应无损坏或不到位现象。
3. 检查、确认各液面应符合要求：柴油机柴油、机油油位充足；分动箱、齿轮箱齿轮油足量；液压油箱内的液压油应达到规定刻度线；A4V 泵、A6V 马达壳内充油。
4. 蓄电池电量充足。
5. 按照保养润滑图对机器各部加足润滑油脂。

（二）启动发动机前的检查准备

1. 检查各安全锁紧装置是否灵活可靠。
2. 检查手制动机是否处于制动位。
3. 安装好空气制动阀的手柄。

图 9—1　司机室

1—操作控制面板（B5 箱）；2—走行先导阀（高速走行速度控制手柄）；3—大闸；4—小闸；5—非常制动按钮（紧急制动）；6—手制动

图 9—2　主操作台控制面板

4. 关闭各风缸及集尘器下部的排水阀,总风缸放水阀见图 9—3 中 4 和图 7—6。

图 9—3　前端左侧

1—喇叭(黑);2—停机(红);3—总风缸;4—放水阀;5—柴油箱放油口

5. 检查操作台面板上的各作业操纵手柄及开关、按钮位置是否正确。
6. 速度操纵手柄(液压先导阀)处于“0”位。
7. 观察各电路、油路、气路是否正常。
8. 液压作业系统处于卸荷状态。

在上述准备工作确认无疑后方可启动柴油发动机。

(三)柴油机启动

柴油发动机的启动步骤如下:

1. 接通蓄电池主开关(早期出厂的机器蓄电池主开关在机器外蓄电池箱侧面);
2. 插入电源主开关钥匙,下列各仪表电源接通,显示相应的参数或状态:

(1)电压表指针处于绿区,24 V。

(2)电流表指针处于左侧。

(3)柴油机转速表指针处于“0”位。

(4)速度里程表速度指针处于“0”位。

(5)柴油机油量表显示与当前柴油箱油位的对应值。

(6)柴油机机油压力表指针处于“0”位。

(7)柴油机温度表指针处于“0”位。

(8)发电机充电指示灯亮,蓄电池向三相发电机预充磁,为发电作准备。

(9)柴油机油压指示灯亮。

3. 确认在柴油发动机周围无妨碍启动的人或物品后,按下电喇叭按钮,鸣笛一长声,发出启动柴油机的信号。

4. 把柴油机转速手柄(风油门)提拉到满负荷的1/4。若储风缸无压力空气或风压不足时,应拉起柴油机体外的手油门,此手油门位于配砟整形车发动机处车架右侧主梁下。待柴油机运转后使风压上升到一定值后,就自动转为风油门控制,此时应松开手控油门。

5. 将柴油机启动开关直接拉至启动位置柴油机启动后,迅速松开启动开关,柴油机启动完成。在多次启动过程中,注意连续启动时间不得超过10 s,每次间隔1 min。

注:以前出厂的配砟整形车,把电门开关钥匙插到底,充电指示灯和油压指示灯亮,转动预热手柄经1位到2位(天气较冷时在1位预热15~20 s,冬季低温下预热1~2 min)。发动机一启动,迅速松开手柄。

6. 天气较冷时(环境温度低于5 ℃),将柴油机启动开关拉至预热位置并保持,待发动机预热指示灯发亮后即刻拉启动开关至启动位,柴油机启动后,立即松开启动开关。

天气较冷时需在预热位保持15 s~20 s,冬季低温下需预热1~2 min。

如果柴油机预热启动没有启动起来或排出灰白色烟雾,须将启动开关再恢复到预热位补充加热。补充加热时间不得超过3 min,连续启动时间不超过15 s。如果柴油机第一次启动没有转起来,为了保护蓄电池,到下一次启动前应间隔2 min。

7. 柴油机一开始运转,就操纵转速手柄平稳减速,柴油机转速保持在(600±50) r/min范围内怠速运转(热机时间不少于5 min),在短时间内预热到使用状态。

注:新出厂的配砟整形车怠速为900 r/min。

8. 柴油机启动后,确认下列显示信号是否正常:

(1)柴油机温度表显示值上升。

(2)柴油机计时表开始计时。

(3)电压表显示值约28 V。

(4)电流表指针指向充电侧。

(5)柴油机转速表指针处在相应的转速值。

(6)速度里程表速度指针处于“0”位,里程显原来的累计数。

(7)柴油机油压表显示值范围为2~6 bar。

(8)柴油机油压指示灯熄灭。

(9)发电机指示灯熄灭,发电机向蓄电池充电。

(10)总风缸压力上升。

9. 直到一切正常方可提高转速,检查柴油机转速手柄与柴油机转速是否对应。

道依茨 BF8L413F 风冷柴油机采用无级调速,操纵柴油机转速手柄提升、停留或下压,就可控制柴油机转速平稳地升降或保持在某一转速,从而实现配砟整形车的速度调节。

配砟整形车柴油机的调整怠速为 600 r/min,额定最高转速为 2 300 r/min,所以,柴油机转速应该对应于柴油机转速在 600 ~ 2 300 r/min 之间变化。柴油机转速手柄不动,柴油机转速也应能稳定在某一转速上。柴油机速度变换过程中,不应该出现不升速、不降速、升降速不均匀、飞车或停机等现象。

柴油机启动过程中的注意事项如下:

1. 柴油机启动时,注视操作台各仪表的显示,注意倾听各部声响,如发现异声、异状时,应立即停止启动。

2. 若柴油机启动开关接通 10 s 仍不能发火时应立即松开,检查不能启动的原因。经检查确认各部无异状时,允许第二次启动。如第二次仍不能启动,应查明原因处理好后,方准第三次启动。禁止未判明原因或任意切除安全保护装置,强迫启动柴油机。每次启动间隔时间不应少于 1 min,以防蓄电池亏电过多。

3. 柴油机运转过程中,仔细观察各仪表显示是否正常,发现有异常现象或不正常声音,应停机检查。

4. 发动机温度表指针进入红色区域,必须立即停机检查。

(四)运行前的准备

为保证运行安全,在配砟整形车的运行操纵前,应进行以下准备工作:

1. 检查各油箱的油位符合要求后,启动柴油机在怠速下运转。

2. 走行转换开关置于中间“0”位。区间走行速度操纵手柄和作业走行速度操纵手柄都置于中间“0”位并锁定。

3. 把液压系统各工作装置的卸荷开关扭转到卸荷位。

4. 确认各工作装置应锁定可靠:

(1)中犁装置的悬挂气锁、悬挂机械锁处在锁定位置,中犁锁定指示灯熄灭。

(2)清扫装置的悬挂气锁、悬挂机械锁处在锁定位置,清扫锁定指示灯熄灭。

(3)左、右侧犁装置座落在侧犁悬挂固定钩上。

5. 检查制动:

(1)手制动机处于制动状态。

(2)总风缸压力为 700 kPa;列车管压力为 500 kPa;均衡风缸压力为 500 kPa。

(3)松开手制动,施加空气制动——大闸制动、紧急制动,检查制动系统是否正常。制动后缓解,缓解时间不超过技术规定。

(4)最后施加空气制动,大闸置于运转位,小闸位置于制动位。一般规定单机运行采用小闸来进行制动操纵。

6. 确认操纵台上的各仪表和指示灯显示应正确。

7. 撤除止轮器,确认车下无人和障碍物。

(五)空调、暖风的使用

配砟整形车司机室安装有空调、暖风系统,在冬、夏季可以使用司机室暖风、空调,使司机室温度较为适宜。

1. 空调使用

(1)关闭空调油路系统溢流阀油路上的截止阀(图3—26),则压缩机驱动马达开始工作;(打开溢流阀油路上的截止阀,则液压油通过溢流阀回油箱,压缩机驱动马达停止工作)。

(2)打开司机室空调制换气开关冷开关和制冷开关(图3—19中的3和2)。

空调使用注意事项:空调使用时,发动机必须在启机状态;发动机停机时,须关闭司机室制冷开关和换气开关;长期不用空调时,应打开 溢流阀油路上的截止阀,使压缩机驱动马达停止工作。

2. 暖风使用

操作步骤及方法,按钮说明见图9—4。

暖风机装有定时器,可以设置定时自动启动和温度设定功能,以数字代码形式显示;可在1~7天之间设定三种不同的定时自动启动,定温、定时工作。

(1)开机:按下 ▒ 键指示灯亮,3 s后电热塞线圈通电,电机全速运转。33~70 s后油泵供油,火焰传感器稳定,电热塞断电。

(2)关机:按下 ▒ 键指示灯亮熄灭,风机继续运行直到暖风机冷却,延时时间4~5 min。

① 按钮 [◷] — 时间
② 按钮 [P] — 预选
③ 按钮 [Ⅲ] — 加热
④ 按钮 [◁] — 倒退
⑤ 按钮 [▷] — 前进
⑥ 显示错误的显示器

图9—4 暖风按钮说明

二、运行操纵

在运行前,按规定要打开运行监控设备,其使用在第十四章专门介绍。

(一)运行监控开车前的操作

1. 开机,语音正常,警惕按钮有效。
2. 自检操作,若自检结果为故障则关机停止使用,联系有关部门处理设备故障。
3. 自动放风检查,列车管风压在450 kPa以上,进行运监放风试验。
4. 设置开车方向的控制盒为“前进”。
5. 设置开车方向的线路为“上行/下行”。
6. 检查线路代码是否正确,否则切换到正确的代码。
7. 输入车次。
8. 输入司机号(正司机、副司机)。
9. 校对公里标。
10. 准备开车。

(二)高速走行

1. 高速走行时的操作在主操作台,此时作业台的走行操作系统被锁定。

2. 高速挂挡

(1)点动挂挡操作程序

①发动机转速在1 000~1 400 r/min;

②按前进或后退按钮;

③挂高速挡;

④缓解制动,按点动挂挡按钮挂挡。确认高速挂挡红色指示灯亮,说明车轴齿轮箱已挂上

低速挡。

(2)点动挂挡注意事项

①在点动过程中,严格控制发动机转速;注意观察控制压力,控制压力最高不得超过0.7 MPa;每次按住点动按键时间不得超过3 s;同一方向连续操作点动动作不得超过3次,以免损坏挂挡齿轮。

②未挂上挡时必须先缓解制动,再按点动挂挡进行挂挡操作。

3. 总风压力大于400 kPa方可挂挡走行,若总风压力不足400 kPa,则走行被控制电路锁定。

4. 鸣风笛一长声。

5. 依行进方向按下前进或后退按钮,发动机转速调到额定值(2 300 r/min)。

6. 缓解空气制动。

7. 慢慢推动区间走行速度操纵手柄(主司机座右下)向前移动,车辆启动并逐步加速。当走行液压系统压力上升到28 MPa时,手柄停止移动。待车速稳定,压力下降趋于稳定时,再将手柄往前推移。这样反复动作直至该机在平直道上达到80 km/h时为止。运行中,严禁将速度手柄迅速反向移动,造成不必要的液压制动。需要减速时只能缓慢地反向移动手柄。车速可在0~80 km/h之间任意选择。

8. 配砟整形车在运行中,司机应注意:

①运行中随时注意观察仪表显示是否正常。

②密切监视机械运转状态,发现异常及时处理。

③根据线路状态和运行条件随时调整走行速度。

④上坡时要减速。

⑤遇到紧急情况时,施加紧急制动。

⑥注意操纵速度手柄不得用力过猛,不能快速向前或向后移动,不论加速还是减速都要平稳操作。

⑦缓慢启动,逐渐加速,配砟整形车的自轮驱动运行速度不能超过80 km/h。

⑧换向时,区间走行速度操纵手柄必须先回"0"位,然后再按运行方向按钮。

注意:车没停稳不准换向。

9. 到达目的地需要停车时,扳动大闸或小闸制动。停车操作顺序如下:

①逐渐降低发动机转速。

②施加停车制动。

③区间走行速度操纵手柄返回"0"位。

④柴油机转速降至怠速运转3~5 min后,按停机按钮使柴油机停止转动。

10. 在任何情况下停机,均应施加空气制动。

(三)作业走行

作业操作面板见图9—5。

1. 作业时的走行操作在作业操作台,此时主操作台的高速走行操作系统被锁定。

2. 低速挂挡

(1)点动挂挡操作程序

图 9—5 作业操作控制台

1—左侧犁多路换向阀操作手柄;2—作业走行先导阀;3—中犁多路换向阀操作手柄;4—右侧犁多路换向阀操作手柄;5—电风扇

①发动机转速在 1 000 ~ 1 400 r/min;

②按前进或后退按钮;

③挂低速挡;

④缓解制动,按点动挂挡按钮挂挡。确认低速挂挡红色指示灯亮,说明车轴齿轮箱已挂上低速挡。

(2)点动挂挡注意事项

①在点动过程中,严格控制发动机转速;注意观察控制压力,控制压力最高不得超过 0.7 MPa;每次按住点动按键时间不得超过 3 s;同一方向连续操作点动作不得超过 3 次,以免损坏挂挡齿轮。

②未挂上挡,此时必须先缓解制动,再按点动挂挡进行挂挡操作。

3. 缓解空气制动,按下停车按钮,施行作业制动,并检查闸瓦与车轮的制动情况。

4. 鸣风笛一长声。

5. 依行进方向按下前进或后退按钮缓解,发动机转速调到额定值(2 300 r/min)。

6. 慢慢推动作业走行速度操纵手柄向前移动,配砟整形车开始作业走行并逐步加速。作业走行速度按照《大型养路机械使用管路规则》(铁运〔2006〕227 号)的规定控制在在 2 ~ 5 km/h(注:SPZ-200 配砟整形车的作业走行设计速度为 0 ~ 12 km/h),注意操纵速度手柄时用力要平稳。

7. 遇到紧急情况或有路障等需要停车时,按下停车按钮,自动施行作业制动。需继续作业时,应先按前进或后退按钮缓解,配砟整形车继续作业。

8. 换向时,作业走行速度操纵手柄也必须先回“0”位,然后再按需运行方向按钮。同样,车没有停稳不准进行换向操作。

9. 停车后,按发动机停机按钮,使发动机在怠速下停机。

(四)运行后的收尾工作

1. 切断空调器或暖风机。

2. 关闭所有照明装置。

3. 确认液压系统处于完全卸荷状态。

4. 排除储风缸、集尘器内积水。

5. 施加手制动,缓解空气制动,同时上好止轮器。

6. 关断总电源开关。

7. 关闭窗户,锁好车门。

(五)新配砟整形车使用注意事项

1. 新车在最初使用阶段(1 000 km 内)不能满负荷、长距离高速度运行。

2. 新车使用 1 000 km 后,分动箱、车轴齿轮箱等润滑油全部放尽,进行清洗更换。清洗柴油箱、柴油滤清器等,检查各操纵系统、制动系统的螺栓、销钉、开口销是否松动和脱落。

三、仪表监视与报警系统

在配砟整形车的主操纵台上,分布着许多仪表和报警指示灯,用以测量和监视关键部件的工作过程和工作状态。对危及行车安全或设备使用安全的情况提出警示,引起操作人员的注意,并及时进行处理。所以,仪表监视与报警系统是配砟整形车非常重要的核心控制部分。

(一)监视仪表

监视仪表是由各类传感元件将温度、压力、转速、方向等信号传送到各个仪表中,为操作人员观察。

1. 柴油机参数测量与监视

柴油机参数测量包括有缸盖温度、机油压力、转速、工作小时等参数的测量及显示。

(1)缸盖温度测量与显示

缸盖温度测量由柴油机温度表和缸盖温度传感器组成。缸盖温度传感器一般安装在第二气缸的缸盖上,通过导线与温度表连接。工作电压:6 ~ 24 V;工作温度:低于 +200 ℃。

柴油机温度表的工作电压为 24 V,指示范围为 +30 ℃ ~ +200 ℃。绿区指示的是缸盖正常温度,一般为 +30 ℃ ~ +170 ℃。红区指示的是危险温度为 +170 ℃ ~ +200 ℃。

(2)机油压力测量与显示

机油压力测量由柴油机油压表和机油压力传感器组成。机油压力传感器安装在柴油机左侧主油道管路上,通过导线和柴油机油压表连接。测量范围:0 ~ 1 MPa;触点报警压力:0.04 MPa(当压力低于此值时,内部触点闭合);工作温度 -25 ℃ ~ +100 ℃。

柴油机油压表的指示范同:0 ~ 1 bar;工作电压:24 V;工作电流:最大约 130 mA。

(3)柴油机转速测量与显示

柴油机转速测量由柴油机转速表和转速传感器组成。转速传感器是装在柴油机上的一个小型交流发电机,主要技术参数:最大转速 3 000 r/min;空转电压 19.3 V(在 2 000 r/min 时);最高电压 28 V(在 3 000 r/min 时);最大驱动力矩 50 N·m。

柴油机转速表的指示范围是 0 ~ 3 000 r/min。

(4)柴油机工作小时测量与显示

柴油机工作小时测量是由柴油机计时器接到柴油机的发电机上,经过电压的转换,累计柴油机运转的总时间。其主要参数:工作电压 9 ~ 28 V;电流消耗:18.5 mA;计时单位为小时。

(5)燃油量的测量与显示

燃油量的测量由柴油机油量表和油量表传感器组成。传感器安装在燃油箱的上部,利用浮球杠杆的作用原理,测量燃油油位,并转换成电压信号在柴油机油量表上显示出来。

2. 配砟整形车速度里程的测量与显示

配砟整形车累计运行里程的测量由装在后车轴齿轮箱的速度传感器和速度里程表组成。通过测量车轴齿轮箱中间轴的转速,可计算出配砟整形车的行驶速度和累计运行里程,并在速度里程表中显示出来。

3. 液压系统的压力监视

液压系统采用压力表来监视主要回路的工作压力:

(1)走行压力表:走行系统压力在 0~28 MPa 之间变动。

(2)补油压力表:补油泵压力值应为 2.8 MPa。

(3)工作压力表:作业系统的工作压力为 16 MPa。

(4)控制压力表:控制油路压力为 2.8 MPa。

(5)滚刷压力表:滚刷的工作压力为 16 MPa。

(6)输送带压力表:输送带的工作压力为 16 MPa。

4. 制动系统的压力监视

制动系统采用压力表来监视主要管路的工作压力。

(1)总风缸压力:调整为(700 ±20) kPa。

(2)制动缸压力:常用制动时为 360 kPa;紧急制动时为(450 ± 10) kPa;旁路制动时为 360 kPa。

(3)列车管压力:调整为 500 kPa。

(4)均衡风缸压力:显示为 500 kPa。

(二)报警系统

配砟整形车工作情况的监视,还设计有灯光报警系统,使操作者能随时掌握机械、液压、电气的工作是否正常。当报警指示灯发光、报警器发出蜂鸣声时,应停车检查处理故障。

1. 柴油机温度报警

当柴油机缸盖温度超过规定值(约 150 ℃)时,温度开关动作,柴油机温度指示红色二极管发光,报警器发出蜂鸣声。

2. 柴油机油压报警

当柴油机机油压力低于 0.2 MPa 时,压力开关闭合,油压指示红色二极管发光,报警器发出蜂鸣声。

3. 发电机工作报警

柴油机启动后,若发电机不能正常工作,发电机指示红色二极管发光,报警器发出蜂鸣声。

4. 空气滤清器堵塞报警

当空气滤清器被脏物堵塞或损坏后,传感器动作,清器指示红色二极管发光,报警器发出蜂鸣声。

5. 中犁锁定报警

当中犁装置的气锁没有在锁定位置时,中犁锁定行程开关闭合,红色二极管发光,报警器发出蜂鸣声。

6. 清扫锁定报警

当清扫装置的气锁没有在锁定位置时，清扫锁定行程开关闭合，红色二极管发光，报警器发出蜂鸣声。

注：中犁锁定与清扫锁定同时或其中任一个报警时，总锁定指示灯都亮。

7. 液压油温度报警

当液压系统中的液压油温度超过 80 ℃后，温度开关闭合，红色二极管发光，报警器发出蜂鸣声。

8. 液压油滤清器堵塞报警

(1)当回油滤清器被脏物堵塞或损坏后，传感器动作，油滤清器指示红色二极管发光，报警器发出蜂鸣声。

(2)当走行泵滤清器(1 号或 2 号)被脏物堵塞或损坏后，传感器动作，走行泵滤清器指示(1 号或 2 号)红色二极管发光，报警器发出蜂鸣声。

9. 总风压力监控

当总风压力大于 400 kPa 后，方可挂挡操作；否则，走行操作无效。

注：报警系统中任何一个指示灯亮时，总报警指示灯也亮。若不需要蜂鸣器发出声响，可将蜂鸣器转换开关搬到转换位。

四、长途挂运

大型养路机械工地转移等长途挂运时，由机车牵引，配砟整形车应作无动力回送处理。

(一)长途挂运的整备

1. 启动发动机；

2. 将制动安全阀压力调整至 220 kPa；

3. 打开无动力回送装置塞门、关闭中继阀前列车管塞门(早期出厂的车型)，或将无动力回送主、辅车转换阀置于被动位(图 9—6)；

图 9—6　主动、被动转换

4. 大闸、小闸操作手柄分别于运转位和缓解位取出；

5. 速度转换开关扭转到空挡位，关闭发动机，关掉照明灯和指示灯；

6. 取出机内电源主开关钥匙，关闭总电源；

7. 检查车钩状态良好；

8. 进行机械连挂。

注意：早期生产的配砟整形车工作装置收到位后，尽管“作业开关”已经关闭，发动机也熄火，但是中犁、侧犁油路并没有切断。由于蓄能器存储的压力能，在操作中、侧犁手柄时，仍然可以使中、侧犁油缸动作。因此，在长途挂运时，司机应注意不要让其他人动中、侧翼手柄，以保证机械安全和行车安全。

（二）长途挂运安全注意事项

根据《大型养路机械使用管理规则》（铁运〔2006〕227 号）的规定，长途挂运应注意以下事项：

1. 大型养路机械无动力回送或远距离转移施工地点时，应将其编挂在列车尾部，并指派专人负责行车安全事项。

2. 机车牵引长途挂运自行编组时，应将重车、轴距大的车编在前面，并逐一连接风管，试风良好。

3. 转移施工地点时，各车司机长负责提前检查本车的装载及与相邻车的连挂、各工作装置、检测装置的锁定，安全链的拴挂等情况，并确定各操作手柄处于连挂状态。

4. 无动力回送时，每车要安排 2 名押车人员，负责监视本车状态，在车站内停车时，下车检查轴温及制动闸瓦的情况，并巡查全车。

5. 在列车运行中，押车人员一律在驾驶室内并要关好车门，身体不得探出车外。一旦发现走行系统有异响或制动缓解不良，应立即用对讲机通知押车负责人，以便采取应急措施。

6. 要注意不要误碰旁路制动按钮（部分车标称“非常制动开关”），以免擦伤车轮。

7. 严禁押车人员在列车停留间隙离开车组。

8. 在电气化区段运行时，严禁押车人员攀登车顶或在拖车装载物上站立；押车人员下车检查时要避免与接触网支柱及其附近的金属接触。

9. 机组长途挂运时，必须由本段车辆检车乘务人员对挂运车组的走行制动部分进行全面检查，并派车辆检车乘务人员、技术人员随车添乘，并与机车保持联系，以防意外事故发生。

10. 当车组到达停留线后，各车要及时采取驻车制动，上好止轮器，并安排专人守车。

第二节 作业操纵

一、作业准备

（一）连挂作业

施工机组作业，按规定必须连挂在一起进入工地，一般配砟整形车是作为无动力车附挂在其他机械的后面。

1. 连挂准备

（1）停稳配砟整形车，将挂挡开关转换到空挡位，并确认本车在空挡位。

（2）开放无动力回送装置塞门，关闭中继阀前列车管塞门。新改装后的配砟整形车只需拉出无动力回送主、辅车转换阀即可。

(3)大闸手柄置于运转位,小闸手柄置于制动位,制动缸压力达到360 kPa。

(4)关闭发动机。

(5)检查车钩状态良好。

2. 连挂作业

(1)连挂的动车以不超过30 km/h的速度运行至距配砟整形车前50 m一度停车,并调整运行速度。

(2)连挂动车以不超过5 km/h的速度运行至距配砟整形车前2 m二度停车。

(3)检查动车与配砟整形车的车钩、风管,做好连挂准备。

(4)将动车及配砟整形车车钩装置的钩提杆提起,使车钩处于全开状态。

(5)动车以不超过5 km/h速度平稳连挂,然后试拉,确保连接可靠。

(6)接好动车与配砟整形车的制动软管,打开列车管折角塞门,检查确认无泄漏。

(7)大闸手柄置于运转位,小闸手柄置于缓解位,制动钢压力达到0。

(8)给连挂车列充风,按规定进行制动机试验,确认制动、缓解良好后方可动车。

(二)连挂运行

配砟整形车附挂牵引进入施工地点,机组人员应注意以下几点。

1. 加强瞭望,若发现紧急情况而又无法及时通知司机时,可拉紧急制动阀(改进后的车按紧急停车按钮),使列车施行紧急制动。

2. 随时检查列车管压力、制动缸压力,以及操作台上的仪表的显示状况,发现异常,立即发出停车信号,确保行车安全。

3. 严禁触碰大、小闸操作手柄,以防造成误操作。

(三)摘挂作业

机组到达施工工地,需对各机械车进行摘挂作业。摘钩时,应严格执行"一关前、二关后、三摘风管、四提钩"的作业方法,注意安全。具体操作过程如下:

(1)连挂车列施行空气制动停车。

(2)关闭配砟整形车连挂端前面一辆机械车的列车管折角塞门。

(3)关闭配砟整形车连挂端的列车管折角塞门。

(4)摘开制动软管。

(5)提起前面机械车与配砟整形车连挂端车钩装置的钩提杆,使车钩处于开锁状态。

(6)根据摘钩人员的手信号,鸣笛一短声,然后移动动车。

(7)关闭配砟整形车无动力回送装置塞门,打开中继阀前列车管塞门。

注:新改装配砟整形车只需合上无动力回送主、辅车转换阀,即处于辅助位。

二、线路作业

(一)配砟整形车的作业条件

1. 作业时必须封锁线路,封锁时间应满足《铁路线路修理规则》的有关规定。

2. 作业地段的曲线半径不小于120 m。

3. 作业地段的曲线超高不大于150 mm。

(二)作业前的准备工作

1. 操作前的准备工作

(1)运行速度挡位由高速挡转换至低速挡;
(2)接通作业控制气动系统和液压系统;
(3)中犁、侧犁、清扫装置解锁后降至作业位置,中、侧犁锁定机构见图 9—7。

图 9—7　中、侧犁锁定机构

1—侧犁后翼犁;2—侧犁前翼犁;3—侧犁滑套;4—侧犁锁定挂钩
5—中犁气锁;6—中犁机械锁;7—中犁后翼犁;8—中犁前翼犁

2. 中犁操作程序

中犁操作面板见图 9—8。

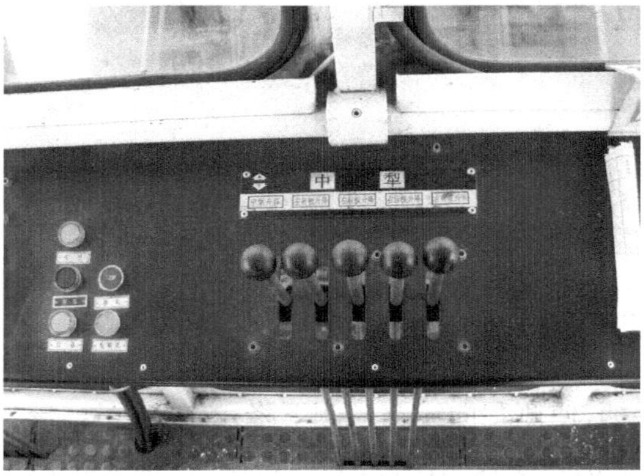

图 9—8　中犁操作面板

(1)解锁中犁气锁及机械锁销;
(2)操作"中犁升降"手柄,慢慢向前方向推动操作杆,使中犁下降至距道床规定高度;
(3)根据配砟需求操作相应的中犁板升降油缸;
(4)根据需要调整中犁翼犁板的角度,并配合侧犁的操作,使道床成形。

3. 侧犁操作程序(右侧犁操作面板见图 9—9)

图 9—9　右侧犁操作面板

(1)先操作侧犁“伸缩”手柄;

特别注意:操作时轻轻往前推很小一点“伸缩”杆,使侧犁滑套 1 刚好离开其锁定机械挂钩 2,以免刮碰司机室,见图 9—10;

图 9—10　侧犁锁定

1—侧犁滑套;2—侧犁锁定机械挂钩

(2)再操作“翻转”手柄,使侧犁向线路一侧下降;

(3)然后根据线路道砟的多少及对配砟的要求,调整“前翼转角”、“后翼转角”、“转角”操作杆,并与中犁结合使道床成形。

4. 操作要求

(1)转换速度挡位时,必须待配砟整形车完全停稳后方可进行,并确认相应指示灯亮;

(2)放下侧犁时避免侧犁后翼犁板碰撞司机室;

(3)中犁放下后护罩距轨枕面 10 ~ 15 mm;

(4)清扫装置放下后距轨枕面 10 ~ 15 mm;

(5)各作业装置可同时或单独使用。

(三)配砟整形作业

作业操作控制面板见图9—11。

图9—11 作业操作控制面板

1—左侧犁操作手柄;2—作业走行先导阀手柄;3—中犁操作手柄;4—右侧犁操作手柄

1. 作业程序

(1)选定作业方向,按前进或后退按钮;

(2)根据线路情况确定作业速度;

(3)调整中犁翼犁板和刮砟板的组合方式;

(4)调整侧犁的伸出宽度、下降高度、翻转角度及前后翼犁的角度;

(5)调整清扫刷及输送带。

2. 作业要求

配砟整形车作业时,应及时调整各作业装置,使石砟分布均匀,避免局部堆积,并利用调整配砟整形车的侧犁的转角和中犁的翼犁来达到《铁路线路修理规则》(铁运〔2006〕146号)对道床几何形状的要求:$\nu_{max} \leqslant 200$ km/h的线路,边坡坡度1∶1.75,砟肩堆高0.15 m,曲线外侧道床加宽0.10 m;$\nu_{max} = 200$ km/h的线路,边坡坡度1∶1.75,砟肩堆高0.15 m,道床顶面宽度3.5 m;200 km/h $< \nu_{max} \leqslant 250$ km/h的线路,边坡坡度1∶1.75,砟肩堆高0.15 m,道床顶面宽度3.6 m。

(四)收车作业

1. 作业程序

(1)提升中犁、侧犁及清扫装置,并锁定各工作装置;

(2)关闭作业控制气动系统和液压系统;

(3)根据运行需要转换速度挡位;

(4)与其他机械车连挂,准备返回驻地。

2. 作业要求

(1)提升侧犁时应避免与车体碰撞;

(2)确认各作业装置锁定良好。

(五)配砟整形车作业安全注意事项

1. 线路上的防爬设备、道口、桥上护轨、轨道电路、接触网地线等,应由工务段、电务段等配合单位提前拆除。

2. 收放工作装置时,应选择线路比较平直的地段进行,在多线地段要与防护员联系,当确认邻线无列车通过时方准收起或放下工作装置。

3. 侧犁下降到地面时,方准伸出进行调整;收回侧犁时,必须先进行侧犁伸缩操作,然后再进行侧犁翻转操作,使侧犁先水平收回,再上升到锁定挂钩位置。在操作过程中,随时注意侧犁的位置,以避免侧犁与司机室擦碰。起、落侧犁时,侧犁下方严禁站人。

4. 在配砟整形车停稳后方可改变作业方向。

5. 提速或减速时应避免冲击,遇到可预见障碍物时,应及时停车。要注意线路上的固定装置及障碍物。遇有防碍作业的物体时,应及时收拢侧犁。

6. 在线间距不足 4.4 m 的复线区段作业时,配砟整形车靠邻线一侧的犁板禁止作业。

7. 清扫装置只能在正线线路上使用,禁止在道岔地段上使用。

8. 在电气化区段作业时,接近接触网支柱 5 m 处,应停车收回侧犁,通过后再行作业。

9. 在道心遇障碍物时,应及时提起中犁。

10. 在作业中遇到道口、道岔及桥梁时,应及时收起配砟整形车的工作装置,安全通过后再作业。

11. 当柴油发动机或液压油泵出现故障,液压系统失去压力源的情况下,应使用手油泵将各工作装置分别收回到位。

12. 在电气化及无缝线路上作业,还应遵守无缝线路、电气化铁路的有关安全技术规定。

第三节　岗位作业标准

《大型养路机械使用管理规则》中规定,SPZ-200 型配砟整形车配备一名司机、两名副司机,但各机械化段在实际运用过程中,往往设置三个或四个岗位相互配合,共同完成道砟的分配、整形作业内容。本书详细介绍配置四个号位(一名主司机、三名副司机)作业人员的岗位作业标准。

配砟整形车的号位分布见图 9—12。1 号位在司机室左侧,负责操作作业走行速度手柄、左侧犁和中犁的左侧前后翼犁板;2 号位在司机室右侧,负责操作右侧犁和中犁的右侧前后翼犁板;3 号位在配砟整形车左侧,负责监视左侧工作装置的工作情况及地面障碍物;4 号位在配砟整形车右侧,负责监视右侧工作装置的工作情况及地面障碍物,以及清扫装置的工作情况。

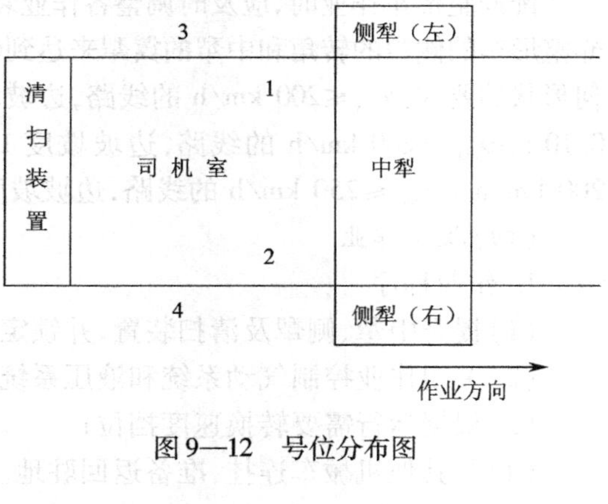

图 9—12　号位分布图

一、1 号位作业标准

(一)1 号位作业准备

1. 作业地点停车

(1)停车:配砟整形车运行到指定地,施行制动停车。

(2)操纵速度手柄:扳动高速走行速度手柄置于“0”位,并锁定主操作台的走行操作系统。

(3)调整发动机转速在 1 500 r/min。

2. 工作状态的转换

(1)换挡:将挡位开关由走行挡(高速挡换挡)转换至作业挡(低速挡),换挡指示灯亮,确认挂挡动作可靠。

(2)关闭系统卸荷阀:将作业液压系统的卸荷阀,并确认系统压力是否达到 16 MPa。

得到 2 号位关于 4 号位作业准备完毕的汇报后

(3)关闭清扫装置输送带卸荷阀:得到 2 号位和 4 号位作业准备完毕的汇报后,关闭清扫装置输送带卸荷阀。

(4)关闭清扫装置滚刷卸荷阀:得到 2 号位和 4 号位作业准备完毕的汇报后,关闭清扫装置滚刷卸荷阀。

3. 中犁的操作

(1)中犁解锁:操纵中犁升降手柄,提升中犁后,示意 3、4 号位拔出中犁装置的安全机械锁销,打开气锁销,指示灯应亮。

(2)中犁下降:放下中犁,示意 3、4 号位监视中犁,犁板离轨枕面 10 ~ 15 mm。

(3)中犁板调整:根据道砟分布情况和配砟要求,提起或放下相应的中犁闸板。

(4)中犁翼板调整:转动旋钮,操作中犁左前、左后翼板,使其达到需要的角度。如果翼板不到位,可示意 3 号位通过定位销插入不同的位置进行调整。

4. 左侧犁的操作

(1)左侧犁下降到工作位:先操作滑套的伸缩油缸,使滑套脱出挂钩,然后操作翻转油缸,翻转左侧犁至作业位。边操作边看是否需要调整左后翼犁板,避免与驾驶室擦碰。

(2)左侧犁板调整:调节左侧犁板转角,使其达到道床边坡坡度要求。

(3)前后翼犁板调整:调节左侧犁前、后翼犁板伸缩油缸,配合中犁工作,使之达到拢砟、送砟、整平砟肩等作业要求。

(二)1 号位作业

1. 作业走行

(1)调整发动机工作转速至 2 000 r/min 以上。

(2)选定走行速度:根据线路情况,在 2 ~5 km/h 之间的作业速度。

(3)走行操作:在 2 号位鸣笛后,依作业方向按下前进或后退按钮,缓解作业制动,操纵作业走行先导阀,缓缓推进,逐渐加速到所需要的作业速度。

注意:①操纵先导阀用力要平稳;

②线路两侧遇有障碍物应立即收回侧犁和有关犁板或按停车按钮;需继续作业时,需先按前进或后退按钮缓解作业制动,机器才能继续作业。

2. 1 号位配砟整形作业

(1)中犁板的调节:根据线路道砟状况调节中犁各犁板,使道砟布置合理。

(2)左侧犁的调节:根据线路道砟状况调节左侧犁的犁板,使道床边坡符和要求,并配合中犁完成配砟工作。

3. 1 号位作业结束

在结束作业之前,需要先进行顺坡作业,以免道砟堆积。

(1)停止作业

①停车:按下停车按钮,施行作业走行制动。

②操纵速度手柄:扳动作业走行速度手柄(作业走行先导阀)置于“0”位,并锁定作业操作台的走行操作系统。

③调整发动机转速:调整发动机在1 500 r/min下运转。

(2)提升中犁

①操纵中犁提升油缸,提起中犁到位后锁定气锁销,并示意3、4号位插入安全机械锁销。

②转动旋钮,回收中犁左前、左后翼板到位。

(3)回收左侧犁

①操纵左侧犁前翼犁板伸缩油缸,使前翼犁板回位。

②操作翻转油缸,把左侧犁翻上,再把滑套的伸缩油缸收回,后翼犁板转到位,最后使滑套与门架挂钩对位。

注意:回收左侧时应边操作边观察,谨防后翼犁板与驾驶室擦碰。

(4)工作状态的转换

①换挡:将挡位开关由作业挡(低速挡)转换至空挡位。

②打开系统卸荷阀:打开作业走行液压系统的卸荷阀。

③打开输送带卸荷阀:得到2号位和4号位作业完毕的汇报后,打开清扫装置输送带卸荷阀。

④打开滚刷卸荷阀:得到2号位和4号位作业完毕的汇报后,打开清扫装置滚刷卸荷阀。

(5)其他操作

①确认各锁定:接受2、3、4号位汇报,确认各锁定可靠。

②转换制动:操作小闸制动,制动缸压力应达到150~360 kPa。

③汇报:向施工负责人汇报作业结束,可以连挂。

二、2号位作业标准(主、副司机位)

(一)2号位作业准备

1. 右侧犁的操作

(1)右侧犁下降到工作位:先操作右侧犁滑套的伸缩油缸,使滑套脱出挂钩,然后翻转油缸,翻转右侧犁至作业位。

注意:边操作边看是否需要调整后翼犁板,避免与驾驶室擦碰。

(2)右侧犁板调整:调节右侧犁板转角,使其达到道床边坡坡度要求。

(3)前后翼犁板调整:调节右侧犁前、后翼犁板伸缩油缸,配合中犁工作,使之达到拢砟、送砟、整平砟肩等作业要求。

2. 中犁翼板的调整

转动中犁的前、后翼犁旋钮,使中犁的右前、右后翼板得到调整,使其达到需要的角度。如果翼板不到位,可示意四号位通过定位销插入不同的位置进行调整。

3. 汇　报

接受4号位汇报,并向1号位汇报作业准备完毕。

(二)2号位作业

1. 鸣笛:鸣笛一长声,示意1号位作业走行可以开始,并警示3、4号位及其他人员。

2. 配砟整形作业

(1)右侧犁的调节:根据线路道砟状况调节右侧犁的犁板,使道床边坡符和作业要求,并配合中犁完成配砟工作。

(2)中犁右翼犁板的调节:调节中犁右前、右后翼犁,使道砟布置合理。

3. 清扫作业

根据左右边坡的道砟多少,确定输送带的传输方向,并操作输送带运转。

4. 作业结束

在结束作业之前,需要先进行顺坡作业,以免道砟堆积。

(1)回收右侧犁:

①操纵右侧犁前翼犁板伸缩油缸,使前翼犁板回位。

②操作翻转油缸,把右侧犁翻起,再把滑套的伸缩油缸收回,后翼犁板转到位,最后使滑套与门架挂钩对位。

注意:回收右侧犁时,应边操作边观察,谨防后翼犁板与驾驶室擦碰。

(2)回收中犁翼板:转动中犁的前、后翼犁旋钮,回收中犁右前、右后翼板到位。

(3)停止输送带转动:输送带旋钮转至停止位,停止清扫装置输送带的转动。

(4)汇报:向1号位汇报收车完毕。

三、3号位作业标准(副司机)

(一)3号位作业准备

1. 中犁的操作

(1)中犁解锁:接受1号位示意后,拔出中犁装置左侧安全机械锁销。

(2)监视中犁操作:监视1号位中犁的下放,使犁板距轨枕10~15 mm。

2. 监视左侧犁操作

监视左侧犁下放,防止伤人及碰撞司机室。

3. 清扫装置的解锁

接受4号位提示,拔出清扫装置左侧安全机械锁销,并监视清扫装置的下降。

4. 汇 报

向1、2号位汇报作业准备完毕。

(二)3号位作业

1. 作业中的监视

(1)监视线路左侧的障碍物,遇有障碍物及时向1号位提示。

(2)监视中犁与轨枕面的距离。

(3)监视清扫装置滚刷与轨枕面的距离。

2. 紧急停车

遇有紧急情况,可以按配砟整形车左侧停机按钮,实行紧急停车。

3. 作业结束

(1)监视左侧犁回收:监视左侧犁的回收操作,防止伤人及与司机室相碰撞。

(2)中犁锁定:待中犁提升后,配合1号位插入中犁左侧安全机械锁。

(3)清扫装置锁定:待清扫装置提升后,配合4号位插入清扫装置左侧安全机械锁销。

(4)汇报:向1号位汇报作业完毕。

四、4号位作业标准(副司机)

(一)4号位作业准备

1. 中犁的操作

(1)中犁解锁:接受1号位示意后,拔出中犁装置右侧安全机械锁销。

(2)监视中犁操作:监视1号位中犁的下放,使犁板距轨枕10~15 mm。

2. 监视右侧犁操作:监视左侧犁下放,防止伤人及碰撞司机室。

3. 清扫装置的下放

(1)提升清扫装置:操纵手动换向阀提升清扫装置。

(2)解锁:拔出清扫装置右侧安全机械锁销,在得到3号位拔出清扫装置左侧安全机械锁销的提示后,打开清扫装置的气锁销(指示灯亮),并示意3号位已解锁。

(3)下降清扫装置:操纵手动换向阀(在驾驶室右边底座下),放下清扫装置,使滚刷降至离轨枕面10~15 mm。

4. 汇　报

向1、2号位汇报作业准备完毕。

(二)4号位作业

1. 作业中的监视

(1)监视线路上的障碍物,遇有障碍物时及时向2号位提示。

(2)监视中犁与轨枕面的距离。

(3)监视并调整清扫装置滚刷与轨枕面的距离。

2. 清扫装置的操作

(1)转动滚刷旋钮使滚刷工作。

(2)提示2号位转换输送带的旋向,根据具体情况确定向左或向右抛砟。

3. 紧急停车

遇有紧急情况,可以按配砟整形车右侧停机按钮,实行紧急停。

4. 作业结束

(1)监视右侧犁回收:监视右侧犁的回收操作,防止伤人及与司机室相碰撞。

(2)中犁锁定:待中犁提升后,配合1号位插入中犁右侧安全机械锁销。

(3)清扫装置回收:

①提升清扫装置:操纵手动换向阀提升清扫装置。

②锁定:先用气锁锁定清扫装置,再插入清扫装置右侧安全机械锁销,并示意1、3号位已完成锁定。

(4)汇报:向1、2号位汇报作业完毕。

复习思考题

1. 柴油机启动过程中的注意事项有哪些?
2. 叙述配砟整形车点动挂挡操作程序及点动挂挡注意事项。
3. 配砟整形车在运行中的注意事项有哪些?
4. 新配砟整形车使用注意事项有哪些?
5. 液压系统的压力监视压力正常值为多少?
6. 叙述中犁操作程序。
7. 叙述侧犁操作程序。
8. 叙述配砟整形车作业安全注意事项有哪些?
9. 叙述应急泵的使用方法。

第十章 机械保养

机械的保养与使用是不可分割的,保养是为了更好地使用,只有对机械进行良好的保养,才能保证机械正常使用,减少零部件磨损,防止机械损坏,延长机械使用寿命。按照《大型养路机械使用管理规则》附件4的规定,大型养路机械的保养工作分为日常检查保养、一级检查保养、二级检查保养、三级检查保养和针对性检查保养。配砟整形车具体的检查保养项目按《SPZ-200双向配砟整形车检修规则》执行。

第一节 日常检查保养

每日工作后进行一次日常检查保养,应做到"四勤",即勤清洗、勤检查、勤紧固、勤调整。

一、发 动 机

(1)按要求检查润滑油油位,磨合期(新发动机或解体检修后50 h内)应每天检查两次,正常运用中每天检查一次。当润滑油油位为油标尺下刻度时,必须立即补油。

(2)按要求检查清洗空气滤清器,并检查进气管法兰及接头处的紧固状态。

①集尘器内不允许集满一半以上的灰尘。清理时,要严格按操作规定进行。清理完毕安装时,要注意使顶盖上的凹槽和集尘器上的凸榫对准,当空气滤清器水平安装时,应注意使"上"字记号向上。

②滤筒不得频繁拆卸,其保养应根据保养指示器或指示灯的显示进行。发动机工作时,空气滤清器黄色指示灯亮。发动机排气冒黑烟或功率下降时,应按操作要求清洗或更换滤筒。滤筒保养5遍后,须更换六角螺母和安全筒。滤筒的保养次数应在安全筒上规定的标记区域内标示出来。

③安全筒的使用时间不得超过两年。安全筒不得清洗,换下的不得再用。若滤清器保养后,保养指示器马上又出现信号时,必须立刻更换安全筒。

④滤筒安装前须仔细检查,不得有任何缺陷和损伤,其粘贴的密封垫不得有裂缝或其他损坏。如果保养指示器还指示保养信号,可按下"回位"按钮,红色保养区即可消失。检查驱动发动机和制冷压缩机的三角皮带张紧状况,用手指下压皮带中间10~15 mm为正常。每周清洗一次柴油粗滤清器芯。

(3)按要求检查蓄电池电解液面高度。当液面高度小于10~15 mm时,一般加蒸馏水保持高度,如液面降低是由于溢出原因,可加入电解液。每周检查一次蓄电池电解液比重,其在全充电状态下应为1.28~1.30;在半放电状态下为1.25;在全放电状态下应为1.10~1.15,冬季当发动机长期停止运转后,应将蓄电池拆下,放在温室内保存。

二、动力传动系统及走行机构

(1)检查车钩及缓冲装置,检查制动风管有无异常。

(2)检查车轮、车轴、轴箱等有无异常。
(3)检查各传动轴有无裂纹,连接法兰、连接螺栓有无松动。
(4)检查走行油马达、分动箱等的油位,每周检查一次车轴齿轮箱的油位。
(5)检查各传动轴转动时有无异常。
(6)检查液压减振器和橡胶减振器的作用是否正常。

三、制动系统

(1)检查空气压缩机的工作是否正常、压缩空气压力显示是否正确(双针压力表的白针在0.65~0.7 MPa的范围内)。
(2)排放储风缸中的积水。
(3)检查制动闸瓦的磨损情况,闸瓦间隙应在3~10 mm。试验空气制动和液压制动。
(4)检查手制动是否有效。
(5)检查旁路制动的性能良好。

四、液压系统

(1)检查液压油箱油位。
(2)检查各油管及接头有无漏泄。
(3)检查各油泵及油马达的安装及连接有无松动、运转时有无异响。

五、操纵装置和电气、气动控制系统

(1)检查无线列调、运行监控装置和机车信号的性能是否良好。
(2)检查各仪表显示是否正常,清除仪表盘面上的灰尘。
(3)检查各指示灯的工作状态。
(4)检查各操纵手柄、旋钮及开关的位置是否正确。
(5)检查故障报警显示系统是否正常。
(6)检查作业指示灯、前后车灯及室内照明灯是否良好。
(7)检查各照明开关的作用及状态,尤其要注意检查制动信号灯。
(8)检查气动系统压力是否正常,各管路、气缸等有无漏泄,检查气锁、雨刷等装置的状况。
(9)检查气动回路给油器的油位。

六、车体及其他部分

(1)擦拭车体及外部各部件。
(2)检查各工作装置的锁定机构、保险绳、保险销是否可靠。
(3)检查车下各装置的紧固、锁定状态。
(4)检查各连接部件及紧固螺栓有无松动。
(5)按有关规定和要求向润滑部位加注润滑油。

七、配砟整形车工作装置

(1)检查犁板有无变形和裂纹。

(2)检查犁板铰接销轴,向铰接及滑动部位加注适量润滑油。

(3)检查各犁板、清扫装置连接油缸等有无异常。

(4)检查清扫刷及石砟输送带的工作是否正常。

第二节 一级检查保养

发动机每工作100 h和200 h进行一次一级检查保养,其他工作装置每工作50 h进行一次。一级检查保养时,需先完成日常检查保养工作。

一、发动机

1. 发动机每工作100 h的检查保养

(1)取样化验发动机机油。若需更换机油,必须在热机状态下进行。放油时,待全部机油流出后再将放油塞拧紧。加注新机油时必须保证加油口及新机油的清洁,必要时可采取有效的过滤清洗措施。当油面至油尺上部的刻度时,停止加油。加油后,发动机经短时间运转应再次检查油面。

(2)按操作要求清洗燃油滤清器的滤芯和滤体,装配时要注意滤体和密封圈的正确状态。

(3)清洗发动机机油、液压油散热器的外表面(若施工环境灰尘较多,应经常清洗),特别应注意风冷发动机散热片、气缸盖垂直散热片间通道的通畅和清洁。检查进气管上的橡胶管及气缸盖上的排气管的密封状态是否良好。清洗的方法可根据现场情况采用金属丝刷、压缩空气吹洗、蒸气喷嘴吹洗、用柴油或洗涤剂清洗等方法。采用吹洗方法时,应从排气侧开始。采用柴油或洗涤剂时,应经足够的浸润时间后,再用高压水冲洗,并迅速启动发动机,使残留的水分蒸发,以防零部件表面生锈。清洗时;要注意遮盖保护高压油泵、发电机、启动马达、调节器等,严防水或污物进入。如洗涤剂为易燃物质,要注意不得使其与发动机排气管总成已有的绝缘材料接触,以免当发动机运转时产生燃烧事故。

(4)检查发动机紧急停车装置的作用是否灵活可靠。

2. 发动机每工作200 h的检查保养

(1)完成发动机每工作100 h的检查保养的内容。

(2)按操作要求更换机油滤清器。

(3)按操作要求清洗冷却风扇液力偶合器的机油滤清罩(离心式机油精滤清器)。

注意:记住O形密封圈的位置,切忌损伤O形密封圈;损伤的密封圈应更好。

(4)检查并拧紧发动机上的各紧固螺栓。

二、动力传动系统

(1)按操作要求检查各齿轮箱的油位,润滑油不足时按规定补油。

(2)向各传动轴的万向接头加注润滑油脂。

(3)检查车轴齿轮箱的轴端盖的密封状态是否良好。

(4)检查车轴齿轮箱的油位,不足时按要求补油。

(5)检查传动皮带的张紧度是否合适。

三、液压系统

(1)按要求检查液压油箱的油位,补油时必须使用精密滤油机。
(2)检查各种软管、接头有无泄漏现象。
(3)检查吸油滤清器及回油滤清器的指示表针是否在正确的位置。
(4)检查各种压力阀、方向阀的安装及连接是否牢固,清除阀体表面的油污。
(5)检查各油泵、油马达的工作状态。
(6)按规定取样化验液压油的污染程度及进行铁谱分析。

四、电气控制系统

(1)清除各电气箱内的灰尘。
(2)检查各线路板的插装是否可靠。
(3)检查各继电器、接触器的安装是否牢固。
(4)检查各接线端子板上线头的连接是否可靠。
(5)保养各限位开关。
(6)保养各闸刀开关。
(7)检查蓄电池电解液的比重,保养蓄电池各接线端子。
(8)检查各指示灯的显示是否正确。
(9)检查各照明灯、信号灯。

五、车体及其他部件

(1)彻底清洁车体及司机室内外。
(2)检查清洁空调及取暖器。
(3)检查雨刷装置;检查喇叭的工作状态。
(4)检查各焊接部位,连接部位状态是否良好。

六、配砟整形车工作装置

(1)向中心犁轴、砟肩犁调整油缸销子处加注润滑油。
(2)向侧犁销子和销套加注润滑油。
(3)按要求给清扫装置的轴承、输送带轴承加注润滑油脂。
(4)向清扫装置升降导向柱加润滑油。
(5)检查输送带的状况及链条传动机构各部分动作是否正常。

第三节　二级检查保养

发动机每工作 300 h 和 600 h 进行一次,其他工作装置每工作 200 h 进行一次。二级检查保养时需先完成一级检查保养工作。

一、发 动 机

1. 发动机每工作300 h的检查保养

在冷机状态下,用厚度为0.2~0.3 mm的塞尺检查气门间隙,不符合要求的要进行调整。若外界工作环境灰尘较大时,其检查周期应缩短为200 h。

2. 发动机每工作600 h的检查保养

(1)检查气缸盖温度报警器的状态,并拆下进行动作值的测试。其测试方法为:将温度传感器(用于温度表的指示)和温度报警开关(用于温度报警灯)拆下后浸入170℃~175℃的热油内,这时温度表的指针应指向红色区域,报警灯应发亮。

(2)检查直流发电机的状态。

(3)检查进、排气总管的紧固情况。

(4)检查进、排气管与气缸盖的连接密封状态,必要时应进一步紧固连接螺栓。

二、动力传动系统

(1)化验车轴齿轮箱的润滑油。

(2)向各种连接杆件的铰接处加注润滑油。

(3)向手制动齿轮箱加注润滑油。

(4)向液压油缸、气缸的安装和连接铰接处加注润滑油。

三、液压系统

(1)检查液压蓄能器的氮气压力,不足时补充氮气。

(2)更换伺服油路的滤清器滤芯。

(3)检查调整各液压回路的压力。

(4)检查各电磁换向阀、电液换向阀的动作状况,必要时按要求进行部分解体清洗。

(5)检查各液压油缸的密封状况。

四、电气控制系统

(1)清除各限位开关上的油污,检查各限位开关的动作是否正确,必要时按操作要求进行调整。

(2)用酒精清洗各继电器的触脚。

五、车体及其他部件

(1)检查车钩、缓冲器和风管。

(2)紧固各部螺栓。

(3)检查随车工具及应急救援器材。

六、配砟整形车工作装置

(1)检查各犁板的磨损情况,对磨损超限的部位进行修复。

(2)检查清扫刷,更换磨损超限的胶棒。

(3)检查各锁定机构是否可靠。

第四节 三级检查保养

发动机每工作 1 200 h 和 2 400 h 进行一次,其他工作装置每工作 400 h 进行一次。三级检查保养时需先完成二级检查保养工作。

一、发 动 机

1. 发动机每工作 1 200 h 的检查保养

(1)更换柴油滤筒。若使用中出现发动机功率下降的情况,应检查柴油滤芯是否堵塞。更换滤筒应严格注意按操作要求进行。新滤筒装好后,应将放气螺塞松开 2 ~3 圈,并用手动输油泵泵油,直至放气螺塞处外溢柴油无泡沫时,方可拧紧放气螺塞。

(2)检查进、排气管道的紧固和密封状态是否符合要求。带有涡轮增压器的发动机,对其增压空气管道、排气管道以及增压器的机油管道也应进行紧固和密封状态的检查。

(3)按操作要求检查火焰加热塞的功能及其燃油的供给情况。检查火焰加热塞的功能时,预热约达 1 min,其加热指示灯必须发亮。当火焰加热塞的功能良好时,在发动机启动过程中,触摸火焰加热塞附近的进气管应是热的。

(4)检查发电机:

①发动机运转时,蓄电池、发电机和调节器之间的连接线不许断开。当没有蓄电池而发动机又确实必须启动和运转时,需按要求外接直流电源启动。启动前,必须将发电机与调节器开关之间的导线断开。

②蓄电池的接线不得接错。

③充电指示灯损坏或发生其他故障时,应立即更换或处理好。

④清洗发动机时,应对发电机和调节器加以遮盖。

⑤绝对禁止和交流发电机连接的导线与地相碰。

⑥检查启动电机。

⑦按要求清洗废气涡轮增压器(仅限于增压发动机)。

2. 发动机每工作 2 400 h 的检查保养

(1)完成发动机每工作 1 200 h 的各项检查保养工作。

(2)按操作要求更换曲轴箱通气阀的阀芯。

(3)拆下喷油嘴并在喷油嘴检验仪上进行检查。检查时,喷油嘴检验仪应按发动机的要求调到正确的工作压力。

(4)对带有涡轮增压器的发动机,清洗增压器脏污,可以按操作要求拆下增压器,在柴油或无腐蚀性的洗涤液中清洗增压器外壳和叶轮。重新安装后,应仔细检查各相关部分的紧固情况。

二、动力传动及走行系统

(1)化验各齿轮箱的润滑油,润滑油质量指标不符合要求的要进行更换,必要时清洗齿轮箱内部。

(2)对各传动轴进行探伤检查。

(3)更换车轴轴承箱的润滑油脂,检查轴承有无损伤,必要时进行探伤。

(4)对车轴进行超声波探伤检查。

(5)对液压减振器和橡胶弹簧进行性能试验。

(6)检查车轮踏面有无超限擦伤和磨损,同轴的两轮踏面直径差不得超过 1 mm,同一转向架上的车轮踏面直径差不得超过 2 mm,必要时须旋修车轮。

(7)对空气制动系统按检修规范进行检修。

三、液压系统

(1)放出液压油箱内的油,取样化验液压油的污染程度和理化性能指标,更换不符合要求的液压油。

(2)彻底清洗液压油箱。

(3)清洗回油滤清器。

(4)清洗或更换吸油滤清器。

(5)用专用的油路清洗设备清洗闭式回路。

(6)更换动作不良的压力阀和方向阀。

(7)对液压油缸进行耐压密封试验,更换失效的密封件。

(8)更换磨损严重和有泄漏现象的液压软管、钢管及管接头。

(9)按操作要求对油泵进行流量、压力的测量。

四、电气控制系统

(1)按要求全面调整线路板的电气参数。

(2)更换绝缘不良的导线。

(3)更换或修理性能不良的线路板。

(4)更换损坏的照明及指示灯。

(5)全面检查和调整电气控制系统的主要参数。

(6)对蓄电池进行修整和充电。

五、车体及其他部件

(1)整修外观、焊修开焊处所。

(2)根据情况对车体、司机室等进行油漆处理。

六、配砟整形车工作装置

焊修或更换磨损的犁板。

第五节　针对性检查保养

一、临时停放

(1)每周进行一次全面的日常检查保养工作。

(2)启动发动机并运转 15 ~ 20 min,检查发动机、各发电机、液压系统、电器系统工作性能。

(3)在作业工况状态下,使各工作装置在空载状态下运转,直至各摩擦零件表面保持有一定的油膜为止。

二、工地转移

1. 工地转移前的检查保养

(1)机组人员应对动力传动及制动系统按一级检查保养所规定的项目进行一次检查保养。

(2)检查闸瓦状态,并按要求调整闸瓦间隙。

(3)进行单车制动试风和连挂车制动试风。

(4)对各工作装置的锁定机构进行加固。

2. 工地转移后的检查保养

(1)解除各工作装置锁定机构的加固设施。

(2)按临时停放要求进行一次检查保养。

三、长期封存

对长期封存的机械,需由机组留守人员每月进行一次检查保养,其工作内容同于机械临时停放时的检查保养。

四、磨 合 期

(1)启动发动机,怠速运转不少于 10 min,待机体温度上升后,带负荷运转。所带负荷不得超过额定负荷的 75% ~80% ,最高自行速度不得超过 60 km/h。

(2)应经常检查各连接部分的松紧程度是否符合要求,传动部件的润滑状态及运转是否正常。

(3)新发动机或大修后的发动机,工作 50 h 后必须更换机油,在更换机油的同时应进行下列检查保养工作:

①更换机油滤筒;

②检查空气滤清器的橡胶管和卡箍是否连接紧密;

③再次拧紧机油的放油螺塞和发动机支架固定螺栓。

复习思考题

1. 配砟整形车动力传动系统及走行机构日常检查保养内容有哪些?
2. 配砟整形车制动系统日常检查保养内容有哪些?
3. 配砟整形车工作装置日常检查保养内容有哪些?
4. 配砟整形车针对性保养有哪些?

第十一章　SPZ-200 配砟整形车调试

SPZ-200 配砟整形车的调试工作是在机器整机的机械、液压、电气系统安装完成,并且各齿轮油、柴油机油、各部分润滑油都按技术资料要求加上,才可以进行。配砟整形车的调试工作是出厂时已经做过的工作。对于使用单位来说,如果配砟整形车某部分出了问题,在检修工作完成后,可以参考出厂调试,对其中的控制部分进行调试,使 SPZ-200 配砟整形车恢复其工作性能。

第一节　整 机 调 试

一、调试前的准备工作

(1)准备一套电工工具,一块万用表。

(2)准备一套电器原理图及布线图。

(3)将全车所有电气控制箱的保险拔起。

(4)检查电瓶串联是否正确,地线接车体应紧固。

(5)测量主开关(1a1),不应对地短接。

(6)将电瓶正极与主开关(1a1)连接牢固后,将电瓶注液口的盖子打开,接上充电器。

二、柴油机控制部分调试

首先合上主开关 1a1,插入柴油机带锁开关 5b9 的钥匙。

1. 启动部分调试

(1)按下保险:13e3、5e1。

(2)将启动开关 5b8 拉至启动位并保持,测量 206b 应为 +24V。

条件:作业电源置关断,走行挂挡在中位。

2. 预热部分调试

(1)按下保险:13e4。

(2)将启动开关 5b8 拉至预热位并保持,观察 B13 箱热继电器 13r2 应迅速升温至发红。同时,预热电阻 R 发热,直至预热灯亮 5h20。

3. 停机部分调试

(1)按下保险:5e2。

(2)将启动开关 5b8 拉至预热位后,测端子“313”无 +24 V。端子“313a”有 +24 V。按下停机开关 5b29 后,端子“313”有 +24 V,端子“313a”无 +24 V。

其他停机开关 1b20、1b21、1b22、1b23、1b24、2b25 的调试方法同上。

特别注意:待报警系统调试完毕,才可以启动发动机。

三、报警系统部分调试

报警系统部分调试前,按下保险:5e3、5e4。

1. 蜂鸣器报警调试

(1)启动开关5b8只拉至预热位,5h10亮。将5b20转至蜂鸣器位,蜂鸣器应响。按下任意停机开关,蜂鸣器停止鸣响或5h10熄灭。

(2)启动开关5b8拉至启动位启动柴油机后,总风压力开关1b21在总风缸风压大于4 bar后,蜂鸣器鸣响报警起作用。

2. 仪表部分调试

(1)柴油机工作计时器5g3:柴油机启动后应计时。

(2)柴油机转速表5g4:随风油门改变而改变。

(3)柴油机温度表5g5:始终保持在绿区范围。

(4)柴油机油压表5g6:启动后在4~10 bar之间。

(5)柴油油量表5g2:随油量多少而变化。

(6)里程表5g1:随行驶速度和里程而改变。

3. 报警显示灯调试

(1)柴油机油压开关1b73:启动后应断开,5h1灭。

(2)柴油机温度开关1b72:未到报警温度130 ℃左右,5h2灭。

(3)柴油机滤清器开关1b110,1b111:对地短接后,5h5亮,常态下为断开。

(4)柴油机发电机工作指示:启动后5h4应灭。

(5)液压油箱温度开关1b108:对地短接后,5h3亮,常态下为断开。

(6)附:在风压大于4 bar后,以上任意一路信号接地时,蜂鸣器都鸣响报警。

4. 监视系统部分

(1)前、后齿轮箱高速挂挡调试

①挂上挡时:前5h11、后5h15,红色灯亮。

②脱开挡时:前5h12、后5h16,绿色灯亮。

(2)前、后齿轮箱低速挂挡调试

①挂上挡时:前5h13、后5h17,红色灯亮。

②脱开挡时:前5h14、后5h18,绿色灯亮。

(3)清扫锁定调试

清扫处于锁定状态时,5h6灯熄灭,反之为亮。

(4)中犁锁定调试

中犁处于锁定状态时,5h7灯熄灭,反之为亮。

(5)1号、2号走行泵及回油滤清器指示调试

说明:滤清器发生堵塞时,对应的监视灯亮,反之不亮。

调试时可用对地短接的方法来测试1号、2号走行泵及回油滤清器指示电路:1号走行泵为5h9;2号走行泵为5h10;回油滤清器为5h8。

(6)总锁定灯5h19调试

只要清扫锁定和中犁锁定任意一个未锁定 5h19 均亮。

5. 走行系统部分调试

走行系统部分调试前,按下保险 5e14 和 5e15。

(1)高速挂、脱挡调试

①挂挡:5b34 置右位,挂挡电磁阀 1S6 得电(即 G20 有 +24 V)导通。

②脱挡:5b34 置脱挡(中位),脱挡电磁阀 1S5 导通(即 G21 有 +24 V)。

(2)低速挂、脱挡调试

低速挂、脱挡调试前,首先必须打开作业主电源开关。

①挂挡:5b34 置左位,挂挡电磁阀 1S3 得电导通(即 G22 有 +24 V)。同时,高/低速转换阀 1S2 得电(即 G30 有 +24 V),低速制动阀 1S1 得电(即 G31 有 +24 V)。

②脱挡:5b34 置中位,脱挡电磁阀 1S4 导通(即 G23 有 +24 V)。同时,高/低速转换阀 1S2 失电,低速制动阀 1S1 失电。

(3)高、低速走行方向控制调试

必须保证总风压力大于 4 bar,即 A45 对地断开。

①向前走行控制调试:按下向前开关 5b33 或 2b7 或 2b8,向前阀 1S7 导通。同时,开关内置灯亮。停车按钮 5b24、2b11、2b12 后内置灯灭,低速制动阀 1S1 失电。

②向后走行控制调试:按下向后按钮 5b25 或 2b9 或 2b10,向后阀 1S8 导通。同时,以上按钮内置灯亮。停车按钮 5b24、2b11、2b12 后内置灯灭,低速制动阀 1S1 失电。

(4)高、低速走行控制调试

①高速走行调试:高速走行调试时,必须无 G47 封锁信号,同时,制动压力小于 0.8 bar(1b106),先导压力大于 4 ~6 bar(1b104)1S9 导通。

②低速走行调试:制动压力小于 0.8 bar(1b106),先导压力大于 4 ~6 bar(1b104),1S9 得电导通(即 G28 有 +24 V)。

6. 作业控制部分高速走行调试

作业控制部分高速走行调试前,按下保险 13e8、13e9、5e13,并且紧急停机按钮 5b30 未按下。

①打开作业主电源开关 5b21,内置灯应亮。“2”号端子有 +24 V。

②将 B2 操作控制箱上的作业控制开关分别打开,则对应的电磁阀应得电。

③油冷却控制调试:温控开关 1b310 达到 40 ℃及以上时,温控阀 1S598 导通。

④输送带压力控制调试:若打开空调或清扫解锁均可使输送带压力电磁阀 1S30 得电导通。

⑤其余部分按图对应调试。

7. 空调控制部分调试

空调控制部分调试前,按下保险 42e2、42e1 及 13e6。

将空调机上开关接通,等待 1.5 min 左右,42h1 控制灯亮;关闭开关,42h1 灯灭。同时,输送带压力电磁阀 1S30 得电。

8. 暖风机控制部分调试

暖风控制部分调试前,按下保险 13e9、21e1、21e2。

(1)暖风风扇调试

将 21b1 置左位,21h2 绿灯亮,且听到风扇高速转动声。21b1 置中位,21h2 绿灯灭,风扇停止转动。

(2)暖风加热调试

首先须用人工方法泵柴油(H7 对电源间断接通)至加热器入口溢油止。

将 21b1 置右位,21h1 红灯亮,稍后 21h2 绿灯半亮,风扇半速转动,并伴随滴哒、滴哒的脉动声约 1 min 左右后,风扇全速转动,开始加热。

9. 作业照明部分调试

作业照明部分调试前,按下保险 13e7、13e8、5e5。

打开 5b6 开关,前作业灯 1h20、1h21、中犁作业灯 1h22、1h23、柴油机房照明 1h24、1h25、后作业灯 1h26、1h27、清扫作业灯 1h28、1h29 应亮。5b6 关闭,则以上作业灯熄灭。

10. 辅助电器部分调试

辅助电器部分调试前,按下保险 5e6、5e7、5e8、5e9、5e10、5e11、5e12。

(1)前、后大灯和标志灯调试

将 5b1 置于进或远位置均可。

①前大灯:按下 5b12、5b13,则对应的前左、右大灯亮。

②后大灯:按下 5b19、5b18,则对应的后左、右大灯亮。

③前标志灯:按下 5b15、5b14,则对应的前左、右标志灯亮。

④后标志灯:按下 5b16、5b17,则对应的后左、右标志灯亮。

(2)前、后制动灯调试

①向后走行信号 G25。

②向前走行信号 G33。

③制动压力开关 1b59。

当有制动时,若配砟整形车选择向前走行(即向前走行信号 G33 有效时),则后制动灯 1h48、1h49 亮;若车向后走(即向后走行信号 G25 有效时),则前制动灯 1h50、1h51 亮。

(3)电动雨刮器电路调试

打开电动雨刮器 5b5 开关,同时将门关闭,则雨刮器 1m35 应刮动。

(4)风扇、警灯、电喇叭、司机室照明调试

打开 5b50,则风扇 5m20、1m19 转动;打开 5b27,则警灯 1h7 亮;依次按下所有喇叭开关,喇叭 1h16 均响。打开 5b4 则司机室照明 1h17、1h18 灯亮。

(5)大闸电空阀调试

当大闸处于“保压”位或“制动”位时,电空阀 1S18 得电。

11. 电气系统调试后的检查工作

检查各电气控制箱内,应做到整洁,布线、线槽板规范。各种对接的开关、插头、插座对接应牢固。控制箱面板上的各种仪器、开关、指示灯等,应牢固的牢固。

最后,将打开的各电气控制箱台上,并清洁干净。

第二节　液压系统调试

一、液压系统静态调试

液压系统静态调试前,须检查液压系统的所有管路及各种控制阀均安装正确、可靠,加液

压油。

(1)重点检查闭式走行循环系统的走行泵吸油管,两走行先导阀上的油管,走行离合器挂脱油缸的油管。

(2)将左、右两侧犁的伸缩油缸的大、小腔油管拧下,用吊机小心地将侧犁吊起,放至地面,操作时注意侧犁不能碰到驾驶室,然后将拧下的油管恢复。

(3)调试前确认:分动箱、前后车轴齿轮箱、液压油箱加入 N68 抗磨液压油。A4V 泵、A6V 马达壳体内应充满液压油。

(4)置所有控制开关和操纵杆于零位,拧紧手制动。

(5)检测畜能器充氮压 6.5 MPa。

(6)调整溢流阀:

①拧紧作业系统 16 MPa 溢流阀。

②拧松作业系统 18 MPa 的安全溢流阀。

③拧松双联泵的两个 16 MPa 的溢流阀。

④拧紧中犁翼犁回路的 16 MPa 卸荷阀。

(7)拧开空调马达、滚刷马达和输送带马达的进油管并用堵头堵紧。

二、作业系统调试

(1)确定柴油机状态正常(电控及报警机油油位等正确)。

(2)柴油机的点启动,应点动数次柴油机,使液压系统回路充满液压油,检查各管路及阀等均不得有漏油现象。

(3)发动柴油机在 800 ~ 1 000 r/min 怠速运转,不少于 15 min,观查各监视仪表值均正常,走行补油泵油压为 16 MPa,待运转正常后将发动机转速升至 2 300 r/min。

①作业压力调整:发动机转速为 2 300 r/min,置作业主开关 5b21 工作位,缓慢旋紧作业系统 18 MPa 安全阀调压手柄,观查作业液压压力表,直至表值升至 18 MPa 时停止旋紧调压手柄,拧紧锁定手柄螺母。缓缓拧松作业系统 16 MPa 溢流阀调压手柄。观查作业液压压力表,当压力降至 16 MPa 时,拧紧手柄的锁定螺母。

拧动任一中犁侧翼板控制旋钮(左前翼 2b1. 右前翼 2b2. 左后翼 2b3. 右兵后翼 2b4)使侧翼板油缸杆伸(或缩)至极限并保持,(即不要松开旋钮)同时缓缓拧紧 16 MPa 卸荷阀调压手柄,此时观查该回路压力表,压力值以原 16 MPa 刚一上升,停止拧动调压手柄,拧紧手柄锁定螺母。

②滚刷的压力调整:搬动清扫装置升降操纵杆,使装置升至极限,拨出机械销,打开气锁,主操作台清扫锁定红灯指示 5h6 亮,置滚刷工作旋钮 2b5 于工作位,缓慢拧紧滚刷 16 MPa 溢流阀的调压手柄,观查滚刷压力表值,当升至 16 MPa 时停止拧动调压手柄,拧紧手柄锁定螺母。

③输送带的压力调整:拧动输送带工作旋钮 2b6 至左(或右)旋位,缓慢拧紧输送带驱动 16 MPa 溢流阀调压手柄,观查输送带压力表值,当升至 16 MPa 时停止拧动调压手柄,拧紧手柄锁定螺母。(1) ~ (3)条压力调试完毕后,开关 2b6、2b5、5b21 回零,然后停机卸压,恢复拧下的油管的安装。

(4)工作装置调试:在以下的调试中,主要调试工作装置动作正确到位,运转平稳。若有动作不正确的,则调换电磁阀电线插座或开关接线或停机卸压后调换油管,使工作装置动作正确,若有运转不当的,则适当调整工作装置使之运转正常。

①左、右侧犁调试。发动柴油机怠速运转,暖机后将转速升至1 500 r/min以上,置作业主开关5b21于工作位,建立作业压力。分别搬动侧犁的伸缩、转角、翻转、前翼转角后翼转角操纵杆(向前推为放,向后拉为收,动作应正确)。

a. 反复搬动侧犁的前、后翼转角操纵杆,调整转角油缸,小腔进油管上的单向节流阀,使油缸活塞回收平稳均匀。

b. 反复搬动侧犁的翻转杆,调节整翻转油缸小腔出油管上的单向节流阀,使侧犁翻转下降平稳均匀。

c. 调整完毕后将左、右两侧犁回收锁定,注意后翼不能碰到驾驶室。

②中犁调试:

a. 回拉中犁升降操纵杆使中犁升至极限位,拔掉左、右两端的机械锁,打开气锁,主操作台中犁锁定指示红灯5h7亮。

b. 搬动中犁升降、左前板升降、左后板升降,右前板升降、右后板升降操纵杆。(向前推为降,向后拉为升)。拧动中犁左前翼犁旋钮2b1、右前翼2b2、左后翼犁2b3、右后翼犁2b4,(向外拧为开,向内拧为收)动作应正确。

c. 反复搬动中犁升降操纵杆,调整中犁升降落油缸小腔出油管上的单向节流阀,使中犁下降平稳均匀。

d. 完成以上工作后,将中犁各工作装置回收至锁定位,插入机械锁,关闭中犁锁定气锁,锁定指示红灯5h7熄灭。

③清扫装置调试:

a. 搬动清扫装置升降操纵杆,使清扫装置升至极限,拔掉左、右两端机械锁,打开清扫装置气锁,主操作台清扫装置锁定红灯指示5h6亮。检查升降动作应正确,反复搬动清扫装置升降操纵杆(清扫装置下降最低位应离轨枕10~15 mm),调整升降油缸小腔出油管上的单向节流阀,使清扫装置下降平稳均匀,无爬行现象。

b. 滚刷调试:拧动滚刷工作开关2b5,滚刷开始反时针旋转(右视),观查空载驱动压力应不大于7 MPa。调节滚刷左、右两端的调节螺栓,将滚刷调到合适的位置,使滚刷与枕面平行,而且传动链张紧适度,无异响。

c. 输送带的调试:

在a、b的基础上拧动输送带方向选择旋钮2b6至左旋位(或右旋位,输送带应左旋(或右旋),输送带的空载驱动压力应不大于7 MPa。调节滚筒两端的调节螺栓,输送带张度适宜且,双向旋转均不跑偏。

d. 清扫装置调试完毕后,按与调试相反的程序,关闭2b6、2b5、提升并锁定清扫装置,锁定指示红灯5h6熄灭。关闭主作业电源5h21,停机熄火。

(5)手油泵的调试:发动柴油机,打开作业主电源旋钮5b21将两侧犁,中犁及清扫装置降至作业位。停机熄火卸压,旋开手油泵的进油截止阀,使油箱的油流入手油泵,搬动手油泵泵油杆,收回各工作装置于锁定位,应能在规定的时间内完成。

调试完毕后锁定各工作装置,关闭5b21,停机熄火,关闭总电源。

三、走行系统调试

本机械走行系统为全液压闭式循环驱动系统。走行泵的切断压力阀调定压力为25 MPa,工作回路溢流阀压力为28 MPa,补油泵溢流阀调定压力为2.8 MPa,走行系统冲洗阀调定压力为2.7 MPa。若以上压力已调好,一般不用再做调整。

1. 高速运行调试

(1)检查各工作装置均已回收到锁定位并均已锁定,各锁定报警灯及总锁定指示红灯5h19均熄灭。检查基础制动和手制动均状态良好,旋紧手制动。各开关及控制操纵杆置零位。

(2)发动柴油机怠速运转,暖机后将柴油机升至1 500 r/min待风压超过400~500 kPa以上时,缓解手制动。检测大、小闸制动和缓解及保压均正常。先按停车按钮5b24,然后按前进按钮5b33(或后退按钮5b25)选择走行方向。置高低速挂挡旋钮5b34于左端高速挡,此时齿轮箱高速挂挡齿轮已啮合,高速挂挡红灯指示5h11,5h15亮,脱挡绿灯指示5h12,5h16灭(若未挂上挡或只挂上某一轮对轴的挡,可缓解制动,缓缓推动高速走行先导阀使机械走行挂挡,若正向走行未挂上,可反向走行,挂上挡后立即施加制动)。

(3)再次选择走行方向,缓解气制动。缓缓推动高速走行先导阀机械启动并加速。当液压走行系统压力升至28 MPa时,停止推动先导阀,压力下跌至25 MPa以下,待车速稳定,走行压力趋稳时,再推动先导阀加速。这样反复调整直至达到最高速度80 km/h,运行时禁止将先导阀快速推动或搬回,以防止不必要的液压冲击。

(4)减速制动调试:减速时可慢慢搬回走行先导阀操纵杆(必要时给予制动)。要停车时,将先导阀缓缓回至零位,机械失去走行液动力,然后再给予制动(若需紧急制动停车,可直接给制动,再将先导阀回零)机械停稳后,按停车按钮5b24。

(5)脱挡调试:待车停稳后,将高低速挂挡旋钮5b34置中位,高速挡脱挡,此时机械处于空挡位。高速挡脱挡绿灯指示5h12、5h16亮,低速挡脱挡指示绿灯5h14、5h18亮。

2. 作业走行调试

(1)将作业电源主开关5h21置工作位,将大、小闸置运转位。按停车按钮5b24(或作业操作台上的停车按钮2b11、2b12)即产生作业气制动,将高低速挂挡开关5b34置右位低速挡。若前、后走行箱低速挡已挂好,则低速挂挡红灯指示5h13、5h17亮。脱挡指示绿灯5h14、5h18灭。选择走行方向按前进按钮2b7(或2b8)或后退按钮2b9(或2b10),此时作业气制动缓解。缓缓推动作业走行先导阀,车开始启动,最高速度为10 km/h。

(2)停车时按2b11或2b12即产生气制动。将挂挡开关5b34置空挡位,高速脱挡指示绿灯5h12、6h16亮,低速脱挡指示绿灯5h14、5h18亮,此时车处于空挡位。将手制动旋紧,主作业电源5b21关闭,停机熄火。

第三节　制动及风路系统调试

一、调试前的准备工作

(1)从主风缸上,接好外接风源,把通往分配阀和中继阀的截断塞门关闭,等总风进入系统后，把列车管塞门、主风缸排水塞门打开，使系统内部的污物随风排出。这样的工作在调试前期应进行2～3次，可保证在下步的调试工作中各阀能得以正常工作。

（2）开通分配阀、中继阀塞门，关闭列车管两头的折角塞门，检查管系内是否有大漏风的地方，如有应处理好。

（3）把大闸转换拨杆置于空气位，小闸置于“电控位”。检查大、小闸表针是否按要求升降。

（4）检查中犁、清扫装置、锁紧气缸推拉式换向阀是否灵活、准确。

二、管路系统（机器能发动时）的检查

1. 风源管系和总风管系的泄漏检查

把通往分配阀、中继阀、列车管的截断塞门关闭，使风的走向只能在总风管路内停留，查找漏风的地方。车发动后，把总风压力在压力调节器上调至700 kPa，去掉外接风源，顺着空气压缩机出风管进行检查。总风压力达到700 kPa后停机。总风压力降3 min内超过20 kPa，说明有泄漏，这时用泡好的肥皂水顺着风源接头、焊缝进行检查。

2. 列车管系泄漏检查

开通中继阀主风管的截断塞门，关闭列车管两端头的折角塞门，制动机电控阀正确的接通电源，使其处于工作状态，然后把列车管、均衡管的压力通过调压阀调整至500 kPa，把大闸置于缓解位，1 min后推到保压位，检查列车管压力表指针是否保压，列车管压力不许有下降。

3. 均衡风缸管系泄漏检查

把大闸推至缓解位1 min后回到运转位，观察均衡风缸压力表指针（红针）不得有压力下降。

4. 制动缸和单缓管管系泄漏检查

大闸置于缓解位1 min后推到制动位，使制动缸压力尽量高，但不超过450 kPa，然后回到保压位，观察制动缸压力表指针保压情况。若有下降，应检查制动缸和单缓管路各接头、焊缝部位，然后消除。

5. 作用管系泄漏检查

把小闸推至制动位，使制动缸压力达到标准值此360 kPa，1 min后推回到保压位，此时检查制动缸压力表针是否保压，如果表针有下掉说明管系内泄漏应检查消除。

三、制动系统调试

1. 总风压力的调试

（1）充风后查看总风压力表表针（红针）是否达到标准值，如果有误则把“压力调节器”锁紧螺母松开，调整压力调节器至标准值700 kPa，调好后把锁紧螺母拧紧。

（2）当总风压力调至700 kPa后，检查“压力控制器”是否能在总风超过700 kPa时，通过消音器排入大气。当总风压力下降到600 kPa时压力控制器关闭，切断总风至大气通路。经过对压力控制器调整后，可使总风压力产生高低变化，达到安全要求。

2. 均衡风缸和列车管的压力调试

均衡风缸和列车管压力均为500 kPa。调试时把大闸调压阀调压手柄紧固螺钉松开（顺时

针方向压力升高,反之压力下降。),调整调压手柄,压力升至500 kPa时,紧固螺钉既可。

3. 单独制动缸压力设定为360 kPa,调试时,先把小闸推至制动位,松开总风缸的压力调压阀手柄锁紧螺钉,调整调压阀手柄,使制动缸压力表针达到360 kPa,然后紧调压阀锁紧螺钉。

4. 紧急制动制动缸压力调试

在调试前期先检查制动机电器部分是否接正确。方法是把大闸移至缓解位,使均衡风缸压力和列车管压力充至500 kPa达1 min后回到运转位,然后拉车长阀,总风缸压力不进入列车管,说明是紧急放风阀电路正确。若达不到要求,调整双室风缸上的安全阀调压螺母。调整方法:把安全帽松开,旋动调压螺母,旋紧为压力升高,反之则压力下降。调整时,直至制动缸压力达到要求为止。然后紧锁紧螺母,拧紧安全帽。

5. 制动机性能试验检查

在制动机性能调试完成后,要进行制动机性能检查,见表11—1。

表11—1 SPZ-200配砟整形车制动机性能检查表

检查与试验内容	检查方法
总风系统泄漏检查	总风压力达700 kPa后,柴油机停机检查总风缸压力降,3 min不超过20 kPa。
列车管系泄漏检查	← 大闸手柄移至缓解位,1min后移至中立位,观察均衡风缸和列车管的压力表,要求均衡风缸和列车管的压力降每分钟不超过50 kPa ↑ 大闸手柄从缓解位移至制动位,列车管减压100 kPa之后,手柄移至中立位,检查分配阀,其排气口不泄漏,每分钟列车管压力降不超过10 kPa
小闸制动缓解性能	小闸手柄从运转们移至制动位观察制动压力表,并测量制动缸升压时间。制动缸压力360 kPa,自0升至360 kPa的时间不超过4 s
大闸制动缓解性能	← 均衡风缸排空,大闸手柄移至缓解位,测定均衡风缸升压时间:由0升至480 kPa的时间为5~7 s ↑ 大闸手柄移至制动位,列车管减压140 kPa后,手柄移至中立位,均衡风缸排风时间5~7 s,制动缸压力升至最高压力时间为:6~8 s → 大闸手柄由中立位移至缓解位测定制动缸的缓解时间,由最高值缓至35 kPa的时间为5~7 s 大闸手柄在缓解位,列车管充满风后,拉车长阀,然后将手柄移至制动位。列车管风压排至0的时间不超过3 s,制动缸压力(450±10)kPa,制动缸升压时间为6~9 s

四、作业风路系统的调试

1. 气喇叭的调试

检查按钮式换向阀接管是否正确。在调试时,先把高音喇叭用布堵上,按动按钮式换向阀,聆听低音气喇叭的音量是否浑厚响量,如达不到要求,可把喇叭锁紧螺母松开,旋动喇叭体,使声音发出后达到要求,锁紧螺母既可。调试高音喇叭的方法和调试低音喇叭一样。

2. 气动再刮器的调试方法

打开气动再刮开关,这时如果气动再刮器刮不动,调整连杆关节处,检查开关是否接对。

3. 油雾器的调试

在油杯中注满纯净的 N68 液压油。用一字改刀调整油雾器上的节流螺钉，调至 1 min 内滴 3 滴既可。

4. 闸瓦间隙的调整

先用 8 mm 的专用塞尺插入闸瓦与轮沿的中间，检查是否符合标准，如不合适说明闸瓦间隙过大或着过小。过大了调整制动缸上的高速顶杆，直到符合为止（注：四个制动缸的调整方法一样）。

复习思考题

1. 如何调试柴油机控制部分？
2. 报警系统部分如何调试？
3. 作业压力如何调整？
4. 滚刷的压力如何调整？
5. 输送带的压力如何调整？
6. 液压系统手油泵如何调试？

第十二章 故障处理

SPZ-200 型配砟整形车在运行和作业过程中,有时会出现一些故障,若不及时排除,将会影响到运行和作业的安全。因此,作为一名大型线路机械司机,应该具备一定的故障分析及排除能力。

第一节 机械故障

一、发动机启动困难

1. 环境温度低

当环境温度低于 5 ℃时,应利用火焰加热塞预热进气管。当气温在 -35 ℃以下时,必须采取其他办法预热发动机。

2. 启动机故障

(1)启动机连线松动或锈蚀。

(2)启动机电磁阀或碳刷失效。

(3)启动机损坏。

3. 机油黏度过大。

4. 蓄电池容量太小或未充电。

5. 预热装置故障

(1)预热塞油路不通或电磁阀上无电压。

(2)火焰预热塞损坏。

6. 燃油系统故障

(1)油箱无油。

(2)燃油系统中有空气或油路堵塞等。

(3)燃油压力过低。这时应检查溢流阀功能是否有效。若不是溢流阀的故障,则必须对低压输油泵进行检查,如滤油器的密封圈是否完好,吸油阀或压油阀是否有损伤,活塞弹簧是否断裂,活塞是否灵活等。

(4)燃油操纵系统锈死、发卡等。

(5)增压压力烟度限制器上的启动加浓电磁阀损坏,使调节齿杆锁死,不能进入启动加浓位置。

(6)喷油嘴损坏或调整垫圈选用不对。

(7)喷油泵提前角不对,或供油提前器损坏,油泵零件磨损,输油活门不密封等。

7. 供气系统故障

(1)气门间隙不对。

(2)压缩压力太低。这时应检查气门间隙,应检查气门、活塞环及缸套的磨损情况。

二、发动机温度过高

1. 冷却系统故障

(1)散热片上的灰尘、油污过厚。

(2)冷却空气导风板不密封或风压室顶盖板不密封,使缸体冷却不均匀或冷却不够。

(3)冷却风扇功率不足或风路不通畅,使风扇效率下降。

(4)排气节温器中球阀与导向活塞的间隙过大,使球阀打开过晚。

(5)温度传感器或温度表发生故障。

2. 供气系统故障

(1)空气滤清器脏污或维护指示器损坏。

(2)中冷器脏污,散热不良。

(3)增压器故障。增压器压气机端脏污,可使发动机过热,这时必须清洗增压器。增压器其他故障,应按相关规定要求进行检查与维修。

(4)排气通路不通畅。

3. 燃油系统故障

(1)喷油嘴损坏,供油提前角不对,供油提前器故障等,均可使发动机温度过高。

(2)喷油量与进气量不匹配,也可引起发动机温度过高。

4. 机油油温高

(1)冷却导风板故障,使机油散热器失效。

(2)机油散热器脏污,机油冷却不良。

(3)机油油位太高,曲轴对机油做功或机油油位太低,使机油循环加快。

(4)机油散热器中的温度控制阀损坏或机油温度传感器损坏。

三、发动机功率不足

1. 润滑油太多,曲轴在机油中做功。

2. 调速器故障:

(1)发动机停车拉杆不在工作位置。

(2)加油拉杆达不到高速限位螺钉位置,发动机不能达到额定转速。为此,应使挠性轴灵活运动或者重新调整调速曲柄。

3. 进气温度太高,进气量不足。

4. 进、排气管不密封。

5. 增压器发生故障或增压器压气机脏污。

6. 增压器空气冷却器脏污,增压空气温度过高。

7. 烟度限制器发生故障。

8. 排气管道堵塞,排气制动阀损坏,使排气压力增高,造成功率损失。

9. 燃油供应不足或压力太低等。

10. 燃油温度太高。

11. 气门间隙过大或过小,或者气缸漏气使可燃混合气压缩比低。

12. 供油提前角不对或供油提前器损坏等。

四、发动机机油压力低或机油油耗高

1. 机油压力太低

(1)发动机冷态启动后,没有热机运转就加速至额定转速,使机油液面下降,压力降低。

(2)机油液面太低。

(3)机油黏度不当或质量太差。

(4)机油使用时间太长,机油太脏,污染了整个发动机的润滑系统。

(5)机油管路不通畅,如机油滤心堵塞、型号不对、漏油等。

(6)机油压力传感器损坏或机油压力表工作不正常。

(7)机油泵工作不正常,如油泵磨损、吸油滤油器脏污、连接管或吸油管不密封、机油泵单向阀不密封等。

(8)曲轴主轴承与连杆轴承磨损。

2. 机油油耗太高

(1)新发动机或新大修后的发动机磨合不良。

(2)发动机长期在低负荷状态下工作。

(3)机油油位太高,使过多的机油甩到气缸表面而不能刮尽,参与燃烧而消耗。

(4)机油黏度不当或质量太差。

(5)发动机密封不良而漏油。

(6)活塞与活塞环之间的间隙过大,或活塞环刮油效果不良,机油窜入燃烧室燃烧(此时发动机常冒蓝烟)。

(7)发动机倾斜位置太大。

(8)曲轴箱呼吸器损坏,机油油雾无控制地被吸走。

五、发动机排烟不正常

发动机正常工作时基本上不冒烟。当发动机冒蓝烟、白烟或黑烟时,表明发动机工作不正常。

1. 发动机冒蓝烟

(1)活塞、活塞环与气缸套间的磨合不良,或间隙过大,机油上窜到燃烧室燃烧。

(2)机油油位过高,曲轴甩到气缸工作面上机油太多,活塞环刮不干净,机油参与燃烧。

(3)发动机长期怠速运转或在低负荷下工作。

(4)机油黏度不当或质量太差。

(5)发动机倾斜位置太大,部分气缸下的机油油面过高。

(6)曲轴箱呼吸器损坏,长期处于关闭状态,曲轴箱内废气压力过高,机油上窜增多,部分进入燃烧室燃烧。

(7)气门导管磨损,机油经导管流入进、排气阀参与燃烧。

2. 发动机冒白烟

(1)由于火焰预热塞损坏或电磁阀损坏,预热装置故障等,没有预热就冷态启动发动机。

(2)燃油箱内有水。

(3)喷油嘴漏油或喷射压力低,燃油雾化不良。

(4)喷油嘴调整垫片选用不对,喷射油达不到最佳燃烧位置。

(5)供油提前角太小或供油提前器损坏,造成燃烧不良。

(6)怠速工作时,个别缸熄火。

(7)气门间隙不对,影响配气相位,使燃烧恶化而冒白烟。

(8)进、排气门磨损,活塞环与气缸套磨损,气缸漏气导致压缩空气压力下降,燃烧不良。

(9)烟度限制器电磁阀损坏,加油齿杆被锁死而达不到启动位置,即使能启动,也倾向于冒白烟。

3. 发动机冒黑烟

(1)进气温度过高,或空气滤清器堵塞,进气量不足,燃烧不良。

(2)中冷器脏污,使增压空气温度提高,造成进气量不足。

(3)进、排气管不密封,影响发动机进气量,并且排气能量不能充分利用,使增压压力下降。

(4)废气涡轮机的压气机太脏,影响增压压力。

(5)排气管不通畅,排气背压大。

(6)火焰预热装置的电磁阀不密封,燃油经此进入发动机进气管,致使发动机冒黑烟,并可能产生过热而导致重大事故。

(7)喷油嘴漏油,散射或喷射压力不足,供油提前角不对或供油提前器损坏,喷油回油管堵塞等,使燃烧条件恶化,导致冒黑烟。

(8)高压油泵与安装条件不匹配。

(9)气门间隙不对,压缩压力太低等造成燃烧不充分。

(10)烟度限制器过早地开放了调速齿杆的行程,导致发动机冒黑烟。此时应在高压泵试验台上重新调整烟度限制器。

第二节　电气系统故障

一、蓄电池的故障

蓄电池在使用中,常出现各种故障。外部故障有容器或盖子产生裂纹、封口胶破裂、接线松脱、接触不良和电桩腐蚀等;内部故障有极板硫化、极板活性物质脱落、自行放电和极板短路等。以下着重介绍内部故障的处理方法。

(一)自行放电

完全充足电的蓄电池,放置不用时逐渐失去电量的现象称为自行放电。其原因之一是电解液含有杂质,在沉附于极板上的杂质与极板之间,以及不同的杂质之间形成电位差,变成了一个局部电池。这种局部电池通过电解液,产生局部电流,就会使正、负极板上的活性物质转变为硫酸铅,从而使蓄电池失去电量。

为了减少自行放电,使用中必须经常保持电池表面和桩头清洁,加注的电解液必须用化学纯净硫酸和蒸馏水配制,加水必须加注蒸馏水。

补救方法:自行放电严重的蓄电池,可将它全部放电或过放电,使极板上的杂质进入电解液,然后将电解液倒掉,并用蒸馏水仔细清洗,最后灌入新电解液进行充电。

(二)极板硫化

蓄电池长期处于放电或半放电状态,极板上会生成一种白色粗晶粒硫酸铅,正常充电时它不能转化为二氧化铅和海绵状铅,称为硫酸铅硬化,简称硫化。粗晶粒的硫酸铅,堵塞了极板的孔隙,使电解液渗入困难,蓄电池容量下降,而且导电不良,内阻增大,启动时不能供给启动机以大电流,致使启动机不能启动。

硫化的蓄电池有下列现象:极板上有白色的霜状物,有时打开加液孔的小盖即可看到;蓄电池容量有明显下降;用高率放电计检查时,单格电池电压有明显下降;充电时,单格电池电压迅速上升到2.75 V左右,电解液比重不明显增加,而且过早出现"沸腾"现象。硫化的原因主要是蓄电池长期在放电和半放电状态下放置,当温度升高时,极板上一部分硫酸铅结晶成粗大颗粒的硫酸铅附在极板上;另一原因是电解液液面太低,使极板上部露出在空气中,活性物质被氧化;在行驶中由于电解液上下波动与氧化部分接触而生成粗晶粒的硫酸铅。

以下为消除极板硫化的方法。

1. 不拆散蓄电池除硫

过充电除硫法可消除极板内部轻微的硫化。方法是先用10 h放电制(20 A)将蓄电池放电至"终止"电压(1.7 V),再用与放电相同的电流充电到单格电池电压为2.4~2.5 V(电解液开始大量冒气泡),然后把电流减半继续充电到单格电池电压为2.7 V。以后,再将电流减半,每充电1 h,停充0.5 h,进行断、续充电数次。

小电流充电除硫法适用于极板硫化不太严重时的除硫。用蓄电池容量 Q_e 的值的1/20~1/30小电流(7~10A)进行长期充电,直到单格电池电压和电解液比重达规定值为止。

换加蒸馏水后再用小电流除硫适用于极板较严重时除硫。方法是先用10 A放电制放电,倒出电解液,加入蒸馏水,静置1 h;然后用小电流充电到电解液冒气泡,比重不再上升为止;最后用小电流放电1~2 h后再充电,如此反复进行数次,直至除硫为止。

2. 拆散蓄电池对极板除硫

(1)根据极板硫化程度不同进行选板分类,其目的是为了使极板除硫一致,避免过充电。

(2)将极板放入热水中刷洗,然后晾干。

(3)根据分类,把硫化程度相同的极板焊接成正、负极板组,然后组装。

(4)加入蒸馏水,进行电解除硫。先用1/20 Q_e 值的电流(10 A)充电到电解液比重为1.2~1.25,然后将电流减半继续充电到电解液剧烈冒气泡,比重不再增加,单格电池电压为2.0~2.5 V时,提出极板,检查是否已全部除硫。若没有全部除硫,应重新换加蒸馏水,再次充电10~15 h左右。

(5)除硫后倒出蒸馏水,清洗外壳、盖板和极板组,然后进行装配,加注电解液并进行补充电3~4 h即可使用。

内部短路有下列现象:充电时温度高,电压低,比重低,充电末期气泡较少或发生气泡太晚。内部短路的原因,主要是隔板损坏而漏电或短路,电池底部沉淀物太多而将极板短路。

补救办法:如因电池底部沉淀物太多而造成短路时,可将蓄电池全放电,倒出电解液,用蒸馏水反复清洗再充电。否则,应拆开蓄电池更换隔板或极板。

（三）活性物质脱落

活性物质脱落使电解液浑浊，充电时表现更为突出，从加液孔中可看见电解液中有褐色物质，电池的容量不足。

充电时，电流过大，温度过高，经常过充电等，都能使活性物质松浮而脱落。放电时电流过大，接入启动机时间过长或过度放电，使极板拱曲，也会使活性物质脱落。

补救办法：沉淀量少的可以清除后继续使用，沉淀量多的需更换新极板。

（四）容器裂损

外部有裂缝，电液漏出，液面迅速降低。内部间壁有细微裂缝，两单格电池相通，电压下降。

容器裂损的原因主要是电池座的螺钉旋得过紧，行驶时震坏，外物击伤，蓄电池发热，气泡压力过高，使容器裂损或变形，电池内结冰胀坏等。

此外，还有封口胶破裂、联条烧断等故障。

装在车中的蓄电池，常有蓄电不足现象。除自行放电、硫化、内部短路等本身故障外，还常有发电机故障、充电线路接头松动、锈蚀或电池搭铁线接触不良、电桩接头松动、用电线路中有搭铁处过度漏电等原因，使蓄电池蓄电不足，应检查有关部分，进行修复。

二、硅整流发电机的故障

1. 发电机不发电

（1）二极管击穿或内部整流结脱开，不起整流作用，可逐个检查二极管，如发现有损坏，必须更换新的。

（2）碳刷在碳刷架内卡住，发电机不激磁。可拆开发电机检查，将发卡的地方修整（可将碳刷架孔锉大一些，或将碳刷发卡处磨小一些），如有脏物堵住，则清洁碳刷架即可。

（3）激磁绕组不通电。可用万用表电阻 R×1 挡将两表笔搭在滑环上，如万用表读数超出规定的磁场线圈电阻值很多（正常值在 8 Ω 以内），说明激磁绕组不通，可能是激磁绕组的两端在滑环处的焊接脱落，或激磁绕组引出线转折处断裂，可重新焊接，但应注意不要使其搭铁。

（4）定子绕组搭铁。发电机如经常在满负荷情况下长期工作，用久后，由于导线老化，漆层脱落，就有可能搭铁，用万用表 R×100 挡检查，如果测出的阻值在 1 000 Ω 以下时，说明有可能搭铁，可拆开电机进行检查，并按规定参数重新嵌线。

2. 电流表指示有时有电，有时没有电，很不稳定

以下为产生这种故障的可能原因。

（1）传动皮带过松，有打滑现象，发电机运转时转速不够。

（2）蓄电池与发电机之间的连接导线接触不可靠，或者局部将要断裂。

（3）发电机内部接线不可靠，有松动现象。

（4）碳刷与滑环接触不良，或磨损过多。

3. 充电电流很小，低速时不充电

（1）二极管损坏一个或两个，可拆开电机逐个检查。

（2）定子绕组有一相连接不良或断开。

（3）碳刷在滑环上接触不良，接触电阻过大，一般是滑环上太脏或者碳刷已磨尽。

三、启动机的故障

1. 启动机不能运转

检查蓄电池蓄电情况,可以按电喇叭,听声音,若响而脆,表示蓄电足,也可试开大灯,若灯光亮,表示蓄电足。在蓄电足的情况下,不能启动的原因可能是:蓄电池接线柱的氧化,或蓄电池导线的搭铁不良,以及启动机的接柱接触不良(常见的是蓄电池接柱氧化)。若按下启动按钮后,听到小齿轮向齿圈方向啮合的"咔咔"声,或听到蓄电池接柱处有"啪啪"声,仅有启动之势,但不转动,此后再按启动按钮,则启动机无动静,这表明接触不良,而且大多在蓄电池接柱处,应清除接柱及导线线头。

2. 启动机功率不足,空载可以运转,但无力启动发动机

其原因可能是蓄电池蓄电不足或在冷天时发动机机油过黏,或预热装置失灵及发动机忘了减压启动;轴承磨损过甚,转子扫膛;碳刷磨损过多,碳刷弹簧压力不足,使接触电阻过大;整流子脏污;电机内部激磁和电枢绕组有局部短路或搭铁不良等。

3. 启动机在柴油机启动后,不能停止转动

这种故障是非常危险的。发生这种故障时,应立即拆开蓄电池搭铁线,否则启动机在短时间内就会烧坏。

产生故障的原因是:电磁继电器 J 的三对触点因烧损而焊接在一起,使电路不能切断。铁芯表面或和铁芯配合的孔太脏,铁芯回位弹簧太软或折断,使铁芯不能自由退回。

4. 启动机小齿轮尚未与飞轮齿圈啮合,启动机即旋转,小齿轮和飞轮齿圈发生严重的撞击,发出打齿声。

产生这种故障的根本原因是:启动机小齿轮未和飞轮齿圈啮合前,控制继电器提前接通了启动电机的串激绕组,使启动机高速旋转,二者无法啮合。这可能是吸引电磁铁固定螺丝松动或检修启动机后装配不当造成的。

5. 按下启动按钮时,只听到启动机发出"咔嗒"一下响声,启动机却不转

发生这种故障的原因是:虽然吸引电磁铁的线圈能吸引衔铁,但不能使控制继电器的触头闭合,因此,听到的只是吸引衔铁的"咔嗒"声,而启动机主电路却没有接通。这是由于电磁线圈短路或接触不良,电磁力太小所引起的。铁芯表面太脏,修理后换用的弹簧太硬,也可能产生上述故障。

6. 启动机空转

这种情况与启动机功率不足,无力启动发动机不一样,而是指启动机功率足够,但却不能启动柴油机。启动机空转有下列情况:启动机小齿轮根本不和飞轮齿圈啮合而空转;吸引电磁铁吸力减小,不能使启动机小齿轮在轴上移动,当启动机小齿轮尚未与飞轮啮合时,启动机便旋转起来;或是安装时不注意,使启动机小齿轮与飞轮齿圈端面的距离过大,不能啮合。

四、电气系统常见故障

(一)二极管常见故障

1. 二极管击穿

并联在线圈上的二极管击穿后,会形成较大的短路电流。在每条分支电路上装有自动开

关和熔断器,会引起自动开关跳闸和熔断器的熔丝烧断。例如在走系统电路图中,当电磁阀5U9/A线圈上并联的二极管击穿后,这时如将转换开关5b36置于“走行挡”时,将形成短路电流,会使自动开关5e15跳闸动作。这时除了检查有无电线与车架搭铁现象外,还需要用万用表电阻R×100挡检查一下二极管的正反向电阻(断开线圈的接点)。正常值为正向电阻在几百欧左右,越小越好;反向电阻在几十千欧以上,越大越好。如果测出的正反向电阻值都很小或都很大,说明二极管损坏。

注意:更换二极管时一定要按原规格型号更换。

2. 二极管内部断路

并联在线圈上的二极管在内部断路后,故障现象不十分明显。如果某个继电器断电时,触点火花比较大,而且触点使用寿命明显缩短,除了检查线圈和线路短路故障外,也可对二极管进行检查。

(二)继电器、电磁阀不动作

电磁继电器和电磁阀通电后不动作,线圈引出线接触不良;线圈断线和衔铁卡住。当开关闭合后,继电器或电磁阀不动作,这时可用万用表直流50 V电压挡测量线圈出线两端。如果有直流24 V电压,则可判断是线圈故障。这时,可停车或在确保其他设备安全的情况下不停车,将继电器或电磁阀线圈脱离电源,用万用表电阻R×1挡检查线圈是否断路。

(三)线路与触点故障

在配砟整形车上,继电器的数量比较多,这些触点在使用中会出现故障。为了便于操作,在各个驾驶室内和机车前、后、左、右都设立了各种开关和显示电路,敷设了大量的电线,这些电线在长期使用中会出现断线、搭线等现象。

遇到这种情况,可以使用电位法来查找故障点。电位法是在配砟整形车线路通电的情况下,对故障进行查找。在使用万用表时,为了防止表笔在测量时,引起短路,在表笔笔尖金属部分套上橡皮管或塑料管,大小合适,略紧一些,只要笔尖略为露出一点在外即可。

第三节 液压系统故障

液压系统的故障是多种多样的,这些故障有的是由某一液压元件失灵而引起的;有的是系统中多个液压元件的综合性因素造成的;有的是因为液压油被污染造成的;也有的是由机械、电气以及外界的因素引起的。虽然有的是同一种故障,但其产生的原因并不相同,特别象大型线路机械这样的设备,是集液压与机械、电气等相结合的设备,一旦发生故障,必须对引起故障的原因逐一分析,注意其内在联系,找出主要矛盾,方能解决问题。由于液压系统出现故障,既不像机械故障那样显而易见,又不像电气故障那样易于检测,所以诊断故障原因需花费时间,故障的排除也比较麻烦,所以,着重对液压系统故障诊断与排除作较详细介绍。

一、液压系统故障

(一)液压系统故障的特点

液压系统的故障与机械故障及电气故障相比具有以下特点:

1. 故障的多样性和复杂性

液压系统出现的故障可能是多种多样的,而且在大多数情况下是几个故障同时出现。例如:系统的压力不稳定常和振动噪声故障同时出现,而系统压力达不到要求经常又和动作故障联系在一起。机械、电气部分的故障也会与液压系统的故障交织在一起,使得机械故障变得更为复杂。

2. 故障的隐蔽性

液压系统是依靠在密闭管道内并具有一定压力能的油液来传递动力的,系统所采用的元件内部结构及工作状况不能从外表进行直接观察,因此,它的故障具有隐蔽性,不如机械传动系统故障那样直观,也不如电气系统故障那样易于检测。

3. 引起同一故障原因和同一原因引起故障的多样性

液压系统同一故障引起的原因可能有多个,而且这些原因常常是互相交织、互相影响。如系统压力达不到要求,其产生原因可能是液压泵引起的,也可能是溢流阀引起的,还可能是两者同时作用的结果。此外,油的黏度是否合适,以及系统的泄漏等都可能引起系统压力不足。图 12—1 所示为产生执行元件不动作这一故障的所有可能原因分析。

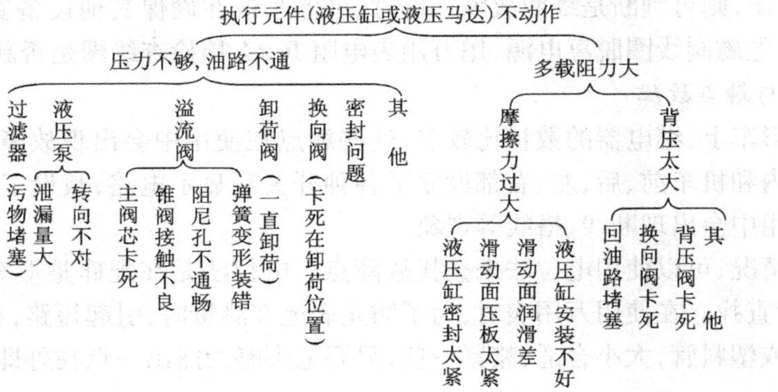

图 12—1　执行元件不动作的原因分析

另一方面,液压系统中往往是同一原因,但因其程度的不同、系统结构的不同以及与其配合的机械结构的不同,所引起故障现象也可以是多种多样的。如同样是系统吸入空气,严重时能使液压泵吸不进油;轻者会引起流量、压力的波动,同时产生噪声,造成机械部件运动过程中的爬行。

4. 故障产生的偶然性与必然性

液压系统中的故障有时是偶然发生的,有时是必然发生的。故障偶然发生的情况如油液中的污物偶然卡死溢流阀的阻尼孔或换向阀的阀芯,使系统突然失压或不能换向;电路电压的骤然变化,使电磁铁吸合不正常而引起电磁阀不能正常工作。这些故障不是经常发生的,也没有一定的规律。故障必然发生的情况是指那些持续不断经常发生、并具有一定规律的原因引起的故障,如油液黏度低引起的系统泄漏、液压泵内泄漏增加导致泵的容积效率下降等。

5. 故障产生与使用条件的密切相关性

同一系统往往随着使用条件的不同而产生不同的故障。例如环境温度低,使油液黏度增大引起液压泵吸油困难;环境温度高,油液黏度下降引起系统泄漏和压力不足等故障。系统在恶劣的环境下工作时，往往会引起液压油的严重污染，并导致系统出现故障。另外，操作维护人员的技术水平也会影响到系统的正常工作。

6. 故障难于分析判断而易于处理

由于液压系统故障具有上述特性，所以当系统出现故障后，要想很快确定故障部位及产生的原因是比较困难的，必须对故障进行认真地检查、分析、判断，才能找出其故障部位及其原因。然而，一旦找出原因后，往往处理却比较容易，有的甚至稍加调节或清洗即可。

（二）液压系统故障产生的特征

液压系统在设备的不同运行阶段，集中出现的故障是不相同的。了解液压系统不同运行阶段的故障特征，对于分析、判断液压故障产生的原因及排除故障都有较大的帮助。

1. 新试制液压设备调试阶段的故障

新设备调试阶段的故障率较高，存在问题较为复杂，其故障特征是设计、制造、安装以及管理等质量问题交织在一起。机械、电气问题除外，以下为一般液压系统的常见故障。

（1）接头处或端盖处外泄漏严重；

（2）速度不稳定；

（3）由于脏物或油污使阀芯卡死或运动不灵活，造成执行元件动作失灵；

（4）阻尼小孔被堵，造成系统压力不稳定或压力调不上去；

（5）某些阀类元件漏装弹簧或密封件，甚至管道接错而使动作混乱；

（6）设计不妥、液压件选择不当，致使液压系统发热或同步动作不协调、位置精度达不到要求等，对待此类故障应耐心、细致、慎重。

2. 定型设备调试阶段故障

此类设备调试时故障率较低，其特征是由于管理不良或安装时不小心或在搬运中损坏造成的一般容易排除的小故障。其故障表现如下：

（1）外部有泄漏；

（2）压力不稳定或动作不灵活；

（3）液压件及管道内部进入脏物；

（4）液压元件内部漏装、错装弹簧或其他零件；

（5）液压件加工质量差或安装质量差，造成阀芯动作不灵活。

若在元件装配和系统安装过程中严格把好质量关，此一阶段的故障率将会下降，调试也将较为顺利。

3. 设备运行初期和中期的液压故障

设备经过调试阶段后便进入正常运用的阶段，以下为此阶段液压故障的主要特征。

（1）管接头振动松脱；

（2）由于少数密封件质量差或装配不良，在短期内被损坏，造成漏油；

（3）工作油液因多次冲刷管道、液压件油道，使原来附贴在管壁和孔壁上的毛刺、型砂、切屑等杂物脱落，随液流而动的杂质将会堵塞阻尼孔和过滤器滤网，造成压力不稳定和工作速度变化；

（4）少数设备因负荷率高或环境散热条件差，使油液温度过高，从而引起泄漏、工作压力和工作速度不稳定，甚至造成工作严重失常，不能正常使用。

在一般情况下设备使用到中期，其故障率最低，液压系统工作状态最佳，条件是工作油液的污染程度须控制在要求范围内。

4. 设备运行到后期的故障

设备运行到中期阶段后，各类液压元件因工作频率和负荷条件的差异，各易损件先后开始正常性的超差磨损，在此阶段，故障率逐渐上升，系统中内外泄漏量增加，系统效率明显降低。此时，应该对液压系统和液压元件进行全面检查，对有严重缺陷的元件和已失效的元件进行修理或更换。

二、液压系统的故障诊断

（一）故障诊断步骤

液压故障诊断的主要内容是根据故障症状（现象）的特征，借助各种有效手段，找出故障发生的真正原因，弄清故障机理，有效排除故障，并通过总结不断积累经验，为预防故障的发生以及今后排除类似故障提供依据。

故障诊断总的原则是先“断”后“诊”。故障出现时，一般都以一定的表现形式（现象）显露出来，所以诊断故障应先从故障现象入手，然后分析故障机理和故障原因，最后采取措施排除故障。

1. 故障调查

任何一种故障都表现为一定的故障现象，这些现象是对故障进行分析、判断的线索。由于同一故障可能是由多种不同的原因引起的，而这些不同原因所引起的同一故障又有着一定的区别，因此在处理故障时要深入现场查清故障现象，认真仔细地进行观察，全面了解设备出现故障前后的工作状况与异常现象，产生故障的部位，同时要查阅设备技术档案，了解过去有否发生类似情况及处理方法。把所调查的资料用故障报告单的形式记录下来。

2. 故障原因分析

在现场调查的基础上，列出可能引起故障的原因，并做出初步的分析判断。分析判断是一件十分仔细的推理工作，分析判断的正确可使故障得到及时处理，否则会使故障排除工作走许多弯路。

故障原因一般有两个方面，一个方面是人为因素，诸如操作使用及维护人员的素质、技术水平、管理水平及工作态度的好坏，是否违章操作，保养状况的好坏等；另一方面是液压设备及元件本身的质量状况，如原设计的合理程度，原生产厂家加工安装调试质量好坏，用户的调试使用保养状况等。

分析判断时应注意：首先，充分考虑外界因素对系统的影响，在查明确实不是外界原因引起故障的情况下，再集中注意力在系统内部查找原因；其次，一定要把机械、电气、液压三个方面联系在一起考虑，且不可孤立单纯对液压系统进行考虑；第三，要分清故障是偶然发生的还是必然发生的，对必然发生的故障，要认真查出故障原因并彻底排除，对偶然发生的故障，只要查出故障原因并做出相应的处理即可。

3. 故障的排除与修理

对经过分析判断后所列出的故障原因进行压力、流量和动作循环的试验，以进一步证实并找出那些更可能是引起故障的原因。试验按照先易后难的顺序进行；如果把握性较大，也可首先对怀疑较大的部位直接进行试验。经试验后，对进一步认定的故障部位进行拆卸检查，找到具体的故障点，修理损坏的零部件，排除液压故障。拆卸检查时，要注意保持该部位的原始状态，仔细检查有关部位，且不可用脏手乱摸、乱动，以防手上污物粘到该部位上，或用手将原来该处的污物抹掉，影响拆卸检查的效果。

4. 重试与效果测试

在故障处理完毕后，重新进行试验与测试，注意观察其效果，并与原来故障现象进行对比。如果故障已经消除，就证实了对故障的分析判断与处理正确；如果故障还未消除，就要对其他怀疑部位进行同样处理，直至故障消失。

5. 故障原因分析总结

按照上述步骤故障排除后，对故障要进行认真地定性、定量分析总结，以便对故障产生的原因、规律得出正确的结论，从而提高处理故障的能力，也可防止同类故障的再次发生。

（二）故障诊断的方法

从故障现象入手，查明故障原因是排除故障的最关键和较难的一个环节，特别对机械设备的使用人员、初级液压技术人员，在液压装置出现故障后，往往感到一筹莫展、无从下手。其实，查找液压故障的方法很多，下面简单介绍一些主要方法。

1. 根据液压系统图查找故障

根据液压系统工作原理图深入了解元件的结构、性能、作用及安装位置，并结合实际调查了解和观察现象，依据工作原理进行比较、归纳、分析，从而确定故障的准确位置。这是排除液压故障的基础，也是查找液压故障的最基本方法。

液压系统图是表示液压设备工作原理的一张简图，它表示该系统各执行元件能实现的动作循环及控制方式，一般还配有电磁铁动作循环表及工作循环图。液压系统中的液压元件图形采用职能符号图和结构示意图或者它们的组合构成。

在用液压系统图分析排除故障时，主要方法是“抓两头”，即抓动力源（液压泵）和执行元件（液压缸、液压马达），然后是“连中间”，即从动力源到执行元件之间经过的管路和控制元件。“抓两头”时，要分析故障是否就出在液压泵、液压缸或液压马达本身。“连中间”时除了要注意分析故障是否出在所连线路上的液压元件外，还要特别注意弄清系统从一个工作状态转换到另一个工作状态时是由哪些控制元件来发信号，控制信号是否有误，要对照实物逐个检查；要注意各个主油路之间及主油路与控制油路之间有无接错而产生相互干涉现象，如有相互干涉现象，要分析是设计错误还是使用调节错误。对于大型线路机械来说，由于其技术是成熟的，所以出现相互干涉现象时，我们要去考虑调节错误。

2. 利用动作循环表查找故障

液压设备说明书中，除了液压系统图外，一般还有动作循环表。如无动作循环表，可自行编制，用于查找液压故障。

动作循环表一般包括：动作循环的内容，循环动作中一个动作转到另一个动作的信号来源；在各循环动作中每一液压元件所应处的正常位置。通过动作循环表，就不难根据故障处在那一动作阶段，从表中查出故障原因所在。对于较复杂的液压系统，利用此方法可提高查找故障原因的效率。

3. 利用因果图查找液压故障

这种方法就找出影响某一故障的主要因素和次要因素编制因果图,编制中可以借鉴他人的经验,查阅有关资料,总结工作实践进行编制。例如液压缸外泄漏故障,就可以利用这种方法帮助我们查找外泄漏的原因,见图12—2。

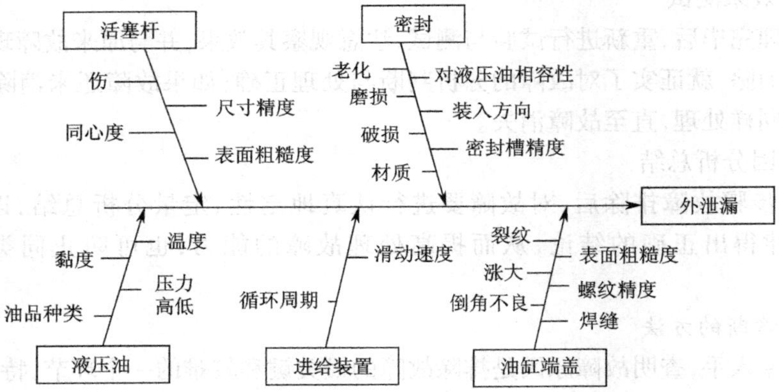

图12—2 液压缸外泄漏因果图

4. 利用检测仪表查找液压故障

在查找液压故障时,需要一定的检测手段和检测仪器仪表,如压力、流量、温度检测仪表,传感测量仪表,油液污染度检测仪表,振动和噪声测量仪表,通过对液压系统的检测。从仪表上进行观察和记录,能对故障做出比较准确的定量分析。例如通过装在系统各部分的压力及仪表观察和记录压力变化状况,分析压力上不去、下不来及压力脉动等故障的部位,进而分析查找故障原因。

5. 应用铁谱技术对液压系统的故障进行诊断和状态监控

铁谱技术是近些年来逐步发展起来的一门新的检测技术,它以机械摩擦副的磨损为基本出发点,借助于铁谱仪把液压油中的磨损微粒和其他污染微粒分离出来,通过铁谱技术,对微粒的相对数量、形态、尺寸大小和分布规律、颜色和成分以及组成元素等作出分析判断,再根据这些信息就可准确地得到液压系统的磨损部位、磨损形式、磨损严重程度、甚至液压元件完全失效的结论,这样,就能为机械设备液压系统的状态监控和故障诊断提供科学、可靠的依据。

用铁谱技术分析故障的步骤、方法如下:

(1)按要求定时采集油样,并将其制成规范油样。

(2)按规定程序,在铁谱仪上制成铁谱片。

(3)对磨损颗粒进行定量分析。先用铁谱片读数仪测定磨粒的光密度,再画出铁谱定量参数(磨损程度指数 I_s、磨损定量指标 I_g、磨损度指数 I_A)随时间而变化的磨损趋势图。这些参数可以分别表示不同时间内磨损微粒尺寸比例的相对变化、不同时间内磨损微粒量的变化和系统油液磨损污染的相对变化率,从而反映出系统内元件磨损的程度。

(4)对磨损微粒进行定性分析。分析时用铁谱显微镜对磨粒形态、尺寸、颜色和类型等进行观察、记录、拍照,用扫描电子显微镜对磨粒进行微观观察,并对其形貌、特征进行深入分析,再用X射线能谱仪分析典型颗粒的材质和成分。通过如上定性分析,可以确定出磨损的性质、形式和程度以及磨损故障的部位。

(5)结合系统的使用、维护和修理情况、运转条件、摩擦副的材料与性能、结构及润滑情况等进行结论分析。

如在采用斜盘式轴向柱塞泵的某工程机械液压系统进行状态监测和故障分析时,通过运用铁谱技术对系统实行监控,从磨损趋势图曲线上,明显反映出了从起初磨合阶段经稳定磨损阶段到急剧磨损阶段的磨损规律,同时更进一步显示出各个不同阶段磨粒的形式、颜色、尺寸特征,以及其他污染颗粒的材质及化学成分,从而确切地鉴别出磨损和故障的部位,以及产生的原因。例如:油中发现有铜的磨粒,说明液压泵滑靴等铜质部件有疲劳磨损;出现有红色氧化铁磨粒,可能是油中混入了水分;发现油中有许多非金属杂质的研磨物、尼龙丝、塑料等,说明过滤器有局部损坏;油中有呈回火色的磨粒,可断定是液压泵配油盘处有局部摩擦高温;油中还发现有 1 ~ 5 μm 发白的球状磨粒,说明液压泵上的滚动轴承有损坏;此外,任何黑色氧化铁磨粒的出现,都将是不正常磨损的信号。通过对液压泵进行拆卸检查,结果对比两者完全吻合。

大型线路机械利用铁谱技术进行状态监测和故障判断的工作开展得也较早,但发展并不平衡。这项技术在北京、上海等铁路局内使用较好,可以在液压系统运转中或基本不拆卸零部件的情况下了解和掌握系统运行状况,判断出故障的部位和原因,并能预测出液压系统未来的技术状态。他们已成功地诊断出多起液压故障预报,为状态维修提高了依据,并积累了丰富的经验数据。铁谱技术必将成为大型线路机械液压系统故障诊断分析的有力工具。

6. 故障的试验诊断法

由于故障现象各不相同,液压设备结构各异,所以用试验诊断故障的方法又有多种,如隔离法、比较法与综合法等等。

(1)隔 离 法

隔离法是将故障可能原因中的某一个或几个隔离开进行试验,判定最终故障原因。这时可能出现两种情况:一是隔离后故障随之消失,说明隔离的原因便是引起故障的真实原因;二是故障依然存在,说明隔离的原因不是该故障的真实原因。

(2)比 较 法

比较法是指对可能引起故障的某一原因的零部件进行调整或变动的试验,此时,出现两种情况:一是对原故障现象无任何影响,说明该原因不是故障的真实原因;二是故障现象随之变化,则说明它就是故障的真正原因。为更能说明问题,一般按有利于故障消失的方向调整变动零件。

(3)综 合 法

综合法是同时应用隔离法和比较法的故障诊断试验法,适用于故障原因较复杂的系统。

在采用试验法诊断液压故障时,必须考虑以下几项原则。

①试验过程中不能损坏液压设备,如损伤零部件或破坏机械精度等。

②试验前首先要从液压设备的工作原理、传动系统、结构特征等方面综合分析产生故障的可能原因,再采用逐项隔离、逐项比较或综合的方法进行故障诊断。

③因为试验是验证性的,必须有明确的试验目的。对试验中可能出现的各种情况,预先要

有充分估计,明确何种情况要说明什么问题,出现紧急情况怎么办等均要预先周密考虑。

④为了诊断故障的真正原因,一般需要对故障的可能原因逐一进行验证判断。这样可能费工费时,因此试验次序要先行计划安排,原则是容易试验的在前,可能性大的原因排在前,即"先易后难"、"先重要后次要"。

7. 实用感官诊断法

感官诊断是直接通过人的感觉器官去检查、识别和判断设备在运行中出现故障的部位、现象和性质,然后由大脑作出判断和处置的一种方法。它是通过维修检查人员的眼、耳、鼻、手的直接感觉,加上对设备运行情况的调查询问和综合分析,达到对设备状况及故障情况作出准确判断的目的。

感官诊断的实际效果如何,完全取决于检查者个人的技术素质和实践经验。运用这一诊断技术时不仅要长期积累个人的实际经验,还要注意学习他人这方面的经验,才可能有所成效。感官诊断的具体方法有"看"、"听"、"闻"、"摸"等。

(1)视觉诊断——眼睛看

①观察油箱内工作油有无气泡和变色(白浊、变黑等)现象,液压设备的噪声、振动和爬行常与油中有大量气泡有关。

②观察密封部位、管接头、液压元件各安装接合面等处的漏油情况,结合观察压力表指针在工作过程中的振摆、掉压以及压力调不上去等情况,可查明密封破损、管路松动以及高低压腔串腔等不正常现象。

③观察工作质量状况并进行分析。观察执行机构运动速度有无变化和异常现象,并查出产生故障的原因。

④观察故障部位及损伤情况,往往能对故障原因作出判断。

(2)听觉诊断——耳朵听

正常的设备运转声响有一定的音律和节奏并保持持续的稳定,因此,熟悉和掌握这些正常音律和节奏,就能准确判断液压设备是否运转正常,同时根据音律和节奏变化的情况以及不正常声音产生的部位可分析确定故障发生的部位和损伤情况。例如:

①高音刺耳的啸叫声音通常是吸进空气;如果气蚀声,可能是过滤器被污物堵塞,液压泵吸油管松动或油箱液面太低及液压油劣化变质、有污物、消泡性能降低等原因引起。

②"嘶嘶"声或"哗哗"声为排油口或泄漏处存在较严重的漏油漏气现象。

③"哒哒"声表示交流电磁阀的电磁铁吸合不良,可能是电磁铁内可动铁芯与固定铁芯之间有油漆片等污物阻隔,或者是推杆过长。

④粗沉的噪声往往是液压泵或液压缸过载而产生的,尖叫声往往是溢流阀等元件规格选择不当或调整不良而引起。

⑤液压泵"喳喳"或"咯咯"声,往往是泵轴承损坏以及泵轴严重磨损、吸进空气所产生。

⑥尖而短的摩擦声往往是两个接触面干摩擦发生,也有可能是该部位拉伤。

⑦冲击声音低而沉闷,常是油缸内有螺钉松动或有异物碰击等。

(3)嗅觉诊断——鼻子闻

依靠嗅觉可辨别油箱内油液是否发臭变质,还可判断出电气元器件绝缘破损、短路等故障。

(4)触觉诊断——用手摸

利用灵敏的手指触觉,检查运动部件是否发生振动、冲击及油温升高等故障。例如:

①用手触摸泵体外壳、油箱外壁或阀体处的温度,根据凉热程度判断液压系统是否有异常温升,并判明温升原因和升温部位。熟练的手感测温人员可准确到 3 ℃ ~5 ℃,温度与手感的适应情况可参见表 12—1。若接触 2 s 感到烫手,就应检查原因。

表 12—1 温度与手感的对应情况

温　度	手　感
0 ℃左右	手指感觉冰凉,触摸时间较长,会产生麻木和刺骨感
10 ℃左右	手感较凉,一般可忍受
20 ℃左右	手感稍凉,接触时间延长,手感渐温
30 ℃左右	手感微温有舒适感
40 ℃左右	手感如触摸高烧病人
50 ℃左右	手感较烫,摸的时间较长掌心有汗感
60 ℃左右	手感很烫,一般可忍受 10 s 左右
70 ℃左右	手指可忍受 3 s 左右
80 ℃以上	手指只能作瞬时接触,且痛感加剧,时间稍长,可能烫伤

②用手摸运动部件和管子,可以感觉到有无振动,若有高频振动就应检查原因。一般都是"电机—泵"系统等回转部件安装平衡不好、紧固螺钉松动、系统内有气体等原因引起故障。

(5)询　问

询问设备操作者,了解设备平时工作状况,弄清故障是突发的、渐发的,还是调修后产生的。通常可向操作者了解下列情况:

①液压设备有哪些异常现象,故障部位以及何时产生等。

②故障前后设备工作质量有何变化。

③维护保养及修理情况:故障前对密封件或液压件是否更换;调压阀或调速阀是否调节等。

④油液的更换情况,滤网是否清洗或更换等。

⑤使用中有否违章操作。

(6)查　阅

查阅设备技术档案中有关故障分析与修理的记录;查阅日检卡和定检卡;查阅交接班记录及维护保养情况的记录。

8. 利用故障现象与故障原因相关分析表查找液压故障

根据工作实践,总结出故障现象与故障原因相关关系表,可以用于一般液压故障的查找和处理。表 12—2 为工程机械液压系统故障现象与故障原因相关分析表。若液压执行元件出现"一有负荷,速度便变慢"的故障现象,从表中立即可以查出此故障现象与故障原因中的 18、19、20、25、27、29、38、39、40 等因素有关,可逐一查找,予以排除。所以,此表对液压修理人员有一定参考价值。

表 12—2　工程机械液压系统故障现象与故障原因相关分析表

相关性(○有关) 故障原因 / 故障现象		排气不良			配管不良		工作油不良						油箱压力不正常		冷却系统故障			泵故障			阀不正常						执行元件故障		压力不正常					机械、电力系统不正常					泵动机不正常				其他
		1	2	3	4	5	6	7	8	9	10	11	12	13	14	15	16	17	18	19	20	21	22	23	24	25	26	27	28	29	30	31	32	33	34	35	36	37	38	39	40	41	42
		主油路配管内排气不良	泵执行元件排气不良	控制管路排气不良	配管管夹板松动	接头管道松动破裂密封不良	工作油量过少或过多	使用的工作油不适当	工作油污染、老化	工作油中混有污物和水分	异物阻塞管路或进油管被压坏	工作油中带进空气气泡加多	密封油箱内压力升高	加压空气使油箱加压力不适当	油冷却器阻塞或不正常	冷却器风量或水量不够	冷却器旁通阀故障	滤油器阻塞	定量泵不良	变量泵有故障	溢流阀安全阀有故障	手动换向阀不良	遥控式换向阀不良	电磁阀不良	平衡阀液控单向阀不良	减压阀流量阀单向阀不良	油缸不正常	油马达不正常	先导控制压力降低	溢流阀压力调节不当或失灵	变量泵或泵的吸入压力不足	背压(回油路的压力)高	脉动压力大,冲击压力高	操纵阀操纵机构有故障	补偿凸轮机构有故障	电磁阀的电气系统不良	油缸的耳轴导轨润滑不良	油马达的动力系统不正常	发动机不正常	电动机,电源电压降低其他	离合器打滑皮带没张紧	连轴器松动或损坏	气温或油温过高其他
执行元件	无动作		○	○		○	○	○			○			○				○	○	○	○		○	○	○	○	○	○	○	○				○	○	○	○	○			○	○	○
	只一个方向有动作			○																○	○			○	○	○	○	○						○	○	○							
	助作速度慢						○	○			○			○				○	○	○	○		○		○	○	○	○	○	○	○			○	○				○	○	○		○
	一有负荷,速度便变慢																		○	○	○					○		○		○									○	○	○		
	出力小																		○	○	○					○		○		○							○	○					
	不能维持,制动失效					○															○		○	○	○	○	○	○															
	自然下落,自重下落速度大					○		○													○	○	○	○	○		○	○															
	支撑力少																				○						○	○															
	动作不稳定(时动,时不动)	○	○	○			○	○			○	○		○				○		○	○				○			○			○						○	○					
	油缸微微运动		○									○																															
	工作时有爬行和高频振动现象		○																						○		○	○															
	不能慢速进给	○	○	○				○				○		○				○		○					○			○	○			○											
	开始反向运动,一会儿又正向运动		○								○							○								○																	
	动作迟缓	○	○	○				○				○		○						○					○				○														
操纵阀	手动操纵感沉重,不灵活									○											○								○					○									
	阀芯卡紧,不能复位									○											○																						
	达不到压力阀的调节压力						○			○									○		○																						

续上表

故障现象 \ 故障原因（相关性 ○有关）		排气不良			配管不良		工作油不良						油箱压力不正常		冷却系统故障			泵故障			阀不正常						执行元件故障		压力不正常					机械、电力系统不正常					泵动机不正常				其他
		1	2	3	4	5	6	7	8	9	10	11	12	13	14	15	16	17	18	19	20	21	22	23	24	25	26	27	28	29	30	31	32	33	34	35	36	37	38	39	40	41	42
		主油路配管内排气不良	泵执行元件排气不良	控制管路排气不良	配管管夹板松动	接头管道松动破裂密封不良	工作油量过少或过多	使用的工作油不适当	工作油污染、老化	工作油中混有污物和水分	异物阻塞管路或进油管被压坏	工作油中带进空气气泡加多	密封油箱内压力升高	加压空气使油箱加压力不适当	油冷却器阻塞或不正常	冷却器风量或水量不够	冷却器旁通阀故障	滤油器阻塞	定量泵不良	变量泵有故障	溢流阀安全阀有故障	手动换向阀不良	遥控式换向阀不良	电磁阀不良	平衡阀液控单向阀不良	减压阀流量阀单向阀不良	油缸不正常	油马达不正常	先导控制压力降低	溢流阀压力调节不当或失灵	变量泵或泵的吸入压力不足	背压（回油路的压力）高	脉动压力大，冲击压力高	操纵阀操纵机构有故障	补偿凸轮机构有故障	电磁阀的电气系统不良	油缸的耳轴导轨润滑不良	油马达的动力系统不正常	发动机不正常	电动机，电源电压降低其他	离合器打滑皮带没张紧	联轴器松动或损坏	气温或油温过高其他
不正常声音	溢流阀的流速声音高					○	○					○		○				○			○												○										
	配管振动，本身共振、共鸣	○			○							○		○							○				○								○										
	泵的噪声大	○	○			○	○	○		○	○	○		○				○	○	○											○		○									○	○
	油马达的噪声大	○	○									○													○			○			○		○					○					
	有不正常的声音				○														○	○								○	○								○	○					
油泄漏、油温	由油缸密封，阀芯密封产生的泄漏						○			○			○	○			○	○				○	○	○			○					○											○
	泵、马达轴密封，操作杆轴密封泄漏						○			○			○	○					○	○								○				○											○
	高压配管油泄漏				○	○															○									○			○										○
	低压管路，油冷却器产生泄漏				○	○	○	○					○	○	○		○	○														○											○
	工作油温升高（无冷却器）						○	○	○			○									○																						○
	工作油温升高（有冷却器）						○	○	○			○			○	○	○				○																						○
原动机	电动机起动困难										○							○	○	○	○									○									○	○			○
	一旦加载，发动机停止，熔断器烧坏																		○	○	○									○									○	○			○
	发动机过热														○	○																○	○										○
其他	滤油器纸质滤芯破损							○	○	○								○																									○
	工作油中金属磨损粉末增多							○	○	○								○	○	○							○	○															

9. 利用设备的自诊断功能(辅助功能)查找液压故障

一些进口的设备上,由于采用了电子计算机控制,通过电子计算机的辅助功能(M 功能)接口电路及传感技术,可对液压机械的某些故障进行自诊断并显示在荧光屏上,可根据显示故障的内容进行故障排除。

10. 从电气和液压元件的相互关系查找液压故障

在液压设备中,其控制系统一般由两部分构成,即电气部分和液压部分。为了迅速准确排除液压设备故障,弄清电气和液压元件的功能、工作原理及作用,弄清它们相互之间的关系对查找液压故障是大有益处的。

11. 利用计算机测试帮助查找液压故障

在液压设备的故障诊断技术中,用计算机对振动、噪声和压力脉动等信号进行数据采集和分析处理,是常用的诊断方法之一。例如利用计算机采集液压元件壳体的振动信号,再进行时域、频域以及各种经典谱和现代谱分析,从多方面提取故障特征,从而进行故障的监测与预报。又如对声学信号或泵出口处的低频微小压力脉动信号的计算机数据采集和频谱分析来诊断液压泵是否已发生了气蚀现象。

总之,计算机信号采集与处理(即计算机测试技术)已成为现代机器设备和液压系统状态监测、故障早期预报以及故障诊断的重要手段之一。

以上是几种常用的查找液压故障的方法,其他查找方法不再赘述。

三、液压系统的故障

液压系统的故障多种多样,不同的液压设备,由于组成液压系统的基本回路不同,组成各基本回路的元件也不同,出现的故障也就不同。有些故障用调整的方法即可排除;有些故障可用更换易损件(如密封圈等)换液压油、甚至更换个别标准液压元件或清洗液压元件的方法排除;有些故障是因原始设计结构不良,必须改进设计才能排除;只有部分故障是因设备使用年久,精度超差需经修复才能恢复其性能。因此,要熟悉设备的液压系统原理图,熟悉各液压元件的结构、性能、在液压系统中的作用及其安装位置;了解设备的使用和维护情况,主动与操作者密切合作,认真分析故障可能的原因,采用“先外后内”、“先调后拆”、“先洗后修”的步骤,大多数故障是能很快排除的。

四、液压元件故障

(一)油泵故障

1. 油泵不出油或油量不足

(1)油泵转动方向不对。

(2)油箱油面过低,滤油器堵塞,油液黏度过大,吸油管路不通畅等。

(3)叶片在转子槽内配合过紧。

(4)吸油管路进入空气或泵体内有残余气体。

(5)柱塞泵配油盘与缸体的接触面或柱塞与柱塞孔的内表面磨损。

(6)柱塞泵的变量机构出现故障,斜盘倾角太小。

2. 油压过低

(1)内部有泄漏。

(2)油泵内部磨损过大。

(3)叶片泵反装或叶片与叶片槽的配合间隙过大。

(4)系统密封或连接不良,进入空气。

(5)溢流阀压力过低或动作失灵。

3. 油泵噪声过大

(1)联轴器不同心或松动。

(2)吸油阻力大或吸油管路进入空气。

(3)油液黏度过高或工作温度过低。

(4)内部零件损坏。

(二)溢流阀故障

溢流阀在使用中的主要故障是调压失灵、压力不稳定及振动、噪声等。

1. 调压失灵

(1)旋动调压手轮,压力达不到额定值。系统压力达不到额定值的主要原因有:

①调压弹簧变形、断裂或弹性衰弱。

②调压弹簧行程不够。

③先导锥阀密封不良,泄漏严重。

④远程遥控口泄漏。

⑤主阀芯与阀座(锥阀式)或与阀体孔(滑阀式)密封不良,泄漏严重。

对于以上故障原因,应采取更换、研配等方法进行修复。

(2)系统上压后,立刻失压,旋动手轮再也不能调节起压力。

该故障多系主阀芯阻尼孔在使用中突然被污物堵塞所致。该阻尼孔堵塞后,系统油压直接作用于主阀芯下端面,此时系统上压,而一旦推动主阀上腔的油液顶开先导锥阀后,主阀打开,系统立即卸压。由于主阀阻尼孔被堵,系统压力油再无法进入主阀上腔,致使系统压力下降,主阀也不能下降。主阀阀口开度不会减小,系统油液不断被溢流,故在这种情况下,无论怎样旋动手轮,也不能使系统上压。

当主阀在全开状态时,若主阀芯被污物卡阻,也会出现上述现象。

对上述故障可通过拆洗阀件、疏通阻尼孔排除。

(3)系统超压,甚至超高压,溢流阀不起溢流作用。

当先导锥阀前的阻尼孔被堵塞后,油压纵然再高也无法作用和顶开锥阀阀芯,调压弹簧一直将锥阀关闭,先导阀不能溢流,主阀芯上、下腔压力始终相等,在主阀弹簧作用下,主阀一直关闭,不能打开,溢流阀失去限压溢流作用。系统压力随着负载的增高而增高,当执行元件终止运动,系统压力在液压泵作用下继续上升,甚至产生超高压现象,此时很容易造成拉断螺栓、泵被打坏等恶性事故。

对上述故障也是通过拆洗阀件、疏通阻尼孔来排除。

2. 压力不稳定,脉动较大

(1)先导阀稳定性不好,锥阀与阀座同轴度不好,配合不良,或是油液污染严重,时有杂质卡夹于锥阀,使锥阀运动不规则。应该纠正阀座的安装,研修锥阀配合面,并控制油液的清洁度,清洗阀件。

(2)油中有气泡或油温太高。应排除系统内的空气并采取措施降低油液温度。

(3)调压螺钉由于锁紧螺母松动而使压力变动。调压后应把锁紧螺母拧紧。

3. 压力轻微摆动并发异常响声

(1)与其他阀件发生共振,可重新调定压力,使其稍高或稍低于额定压力,最好能更换适合的弹簧,采取外部泄油形式等。

(2)先导阀口有磨损或远程控制口腔内存有空气,应修复或更换先导阀并驱除系统中空气。

(3)流量过大,更换大规格阀,最好能采用外部泄油。

(4)油箱管路有背压,管件有机械振动,宜改用溢流阀的外部泄油方式。

(5)滑阀式阀芯制造时或使用后,产生鼓形面,应当修理或更换阀芯。

4. 压力调节反应迟缓

(1)弹簧刚度不当或扭曲变形有卡阻现象,须更换弹簧。

(2)锥阀阻尼孔被杂质污物堵而不塞,但通流面积大为减小,应拆洗锥阀,疏通孔道。

(3)管路系统有空气,对执行元件进行全程运行,驱除系统内空气。

5. 噪声和振动

(1)先导锥阀在高压下溢流时,阀芯开15轴向位移量仅0.03~0.06 mm,通流面积小,流速高达200 m/s。若锥阀及锥阀座加工时产生椭圆度,导阀口粘着污物及调压弹簧变形等,均使锥阀径向力不平衡,造成振荡,产生尖啸声。对锥阀封油面圆度误差应控制在0.005~0.01 mm,表面粗糙度 R_a 应优于0.4 μm。

(2)阀体与主阀阀芯制造几何精度差,棱边有毛刺或阀体内有污物,使配合间隙增大并使阀芯偏向一边,造成主阀径向力不平衡、性能不稳定而产生振动及噪声,应当去除毛刺,更换质量符合要求的零件。

(3)阀的远程控制口至电磁换向阀之间管件通径不宜太大,过大反而会引起振动,一般取管径为6mm较适宜。

(4)空穴噪声:当空气被吸入油液中或油液压力低于大气压时,将会出现空穴现象,此时,需检查油箱油液的高度,驱除系统中的空气。

(5)因装配或维护不当产生以下机械噪声。

①阀芯与阀孔配合过紧,阀芯移动困难,引起振动和噪声。配合过松,间隙太大,泄漏严重及液动力等也会导致振动和噪声。装配时,要严格掌握合适的间隙。

②调压弹簧刚度不够,产生弯曲变形。液动力能引起弹簧自振,当弹簧振动频率与系统频率相同时,即出现共振和噪声,更换适当的弹簧即可排除。

③调压手轮松动。压力由手轮旋转调定后,需用锁紧螺母将其锁牢。

④出油口油路中有空气时,将产生溢流噪声,需排净空气并防止空气进入。

⑤系统中其他元件的连接松动,若溢流阀与松动元件同步共振,将增大振幅和噪声。

(三)电液换向阀常见故障及产生原因

1. 电磁铁故障,引起液动阀芯不能运动

(1)交流电磁铁在滑阀卡住后,铁芯吸不到底,电压太低或太高而导致线圈过热烧毁。

(2)电磁铁漏磁,吸力不足,推不动主阀阀芯。

(3)电磁铁接线不良,接触不好甚至假焊。

(4)控制电磁铁的其他传感元件,如行程开关、限位开关、压力继电器等,未能输出控制信号。

(5)电磁铁铁芯与衔铁之间侵入污物,使衔铁卡死。

(6)电磁铁铁芯与衔铁轴线不同轴度过大,衔铁吸合不良;换向阻力太大,回油背压超高;换向操作频率太高,都使电磁铁过热或发出嗡嗡噪声。

2. 先导电磁阀产生故障,致使液动阀芯不能运动

(1)电磁阀芯与阀体孔卡死。

(2)弹簧弯曲折断,使阀芯卡死。

3. 液动阀阀芯卡死

(1)阀体孔与阀芯配合间隙过小,油温升高后,阀芯胀卡在阀孔内。

(2)阀芯几何尺寸与形位公差超差,阀芯与阀孔装配轴线不重合,产生轴向液压卡死现象。

(3)阀芯表面有毛刺,或者阀芯(或阀体)被碰伤卡死。

4. 液动换向阀控制油路存在故障

(1)油液控制动力源的压力不够,滑阀未被推动,故不能换向或换向不到位。

(2)电磁先导阀存在故障,未能工作。

(3)控制油路堵塞。

(4)可调节流阀调整不当,通油口过小或堵塞。

(5)滑阀两端泄油口没有接回油箱,或泄油背压过高,或泄油管堵塞。

(6)阀端盖处因螺钉松动或接触面不平等原因导致泄漏严重,使控制油压不足。

5. 油液污染严重,阀芯不运动

(1)油液污染严重,未能滤去的颗粒杂质卡死阀芯。

(2)油温长期过高,使油液变质产生胶质物质,粘在阀芯表面而卡死。

(3)油液黏度太高,使阀芯移动困难甚至卡住不动。

6. 其他故障引起的阀芯不动

(1)电液换向阀安装精度太差,紧固螺钉不均匀,或管道法兰接头处发生撬动使阀体变形,造成阀芯不能运动。

(2)弹簧对中式液动阀的复位弹簧太硬、太粗,推动力需要太大。

(3)弹簧卡阻或弹簧折断,致使阀芯不能对中复位。

7. 阀芯换向后,开口量不够致使通过流量不够

(1)行程调节型主阀的螺杆调整不当。

(2)电磁阀由于长期使用,使推杆磨损过短,或更换电磁铁后,其安装距离较原来为大,使主阀控制油进入不够而致。

(3)主阀阀芯与阀孔间隙不当,几何精度差,阀芯不能在全程内顺畅移动,阀芯达不到规定位置。

(4)弹簧太弱,推力不足,使阀芯行程达不到规定位置。

8. 电液阀进出油口处压降太大

(1)通流阀口面积太小,阻尼作用严重,主要原因仍是阀芯移动达不到规定位置。

(2)通过流量过多,远远大于额定流量,此时应选择与流量相配的电液阀。

9. 电液阀换向时调节器故障使主阀换向速度不易调节

(1)单向阀泄漏严重,应拆下重新研配以保证密封程度。

(2)节流阀芯弯曲,螺纹处碰毛,致使无法转动而失去调节功能。

(3)流阀调节性能差或被污染物堵塞,应清洗或改用三角槽式节流阀。

10. 换向冲击与噪声

(1)控制流量过大、滑阀速度太快而产生冲击声。一般可以通过调小单向节流阀节流口的方法来减慢滑阀移动速度。

(2)单向节流阀阀芯与孔配合间隙太大,或者单向阀弹簧漏装,使阻尼作用失效,产生换向冲击声。

(3)液压系统中,压差很大的两个回路瞬时接通而产生液压冲击,并发出噪声。

(4)阀芯被污物卡阻,且时动时卡,产生振动及噪声。

(5)固定电磁铁的螺钉松动,致使液流换向时产生位移振动与噪声。

针对上述故障及产生原因,应根据实际情况,及时、准确地做出相应判断,并采取措施进行排除。

(四)减压阀的故障诊断与排除

1. 减压出油口压力上不去,且出油很少或无油流出

(1)主阀芯阻尼孔堵塞。主阀芯上腔及先导阀前腔成为无油液充入的空腔,主阀成为一个弹簧力很弱的直动滑阀,出油口只要稍一上压,立即可将主阀芯抬起而使减压阀口关闭,使出油口建立不起压力,且油流很少。

(2)主阀芯在关闭状态下被卡死。

(3)手轮调节不当或调压弹簧太软。

(4)先导锥阀密封不好,泄漏严重,甚至锥阀漏装。

(5)外控口未封堵或泄漏严重。

2. 不起减压作用

(1)先导阀上阻尼孔堵塞。该孔堵塞后,先导阀不起控制作用,而出口压力油液通过主阀内阻尼孔充入主阀上腔,主阀芯在弹簧作用下处于最下端位置,阀口一直大开,故阀不起减压作用,进、出口压力同步上升或下降。

(2)泄油口堵塞。该口堵塞后,先导阀无法泄油,故进、出口油压也是同步上升或下降。

(3)主阀芯在全开状态下被卡死。

3. 二次压力不稳定

(1)先导调压弹簧扭曲、变形或阀口接触不良,形状不规则,使锥阀启闭时无定值。

(2)主阀芯与阀孔几何精度差,阀芯工作移动不畅。

(3)主阀芯中阻尼孔或其进口处有杂物,使阻尼有时堵塞有时能通过,阻尼作用不稳定。

(4)系统中及阀内存有空气。

针对以上故障现象,选择适宜的措施加以排除。

(五)油缸故障

1. 油缸动作缓慢无力

(1)油箱内油量不足,有空气混入。

(2)油温过高或油液黏度过低。

(3)溢流阀压力过低。

(4)输油管路弯折,阻力大或漏油等。
(5)密封圈安装太紧,油缸阻力过大。
(6)油缸内部磨损严重,或产生腐蚀、拉伤等缺陷,内部漏油。
(7)油泵流量不足。
2. 爬 行
(1)油缸内有空气。
(2)密封圈压得太死。
(3)活塞与活塞杆不同心。
(4)油缸内壁拉伤,局部磨损或腐蚀等。
(六)油马达故障
1. 输出功率不足
(1)油泵供油不足。
(2)油泵输出压力偏低。
(3)油马达内部零件磨损,泄漏严重。
(4)接合面接触不好,密封不良。
2. 泄 漏
(1)配油盘与缸体端面磨损,轴向间隙大。
(2)内部零件磨损,间隙大。
(3)轴端密封不良或密封圈损坏。
(4)管接头密封不良或接合面螺栓松动,有污物等。
3. 噪声过大
(1)滤油器堵塞,油路不通畅。
(2)进油管接头漏气。
(3)联轴器安装不同心。
(4)油液黏度过大。
(5)油泵内部零件磨损严重。

五、SPZ-200配砟整形车液压系统常见故障

1. 压力不足或完全无压力
(1)叶片泵转动方向不对或叶片装反。
(2)吸油管路或滤油器阻力过大或堵塞。
(3)油泵各部磨损或配合间隙过大。
(4)各连接处密封不良,油泵漏气。
(5)系统泄漏严重。
(6)油箱油面过低。
(7)油液黏度过高或工作温度过低。
(8)溢流阀失灵或调整压力太低。
2. 爬 行
(1)系统中有空气。

(2)油缸、活塞及活塞杆等相对运动件之间机械摩擦阻力过大或阻力发生变化。

(3)活塞杆变形或油缸内壁有拉伤、磨损和腐蚀等。

(4)油液不干净。

(5)对称油缸在运行中阻力大小不同或油压不等,进入油缸的油量不均匀或两垂直油缸不平行等。

3. 油温过高

(1)油箱中液面太低,油液循环太快。

(2)油泵、油马达或油缸工作效率太低,其能量损失转化为热能被油吸收。

(3)系统内运动部件发生机械磨损,造成油温上升。

(4)油路设计不合理,如管径太细、管路太长、弯曲太多,造成压力损失、油温升高。

(5)系统漏油严重,造成容积损失而发热。

(6)油压过高,系统长期在高压下工作。

(7)油的黏度太高或太低,或油质变坏,阻力增大。

(8)冷却器表面脏污,造成散热不良,冷却能力下降。

4. 噪声及振动

(1)油箱油面太低,吸油口插入油面太浅,或吸油管密封不良等,使吸油管内有空气进入。

(2)吸油滤油器堵塞,或吸油油路阻力过大,吸油不畅,造成油泵空转。

(3)油泵转速过高,或叶片泵叶片卡死、断裂和配合不良等。柱塞泵卡死或移动不灵活等。

(4)阀座损坏,或阀心与阀孔间隙过大,阀心移动不灵活等。

以上所述内容为液压系统与液压元件的一般故障及其发生原因和处理办法。表12—3为走行液压系统故障与查找表,表12—4为作业液压系统一般故障检查与处理表。SPZ-200配砟整形车整机注油明细见表12—5。

表12—3　走行液压系统故障与查找表

走行液压系统故障查找	没有前进和后退运动	启动慢有异常噪声	输出扭矩太小	油温太高	驱动转速未达到	减速不平稳	加速度不够
油　箱	油位太低,吸油管口在油面以上	油中气泡太多,油箱油太少		油位太低或用错了液压油			
吸油管	吸油管折断或破碎			吸油管不密封,进气			
滤油器	滤油器污染厉害	滤油器污染厉害					
变量马达	变量马达失灵,内泄严重	压力阀失灵	单向阀失灵,控制压力太高				
辅助泵	辅助泵失无压力				控制压力未建立		

续上表

走行液压系统故障查找	没有前进和后退运动	启动慢有异常噪声	输出扭矩太小	油温太高	驱动转速未达到	减速不平稳	加速度不够
变量泵	高压溢流阀失灵主油路压力		高压滥流阀调压太低	泵失灵，溢流阀动作	控制压力太小	系统中节流阀孔太大	马达调节不良
回油管			横截面积小,阻力太大	油直接回油箱未经冷却器			
冷却器			油温太高				
短路阀	短路阀失控,无压力		短路阀未完全关闭				
换向电磁阀	电磁阀不工作						
备　注			柴油机功率不够		柴油机转速未达到工作转速		柴油机功率下降

表 12—4　作业液压系统一般故障检查与处理表

一般故障 查找部位	形不成压力	油缸动作过快或过慢	油温偏高	中翼犁无动作	输送带不能转动
溢流阀	√				
电磁换向阀				√	√
单向阀		√			
液压油箱			√		

表 12—5　SPZ-200 配砟整形车整机注油明细表

注油位置	油料名称	油料型号	注油量(kg)	备　注
柴油箱	轻柴油	0	700	
发动机	柴油机油	15W-40CD	约 35	注油量以油尺为准
液压油箱	无灰抗磨液压油	HM46	800	过滤精度 20 s
前后车轴齿轮箱	重负荷齿轮油	85W/90GL-5	约 30	注油量以刻度为准
分动箱	重负荷齿轮油	85W/90GL-5	约 8	注油量以刻度为准
前后车轴轴箱	铁道润滑脂	Ⅱ号	4	
润滑图各部位	黄　油	钙基润滑脂		

注:(1)以上所用燃料和油料必须清洁无杂质及水分,柴油须经过必要的沉淀或处理,液压油必须精滤达到要求;

(2)本表适用于新车出厂时的组装和检验,也适用于新车的落成验收;

(3)以上所用液压油和润滑油的更换或添加时间参照维修保养手册执行。

第四节　制动系统故障

一、减压后不起制动作用

1. 列车管减压后,制动缸达不到规定压力,甚至不出闸。

其主要原因是制动机系统未充满风。因为初充风或紧急制动后的缓解再充风约需 1 min;

而常用全制动后的缓解再充风约需 20 s。在检查制动系统是否充满风时,可将自动制动阀手柄置于运转位,如果列车管压力立即下降,则表明制动系统未充满风。

2. 自动制动阀操纵时,制动缸压力难以控制。

制动缸的升压滞后于列车管的减压。当制动缸压力达到要求值时,再用自动制动阀保压是一种错误的操纵。因为列车管已经过量减压,制动缸的最终压力将超过要求值。正确的操纵方法是:当列车管减压量达到要求值时,自动制动阀就予保压,制动缸滞后一段时间后,就会达到规定的压力。

3. 紧急制动后,列车管充不上风。

(1)分配阀紧急部的列车管紧急放风阀没有复位。因为列车管压力空气排尽后,放风阀要滞后 30 ~ 40 s 才能复位,应待放风阀关闭后再充风。

(2)放风阀下方的柱塞阀传递杆发卡,致使柱塞阀不能复位,中继阀遮断阀管的总风不能排入大气,使中继阀的总风源仍被切断,无法向列车管充风。发生此故障时,应修理传递杆。

二、制动后不缓解或缓解不良

1. 列车管减压后,用自动制动阀充风缓解,制动缸不缓解或缓解不到零。

产生这一现象的主要原因是作用管有压力空气。因为梭阀的切换作用,使分配阀均衡鞲鞴下侧的压力空气无法排出或排不尽。以下为处理方法。

(1)下压自动制动阀手柄,实施单独缓解,排出均衡鞲鞴下侧的压力空气。

(2)将单独制动阀手柄置缓解位,随时排出不管任何原因积存在作用管内的压力空气。

(3)清洗梭阀阀体,清除锈蚀。

2. 附挂回送时,制动后缓解不良。

产生这一现象的原因是长时间的制动保压或梭阀阀体锈蚀,使容积室的一部分压力空气经梭阀泄漏到作用管,导致缓解不良。以下为处理方法。

(1)装上单独制动阀手柄并置缓解位,使作用管不能积存压力空气。

(2)清洗梭阀阀体并清除锈蚀。

三、自动制动阀控制失灵

(1)在多机重联作业编组换向操纵时,自动制动阀有时产生控制失灵的现象。其原因是被牵引作业车中继阀的列车管截断塞门没有关闭,由于中继阀的非正常动作影响了操纵端自动制动阀的正常操纵,致使全列车列车管的压力控制失灵。在操纵前,务必关闭被牵引作业车中继阀的列车管截断塞门。

(2)自动制动阀操纵时,均衡风缸不保压。这是因为空气制动阀作用柱塞漏泄,致使均衡风缸不保压。应更换作用柱塞的 O 形橡胶密封圈。

四、减压阀排风不止

减压阀排风口排风不止是因为溢流阀漏泄或进风阀口被脏物所垫,造成减压阀膜板室过压而顶开溢流阀。发生此故障时,应研磨溢流阀的金属阀口和清洗进风阀口。

五、中继阀排风不止

中继阀排风口排风不止是因为中继阀阀口被脏物所垫、阀口缺损或阀的挡圈折断。应清洗排风阀或更换排风阀的相应部件。

六、109 分配阀故障

1. 109 分配阀不保压,制动缸的压力上涨。

这是因为节制阀或滑阀漏泄,均衡阀口的缺损或被脏物所垫,导致此故障。应拆检上述各阀。

2. 109 分配阀不保压,制动缸的压力下降。

这是因为安全阀阀口漏泄或自动制动阀用于单缓的排风阀口被脏物所垫。应研磨安全阀的阀口或清洗排风阀。

3. 109 分配阀紧急制动后,制动缸的压力过高。

造成的原因是,安全阀的调定压力不稳定。应合理选配增压阀的总风供风和安全阀进风口缩堵的孔径,使之匹配。

4. 109 分配阀保压时,排风口排风不止。

其造成的主要原因是:

(1)均衡阀口被脏物所垫或均衡阀的橡胶阀面不平整,导致总风向制动缸漏泄,过量的制动缸压力空气由制动缸排气口排出。

(2)作用管管系漏泄,使制动缸压力随之下降。

发生上述故障时,根据故障处所不同,应清洗均衡阀口,用细砂纸磨平均衡阀的橡胶阀面或处理作用管的漏泄处。

第五节 空调、暖风故障

一、空调故障处理

1. 充注制冷剂

充注制冷剂见图 12—3。

(1)关闭高低压手动阀,将中间连接软管从真空泵卸下,与制冷剂瓶相连,拧松中间连接管,用少量制冷剂清洗该管。

(2)拧紧中间连接处,打开制冷剂瓶及高、低压手动阀,让制冷剂进入系统。

(3)加制冷剂时,要控制低压表读数在 275 kPa 以下,并将制冷剂从低压侧充注系统内。

(4)充注制冷剂数量见表 12—6。

2. 故障诊断

液视窗装在储液瓶顶上,见图 12—4。维修人员可以看到系统内制冷剂的状态来诊断系统故障。如气温在 21 ℃以上,启动发动机,然后快怠速,调整空调机至最凉位置,风机速度至最高挡位,注意观察液视窗上有无气泡。可能发现下列各种情况,解决方法也同时给出,见图 12—5。

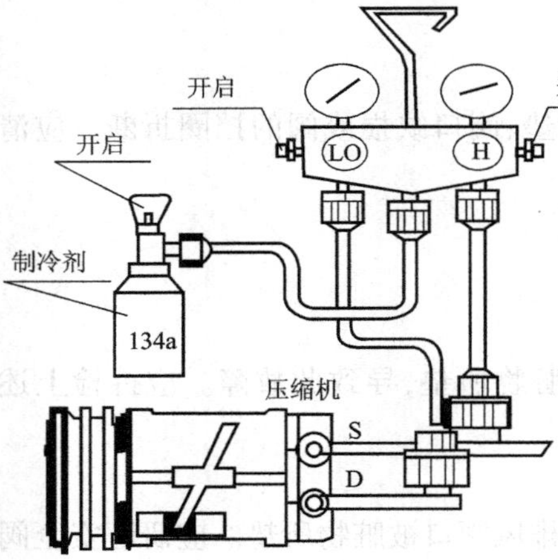

图 12—3　加制冷剂示意图

表 12—6　充注制冷剂数量

空调机型号	制冷剂	加入量(kg)
KK6	R12	0.8～0.9
KK7	R134a	0.8～0.9
KK2000	R134a	0.8～0.9
DYK－64	R134a	0.9～1.0
DYK－AB	R134a	0.9～1.0

(1)无气泡,液窗清晰见图 12—6(a)。这表面系统内制冷剂充足,或者,系统内根本没有制冷剂。触摸压缩机附近高低管,不要碰到传动皮带,高压管应当温暖,低压管应当冰凉。

(2)液视窗出现气泡见图 12—6(b),这可能表明系统内缺少制冷剂。用检漏工具检漏,如有漏点,应当修理,然后再抽真空,并冲注制冷剂。

(3)高、低管间,如有温差,但是不大,这表明系统内没有制冷剂,或几乎没有制冷剂。应当检查系统,如有漏点,应修好,然后再抽真空并加氟。

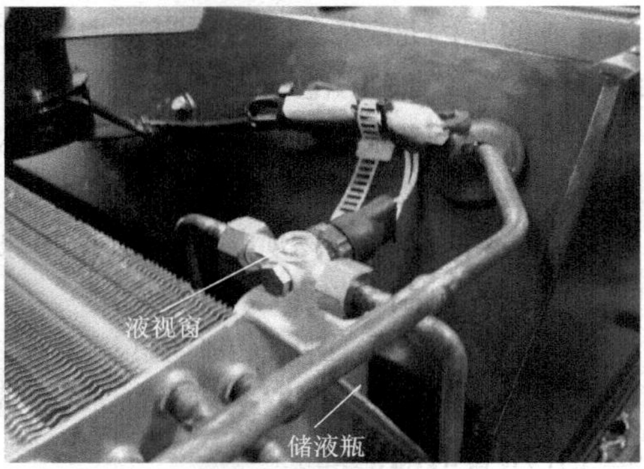

图 12—4　储液瓶安装位置图

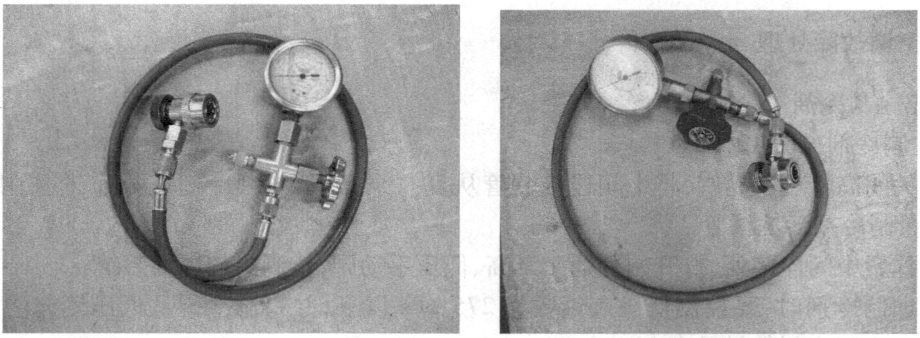

图 12—5　加制冷剂高低压表图

(4)压缩机附近高、低管温差显著。这表明系统内制冷剂含量是适当的,但也可能是制冷剂加多了,如制冷剂加多了,也会有显著温差。如果是这样,必是冷气不足,低速时尤其如此。为了检查是否氟过多,在空调系统运行时,瞬时断开压缩机离合器,注意液窗。

(5)如液视窗上先是有制冷泡沫见图 12—6(c),而在 45 s 内又消失了,说明系统内制冷剂并未过量。

(6)如液视窗处制冷剂继续清晰见图12—6(d),时间超过45 s,然后起泡沫,最后泡沫消失,这是系统内含制冷剂过多,应当放掉多余制冷剂。

(7)如果制冷剂呈牛奶状见图12—6(e),可能是系统内含湿过多所致。先抽真空,再充注制冷剂。

以上各项只是对系统作初步检查,只能说明系统内制冷剂含量是否适当。如系统功能失效,需做其他检查,以便排除故障。

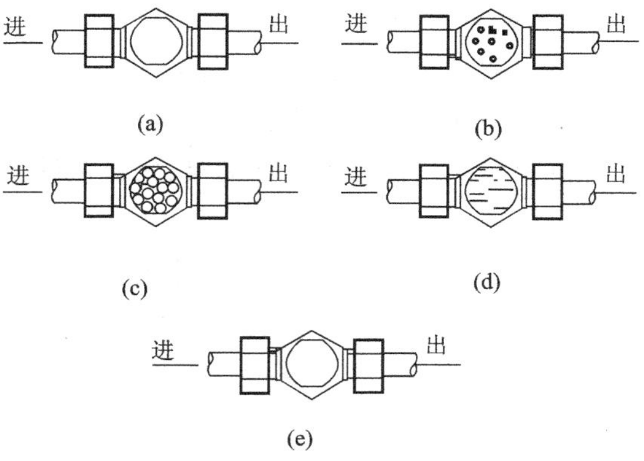

图12—6　储液瓶液窗图

二、暖风机故障

1. 暖风维修技术

(1)安装暖风机供油系统时,泵入口处油压不超过0.02 MPa,其压力超过应在电磁泵前必须安装减压阀。测量泵入口油压见图12—7。

图12—7　电磁泵入口测量油压

(2)系统供油管路应按照图12—8要求安装。

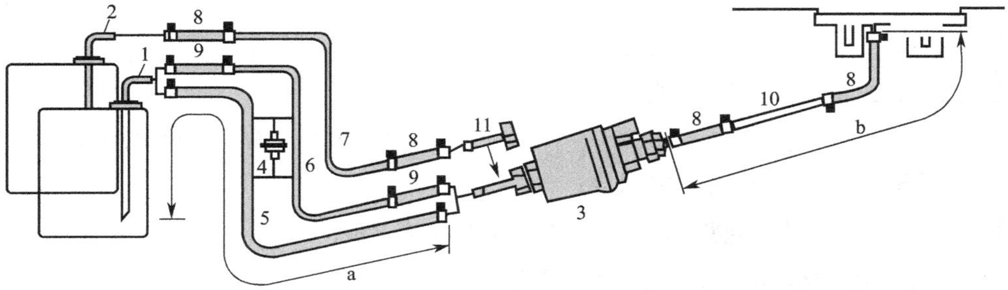

图12—8　供油系统

(3)技术要求:

吸入侧:$a=2$ m,管直径 2 mm

压力侧:$b=6$ m,管直径 1.5 mm

供油系统超过要求应加油泵,大机供油泵见图 12—9。

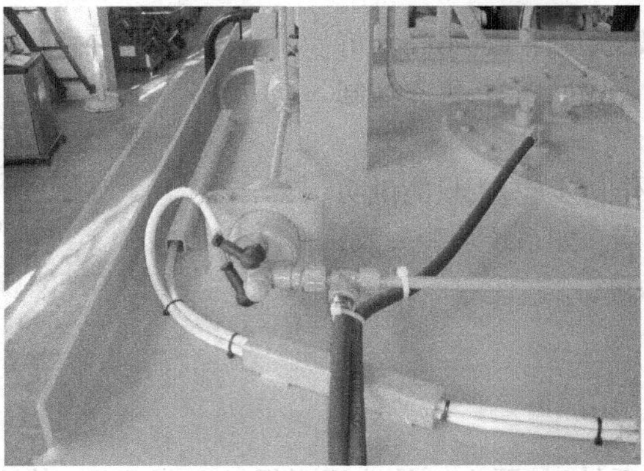

图 12—9　大机供油泵

(4)暖风机用燃油见表 12—7。在 -10 ℃以上使用暖风机时,应选用35 号柴油;若在 -10 ℃以下使用暖风机时,应选用优质煤油。

2. 暖风“解锁”方法

当显示屏出现 F12、F15 或 F50 时,说明控制器锁闭。首先要对相应的故障进行处理,之后解锁。“解锁”指示见图 12—10。

表 12—7　暖风机用燃油

环境温度	燃油成分
0 ℃ ~10 ℃	-35 号柴油
-10 ℃ ~25 ℃	优质煤油或 50% 柴油
-25℃ ~40 ℃	优质煤油

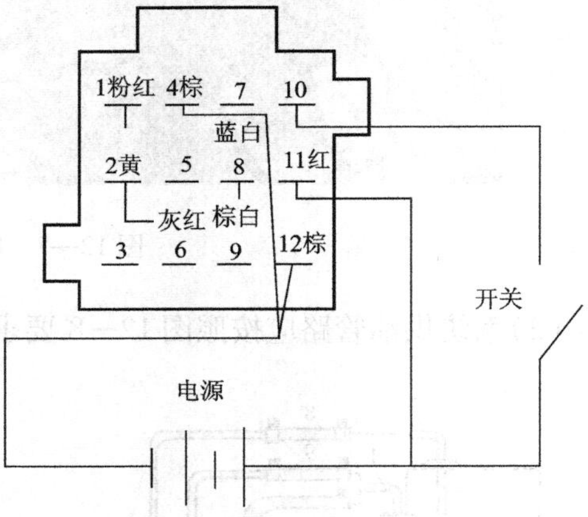

图 12—10　“解锁”指示图

(1)按下解锁开关按钮,将开关闭合;

(2)按下定时器加热键,显示屏出现 F12、F15 或 F50;

(3)按下时钟键,在 2 s 内按选择键;

(4)将解锁开关断开,同时按时钟键与键;

(5)将锁开关闭合,直到显示屏出现如下显示: -- : --

(6)3 s 后,控制器自锁消除,显示如下: AF:00

3. 暖风故障代码

暖风故障代码见表 12—8。

表 12—8 暖风故障代码

故障代码	故障原因	故障排除
000	运行(没有故障)	
001	警告—电压过高	检查调节器
002	警告—电压过低	电池充电
004	警告—新鲜空气压缩机输出口短路	排除短路/过载
005	警告—偷盗警告器输出口短路	排除短路/过载
009	施通过 D + 或者 HA/NA(辅助驱动/辅助从动)关闭 TRS	检查 TRS 信号电缆
010	电压过高关闭	检查调节器,检查充电器
011	电压过低关闭	检查调节器,检查充电器
012 013 014	过热—剂量泵中断 火焰传感器过温 过热传感器与调节传感器之差过大	检查加热空气管道进出口是否被堵塞,必要时消除堵塞; 检查电路及燃料剂量泵的连接; 检查过热开关
015	过热次数太多	连续发生三次过热导致控制器闭锁,排除过热原因; 通过消除错误储存器解除闭锁
017	过热(传感器的第 2 个界限值)	检查过热传感器
020 021	火花塞/火花棒中断 火花塞/火花棒短路	检查火花塞和火花塞电阻(仅为 24 V),必要时更换; 检查电线和连接; 检查火花塞继电器的连接; 检查火花塞/火花棒,必要时更换
022	火花塞继电器短路	检查火花塞继电器,必要时更换(仅 D2W)
023 024	电流调节器继电器线圈中断 电流调节器继电器线圈短路	检查电线和连接; 检查火花塞的连接,必要时更换电流调节器
025	诊断输出短路	排除短路
029/030 031/032 033	燃烧器电机或转速调节器发生故障, 转速出现偏差	检查电机转速,必要时更换鼓风机; 检查转速转换继电器,必要时更换印刷电路板; 检查鼓风机电机的连接
035 036	部分载荷继电器线圈中断 部分载荷继电器线圈短路	检查电线和连接; 检查部分载荷继电器,必要时更换
038 039	车辆鼓风机继电器中断 车辆鼓风机继电器短路	检查电线和连接: 检查车辆鼓风机继电器,必要时更换(D2W/D9W)
043	外部部件/剂量泵输出口短路	排除短路/过载

续上表

故障代码	故障原因	故障排除
047 048	剂量泵短路 剂量泵中断	检查燃料剂量泵,必要时更换; 检查电线和连接
050	试图启动次数过多	连续过多次数试图启动导致控制器闭锁; 检查燃料供应,检查废气和燃烧空气导流; 检查火花塞,必要时更换; 通过消除错误储存器解除闭锁
051	火焰传感器发生故障/ 启动时就出现明亮火焰	检查火焰传感器(在 D24W/D30W 上为光电晶体管),必要时更换
052	没有启动/超过安全时间	检查燃料供应,检查废气和燃烧空气导流; 检查火花塞/火花棒,必要时更换
053 054 055 056	在“接通”时火焰熄灭 在“大”功率等级时火焰熄灭 在“中”功率等级时火焰熄灭 在“小”功率等级时火焰熄灭	加热器已经点燃(能见火焰),在一个功率等级发生火焰熄灭; 检查燃料量和燃油供应情况; 检查鼓风机转速; 当燃烧正常时,检查火焰传感器,必要时更换
057	火焰传感器发生故障, 短路或连接错误	检查电缆树上通往火焰传感器的插入连接(在 D24W/D30W 上为光电晶体管)
058	跟踪运行时出现火焰	检查火焰传感器
060 061	温度调节传感器中断 温度调节传感器短路	检查电缆树上通往温度传感器的插入式连接; 在内部检查印刷电路板上的温度传感器; 在外部直接检查温度传感器; 对于水加热器:检查水温传感器
062 063	额定值电位计中断 额定值电位计短路	检查电线和操作装置上的连接,必要时更换操作装置
064 065	火焰传感器中断 火焰传感器短路	检查电缆树上通往火焰传感器的插入连接; 检查火焰传感器,必要时更换
071 072	过热传感器中断 过热传感器短路	过热传感器测量的温度值超出测量范围以外; 检查连接线路
090/092 393/094 397	控制器发生故障	更换控制器
396	控制器内部温度调节传感器发生故障	更换控制器或使用外部温度传感器
091	外部干扰电压	排除干扰电压

复习思考题

1. 发动机启动困难,可能有哪几方面的原因?
2. 在什么情况下发动机的温度会偏高?
3. 发动机什么时候会冒蓝烟? 什么时候会冒白烟? 什么时候会冒黑烟?
4. 简述消除极板硫化的方法。
5. 简述硅整流发电机的故障处理。
6. 简述启动机的故障现象及处理。
7. 简述继电器、电磁阀不动作的原因及检测方法。
8. 简述液压系统的故障诊断步骤
9. 液压系统故障诊断的方法有哪些?
10. 简述液压系统故障感官诊断的具体方法。
11. 简述液压系统故障排除应遵循的原则。
12. SPZ-200配砟整形车液压系统的压力不足,可能有哪些原因?
13. 什么时候液压系统容易发热?
14. 造成油缸爬行的原因是什么? 如何排除?
15. 溢流阀的故障诊断与排除方法是什么?
16. 电液换向阀常见故障及产生原因有哪些?
17. 油路中如果进入空气,将会引起什么毛病?
18. 油马达的常见故障有哪些? 应如何排除?
19. 液压系统产生较大噪声的原因有哪些?
20. 减压后不起制动作用的原因是什么? 如何排除?
21. 制动后不缓解或缓解不良的原因是什么? 如何排除?
22. 在多机重联作业时,自动制动阀控制失灵的原因是什么? 如何排除?
23. 减压阀和中继阀排风不止的原因是什么? 如何排除?
24. 109分配阀会出现哪些故障? 应如何排除?
25. 简述空调故障诊断处理。
26. 简述暖风“解锁”方法。

第十三章 应急处理

第一节 基本要求

1. 应急处理设备应经常处于完好状态。

2. 机械操作人员应熟练掌握应急设备的操作、检查保养规程及相关规定。

3. 大型线路机械起复救援设备的配备标准如下:

(1)每台车应配备一组人字形复轨器。

(2)每个大修、维修机组应配备一组液压起复救援设备。

(3)起复救援时应由施工负责人在现场统一协调指挥;驻站联络员应预报通过现场临线的车次;现场应设防护员,并与驻站联络员保持不间断通信联系,在临线列车到达抢险现场防护距离前,通知抢险指挥人(如遇曲线应增设防护,两个防护人员必须加强联系)。

注:防护距离依据不同线路速度等级不同。

(4)现场抢险时,车辆两端先做好防溜措施,设好防护,所有工、机具不得侵入邻线限界,如需占用邻线,必须经列车调度员同意并确认邻线区间空闲。

第二节 大型线路机械脱线起复预案

大型线路机械车脱线后,司机长应立即向施工负责人报告请求救援,同时积极组织本车人员做好起复救援准备。如果是在作业过程中脱线,司机长首先应组织将所有的工作装置收锁到位,待救援车辆到达后,由施工负责人统一指挥。

一、铝合金复轨器起复机械车

1. 安装方法

(1)在脱轨机车车辆牵引方向的一端,选择两根轨枕,将复轨器的大筋置于钢轨外侧(或称左"人"、右"入"的位置,按脱线车辆起复方向)分别搭在两根轨枕上,复轨器尾部拐角靠紧轨枕侧面,并使尾部销孔落在轨底面以下,穿上圆销。

(2)在复轨器头部与轨面接触处垫上胶片或防滑木片、干棉丝、破布等,在复轨器前部左、右凸耳及复轨器鱼背下部两侧必须用铁板、石砟等垫实,以防复轨器压翻或滑行。

(3)安装好后脱线车可慢慢自轴运行到钢轨上。

(4)脱线车无动力时,用别的机械车拉脱线车到轨道上。

2. 注意事项

(1)复轨器不要安装在腐朽的枕木上(若是木枕)。

(2)脱轨车轮距轨不得超过240 mm。否则,须用"拉"和"逼"的方法使车轮靠近基本轨。

(3)复轨器下必须用道砟或其他高强度物体垫实,不得有间隙或悬空,并且尽量密实,否则会断。

(4)脱轨车轮至复轨器间须用石砟、铁板等物垫实。

(5)起复时,复轨器大筋处涂少量润滑油,以减少摩擦,增加车轮的滑落能力。

(6)动力车一定要控制速度,做到能随时停车。

二、FX-4 型轻便液压救援起复设备起复

1. 准备工作

首先将起复设备箱抬下打开,按照机动泵站使用说明书的要求,操作人员检查确认液压油、汽油机、燃料油、润滑油、联结件、紧固件状态良好,可连接泵站至液压油缸间的高压胶管;开机使机器和油泵空转 3 ~5 min,在支承点的下方安装横移梁(横移梁的轴线对准两支承点的中心线),横移梁底平面和地面或金属垫要接触平稳,并保持基本水平,起升机车、车辆时,横移梁的底部轨外侧,则根据需要放置若干短钢轨或枕木,使横移梁平稳,将液压横移小车放在横移梁上,液压油缸放在小车上,并将油缸对准选好的支承点,接好高压胶管。

2. 升机械车

(1)一端用止轮器前后止住,防止起升移位。

(2)铺设外跨式横移梁,先将带卡板的横移梁、卡板槽分别扣压在钢轨轨面,横移梁下面用枕木垫平,使横移梁底平面高于基本轨面(木枕 40 mm 左右,水泥枕 20 ~30 mm),将两台横移小车分别安装在横移梁上。

(3)卡好配砟整形车轮锁具,使轮对与配砟整形车的牵引梁固定。

(4)起重销轴分别装入机车两侧吊装孔内,销轴平面置于下方。将两台 50 t 液压缸分别放在两台横移小车上,并对准顶点(销轴下平面,详细说明阅说明书)。开动机器,泵站开始工作,将换向伐置于液压油缸的起升位置,当油缸活塞伸出全部行程时,在缸下支承座和液压横移小车之间放入外垫块,操作换向伐使油缸活塞回程,油缸下支承座落在外垫块上,活塞完全回程后,再把内垫块放入外垫块中心上,并对准活塞下端部。当轮缘起升高度超过基本轨面时,停止起升作业。这时起升液压缸,活塞杆顶内垫块,作第二次起升。

(5)起升后,把第二块外垫块放在第一块外垫块之上。活塞回程使油缸下支承座落在外垫块上,等活塞完全回程后,把第二块内垫块放在第一块内垫块上。这时再起升油缸,活塞杆顶内垫块。作第三次起升。这样重复起升达到理想高度为止。这里要注意的是:最后起升结束,一定要将活塞回程,使起升油缸的下支承座落在外垫块上,如果横移时活塞不回程,起重点不是作用在下支承座上而是作用在油缸的活塞杆上,再加上横移时产生横向力,因活塞杆面积较小,横移时不稳定,因此严禁在起升状态下进行横移作业。

3. 横移作业

将液压横移小车及旋柄式卡座,置于横移梁上,并用销轴将它们连成一体,使横移油缸工作,推(拉)动横移小车,沿横移梁上平面运动;当活塞回程时,旋柄式卡座再自动嵌入横移梁的另一个方孔内,这时横移油缸再次工作,推(拉)动横移小车沿横移梁上平面运动,这样反复作业,把机械车移到理想位置。

4. 复位作业

撤掉第一块内垫块,起升油缸,活塞杆向下顶住第二块内垫块,使起升油缸下支承座脱离最上层的外垫块,这时,撤除第一层外垫块,然后使油缸回程,油缸下支承座落在外垫块上,于此同时活塞杆与内垫块脱离,撤除第二块内垫块。这样起升油缸,回程再重复起升、回程,可以一层层撤除内垫块和外垫块。使脱轨机械车的轮对落到钢轨上。撤除机车、车辆的索具及止轮器,这时全部作业结束。

第三节　配砟整形车应急处理

一、施工现场发动机熄火故障(或液压泵损坏)应急处理

配砟整形车在施工中发动机突然熄火而又不能及时排除时,应使用应急泵(图 13—1)来紧急收起中犁、侧犁及清扫装置。操作程序如下:

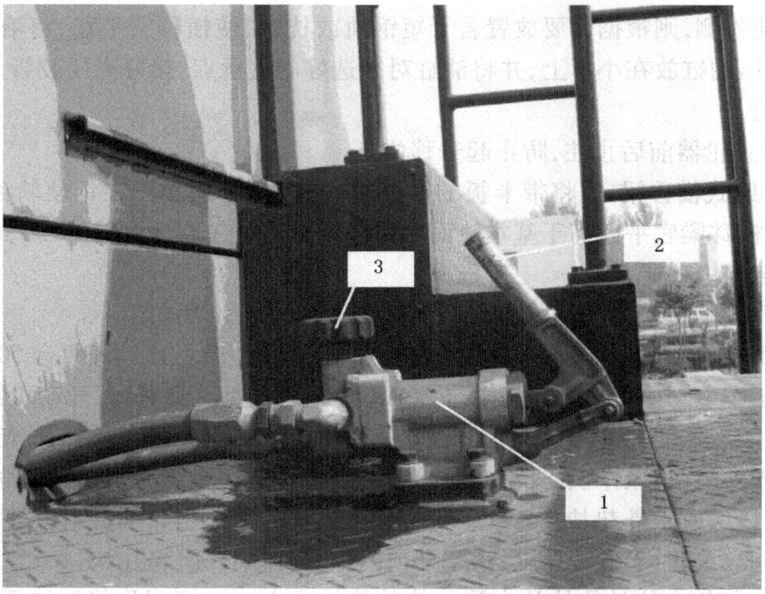

图 13—1　应急泵

1—应急泵;2—应急泵手柄;3—截止阀

1. 检查液压回路是否完好,在完好的情况下:

(1)打开应急泵液压回路截止阀(图 13—1 中 3);

(2)利用加长摇柄摇动应急泵(图 13—1 中 2);

(3)主操作手观看液压压力达到 11 MPa 时,依次收起侧犁和中犁(先收侧犁,把侧犁收好后使其侧犁锁定机械挂钩内锁好,然后收起中犁上好气锁和机械锁销;

(4)收好后关闭应急泵液压回路截止阀。

2. 液压回路损坏分工:1 人负责操纵悬挂,两人负责用手葫芦挂起。

操作程序如下:

(1)在门梁上用铁丝绳做一悬挂处;

(2)松开各工作装置升降油缸、翻转油缸油管接头;
(3)用手葫芦拉起中犁(上好气锁,安全绳,机械销);
(4)用中犁架做支撑挂起侧犁(如可能把侧犁挂在门梁机械挂钩内,用钢丝绳固定好);
(5)检查侧犁与中犁有无侵限,发现后及时处理。

二、侧犁翻转油缸故障应急处理

侧犁翻转油缸活塞脱落等故障时,可以掐掉侧犁翻转油缸油管,用手拉葫芦把侧犁拉起到位,并捆绑牢靠,回驻地检修。

三、提升油缸故障应急处理

中犁提升油缸故障时,同样可掐掉中犁提升油缸油管,用手拉葫芦把中犁拉起,插好机械销和气锁,回驻地检修。

四、走行系统电磁换向阀不能换向应急处理

走行系统电磁换向阀不能换向,可手动按压换向阀阀芯,人工强制换向。待回驻地后检查其电路、油路及换向阀。

复习思考题

1. 铝合金复轨器机械车的安装方法及注意事项有哪些?
2. 叙述 FX-4 型轻便液压救援起复设备的使用方法。
3. 简述侧犁翻转油缸故障时的现场应急处理方法。
4. 简述走行系统电磁换向阀不能换向的应急处理方法。

第十四章　运行监控设备

第一节　概述及相关知识

一、概　　述

列车运行监控记录装置(简称监控装置)是用于保障行车安全的列车速度控制设备。监控装置是机车设备的组成部分,是机车自动停车装置的替代设备,是保障列车运行安全和改善机车乘务作业管理的重要设备。使用监控装置是一项保障行车安全的重要工作,由监控装置所产生的运行参数记录是行车分析的重要依据。其数据任何人不得更改。

监控装置的研究开发始于1990年初,从1995年起LKJ-93型和JK-2H型监控装置陆续形成了在全路普及使用的规模。到2001年末,中国国家铁路监控装置安装机车达14 500余台,达到适用机车的100%。LKJ2000型监控装置于2000年底完成研制工作,于2001年开始批量投入使用,到2002年底共安装机车约1 550台。大量统计表明,推广使用监控装置使得列车运行安全效果显著。普及使用了监控装置的"九五"国家计划期间,铁路行车重大、大事故发生率和险性事故发生率比尚未大量使用监控装置的"八五"期间分别下降32.4%和63.5%。属监控装置功能重点防范的列车冒进信号险性事故减少尤为明显,"九五"期间比"八五"期间下降了87.2%。

随着铁路运输的快速发展,行车安全需求不断发展,对行车安全装备的要求进一步提高,本书对GYJ-2004型运行监控装置作一般介绍,着重介绍新型GYK型运行监控记录装置。

二、相关知识

1. 轨道电路基础知识

轨道电路是信号联锁的室外重要设备,它是以钢轨为导线,一端接电源,另一端接着受电器,通过轨道电流来工作。其工作原理是:当设有轨道电路的某段线路上空闲时,轨道电路上的继电器有足够的电流通过,吸起被磁化的衔铁,闭合前接点,从而接通色灯信号机的绿灯电路,显示绿色灯光,表示前方空闲,允许机车车辆占用。当机车车辆进入该线路区段时,由于轮对电阻很小,使轨道电路短路,继电器吸力减弱,释放衔铁,使之搭在后节点上,接通信号机的红灯电路,显示禁行信号。

2. 机车信号的接受原理

(1)当机车运行在钢轨上时,机车的轮轴将两个钢轨短路起来,钢轨电路形成环路,此时钢轨上传输着带有色灯信息频率的电流。这个电流被机车信号感应器接收并传送给信号处理主机。信号处理主机将转换出来的色灯信息显示在机车信号显示器上。

(2)机车信号的电流是通过机车第一轮对短路两侧钢轨而形成的,而第一轮对之后,信号电流几乎为零。所以,机车信号感应器(机感器)必须安装在机车的第一轮对之前。考虑到机车的双向运行，机感器在机车两端又必须都要安装。为了选择一端和二端感应器的接收，在运行前，操作人员还必须通过前进/后退（一端/二端）设置来选择开车端的机感器为接收，否则机车信号将无法正确接收。

（3）在复线，为了防止上行线和下行线的信号因为频率的相同而相互干扰，机车信号码被设计成上行信号和下行信号，也就是说上行信号和下行信号的频率是不同的，这也是行车前要设置上、下行的原因。

第二节 GYJ-2004 型运行监控装置

一、概　　述

GYJ-2004 型轨道车专用运行监控装置是集机车信号、运行监控、自动停车、轴温监测、数据及语音记录为一体的综合性监控装置，具有机车信号显示、语音提示、速度显示控制、风压显示报警、车辆溜坡报警、轴温监测、自动停车等各项功能，是保障轨道车安全运行的设备。保证装置处于良好的工作状态，定期对装置的各个部分进行规范的检查和保养是非常必要的。

二、监控装置的使用操作

1. 机车信号正确显示所需的必要设置

（1）换端操作

开车前需在开车端的控制盒面板上设置为“前进”，切换方法是按住[前进/后退]键 3 s 以上，直到前进指示灯点亮。不正确的设置将导致接收不到信号。

（2）上、下行设置

开车前需设置开车方向的线路，如开车方向是上行线，则设置为上行。切换方法是按住[上行/下行]键 3 s 以上，直到上行指示灯点亮。不正确的设置将导致接收不到信号。

（3）线路代码设置

开车前需检查线路代码设置是否正确，线路代码指的是各个铁路局、各条线路上的信号制式各不相同，所以运行时要选用正确的信号制式。其中线路代码 1 包含了 ZPW2000、移频和交流计数制式、ZPW2000 兼容 UM71，大多数铁路都是使用这三种制式，具体可参考表 14—1 代码表。线路代码的切换方法是按住[线路代码]键 3 s 以上，直到切换过去。

表 14—1　线路代码表

线路 1	接收新标 ZPW2000、新标电化移频、交流计数信息（带有闪码）
线路 2	接收京郑 UM71、新标电化移频、交流计数信息（带有闪码）
线路 3	接收郑武 UM71、京九电化移频、交流计数信息
线路 4	接收广深 UM71、沪宁电化移频、交流计数信息
线路 5	接收新标 ZPW2000、新标非电化移频、交流计数信息（带有闪码）
线路 6	接收京郑 UM71、新标非电化移频、交流计数信息（带有闪码）
线路 7	接收郑武 UM71、京九非电化移频、交流计数信息
线路 8	接收广深 UM71、沪宁非电化移频、交流计数信息

2. 控制面板的基本操作

(1)自检操作

按住[自检]键3 s以上,装置进入自检状态。语音依次播报各个信号,若自检通过,语音报自检结束、工作正常。若自检故障,语音报故障原因××单元故障。故障判断和检查在后面的常见故障判断中有说明。

(2)时间、日期显示

按[时间]键,控制盒显示当前时间;按[日期]键,控制盒显示当前日期。系统带有独立的时钟模块,关机不会影响时钟的运行。

(3)公里标显示及修改

按[公里标],控制盒显示当前公里标。公里标会随运行速度而增加或减小。增加或减小的切换方法:切换线路代码使线路代码后面带有小数点,或去掉小数点。比如把线路代码1改为1. 或1. 改为1。小数点的存在不影响线路代码本身的设置。公里标的修改方法是[公里标—修改—输入新的公里标—确认],语音报"已记录"表示修改成功。

(4)司机号输入

依次按[司机号—修改—输入司机号—确认],语音报"已记录"表示修改成功。司机号可以输入两个,例如其显示格式"1—0000"前一位表示司机1,后四位表示司机1的司机号;又如"2—2345",表示司机2的司机号是2345。输入时,根据显示字符的跳动进行输入。

(5)车次号输入

依次按[车次—修改—输入车次号—确认],语音报"已记录"表示修改成功。

(6)列车管风压显示

按[管压键]控制盒显示当前列车管的风压。例如显示格式为"q—450",其中q表示当前控制盒状态为前进,后退为H,空挡为0,450表示当前列车管压力是450 kPa。

(7)轴温显示

按[轴温键]控制盒依次循环显示各个探头的温度,例如显示"01—038",其中01表示1号位,038表示温度,即1位轴的温度是38 ℃。再按[轴温键]可以将显示定格在某个轴位上,再按[轴温键]继续循环显示。轴温显示"02——"表示2位轴探头电缆脱落;显示"03 - = = ="表示3位轴探头电缆短路。脱落或短路会引起语音报警"轴温单元故障",按[轴温键]可以解除语音报警。

(8)计长、辆数的输入

依次按[计长—修改—输入计长辆数—确认]语音报"已记录"表示修改成功。例如显示格式为00—00.0中,前两位表示辆数,后三位表示计长。

(9)区间限速的设置

区间限速功能是指手动预设临时的限速区段,它是以公里标为距离依据的。装置可以同时设置9个区段的限速。例如要输入从2~10 km的限速是60 km/h,从12~18 km的限速是40 km/h,从18~30 km的限速是80 km/h。依次按[限速—修改—输入第一个限速(01—060)—确认—语音提示输入起点(0002.00)—确认—语音提示输入终点(0010.00)—确认],语音报"已记录"表示成功。依次按[限速—修改—输入第二个限速(02—040)—确认—语音提示输入起点(0012.00)—确认—语音提示输入终点(0018.00)—确认],语音报"已记录”表示成功。第三个限速也是按照以上方法输入。完成后设置公里标的起点,当行驶到 2 ~ 10 km 段内时,系统将自动调用该段的限速 60 km/h。同样,在区段 12 ~ 18 km 内,限速将调到 40 km/h。取消区间限速的方法是将该区段限速改为 0。

(10)区间作业功能

按[调车]键 3 s 以上,语音报“区间作业,限速 40 公里”系统进入调车状态。此时限速 40 km/h,遇红灯,红黄灯只报警,不停车。按[调车]键 3 s 以上,退出调车状态。

(11)出入库调车功能

按[出入库]键 3 s 以上。语音报“出入库,限速 30 公里”,系统进入出入库状态。此时限速 30 km/h,遇红灯、红黄灯只报警,不停车。按[出入库]键 3 s 以上,退出出入库状态。

3. 行车使用规程

轨道车监控装置的使用包括行车使用和管理使用两个方面,其中行车使用包括开车前的设置、数据的输入等;管理使用包括参数设置,录音的放音操作以及数据的下载分析等。本书主要讨论行车部分的使用,以下是通常行车规程:

(1)开车前的操作

①开机,语音正常,警惕按钮有效。

②自检操作,若自检结果为故障则关机停止使用,联系有关部门处理设备故障。

③自动放风检查,列车管风压在 450 kPa 以上,“操作警惕 + 自检”3 s 以上进行放风试验。

④设置开车方向的控制盒为“前进”。

⑤设置开车方向的线路为上行/下行。

⑥检查线路代码是否正确,否则切换到正确的代码。

⑦输入车次。

⑧输入司机号(正司机、副司机)。

⑨校对公里标。

⑩准备开车。

(2)开车时的操作

①遇到报警按警惕按钮解除,然后根据报警提示的现象进行减速或停车。

②装置自动停车后,按压警惕按钮 3 s 以上解除停车(缓解)。

③特殊情况下,可以按解锁键提高限速去超速运行。

前进/后退、上行/下行、线路代码的设置中有任意一个设置错误都会导致接收不到信号。

三、日常的维护事项

日常的维护事项是指对装置常规的检查工作,主要包括装置各个主要部件的维护和结构连接部件的维护。严格执行定期的日常维护是保证设备安全运行的重要措施。

1. 各个主要部件的维护

以下每个部件在进行维护前,首先需要检查其安装结构是否稳固可靠。

(1)控 制 盒

定期用干燥的软布清理控制盒,保持控制盒的洁净。定期检查控制盒背面的接线端口是否接好,尤其是警惕按钮和轴温接口。控制盒应远离水的侵蚀。操作控制盒的每一个按钮都应该有相应的响应,若发现有按键失灵,显示不正常,或者没有语音提示等现象的,应该马上通知有关维修部门。严重影响使用的,应该立即关机,停止使用,直到故障被排除。

(2)信 号 机

信号机俗称八灯显示器,定期用干燥的软布清理信号机,保持信号机的洁净。按控制盒的[自检]键3 s以上,装置进入自检状态。此时观察信号机的各个灯光的显示是否正常,如果发现有灯不能显示的情况,应该首先检查信号机的接线端口(插拔一次),若不能恢复则通知有关维修部门。

(3)警惕按钮

警惕按钮是司机最直接最常用的按钮,它用于解除报警操作。按警惕按钮应该有"嘟嘟"声响应,如果警惕按钮失效,应该检查按钮的连接是否正常(连接在控制盒上),同时检查按钮本身的触点是否正常,若不正常,则需要更换按钮。

(4)主 机

主机是装置的核心,一般安装在机柜或工具柜内。定期用干燥的软布清理主机,保持主机的洁净。定期检查主机背面的接线端口是否接好。检查保险丝是否完好。主机后的开关是否被关闭。按控制盒的[自检]键3 s以上,装置进入自检状态。若发现自检不正常,比如语音报"自检结束,信号单元故障",则说明主机可能存在故障,应该立即停止使用并上报有关维修部门。

(5)速度传感器

速度传感器安装在某一轴头的轴端盖上,工作环境比较恶劣,应该定期为其进行清理工作。检查速度传感器连线的插头是否松动,并做好插头的防水保护工作(用防水胶带缠绕)。在轨道车运行时控制盒应该有速度显示。

(6)放 风 阀

放风阀作为自动停车的执行部件,工作环境比较恶劣。应该定期对其进行检查和拆卸清理工作,以保证放风阀能够可靠地工作。检查放风阀体本身是否有漏风现象,若有,则需进行相应的清理工作。放风阀的动作测试,按控制盒的[警惕]+[自检]键3 s以上,装置自动放风,放风阀动作并排出列车管的风。按[警惕]按钮3 s以上关闭放风阀。

(7)压力传感器

压力传感器安装在放风阀附近,工作环境比较恶劣。应定期对其进行清洁工作,以及电缆插接头的检查,保证接头插接良好,防水防碰,电缆固定可靠。当列车管内有风时,按控制盒的[管压]键,应该显示列车管的风压值。

(8)轴温系统

轴温传感器的数量跟轨道车的轴数有关系,它安装在每个轴头的轴箱上,应该定期检查每个轴温传感器探头安装的稳固性,检查每个轴温探头的引出电缆是否安置妥当。轴温引出电缆应该有一定的缓冲弯度,不可太松,亦不可太紧。太松容易电缆下挂,容易被其他东西勾断。电缆太紧容易使电缆与其他地方摩擦导致电缆受损,当车辆转弯时车架移动,电缆过紧甚至使轴温电缆被拔断。此外,还应检查轴温接线盒的接线出口是否稳固可靠。若发现装置报警"轴温单元故障"。则应该检查故障探头的电缆、接线盒端口是否出现脱落现象。若所有探头均故障,应该检查轴温主线的接线端口是否出现脱落现象(轴温主线连接在主控制盒)。

2. 结构连接部件的维护

装置有多个部件由结构件紧固和连接构成,结构件的稳固可靠直接影响装置整个系统的可靠性能,且结构连接部件一般都安装在车底,工作环境很恶劣。保证经常对结构件的检查,有利于装置降低故障率,也减少了由于装置结构件故障而影响行车的可能。

装置的结构部件主要包括机车信号感应器、管道件(放风阀、压力传感器)等,其中以管道件为主要维护对象。

(1)机感器的检查

机感器(机车信号感应器)安装在车底排障器后,一端两个,一共有四个机感器。它通过横梁结构安装(焊接)在排障器后。机感器的安装要求:中心与钢轨对齐,偏差小于 5 mm,机感器底面与钢轨高度为 155 mm,误差为 ±5 mm。

定期检查机感器和方钢(横梁)的安装螺丝紧固是否牢固可靠,方钢和角铁的焊接面应该完整无裂缝,用力摇动机感器不能有任何晃动。每 2 个月左右应该对其进行刷涂一次防锈油漆,保证焊接面、铁质结构件没有生锈的现象。

(2)管道件连接的检查

管道件部分安装在车底,连接在列车管上,主要由三通、弯头等基础管道部件连接组成。其中还包含有手动塞门,电磁放风阀和压力传感器。电磁保压阀安装在减压阀旁边。

检查整个管道部分的安装应合理可靠,尤其电磁放风阀和压力传感器安装是否牢固可靠。放风阀固定在一个铁制的托盘上,通过托盘焊接到车体。检查放风阀应不倾斜,平稳可靠。摇动管道,不应有晃动现象。

对列车管进行充风后,检查管道的每个连接点都不应有漏风现象,若发现存在漏风,应该对其进行紧固。或者加上密封材料进行重新连接。

四、典型的非设备硬件引起的故障判断和排除

1. 机车信号无码

(1)自检操作,若发现信号单元故障,则说明主机信号处理部分存在问题。自检正常说明主机的信号处理功能正常,应该检查接线通路。

(2)用测试用发码器测试机感器的信号接收能力,若发现无法接收信号说明信号电缆的传输和接线可能存在问题,若能接收信号则说明机车信号无码的现象不是由设备引起的。

(3)确认前进/后退、上行/下行以及线路代码设置正确,此三项中,任何一项设置错误都将导致机车信号无法接收(白灯)。

(4)机车运行在半自动闭塞的区间内时,由于半自动闭塞区段内不设有轨道电路,所以机车信号没有显示,即白灯。只有进站和出站有机车信号显示。

(5)机车运行在单线自动闭塞区段时,不论上行还是下行统一设置成上行。

2. 速度/公里标误差很大

装置的速度是根据计算传感器端的轮径得出的,因此轮径精确程度直接影响到速度显示的精度以及公里标的精度。装置的默认轮径为 840 mm。当轨道车运行一定的里程以后,其轮径也会因磨损而减小,因此,定期校正轮径的大小是保证速度和公里标精确性的主要手段。

轮径的修改方法:依次按[管理—0—确认—输入密码(000000)—确认],管理指示灯亮,

表示已经进入管理状态。在管理状态下,按[6—修改—输入新轮径—确认],语音报“已记录”表示修改成功。轮径的显示格式为“0—0840”,其中第一位代表相位,详见以下相位防溜,后四位表示轮径为 840 mm。

3. 工况引起的故障(前进/后退乱跳、无法设置)

工况电缆连接在控制盒与轨道车仪表盘之间,将仪表盘上的前进指示灯、后退指示灯、空挡指示灯的指示接到控制盒内,从而实现控制盒的前进/后退进行自动切换,它也是空挡防溜车的前提条件。

当轨道车两端的前进指示灯、后退指示灯、空挡指示灯能同时点亮时,工况输入只需要接一个控制盒即可。当轨道车的前进指示灯、后退指示灯、空挡指示灯已形成故障,或者已经损坏无效,那么工况电缆可以不接。

当工况中的前进和后退接反时,那么控制盒的前进/后退显示也会相反,且不能手动切换。所以使用时应该去掉工况连接(拔掉控制盒后的工况插头,见图 14—1),然后检查工况的接线。

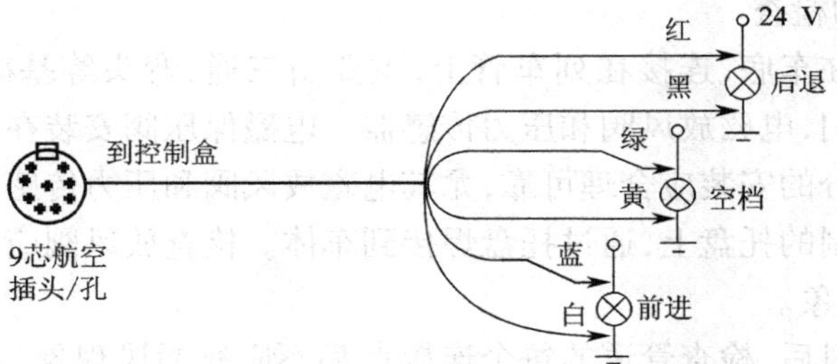

图 14—1　工况插头图

当两个控制盒都安装了工况电缆且两个控制盒的工况接反时,系统的前进/后退就会产生死循环状态,即前进、后退一直不停的切换,主机内发出“吱吱”的继电器振动声音。此时将接线错误端的工况电缆去掉即可消除上述现象,去掉工况的方法是将控制盒后标有工况的插头拔下即可。

4. 每次动车都有溜车报警(相位溜车)

装置的防溜车功能有两种,一种是在工况空挡有效时(空挡位)速度低于 3 km/h,形成的溜车为空挡溜车。另一种是在控制盒前进位时,车子向后溜车速度低于 3 km/h,形成的溜车为相位溜车。

相位溜车与速度传感器安装的方位有关系,当速度传感器安装在主控制盒的左侧轴盖时,相位溜车为正常的后溜防护。如果速度传感器安装在主控制盒的右侧时,相位溜车为不正常的前溜报警,即后溜时不发出报警,相反在正常前进时反而出现报警。故障现象是每当起车时,都会产生溜车报警。

若出现以上现象(前溜),可以设置相应的参数将其改为后溜。具体操作方法如下:依次按[管理—0—确认—输入密码(000000)—确认],管理指示灯亮,表示已经进入管理状态。按[6],显示“0—0840”,其中后 4 位指的是轮径。前一位指的是前溜和后溜的切换,按[修改],输入“1—0840”,按[确认]。语音报“已记录”表示已经将“0—0840”改成“1—0840”。此时正常前进开车时应不会产生溜车报警。

5. 轴温系统的故障

(1)全部不能正常显示,首先确认是否已编号,若没有编号,将没有显示,需要重新编号。轴温显示"－－－",表示轴温连接不上,检查轴温主线是否插好。显示"＝＝＝",表示轴温电缆有短路现象,万用表检查轴温电缆电源对地、信号对地是否短路,检查短路原因。

(2)部分不能正常显示:确认是否已编号,若没有编号,需要对这一部分重新编号。若已编号,检查不能显示的部分线路是否脱落。轴温电缆中红线为 5 V 电源线,白线为数据线,黑线为地线。

五、其他常见故障的判断

1. 自检故障

(1)语音报警信号单元故障:自检后报"信号单元故障",说明主机信号模块有故障,需要更换信号板(主机的最上面的抽屉电路板)。

(2)语音报警录音单元故障:自检后报"录音单元故障",说明主机录音模块有故障,需要更换录音板(主机最下面的抽屉电路板)。

(3)语音报停车单元故障:自检后报"停车单元故障",说明主机监控记录板上的停车继电器及其通路有问题,需要更换/维修监控记录板(主机中间的抽屉电路板)。

2. 不能开机

首先检查电源开关是否已打开,电源开关有两个,一个外接在电源线上,另一个在主机背后,两个开关是串联的,必须全部打开才能开机。检查主机背后的保险丝是否烧坏,若烧坏则需检查原因,确认电源符合要求后再更换保险丝(5 A)。检查电源电压是否符合要求:直流 24 V(18 ~ 36 V)。低于 18 V 的电源,电源模块将不能稳定工作。测量电压时将主机开关打开,音量放到最大。检查极性是否接反,用万用表测量电源输入插头 1 脚正,3 脚负,否则就是极性反了。

3. 开机蜂鸣报警

(1)间续报警:电源电压太低,处在临界状态。检查电压是否正常。

(2)连续报警并带有语音信息:蜂鸣报警模块故障可以通过主机监控记录板上的跳线设置来屏蔽这个模块。

(3)连续报警:主机监控记录板故障,需要更换。

4. 控制盒无声

若一个控制盒无声,测量控制盒内的扬声器是否已烧坏。如果烧坏,需要更换这个扬声器。否则检查该控制电缆是否搞错了。若两个控制盒都无声,检查控制电缆连接是否有问题,用替换法,确定是主机的音频输出有问题。如果确定,则需更换主机的监控记录板。

5. 控制盒显示乱码、不能操作

说明主机与控制盒通信有问题,检查控制盒是否与当前的主机版本配套,检查控制电缆是否搞错。若都正确,用替换法检查是否控制盒存在故障,如果是,则需要更换控制盒。

6. 无 管 压

检查管道部分的手动塞门是否已打开,检查 I/O 端口连接是否正确,检查压力传感器电缆连接是否有问题。用替换法确定压力传感器是否已损坏。

7. 警惕按钮无效

检查按钮是否已损坏。检查按钮接线是否正确,警惕按钮线为2芯线,接在按钮的常开端。检查控制盒上的警惕按钮插头是否有问题。正常的警惕按钮在按下时,系统会发出"嘟"的响应。

六、行车使用的重点注意事项

1. 放风后无法关闭

行车时遇到自动放风后,可以按"警惕按钮"3 s 以上关闭放风阀。如果无法关闭,则需要找到放风阀前的手动塞门,并将其关闭,然后再进行充风缓解继续行车,入库后对放风阀进行检查。

2. 信号故障

若装置突然报信号单元故障,则说明主机的信号处理功能存在问题,此时应该关机停止使用,直到故障修复。

3. 警惕按钮突然失效

如果遇到停车报警时按压警惕按钮无效,此时不要慌张,应马上按压控制盒面板上的警惕按钮解除停车报警。停车时,再对警惕按钮进行检查。

4. 地面信号与机车信号不一致

机车信号作为地面信号的复示,当然也会与地面信号有不同之处。例如机车信号显示为八灯显示,而地面色灯一般为四灯显示。显然机车信号比地面色灯能表达更多的含义。如地面位红灯时,机车信号显示红黄灯;侧线出站时,机车信号显示双黄灯,这都是正常的。关于机车信号与地面信号的区别可以参考《机车信号的定义及分配》(TB/T 3060)。

当地面信号与机车信号不一致时,如地面红灯,机车信号却是通过信号,此时应以地面信号为主。

5. 行车时的操作总结

(1)开车前必须检查信号设置(前进/后退,上行/下行,线路代码)。

(2)开车时遇到报警按压警惕按钮解除,然后根据报警内容注意运行。

(3)在特殊情况下可以按解锁键提高限速去超速运行。

第三节　GYK 型运行监控装置

一、GYK 基本构成和原理

1. 基本构成

GYK 包括装设于轨道车上的主机、人机交互界面(DMI)、机车信号机、接收线圈、速度传感器、压力传感器、制动装置(电磁阀)、熄火装置、故障隔离装置、警惕按钮、轴温监测装置等,见图14—2。

2. 控制原理

GYK 根据控车数据、机车信号信息和前方目标距离,自动生成目标距离模式曲线,采用分级速度控制和速度连续控制方式,监控轨道车安全运行。

轨道车在区间正常运行时采用速度分级控制:根据机车信号信息,以进入闭塞分区后700 m处为目标点,计算产生控制曲线,防止轨道车超速或越过关闭的信号机。

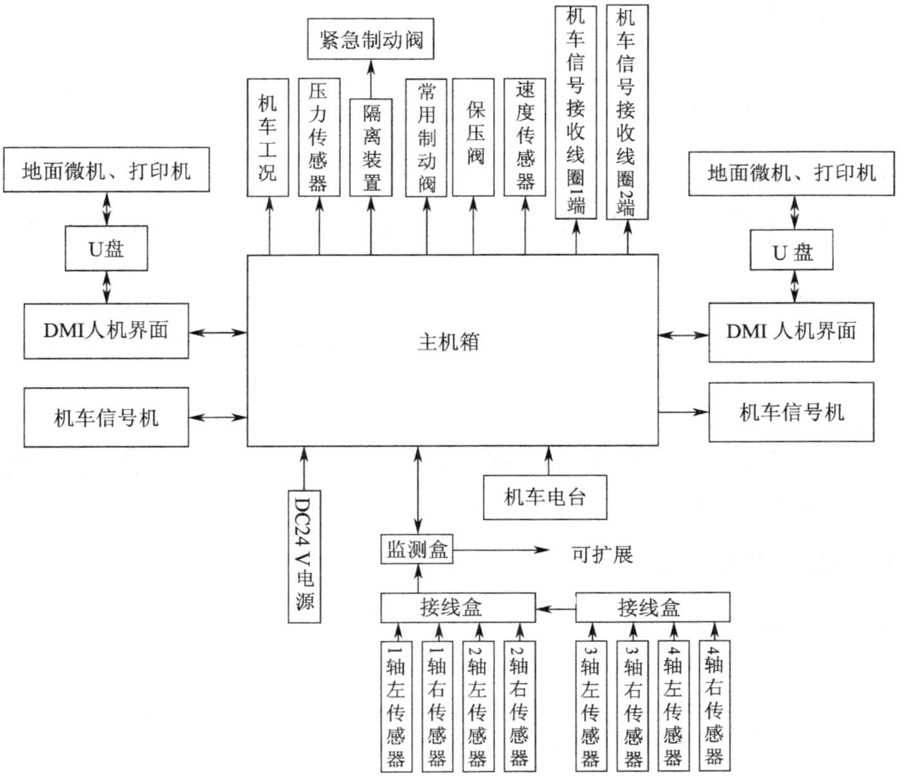

图 14—2 GYK 设备框图

轨道车在区间作业和限速区段采用速度连续控制:以轨道车计划停车地点或限速区段起点为目标点,计算产生连续的速度控制曲线,防止轨道车越过设定的停车点或超过限速区段的限制速度。

当轨道车速度达到控制模式曲线时,装置对轨道车实施熄火、常用制动及紧急制动,防止轨道车“两冒一超”。

3. 主要功能

GYK 具有轨道电路信号接收、监控、记录、显示和语音提示的功能,以及无线列调通话记录、轴温监测报警、信号自检、警惕报警等功能。

(1)信号接收功能

能正确接收和显示移频(3060 和 1.9 模式)交流计数和微电子交流计数(25 Hz 和 50 Hz) ZPW2000(UM71 信息)和极频信息,以及 UM2000、单轨条移频信息。

(2)监控功能

防止轨道车越过关闭的地面信号机,防止轨道车超过各类允许速度,即防止“两冒一超”。

(3)记录功能

对轨道车的运行信息、乘务员的输入信息及装置的设备状况进行记录。

(4)显示和语音提示功能

显示轨道车的实际速度、限制速度等运行信息,并对轨道车信号状况、限速值变化、乘务员输入信息等进行语音提示。

(5)通话记录功能

记录车机联控通话语音,并记录相应的日期、时间、公里标等信息,具备在 DMI 上监听、放音、查询的功能。

(6)轴温监测报警功能

全面显示每个轮轴温度,当某一轴温超过环境温度 55 ℃,或某一轴温超过 90 ℃时,发出语音报警。

(7)信号自检功能

GYK 自动产生机车信号信息,进行轨道电路接收模块检测。主机自检故障时,提示故障发生的单元。

(8)警惕报警功能

当轨道车速度大于 20 km/h 时,GYK 间隔 120 s 进行报警,要求司机按警惕键应答,否则实施紧急制动,装置具备警醒功能。

二、液晶屏显示及按键说明

1. 液晶屏显示内容

主界面屏幕显示见图 14—3。

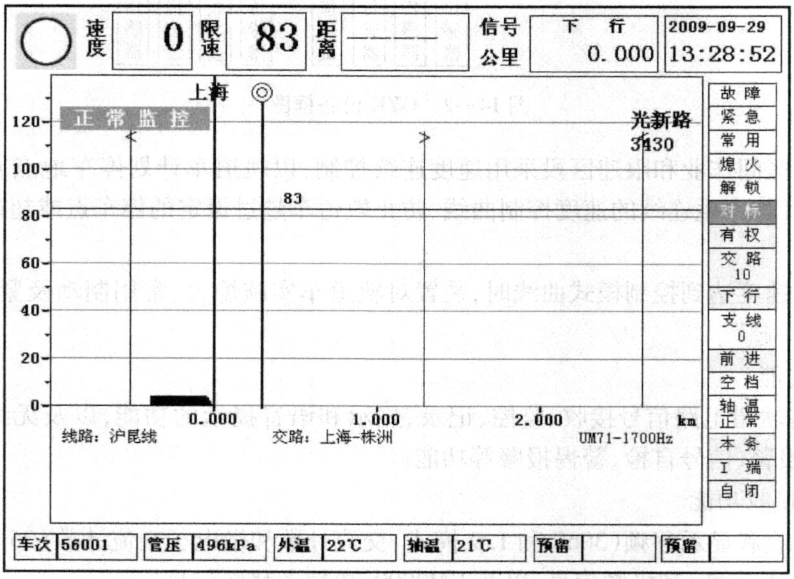

图 14—3　显示器主界面

2. 显示内容说明

屏幕最上方的数据窗口显示内容如下:

(1)信号灯状态显示窗口

显示轨道车当前的机车信号状态,有绿 5、绿 4、绿 3、绿 2、绿、绿黄、绿黄 2、黄、黄 2、黄 2 闪、双黄、双黄闪、红黄闪、红黄、红、白灯 16 种信号灯显示。

(2)速度窗口

显示轨道车当前的实际运行速度。

(3)限速窗口

显示轨道车当前运行位置控制模式常用制动或紧急制动的限速值。

(4)距离窗口

正常监控模式下显示轨道车前方目标距离或其他模式下显示的目标距离。

(5)信号窗口

显示接收信号为“上行信号”或“下行信号”。

(6)公里标窗口

显示当前轨道车运行位置的公里标。

(7)日期和时间窗口

显示当前的系统日期及时间。

3. 按键功能说明

按键为带背光按键,在光线变暗时,按键上的字可自动透光。按键共 24 个,0 ~ 9 及小数点共 11 个键为复合键。复合键在参数修改状态作数字键用,在其他状态做功能键用,其他为单功能键。按键布置见图 14—4。

图 14—4 DMI 按键布置示意图

【正常】键:按压该键,进入正常监控模式,弹出“正常监控模式参数设定”窗口。

【区间作业】键:按压该键,进入区间作业模式,弹出“区间作业状态选择”窗口。

【调车】键:按压该键,进入调车模式,弹出“调车作业状态选择”窗口。

【警惕】键:报警时按压该键,可终止当前语音报警。

【缓解】键:按压该键,进行制动后的“缓解”操作。

【解锁】键:停车后按压该键,进行控制曲线开口操作;与其他键组合进行某些特定的解锁操作。

【向前/1】键:运行过程中,先按压【车位】键,3 s 内再按压【向前】键,调整滞后误差。

【向后/6】键:运行过程中,先按压【车位】键,3 s 内再按压【向后】键,调整超前误差。

【半自闭/2】键:按压该键,进入或退出半自闭区间。无地面数据时按键有效,已经调用 GYK 基本数据时,按键无效。

【开车/7】键:按压该键,执行公里标对标操作。

【车位/3】键:运行过程中,与【向前】、【向后】键配合进行误差调整。停车时,无权端按压【车位】键,3s 内再按压【开车】键,变为有权端。

【自动校正/8】键:运行过程中,当距离误差正负 500 m 以内时,可在地面公里标位置按压【自动校正】键,进行距离校正。

【出站/4】键:按压该键,进入出站状态。无地面数据时按键有效,已经调用 GYK 基本数据时,按键无效。

【定标/9】键:按压该键,显示当前位置的公里标和目标距离。

【模式/5】键:按压该键,进行模式切换,弹出“控制模式选择”界面。

【公里标/0】键:运行过程中,可以输入对标公里标和趋势,按【开车】键,执行对标操作。已经调用 GYK 基本数据时,不能修改公里标趋势。

【查询/.】键:按压该键,进行查询操作,弹出“查询操作”窗口。

【设定】键:按压该键,进行参数设定,弹出“参数设定”窗口。

【上行/下行】键:按压该键 2 s,进行接收信号载频切换操作:有三种状态:强制上行/强制下行/自动。自动时按 GYK 基本数据设定接收。

【确认】键:按压该键,参数设定或修改有效,保存退出;与其他键组合使用进行某些特定操作。

【←】【↑】【→】【↓】键:在参数设定或查询状态,按压这些键,可以改变光标的位置。在输入数字时,【←】键为退格键。

在主界面按压【↑】键 2s 以上弹出“非正常行车确认”窗口。

在主界面按压【←】键或【→】键可以调整音量大小;按压【↑】键或【↓】键可以调整显示器亮度。

4. 操作界面说明

DMI 操作界面分为三大类:模式选择界面、参数设定界面和查询操作界面。DMI 面板设置【模式】、【设定】、【查询】键,分别按压这些键,屏幕显示相应界面,即可进行模式转换、参数设定和查询操作。

(1)模式选择界面

DMI 模式选择界面见图 14—5。

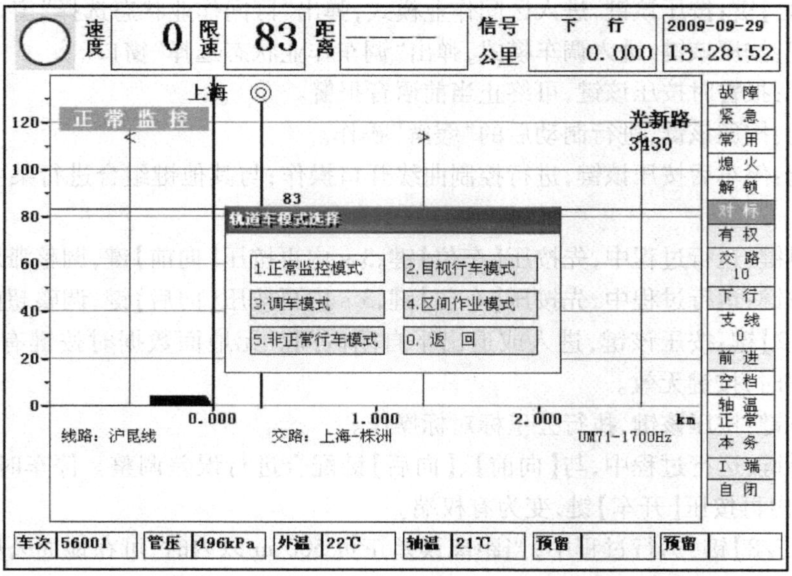

图 14—5 模式选择界面

停车时,按【模式】键进入“轨道车模式选择”界面。

选择“1. 正常监控模式”,按【确认】键:进入正常监控模式。

选择“2. 目视行车模式”,按【确认】键:进入目视行车模式。

选择“3. 调车模式”,按【确认】键:进入“调车作业状态选择”界面。

选择“4. 区间作业模式”,按【确认】键:进入“区间作业状态选择”界面。

选择“5. 非正常行车模式”,按【确认】键:进入“非正常行车状态选择”界面。

按【模式】键 + 相应数字键可快捷进入。

DMI 面板设置【正常】【调车】【区间作业】键,按压这些键直接进入相应的模式选择界面。在主界面下按压【↑】键 2s 直接进入“非正常行车状态选择”界面。

(2)参数设定界面

DMI 参数设定界面见图 14—6。

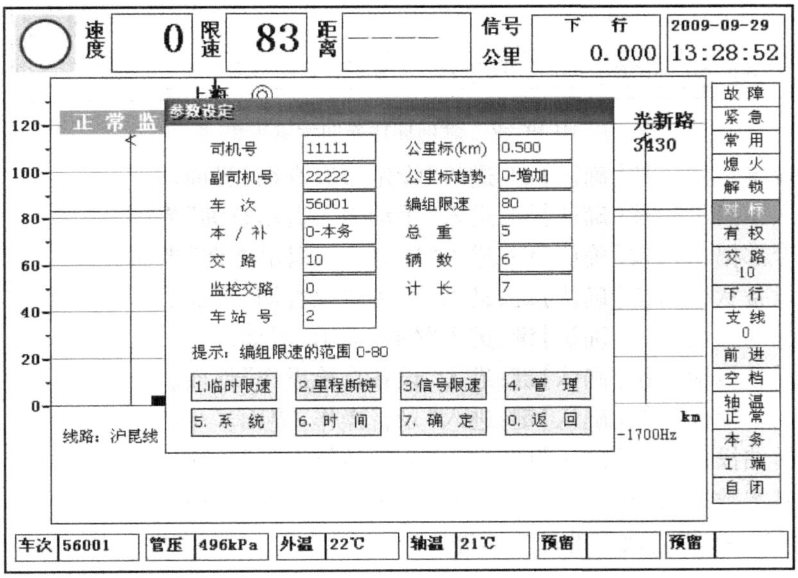

图 14—6　参数设定界面

停车时,按【设定】键进入“参数设定”界面,即可输入各项参数。

选择“1. 临时限速”,按【确认】键:进入“手动输入临时限速”界面。

选择“2. 里程断链”,按【确认】键:进入“手动输入里程断链”界面。

选择“3. 信号限速”,按【确认】键:进入“手动输入机车信号限速”界面

选择“4. 管理”,按【确认】键:进入“管理参数输入”界面。

选择“5. 系统”,按【确认】键:进入“系统设置输入”界面。

选择“6. 时间”,按【确认】键:进入“时间设置”界面。

按【模式】键 + 按相应数字键可快捷进入。

(3)查询操作界面

DMI 查询操作界面见图 14—7。

按【查询】键进入“查询选择”界面。

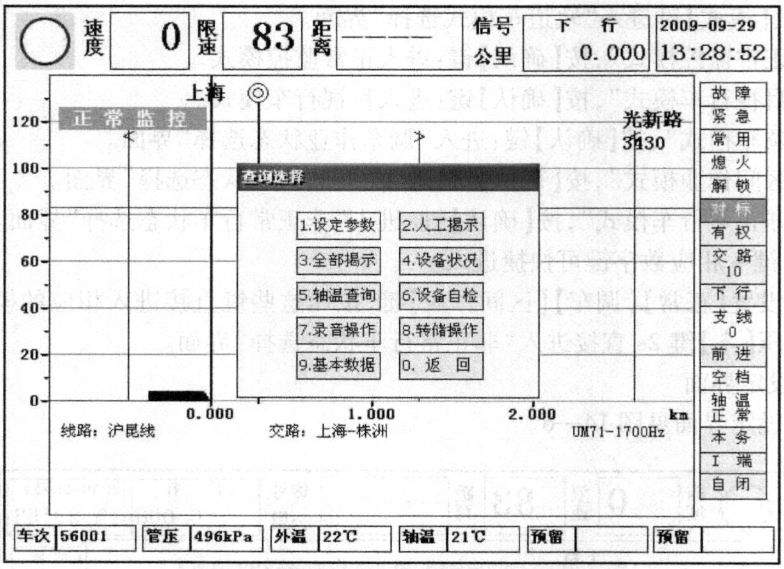

图 14—7　查询操作界面一级菜单

选择“1. 设定参数”，按【确认】键：进入“设定参数查询”界面。

选择“2. 人工揭示”，按【确认】键：进入“手动输入揭示查询”界面。

选择“3. 全部揭示”，按【确认】键：进入“U 盘输入揭示查询”界面。

选择“4. 设备状况”，按【确认】键：进入“设备状况查询”界面。

选择“5. 轴温查询”，按【确认】键：进入“轴温显示”界面。

选择“6. 设备自检”，按【确认】键：进入“设备自检操作”界面。

选择“7. 录音操作”，按【确认】键：进入“录音操作”界面。

选择“8. 转储操作”，按【确认】键：进入“文件转储操作”界面。

选择“9. 基本数据”，按【确认】键：进入“基本数据查询”界面。

按【模式】键 + 按相应数字键可快捷进入。

三、模式设定及操作说明

GYK 具有五种监控模式：正常监控模式、调车模式、目视行车模式、区间作业模式和非正常行车模式。

模式的转换方法是按压【模式】键，显示器弹出图 14—8 所示的“轨道车模式选择”界面。

选择“1. 正常监控模式”，按【确认】键：进入正常监控模式。

选择“2. 目视行车模式”，按【确认】键：进入目视行车模式。

选择“3. 调车模式”，按【确认】键：进入“调车作业状态选择”界面。

选择“4. 区间作业模式”，按【确认】键：进入“区间作业状态选择”界面。

选择“5. 非正常行车模式”，按【确认】键：进入“非正常行车状态选择”界面。

按【模式】键 + 按相应数字键可快捷进入。

另外，DMI 面板设置【正常】【调车】【区间作业】快捷键，按压这些键直接进入相应的状态选择界面。在主界面下按压【↑】键 2s 直接进入“非正常行车状态选择”界面。

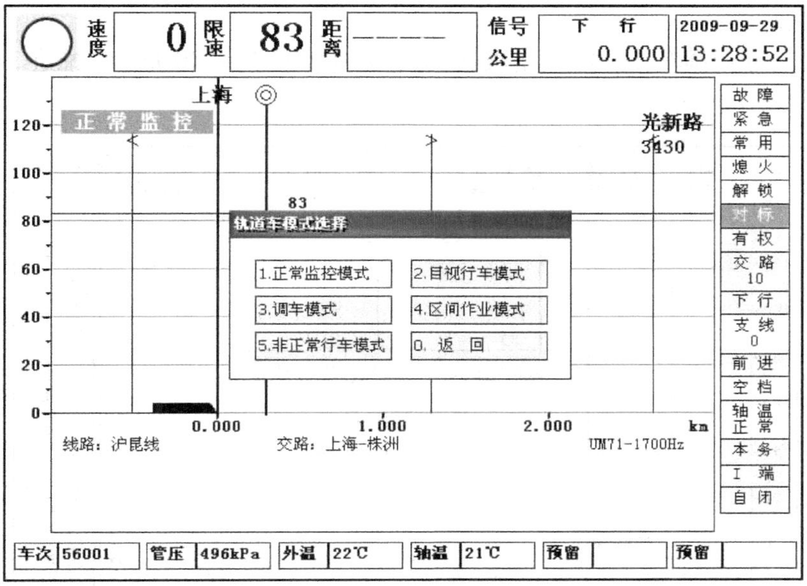

图 14—8　轨道车模式选择界面

GYK 在某种控制模式时显示器左上角以文字形式提示该模式的名称，见表 14—2。

表 14—2　控制模式与显示对应关系表

序　号	控制模式	图标显示字符
1	正常监控模式	正常监控
2	目视行车模式	目视行车
	××模式目视行车状态	××(目视)
3	调车模式	
	调车模式牵引状态	调车(牵引)
	调车模式推进状态	调车(推进)
	调车模式连挂状态	调车(连挂)
4	区间作业模式	
	区间作业进入状态	区间作业(进入)
	区间作业返回状态	区间作业(返回)
	区间作业防碰状态	区间作业(防碰)
	区间作业编组状态	区间作业(编组)
	区间作业连挂状态	区间作业(连挂)
5	非正常行车模式	
	地面信号确认	地面信号确认
	绿色许可证	绿色凭证行车
	路　票	路票行车
	引导进站	引导进站

1. 调车模式

调车模式是进行调车作业的固定限速模式,限速值按牵引 40 km/h、推进 30 km/h、连挂 5 km/h设置,见图 14—9。

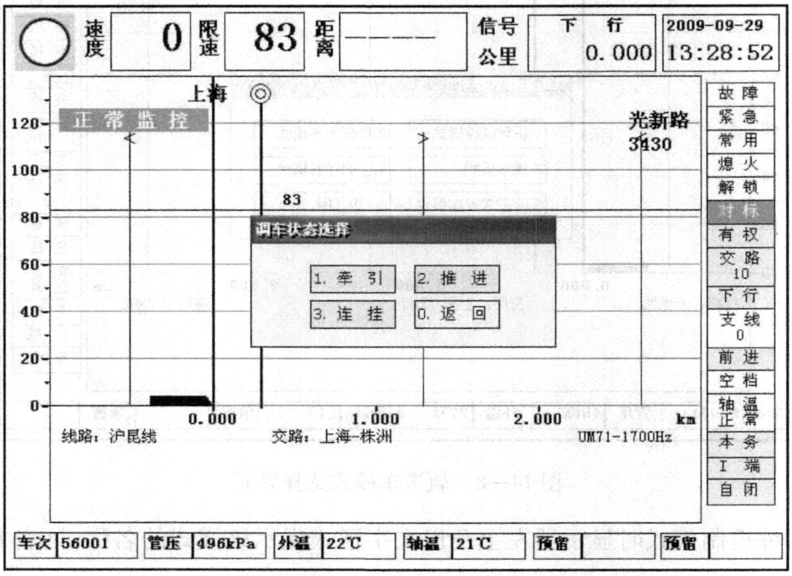

图 14—9　调车状态选择界面

(1)进入/退出

停车状态下按压 DMI 面板【调车】键,进入“调车状态选择”窗口。调车状态下按压【调车】键 2 s 退出调车模式。或停车状态下按压【模式】键,DMI 弹出“轨道车模式选择”界面,将光标移动到“调车模式”位置,按压【确认】键,或者直接按压快捷数字键,即可进入“调车状态选择”窗口。

调车模式具有三种状态:牵引、推进、连挂。

司机按压方向键将光标移动到相应的调车状态,按 DMI 面板上的【确认】键,GYK 进入相应的调车状态,语音提示“进入调车,注意限速”,DMI 屏幕右侧状态栏中“调车”项显示红色。DMI 窗口左上角显示“调车(牵引)”等。选择进入另外一种控制模式时则退出该模式。

(2)模式限速值的确定

按牵引 40 km/h、推进 30 km/h、连挂 5 km/h 确定模式限速值。

(3)模式控制

①GYK 按模式限速曲线控制轨道车运行。

②防溜逸控制功能有效,警醒功能无效。

③机车信号变化时,GYK 有语音提示,但不控制。

2. 目视行车模式

目视行车模式是司机控车的固定限速模式。目视行车模式用于以下情况:

——出入库作业用目视行车模式控车。

——正常监控遇停车信号(红黄灯、红灯、白灯)或信号突变,停车后,根据需要,司机按【解锁】键转入正常监控模式(目视行车)。

——区间作业遇封闭的停车点,停车后,根据需要,司机按【解锁】键转入区间作业模式

（目视行车）。

——机车信号故障时，停车后，根据需要，通过司机操作，转入目视行车模式。

（1）进入/退出

①GYK 加电开机时，自动进入该模式。

②在停车状态下，按压【模式】键，DMI 弹出“轨道车模式选择”界面，将光标移动到“目视行车模式”，按压【确认】键，或者直接按压快捷数字键，进入目视行车模式。DMI 窗口左上角显示“目视行车”，选择进入另外一种控制模式则退出该模式。

③遇停车信号或限速曲线为 0，停车后或速度小于 20 km/h 时，司机按规定进行人工解锁后，进入目视行车状态。DMI 窗口左上角显示“××模式（目视行车）”。

（2）目视行车限速值的确定

①GYK 按 20 km/h 限速曲线控制轨道车运行。

②周期报警：当运行 100 m 或经过 30 s 时，GYK 发出报警音，按【警惕】键，距离及时间计数清零，继续走行 100 m 或经过 30 s 后再次报警。

③如果司机在轨道车运行 150 m 或 40 s 以内不按【警惕】键，限速变为 0，输出紧急制动指令，停车后允许缓解，重新生成模式限速曲线。

④在正常监控模式下（目视行车）状态，机车信号变化时，GYK 根据允许信号自动退出正常监控（目视行车），恢复正常监控模式。

⑤目视行车模式下，机车信号变化 GYK 仅有语音提示，但不控制。

⑥防溜逸控制功能有效。警醒功能无效。

3. 区间作业模式

区间作业模式用于轨道车进入封锁区间进行区间作业的控车模式。有区间作业进入、区间作业返回、区间作业防碰、区间作业编组、5 km/h 连挂五种状态，见图 14—10。

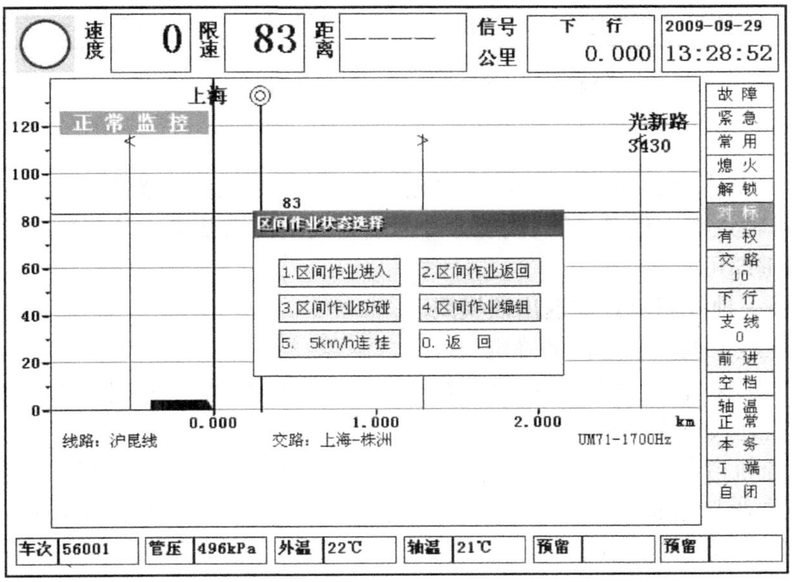

图 14—10　区间作业状态选择界面

(1)区间作业进入

区间作业进入用于轨道车进入封锁区间进行区间作业的控车模式。

停车状态下,按 DMI 面板【区间作业】键,DMI 弹出“区间作业状态选择”窗口,选择“区间作业进入”。或在停车状态下,按【模式】键,进入“模式选择”窗口,移动方向键使光标到对应的“区间作业模式”,按【确认】键,此时弹出“区间作业状态选择”窗口,选择“区间作业进入”。

在“区间作业进入状态”界面,依次输入“调度命令号”、“车次”、“线路号”、“作业起点”、“作业终点”,“封锁区间限速”、“作业区间限速”,“对标公里标”,按【确认】键确定,此时屏幕左上方显示“区间作业(进入)”,见图 14—11。

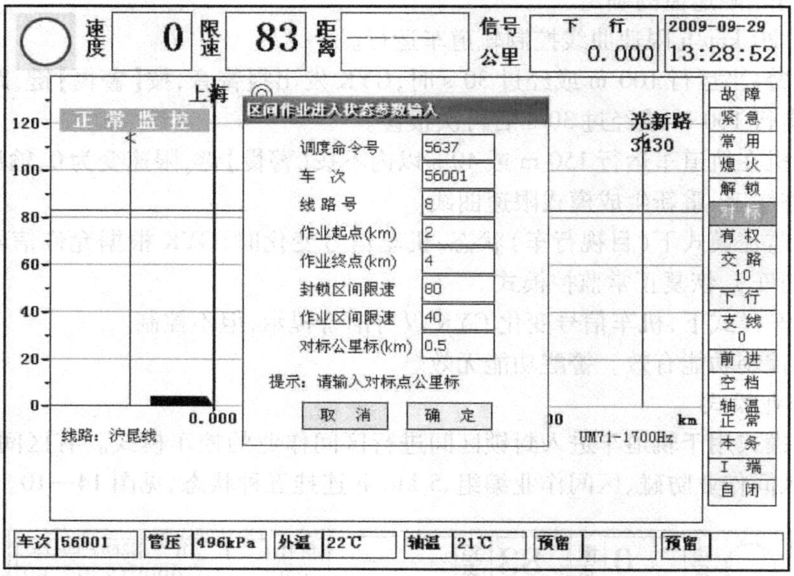

图 14—11 区间作业进入状态参数输入界面

注意事项:

- 在无 GYK 基本数据的线路时,线路号输入 0 号路局的相应交路号。
- 转储器已输入揭示信息,输入调度命令号后自动调出需要输入的参数。输入“对标公里标”,按【确认】键即可。
- 选择另外一种控制模式则退出该模式。

①区间作业进入模式限速值的确定

取封锁区间限速、作业区间限速、编组限速、临时限速的最低值确定模式限速值。

②区间作业进入模式控制

a. GYK 监控轨道车按道岔限速出站,在出站信号机处按【开车】键后按模式限速控制。

b. 运行至作业起点前 1 km 处语音提示:“距离限速区段 1 公里,减速运行”,并以减速模式防止轨道车作业区间超速。

c. 运行至作业终点前停车,留有安全距离。

d. 停车后控制:根据需要,轨道车继续前行作业时,可以按压【解锁】键,解除停车控制,

GYK 进入区间作业(目视行车)。

e. 防溜逸控制功能、警醒功能有效。

f. 机车信号变化时,GYK 有语音提示,但不控制。

GYK 封锁区间和区间作业限速的控制方式见图 14—12。

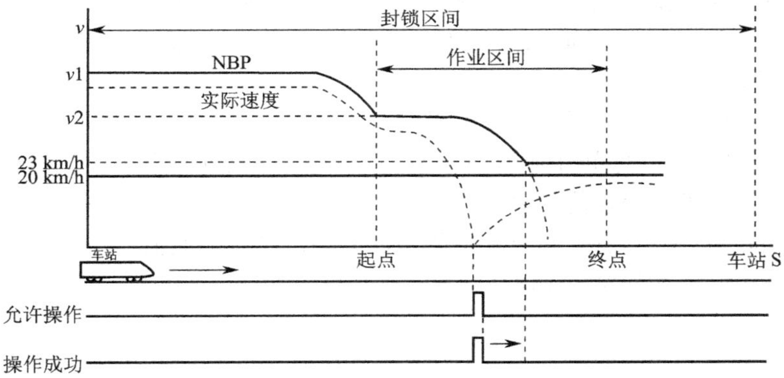

图 14—12　区间作业进入限速控制曲线

(2)区间作业返回

区间作业返回用于轨道车区间作业完毕返回车站的控车模式。

停车状态下,按 DMI 面板【区间作业】键,DMI 弹出"区间作业状态选择"窗口,选择"区间作业返回";或停车状态下,按【模式】键,进入"模式选择"窗口,移动方向键使光标到对应的"区间作业模式",按【确认】键,此时弹出"区间作业状态选择"窗口,选择"区间作业返回",见图 14—13。

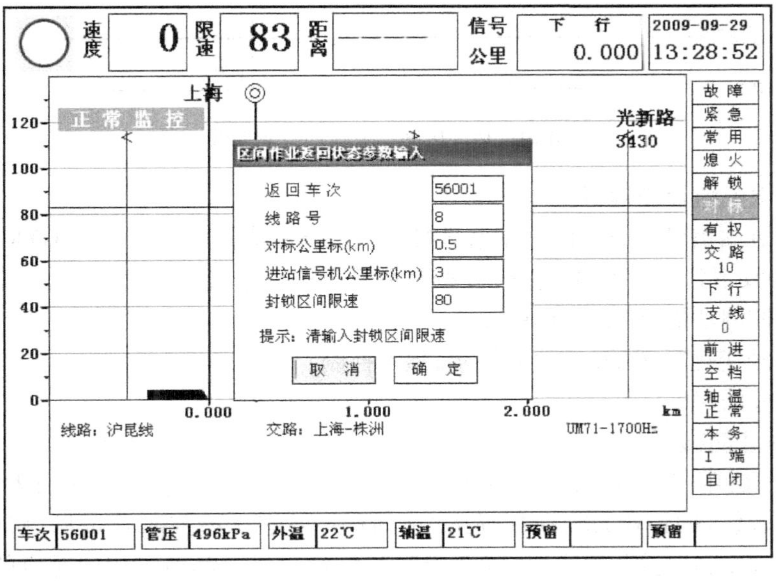

图 14—13　区间作业返回状态参数输入界面

参数设定:在“区间作业返回”窗口,司机输入“返回车次”、“线路号”、“对标公里标”、前方“进站(或反向进站)信号机公里标”、“封锁区间限速”,按【确认】键确定,此时屏幕左上角显示“区间作业(返回)”。

注意事项:

- 无 GYK 基本数据的线路,线路号输入 0 号路局的相应交路号。
- 转储器已输入揭示信息,输入调度命令号后自动调出需要输入的参数。输入“对标公里标”,按【确认】键即可。
- 选择另外一种控制模式则退出该模式。

作为补机时,若已进入区间作业返回状态,只要退出补机进入本务状态即可。

①区间作业返回模式限速值的确定

取封锁区间限速、编组限速、临时限速的最低值确定模式限速值。

②区间作业返回模式控制(图 14—14)

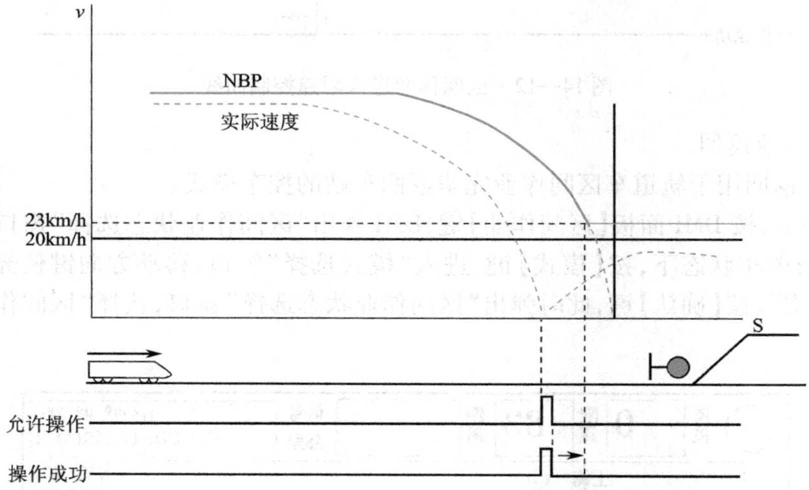

图 14—14 区间作业返回控制曲线

a. 按模式限速值控制运行。

b. 运行至进站信号机或反向进站信号机前,若 GYK 接收到机车信号,GYK 则按机车信号控制行车;若接收不到机车信号,停车后,按目视行车控制进站。

c. 防溜逸控制功能、警醒功能有效。

d. 机车信号变化时,GYK 有语音提示,但不控制。

4. 区间作业防碰

(1)区间作业防碰

区间作业防碰用于轨道车在设定的作业起点和终点公里标范围内的控车模式。

按 DMI 面板【区间作业】键,DMI 弹出“区间作业状态选择”窗口,选择“区间作业防碰”;或停车状态下,按【模式】键,进入“模式选择”窗口,移动方向键使光标到对应的“区间作业模式”,按【确认】键,此时弹出“区间作业状态选择”窗口,选择“区间作业防碰”。

参数设定:在“区间作业防碰”窗口,依次输入“调度命令号”、“线路号”、“对标公里标”、

“起点公里标”、“终点公里标”、“区间作业限速”,按【确认】键确定,此时屏幕左上方显示“区间作业(防碰)”。

注意事项:

● 无 GYK 基本数据的线路,线路号输入 0 号路局的相应交路号。

● 转储器已输入揭示信息,输入调度命令号后自动调出需要输入的参数。输入“对标公里标”,按【确认】键即可,见图 14—15。

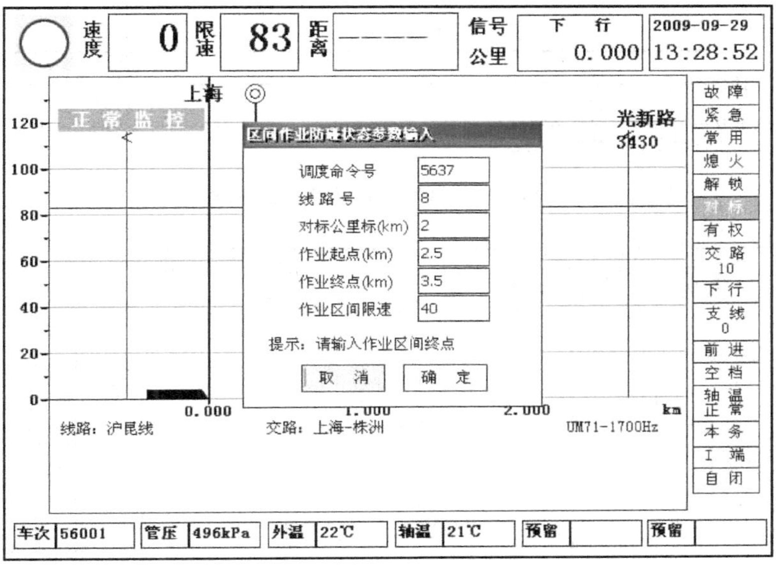

图 14—15 区间作业防碰状态参数输入界面

● 取消区间作业防碰,则在“区间作业防碰”窗口中将“调度命令号”改为 0 即可。

● 选择另外一种控制模式则退出该模式。

①防碰模式限速值的确定

按区间作业限速确定模式限速值。

②防碰模式控制

a. 按区间作业限制速度控制运行,在作业区间起点、终点前停车,留有安全距离。

b. 到达起点或终点前,有语音提示。

c. 停车后控制:可以人工解除停车控制,按区间作业(目视行车)控制。

d. 防溜逸控制功能有效、警醒功能无效。

d. 机车信号变化时,GYK 有语音提示,但不控制。

区间作业防碰控制方式见图 14—16。

(2)区间作业编组(图 14—17)

区间作业编组用于区间作业完毕,进行车辆编组的控车模式。

按 DMI 面板【区间作业】键,DMI 弹出“区间作业状态选择”窗口,选择“区间作业编组”;或停车状态下,按【模式】键,进入“模式选择”窗口,移动方向键使光标到对应的“区间作业模式”,按【确认】键,此时弹出“区间作业状态选择”窗口,选择“区间作业编组”。

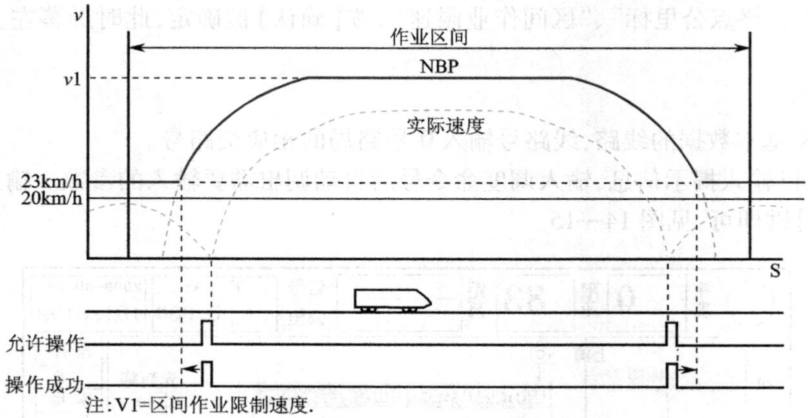

注:V1=区间作业限制速度.

图 14—16　区间作业防碰控制曲线

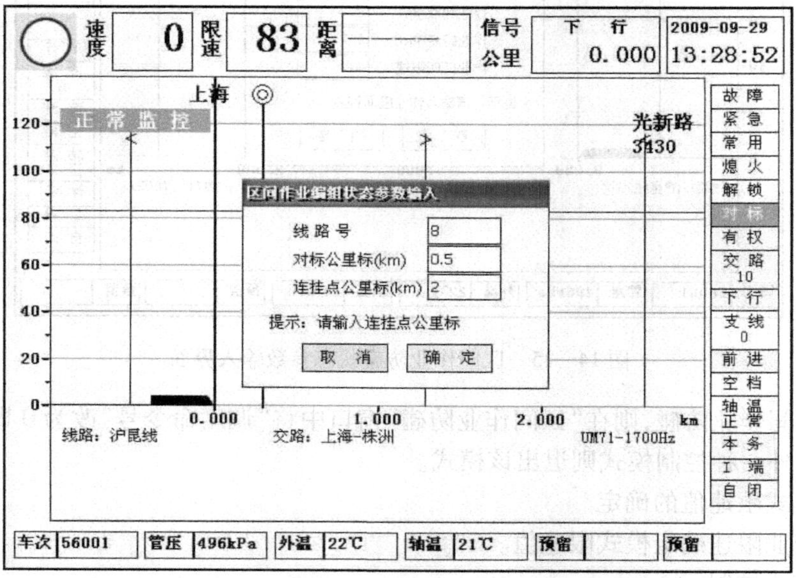

图 14—17　区间作业编组状态参数输入界面

参数设定:在“区间作业编组”窗口,输入“对标公里标”、“连挂点公里标”,按【确认】键,进入区间作业编组状态,DMI 窗口左上角显示“区间作业(编组)”。选择另外一种控制模式则退出该模式。

①编组模式限速值的确定

按 30 km/h 确定模式限速值。

②编组模式控制

a. 按限速模式曲线控制运行,在连挂点前停车,留有安全距离。

b. 到达终点前,有语音提示。

c. 停车后控制:可以人工解除停车控制,GYK 进入区间作业(目视行车)

d. 防溜逸控制功能有效,警醒功能无效。

e. 机车信号变化时，GYK 有语音提示，但不控制。

(3)5 km/h 连挂

5 km/h 连挂用于轨道车进行车辆连挂的控车模式。

按 DMI 面板【区间作业】键，DMI 弹出“区间作业状态选择”窗口，选择“5 km/h 连挂”；或停车状态下，按【模式】键，进入“模式选择”窗口，移动方向键使光标到对应的“区间作业模式”，按【确认】键，此时弹出“区间作业状态选择”窗口，选择“5 km/h 连挂”。按【确认】键，进入连挂状态，DMI 窗口左上角显示“5 km/h 连挂”。选择另外一种控制模式则退出该模式。

① 模式限速值的确定

按 5 km/h 确定模式限速值。

②速度控制

a. 按限速模式曲线控制轨道车运行。

b. 防溜逸控制功能有效，警醒功能无效。

c. 机车信号变化时，GYK 有语音提示，但不控制。

5. 补机状态

在停车状态下，按压 DMI 面板【设定】键，出现“参数设定”窗口。选择“补机”，按压【确认】键，进入补机状态。

GYK 在补机状态时，DMI 窗口左上角，在控制模式名称提示下方显示“补机状态”。

需要退出补机状态时，在停车状态下按压 DMI 面板【设定】键，出现“参数设定”窗口。选择“本务”，按压【确认】键，即可退出补机状态。

补机状态下，GYK 只记录，不控制。

四、参数设定

开车前，司机必须输入行车信息作为 GYK 的控车参数。司机通过参数设定和揭示输入完成。

参数设定可输入司机号、副司机号、车次编号、本/补、交路或监控交路号、车站号、对标公里标、公里标趋势、编组限速、总重、辆数、计长等。

揭示信息通过 U 盘转储器输入，内容包括：临时限速、绿色许可证、路票、区间作业调度命令、线路里程断链等信息。遇有无法及时编辑或传送运行揭示文件等特殊情况时，由司机上车人工输入运行揭示信息。

1. 参数设定操作

停车时，按压【设定】键，屏幕弹出“参数设定”窗口，见图 14—18。

按方向键移动光标，在选定栏输入正确的参数信息，再按【确认】键或按方向键移动光标。待所有参数输入完毕，移动光标到“7. 确定”项，按【确认】键退出。

参数输入注意事项：

(1) 司机号、副司机号、车次最多可以输入 7 位。车次不能在有速度的情况下修改。

(2) 司机根据运行区段、走行径路输入相应的交路或监控交路号、车站号。运行中，通过支线转移或交路转移实现跨区段运行。

(3) 交路或监控交路号输入其中一项即可。

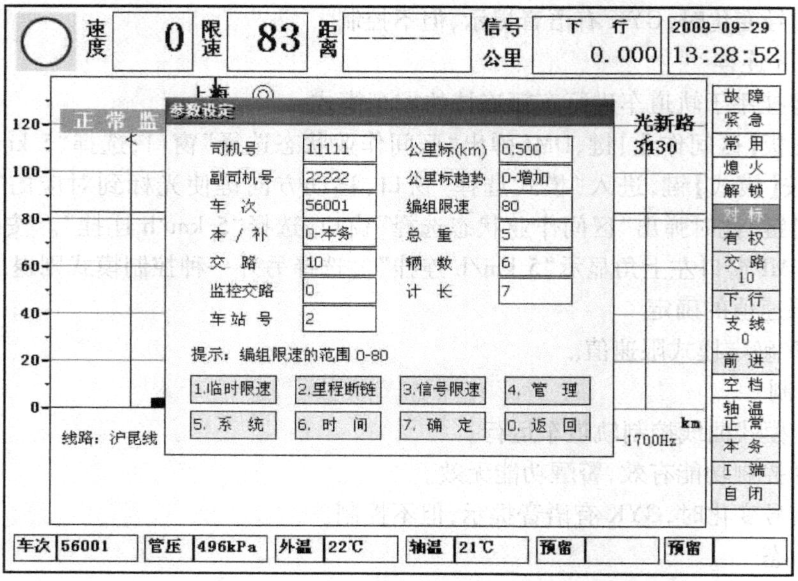

图 14—18　参数设定界面

(4)交路上、下行根据车次奇偶决定,偶数为上行,奇数为下行。

(5)在无 GYK 基本数据的线路运行时,交路号输入“0 号路局交路编号 00”,监控交路共有 10 条。司机根据运行区段的机车信号制式、电化和非电化选择交路号。

0——ZPW2000(L4、L5)、电化移频 3060、交计 25、极频

1——ZPW2000(L4、L5)、电化移频 1.9、交计 25、极频

2——ZPW2000(＊＊)、电化移频 3060、交计 25、极频

3——ZPW2000(＊＊)、电化移频 1.9、交计 25、极频

4——ZPW2000(L4、L5)、非电化移频 3060、交计 50、极频

5——ZPW2000(L4、L5)、非电化移频 1.9、交计 50、极频

6——ZPW2000(＊＊)、非电化移频 3060、交计 50、极频

7——ZPW2000(＊＊)、非电化移频 1.9、交计 50、极频

8——单轨条

9——UM2000

(6)公里标:车站发车,输入轨道车出站后的公里标作为对标点;区间发车,输入轨道车前方公里标作为对标点。对标公里标规定输入百米标或千米标。

(7)公里标趋势:根据 GYK 基本数据自动显示,不能输入。无 GYK 基本数据时,司机根据运行方向输入公里标加或减。

(8)编组限速:输入轨道车编组允许速度。

(9)编组信息:输入总重、辆数、计长。

2. 设定参数查询

按压【查询】键出现查询操作界面,选择“1. 设定参数”,按【确认】键,显示“设定参数查询”界面。查看司机号、副司机号、交路号、车站号、车次编号、本/补类别、编组限速信息是否

正确。

3. 揭示输入操作

(1)U 盘揭示输入

停车时,将 U 盘插入显示屏的 U 盘插槽内,按压【查询】键后进入查询界面,将光标移到“3. 全部揭示”处按压【确认】键,或直接按压数字【3】键进入全部揭示查询界面,将光标移到“4. 下载”,按【确认】键。出现提示信息“下载 U 盘的揭示文件吗?”选择确定后,U 盘中的揭示信息将下载到 GYK 设备内,见图 14—19。

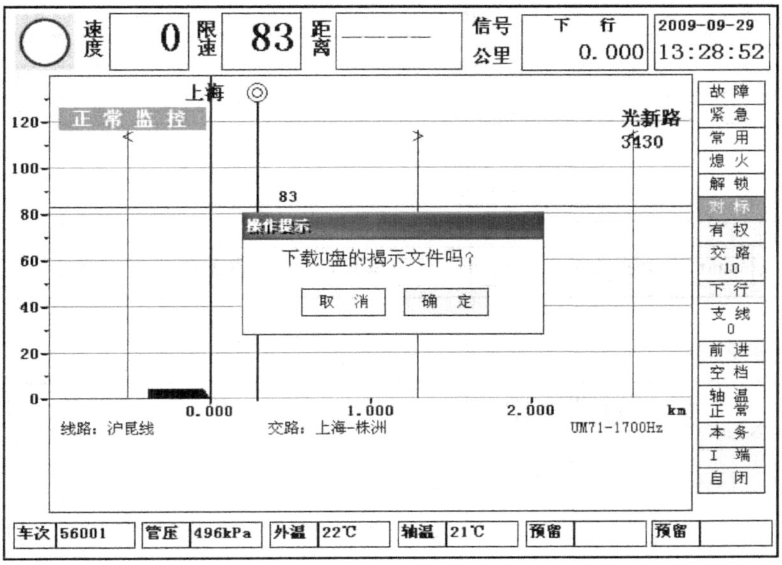

图 14—19　U 盘下载揭示操作提示

下载完成后进入全部揭示查询界面,显示“全部揭示信息查询”(图 14—20),乘务员必须按要求与运行揭示核对,确认无误后,将光标移到“0 返回”位置处,按压【确认】键,或直接按压数字【0】键返回。

揭示输入注意事项:

①如果没有揭示信息,按压【设定】键,退出窗口,拔出 U 盘。

②若揭示发送失败,重新插 U 盘发送。如果揭示仍不能正常发送,乘务员必须及时通知列车调度员,严禁出库,按列车调度员指示办理。

③如需再次查询全部揭示,按压【查询】键,显示“查询选择”界面,将光标移到“3 全部揭示”位置处,按压【确认】键,显示“全部揭示信息查询”,查询完毕,将光标移到“0 返回”位置处,按压【确认】键返回。

(2)人工揭示输入

遇有无法及时编辑或传送运行揭示文件等特殊情况时,由司机上车人工输入运行揭示信息,一人输入,另一人核对,同时在行车日志上记录。

临时限速输入:按【设定】键,进入“参数设定”窗口,将光标移到“1. 临时限速”项,按压【确认】键,进入临时限速设置界面。手动输入临时限速界面见图 14—21。

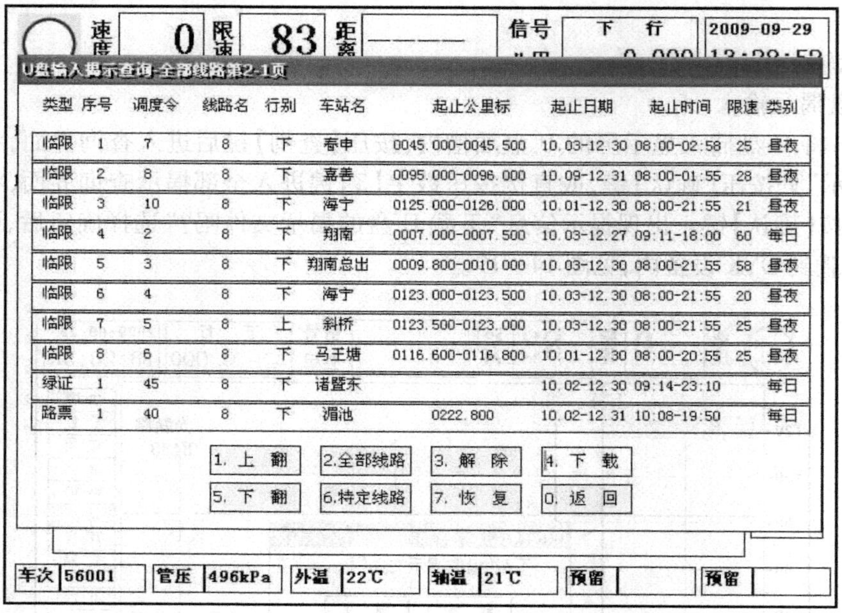

图 14—20 U 盘输入揭示查询

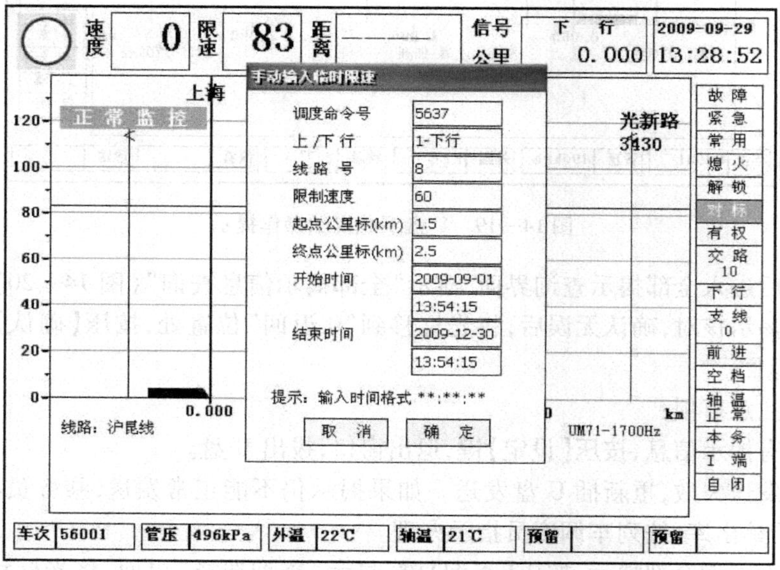

图 14—21 手动输入临时限速界面

临时限速核对：按压【查询】键出现查询操作界面，选择“2. 人工揭示”，按【确认】键进入，见图 14—22。

临时限速取消：在“手动输入揭示—临时限速”查询界面，选中需要取消的临时限速项，将光标移到“3. 解除”，按压【确认】键。

里程断链输入：按【设定】键，进入“参数设定”窗口，将光标移到“2. 里程断链”项，按压【确认】键，进入里程断链输入界面。手动输入里程断链界面见图 14—23。

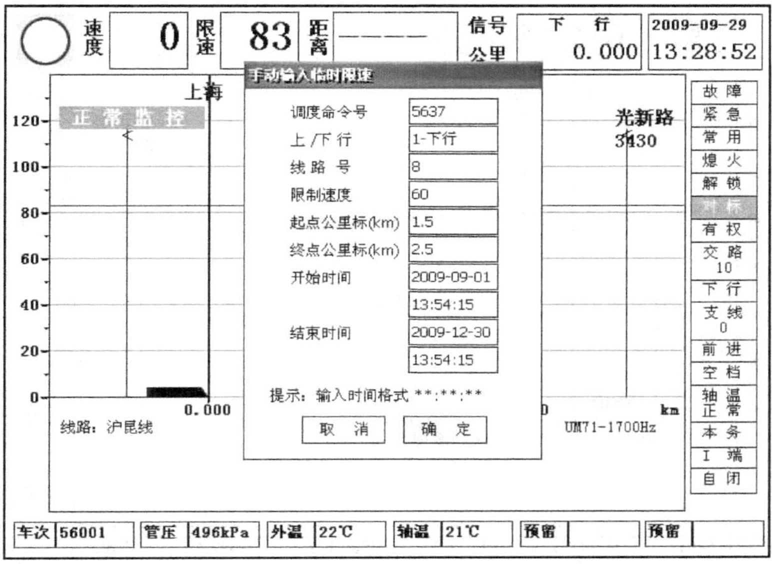

图 14—22 手动输入临时限速查询界面

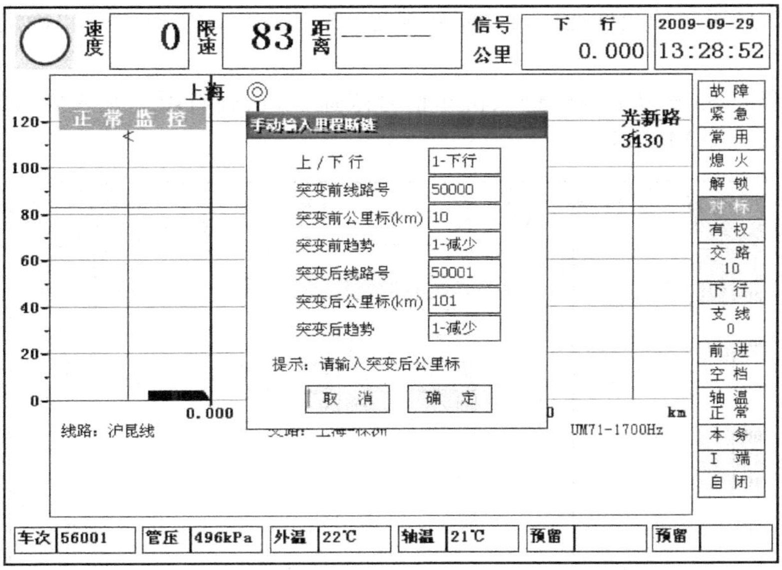

图 14—23 手动输入里程断链界面

里程断链核对：按压【查询】键出现查询操作界面，选择“2. 人工揭示”，按【确认】键进入。

里程断链取消：在“手动输入揭示—里程断链”查询界面，选中需要取消的里程断链项，将光标移到“3. 解除”，按压【确认】键。

4. 机车信号限速输入

信号限速输入：按【设定】键，进入“参数设定”窗口，将光标移到“3. 信号限速”项，按压【确认】键，弹出“密码输入”窗口，输入密码后进入机车信号限速输入界面，见图 14—24。

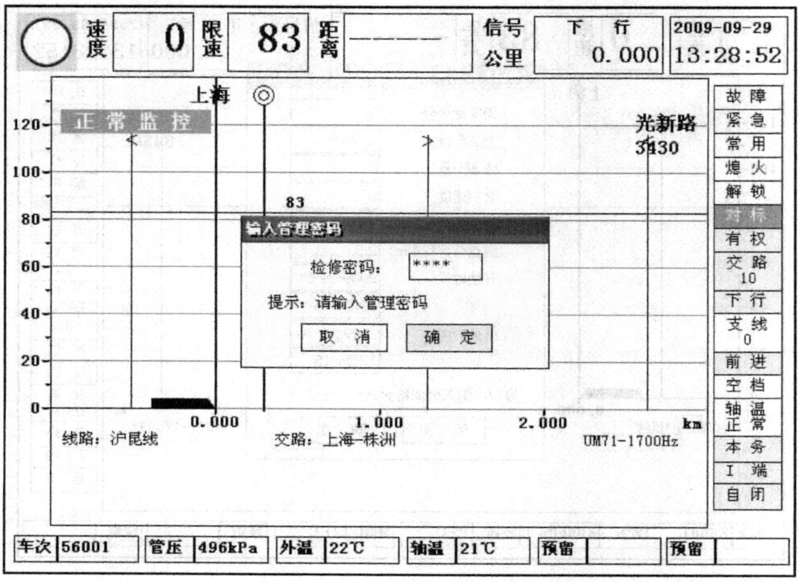

图 14—24　输入管理密码

机车信号信息对应的允许速度由铁路局规定。输入完毕,将光标移到“确定”项,按压【确认】键退出。

信号限速查询:重复以上步骤进入机车信号限速窗口,查看限速是否修改成功,按压【设定】键退出窗口,见图 14—25。

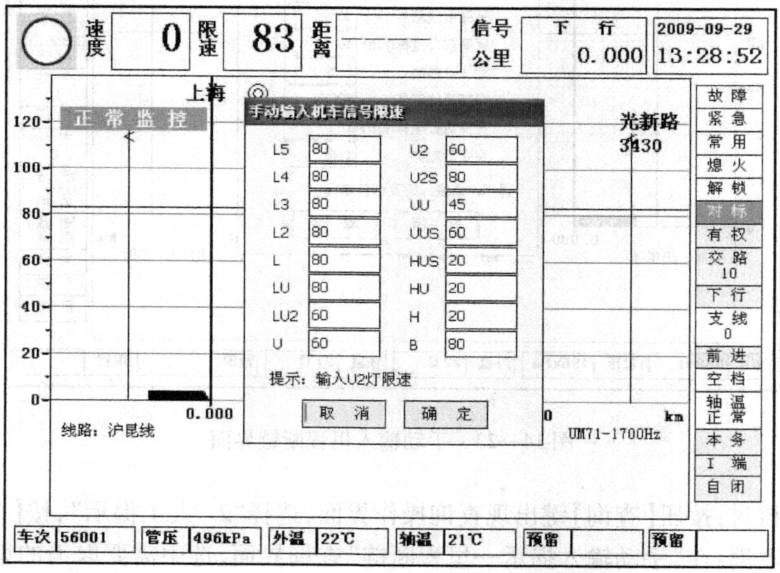

图 14—25　手动输入机车信号限速界面

5. 管理参数输入

按【设定】键,进入“参数设定”窗口,将光标移到“4. 管理”项,按压【确认】键,弹出“密码输入”窗口,输入密码后进入管理参数输入界面,见图 14—26。输入完毕,将光标移到“确定”

项，按压【确认】键退出。

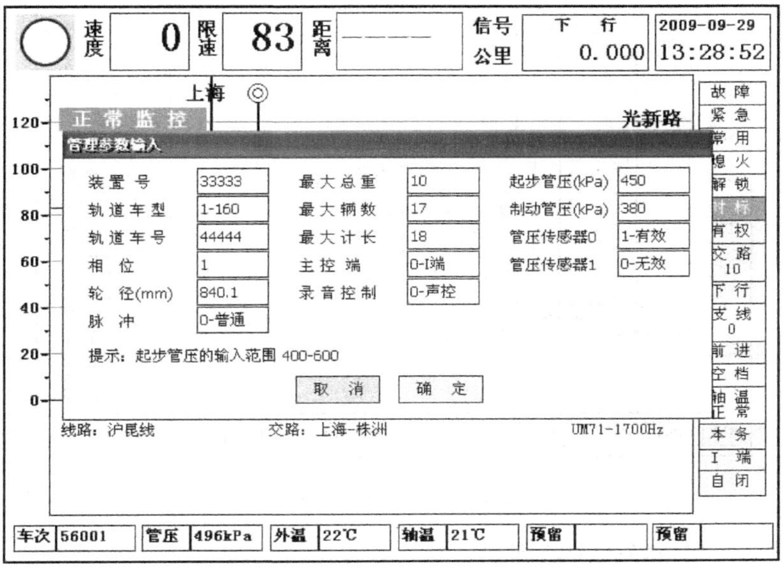

图 14—26 管理参数输入界面

(1)装置号：本设备的主机编号。

(2)轨道车型：按构造速度分为 1-160 型，2-290 型，3-360 型。

(3)轨道车号：本轨道车编号。

(4)相位：主控端前进时，速度传感器正转还是反转，分 0 和 1 两种。

(5)轮径：安装速度传感器端的车轮直径。

(6)脉冲：分为普通速度传感器和大机速度信号两种。

(7)最大总重：总重设置的上限。

(8)最大辆数：辆数设置的上限。

(9)最大计长：计长设置的上限。

(10)主控端：主控 DMI 装在轨道车的 Ⅰ 端还是 Ⅱ 端。

(11)录音控制：分为声控开启和电控开启两种，电控开启需有控制信号。

(12)起步管压：起步列车管压力不足报警的门限。

(13)制动管压：常用制动时，列车管最大保压值的设定。

(14)管压传感器 0：管压传感器通道 0 有效或无效。

(15)管压传感器 1：管压传感器通道 1 有效或无效。

管理参数查询：重复以上步骤进入管理参数输入界面，查询完毕后，将光标移到“取消”项，按压【确认】键，或直接按压【设定】键退出。

6. 系统维护输入

按【设定】键，进入“参数设定”窗口，将光标移到“5. 系统”项，按压【确认】键，弹出“密码输入”窗口，输入密码后进入系统维护输入界面，见图 14—27。操作完毕，将光标移到“返回”项，按压【确认】键退出。

(1)修改检修密码：管理参数、信号限速设置等密码的修改。

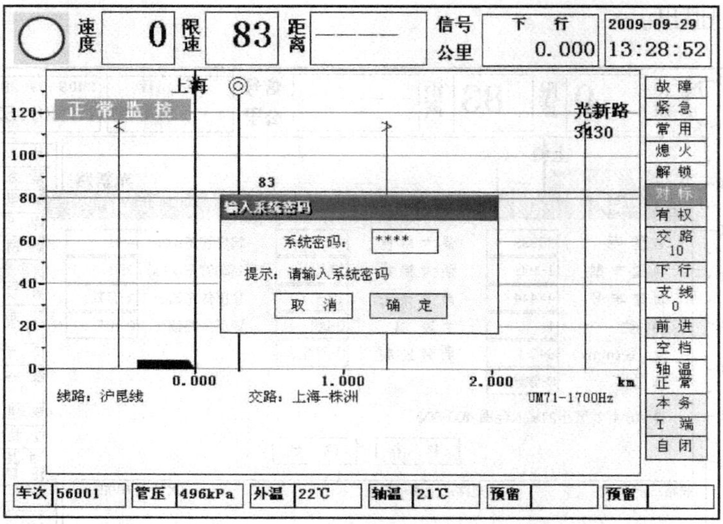

图 14—27　输入系统密码

(2)修改转储密码:转储密码的修改。

(3)修改系统密码:系统维护密码的修改。

(4)升级 DMI 软件:对 DMI 控制盒软件进行升级。

(5)升级基本数据:对设备基本线路数据进行升级。

(6)升级主机软件:对设备主机软件进行升级。

7. 时间设置

按【设定】键,进入“参数设定”窗口,将光标移到“6. 时间”项,按压【确认】键,弹出“密码输入”窗口,输入密码后进入时间输入界面,见图 14—28。操作完毕,将光标移到“确定”项,按压【确认】键退出。

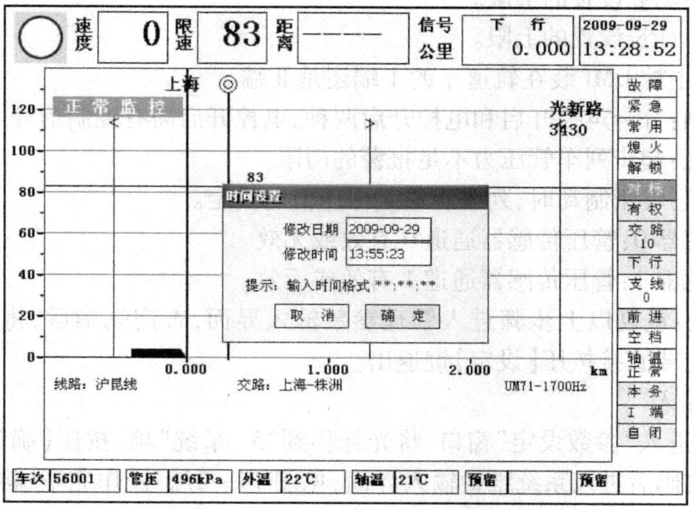

图 14—28　时间设置界面

五、查　　询

在查询操作界面，可以进行设定参数查询、人工输入揭示查询、U 盘输入揭示查询、设备状况查询、轴温查询、基本数据查询，以及设备自检操作、录音操作、文件转储操作。DMI 查询操作界面见图 14—29。

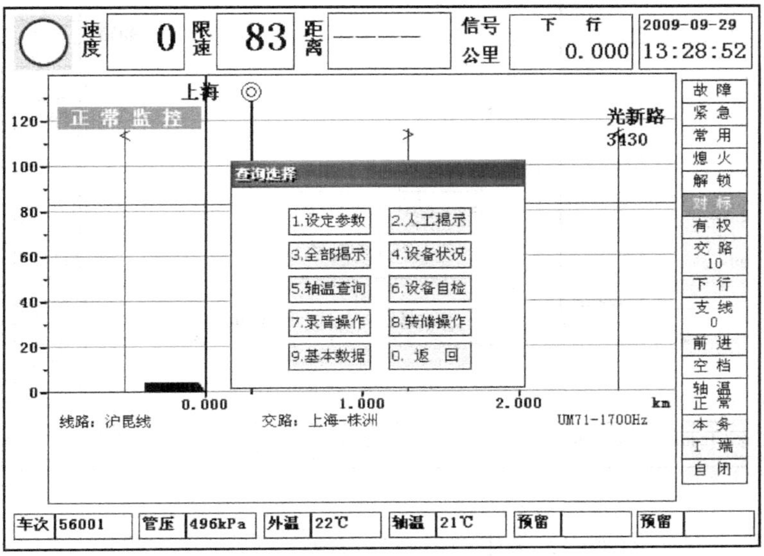

图 14—29　查询操作界面一级菜单

1. 设定参数查询

按压【查询】键出现查询操作界面，见图 14—30。选择“1. 设定参数”，按【确认】键：显示“设定参数查询”界面。

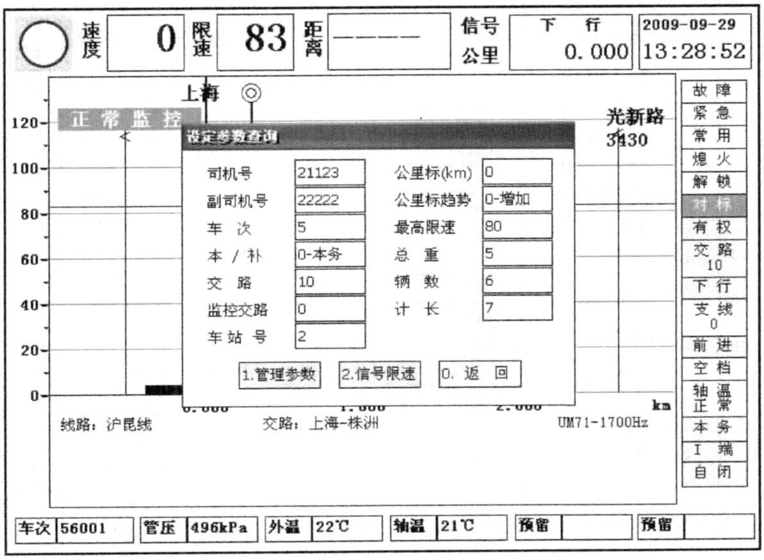

图 14—30　设定参数查询界面

2. 基本数据查询

按压【查询】键出现查询操作界面,见图 14—31。选择“9. 数据查询”,按【确认】键:进入“数据查询”界面。

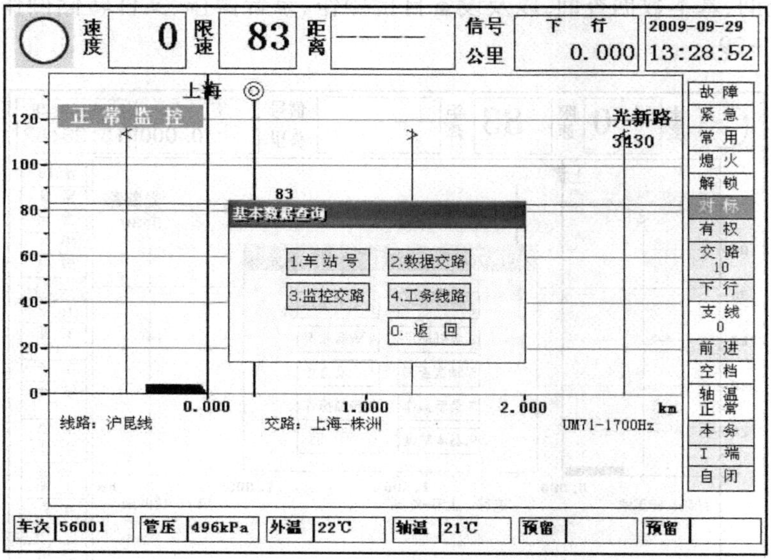

图 14—31 基本数据查询界面

【车站号】键:进入查看地面数据中站名站号对应表,见图 14—32。

【数据交路】键:进入查看数据交路列表,见图 14—33。

【监控交路】键:进入查看监控交路列表,见图 14—34。

【工务线路】键:进入查看工务线路列表,见图 14—35。

【返回】键:退出该窗口。

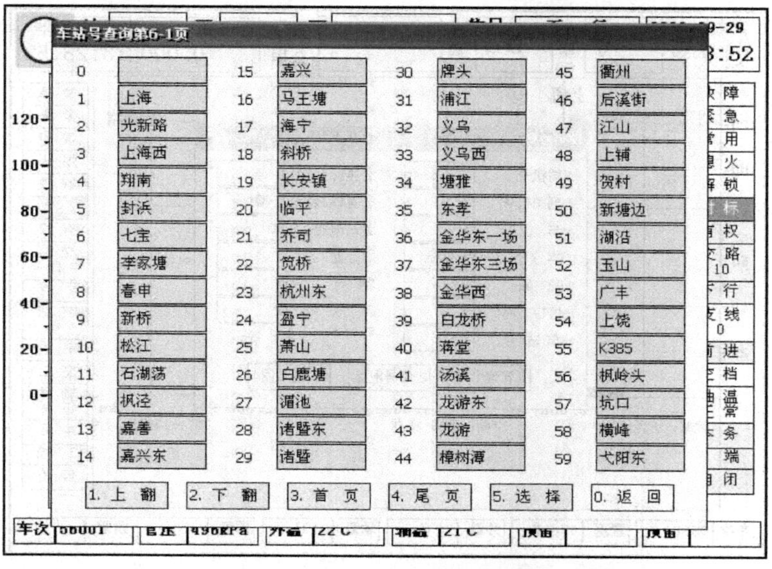

图 14—32 车站号查询界面

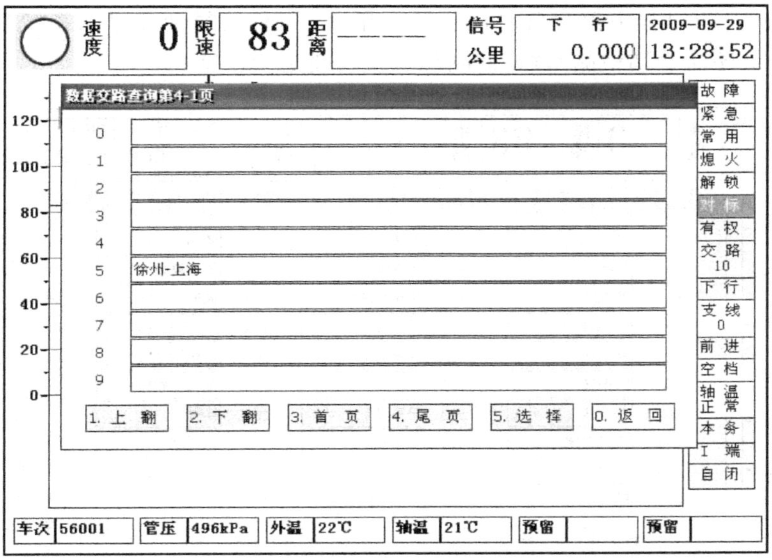

图 14—33　数据交路查询界面

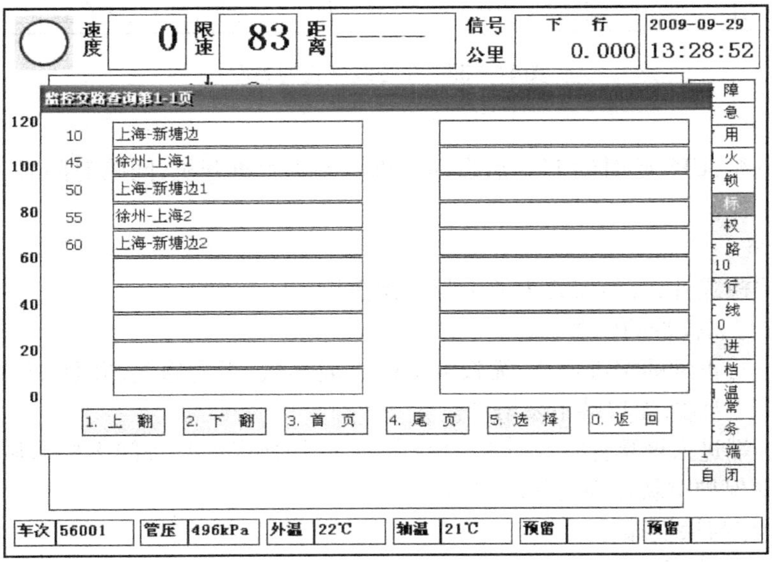

图 14—34　监控交路查询界面

六、司机操作

1. 开、关机操作

(1)开　　机

司机上车后先打开总电源开关，然后打开 GYK 主机电源开关，30 s 后 GYK 进入系统界面，DMI 显示目视行车模式。

GYK 在每次开机过程中都会自动检测各个单元,如有故障会在进入系统后自动报警;如果一切正常,司机还需手动检测 GYK 的制动装置功能是否正常。

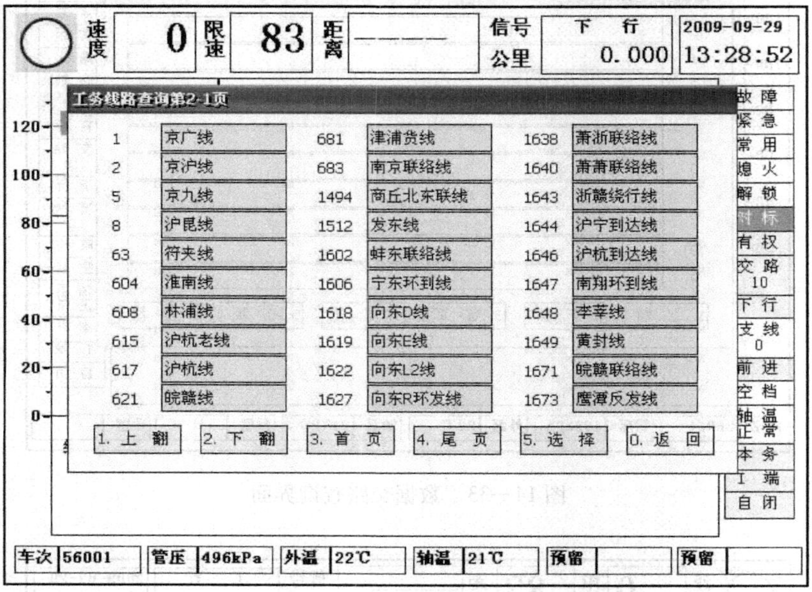

图 14—35 工务线路查询界面

(2)关 机

关闭主机电源,UPS 延时约 15 s 后自动关机。关机后再开机,间隔时间必须大于 30 s,以保证设备正常工作。

2. 换端操作

除正常监控模式外,其他模式为两端都有操作权。

(1)有权端与无权端的区别

有权端可进行正常的按键操作;无权端只能查询参数,不能修改,并且【警惕】【调车】【开车】【解锁】等按键无效,无权端不发语音。

可设置无权端进入屏幕保护:按【3. 车位】+【5. 切换屏保】,关闭无权端显示屏,再按【3. 车位】,退出屏幕保护重新点亮无权端屏幕。

(2)夺权操作与换端操作

夺权操作:在其他模式,当某一端进入正常监控模式,则该端有权,显示器显示"有权",无权端显示"无权"。

换端操作:在正常监控模式有权端进入调车状态,无权端进入正常监控模式变为有权端。调车时两端都有权。

在无权端按【车位】+【7. 夺权】键,无权端变为有权端。

3. 模式设定操作

详见前述"模式设定及操作"说明。

4. 参数设定操作

详见前述"参数设定操作"。

5. 对标操作

为了使位置与实际公里标一致,必须进行对标操作。

(1)开车对标:进入正常监控和区间作业模式,状态栏的“对标”显示有效,必须输入对标公里标。动车时,语音提示“注意对标”,当车头与输入的对标点(百米标或公里标)并齐,且位置与对标公里标误差在 ±500 m 以内,按下【开车】键,状态栏的“对标”显示无效,位置自动调整到对标公里标处。

(2)误差修正:对标后,位置与实际公里标存在误差,且误差在 ±500 m 以内时,可以在下一个公里标处按压【自动校正】键对标,消除误差(四舍五入,公里标取整)。

(3)途中对标:当在区间运行一段距离后,GYK 自动发出语音提示指令“注意对标”,当位置与实际公里标误差在 ±500 m 以内时,可以在下一个公里标处按压【自动校正】键对标,消除误差。

当位置与实际公里标误差大于 500 m 时,按【车位】组合键调整消除误差。

6. 车位调整操作

运行中,由于空转、轮滑、轮径等原因造成位置与实际公里标产生误差,误差超过 500 m 时,需手动车位调整,调整方式如下:

(1)按压【车位】+【向前】键,则根据公里标趋势向前加 1 km。如车位公里标为 35.345,公里标趋势为增,操作后公里标变为 36.345;若公里标趋势为减,则公里标变为 34.345。

(2)按压【车位】+【向后】键,则根据公里标趋势向后减 1 km。如车位公里标为 35.345,公里标趋势为增,操作后公里标变为 34.345;若公里标趋势为减,则变为 36.345。

(3)公里标误差超过 1 000 m 时,可以反复使用【车位】+【向前】键或【车位】+【向后】键进行车位调整,或者按【公里标】键,输入对标公里标和趋势,在对标点按【开车】键,执行对标操作。已经调用 GYK 基本数据时,不能修改公里标趋势。

(4)车位调整注意事项:

①在机车信号显示关闭信号、模式报警、停车状态、临时慢行限速区段不得调整车位。

②车位调整操作必须在实际公里标处完成。

③组合键操作时,必须在 5 s 内完成。

7. 修改公里标趋势

在无 GYK 基本数据的线路运行时,若显示的公里标与线路公里标趋势相反,则通过输入对标公里标和趋势可以改变。

修改方法:按【公里标】键,输入对标公里标和趋势,在对标点按【开车】键,执行对标操作。已经调用 GYK 基本数据时,不能修改公里标趋势。

8. 支线转移操作

运行过程中,可通过支线转移或交路转移实现跨区段运行。

在设置支线转移的区间及前一区间,根据当前交路及车机联控信息,确定是否输入支线号。

当状态栏的“支线”显示有效时,屏幕底部将显示前方区间所有支线号。按压【车位】+【2. 选择支线】键,弹出支线号窗口,输入支线号后按压【确认】键,见图 14—36。输入成功后 DMI 右侧将状态栏显示输入的支线号。

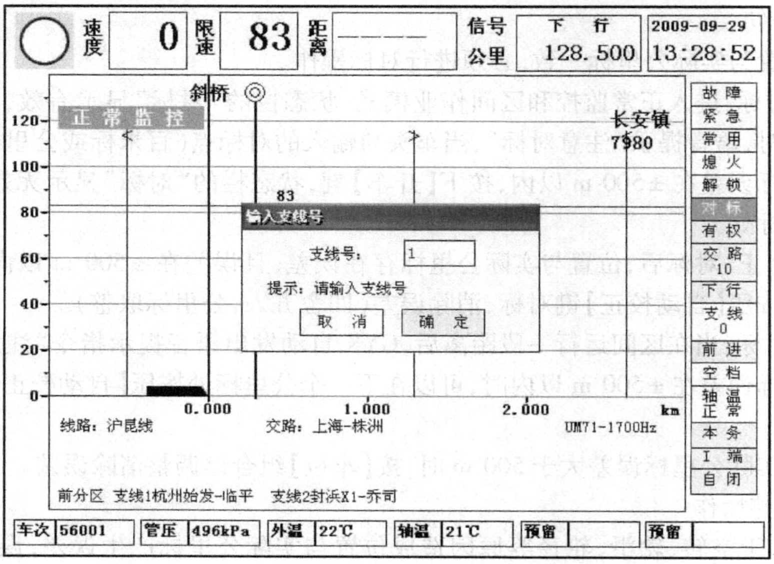

图 14—36　支线号输入窗口

9. 常用制动后的操作

GYK 实施常用制动后，当语音提示“允许缓解”时，可按压【缓解】键撤除常用制动指令。

10. 紧急制动后的操作

紧急制动后，将自阀手柄放到制动区，速度降为零后，熄火指令自动撤除；当语音提示“允许缓解”时，可按压【缓解】键撤除紧急制动指令。如紧急和常用制动同时发生，停车后按压【缓解】键，撤除紧急和常用制动。

11. 防溜控制功能确认

当防溜控制功能(管压、手柄、相位)启动后，连续语音提示“注意(管压、手柄、相位)防溜”，确认是正常动车后，可按压【警惕】键解除防溜控制；若发生溜逸立即采取措施停车，确认是停车未保压或减压量不足 80 kPa，可追加减压量至规定值，也可解除防溜控制。

管压、手柄、相位防溜报警紧急制动后，语音提示“(管压、手柄、相位)防溜动作”，当语音提示“允许缓解”时，可按压【缓解】键撤除紧急制动指令。

12. 司机警醒操作

在正常监控模式和区间作业模式，当车速大于 20 km/h 时，启动警醒控制，达到报警间隔时间开始声光报警，司机按压手动按钮或踩踏应答踏板，GYK 停止报警，并按报警间隔时间重置报警计时器；持续按压手动按钮或踩踏应答踏板不重置报警计时器。

13. 司机警惕操作

(1)当 GYK 语音提示“请确认信号”时，乘务员须按压一次警惕按钮开关(按下并松开)。

(2)当 GYK 显示屏弹出提示窗口进入秒倒计时时，乘务员须按压一次警惕按钮开关(按下并松开)。

(3)当 GYK 发出制动指令，乘务员须在列车停车后，按压【缓解】键才能解除制动指令。

(4)当发生信号突变报警时，一定情况下按压警惕按钮解除停车报警，同时注意瞭望。

(5)当轴温温度超过报警值，系统发生轴温异常报警，按压警惕按钮解除停车报警。

(6)当 GYK 产生防溜报警时，在规定的时间范围内，按压警惕按钮解除报警，否则装置产生自停。

14. 司机解锁操作

(1)无码股道发车：机车信号显示白灯、单红灯，按停车模式控制时，停车时，司机按压【解锁】+【确认】键解除停车控制功能，以不超过侧向道岔允许速度越过出站信号机。

当机车信号变灯，造成“已确认地面为绿/绿黄灯”窗口消失，则需重新进行“地面信号确认”操作。

(2)进入路票行车、绿色许可证行车模式时，在站内设置相关参数后，按压【解锁】+【确认】键解锁，GYK 解除在该信号机前的停车控制，以不超过出站道岔的限速越过出站信号机。

(3)在区间作业模式工作时，特定情况下可以按压【解锁】键使 GYK 限制速度开口20 km/h。

七、GYK 型运行监控装置操作注意事项

(1)关闭主机电源，UPS 延时约 15 s 后自动关机。关机后再开机，间隔时间必须大于30 s，以保证设备正常工作。

(2)主机与显示器上禁止放置杂物，严禁划伤或敲击显示屏。

(3)不允许带电插拔插件，否则可能损坏插件内元器件。

(4)插件电路板取出机箱后，不应用手触摸板内电路及元器件，以防静电损坏电路板。放置时应避免电路板上的电池短路。

(5)所有插件插入机箱后，均应将面板紧固螺钉拧紧，以防插件脱落。拔出插件时，必须先将紧固螺钉拧松。

(6)所有插件在机箱内均有固定位置，插件插入时应对准其所在位置。当插件插入时，不能用力太大，以避免插头引脚损坏。

八、监控模式设定规则

1. 术　　语

(1)线路固定限速

线路固定限速指线路、道岔、曲线、桥梁、隧道、长期慢行地段等各项允许和限制速度的最低值。

(2)临时限速

运行揭示调度命令发布的线路临时限速。

(3)机车信号限速

机车信号限速指机车信号信息对应的允许速度。

(4)编组限速

轨道车编组允许达到的最高安全速度。

(5)目标速度

轨道车到达前方目标点时允许的最高速度。

(6)目标距离

轨道车前端至运行前方目标点的距离。

(7)顶棚速度监控区(Ceiling Speed Monitoring Section，缩写 CSM)

监控轨道车按固定模式限速值运行的区域。

(8)目标速度监控区(Target Speed Monitoring Section,缩写 TSM)

监控轨道车从 CSM 区开始减速直至目标点的运行区域。

(9)常用制动模式限速值

GYK 输出常用制动指令的速度值。

(10)紧急制动模式限速值

GYK 输出紧急制动指令的速度值。

(11)控制曲线

报警速度曲线(Warning Speed Profile,缩写 WSP):GYK 输出语音提示的速度曲线。

常用制动模式曲线(Natural Braking Profile,缩写 NBP):GYK 输出常用制动命令的速度曲线。

紧急制动模式曲线(Emergency Braking Profile,缩写 EBP):GYK 输出紧急制动命令的速度曲线。

缓解速度曲线(Release Speed Profile,缩写 RSP):GYK 允许缓解常用制动的速度曲线。

(12)安全距离

控制曲线关闭点距停车目标的距离。

(13)速度分级控制

根据机车信号信息,以进入闭塞分区后 700 m 处为目标点,计算产生控制曲线,防止轨道车超速或越过关闭的信号机。

(14)速度连续控制

以轨道车计划停车地点或限速区段(含临时限速及固定限速)起点为目标点,计算产生连续的速度控制曲线,防止轨道车越过设定的停车点或超过限速区段的限制速度。

(15)防止冒进信号

防止轨道车越过关闭的信号机。

2. 控制指令输出

(1)控制指令输出类型

GYK 的控制指令输出包括语音提示、常用制动、熄火和紧急制动四种。GYK 直接输出指令到轨道车,其中语音提示指令到 DMI。

(2)实施常用制动控制的减压量

常用制动控制的减压量取 120 kPa,放风速率取 20 kPa/s。

3. 轨道车在 CSM 区运行时的速度控制

(1)模式限速值的确定

按各种工作状态的要求确定模式限速值。在 CSM 区,按"模式限速值 +1 km/h"确定报警速度曲线、"+3 km/h"确定常用制动模式曲线、"+5 km/h"确定紧急制动模式曲线、"-5 km/h"确定缓解速度曲线。

(2)指令输出及撤除时机

指令输出及撤除时机分两种情况,一种是 GYK 具备常用制动控制功能,另一种是 GYK 不具备常用制动控制功能。

①输出指令时机

当轨道车速度超过报警速度曲线,则输出语音报警指令:"减速、减速"。

当轨道车速度超过常用制动模式曲线,则输出常用制动指令,语音提示:"常用制动"两遍。

当轨道车速度超过紧急制动模式曲线,则输出熄火指令及紧急制动指令,语音提示:"紧急制动"两遍。

对于不具备常用制动功能的轨道车,当轨道车速度超过常用制动模式曲线,则输出熄火指令;当轨道车速度超过紧急制动模式曲线,则输出紧急制动指令,语音提示:"紧急制动"两遍。

②撤除指令时机

当轨道车速度低于报警速度曲线,则撤除语音报警指令。

当轨道车速度低于缓解速度曲线,则向司机提示"允许缓解",司机按压【缓解】按钮后,常用制动缓解,语音提示:"缓解成功"。

紧急制动指令只能在停车后缓解,司机根据"允许缓解"提示,按压【缓解】按钮后,紧急制动缓解,语音提示:"缓解成功"。

输出紧急制动指令后不允许撤除熄火指令,轨道车停车后自动撤除该指令。

CSM 区制动指令输出及撤除时机见图 14—37。

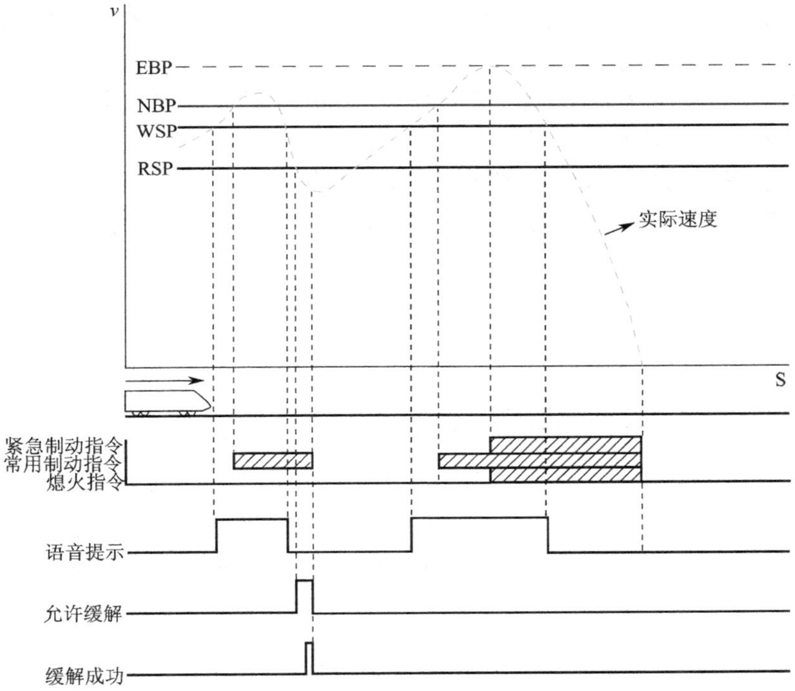

图 14—37　CSM 区控制曲线

(3)DMI 的显示

轨道车在 CSM 区运行,DMI 限速窗口显示常用制动模式限速值,限速曲线为常用制动模式曲线。不具备常用制动控制功能时,DMI 限速窗口显示紧急制动模式限速值,限速曲线为紧急制动模式限速曲线。

4. 轨道车在 TSM 区运行

(1)常用和紧急制动模式限速值的确定

常用制动模式限速值和紧急制动模式限速值由计算确定。TSM 区间,按常用制动模式限速值确定常用制动模式曲线,按紧急制动模式限速值确定紧急制动模式曲线,按"常用制动模式限速值 - 5 km/h"确定报警速度曲线,按目标速度确定缓解速度曲线。

(2)指令输出及撤除时机

①输出指令时机

当轨道车速度超过报警速度曲线,则输出语音报警指令:"减速、减速"。

当轨道车速度超过常用制动模式曲线,则输出常用制动指令,语音提示:"常用制动"两遍。

当轨道车速度超过紧急制动模式曲线,则输出熄火指令及紧急制动指令,语音提示:"紧急制动"两遍。

对于不具备常用制动功能的轨道车,当轨道车速度超过常用制动控制曲线,则输出熄火指令;当轨道车速度超过紧急制动控制曲线,则输出紧急制动指令,语音提示:"紧急制动"两遍。

②撤除指令时机

当轨道车速度低于报警速度曲线,则撤除语音报警指令。

当轨道车速度低于缓解速度曲线,则向司机提示"允许缓解",司机按压【缓解】按钮后,常用制动缓解,语音提示:"缓解成功"。

紧急制动指令只能在停车后缓解,司机根据"允许缓解"提示,按压【缓解】按钮后,紧急制动缓解,语音提示:"缓解成功"。

输出紧急制动指令后不允许撤除熄火指令,轨道车停车后自动撤除该指令。

TSM 区常用制动指令输出及撤除时机见图 14—38,紧急制动指令输出及撤除时机见图 14—39。

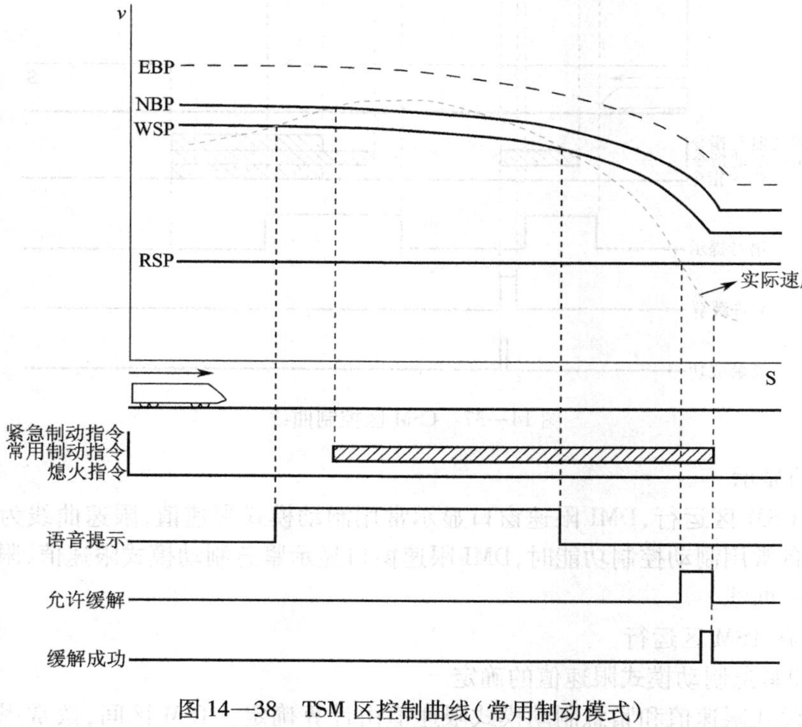

图 14—38　TSM 区控制曲线(常用制动模式)

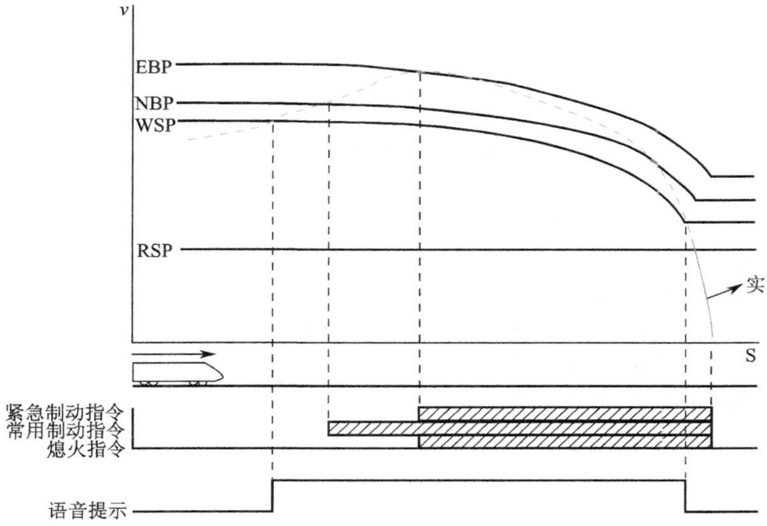

图 14—39　TSM 区控制曲线(紧急制动模式)

(3)DMI 的显示

轨道车在 TSM 区运行,DMI 限速窗口显示值和限速曲线为常用制动模式限速值;不具备常用制动控制功能时,DMI 限速窗口显示值和限速曲线为紧急制动模式限速值。

复习思考题

1. 什么是轨道电路?
2. 简述轨道电路的工作原理。
3. 试述机车信号的接收原理。
4. GYK-2004 型运行监控装置机车信号正确显示所需的必要设置有哪些?内容是什么?
5. GYK-2004 型运行监控装置行车使用的重点注意事项有哪些?
6. GYK 型运行监控装置操作注意事项有哪些?
7. 简述 GYK 型运行监控装置控制原理。
8. GYK 型运行监控装置有哪些监控功能?
9. GYK 型运行监控装置按键功能说明有哪些内容?
10. GYK 型运行监控装置"参数设定"界面上怎么输入参数?
11. GYK 型运行监控装置有哪几种监控模式?
12. GYK 型运行监控装置设定参数查询是如何操作的?
13. 司机如何进行 GYK 型运行监控装置的开关机操作?

参 考 文 献

[1]吕宁生. 配砟整形车. 北京:中国铁道出版社[M],1999.
[2]韩志青,唐定全. 超平起拨道捣固车[M]. 北京:中国铁道出版社,1997.
[3]毛必显. 大型养路机械 YZ-1 型空气制动机[M]. 北京:中国铁道出版社,2000.
[4]中华人民共和国铁道部. 大型养路机械使用管理规则[S]. 北京:中国铁道出版社,2007.
[5]中华人民共和国铁道部. 铁路线路修理规则[S]. 北京:中国铁道出版社,2006.
[6]毛必显,张勇. 车钩缓冲装置的构造与检修[M]. 成都:西南交通大学出版社,2003.